主　编○贺　清

副主编○宋　丹　石　磊　张振海

主　审○李国宁

驼峰自动化系统技术原理及应用

TUOFENG ZIDONGHUA XITONG
JISHU YUANLI JI YINGYONG

西南交通大学出版社

·成都·

图书在版编目（ＣＩＰ）数据

驼峰自动化系统技术原理及应用／贺清主编. —成都：西南交通大学出版社，2016.2（2024.2 重印）
ISBN 978-7-5643-4457-3

Ⅰ．①驼… Ⅱ．①贺… Ⅲ．①自动化驼峰 Ⅳ.①U291.4

中国版本图书馆 CIP 数据核字（2015）第 314008 号

驼峰自动化系统技术原理及应用

贺 清　主编

责 任 编 辑	周　杨	
封 面 设 计	何东琳设计工作室	
出 版 发 行	西南交通大学出版社 （四川省成都市二环路北一段 111 号 西南交通大学创新大厦 21 楼）	
发 行 部 电 话	028-87600564　028-87600533	
邮 政 编 码	610031	
网　　　　址	http://www.xnjdcbs.com	
印　　　　刷	四川森林印务有限责任公司	
成 品 尺 寸	185 mm × 260 mm	
印　　　　张	18.5	
字　　　　数	462 千	
版　　　　次	2016 年 2 月第 1 版	
印　　　　次	2024 年 1 月第 5 次	
书　　　　号	ISBN 978-7-5643-4457-3	
定　　　　价	40.00 元	

课件咨询电话：028-87600533
图书如有印装质量问题　本社负责退换

前　言

近年来，随着铁路事业的不断发展，编组站驼峰调车场技术和装备迅速更新，特别是一大批新的编组站综合自动化设备的安装投产，标志着我国编组站自动化技术已经登上了一个新的台阶。根据铁路发展规划，为了进一步提高铁路运能，将会有更多的编组站实施综合自动化，也将开发出更多的先进技术装备。

原《编组站调车自动控制》一书作为高等学校教学用书，出版至今已历20多年，已不再能反映技术的现貌，许多内容已显陈旧。本书为适应培养适用人才的需要，在保证学科和科学完整体系的前提下，广泛地收集了国内近年来研制成功的编组站综合自动化设备的资料，修改、替换和充实了原书的大部分内容。

为保证教材的先进性，本书从阐述驼峰调车自动控制扩展为编组站综合自动化系统，为此将第五章驼峰自动化系统从原教材的概念性介绍增加到对多个具体系统的剖析、阐述；另外还增加了第六章编组站综合自动化系统的论述、国内最新技术成果的介绍。在本书的编写过程中，我们广泛听取各校任课教师及有关专家意见，内容上力求做到充实、完整，密切结合现场实际设备，以期达到理论联系实际，做到学以致用。

本书可作为铁路高等学校交通信号与控制专业教学的教学用书，也可供铁道信号专业现场人员学习参考。由于编组站综合自动化是铁路信号中涉及学科领域最广的学科，它应用了机械、电气、电子、计算机、通信、自动控制及车站信号等许多方面的知识。因此，在学习本书时需要进一步参阅有关领域的专著。

本书由兰州交通大学贺清主编，中铁工程设计咨询集团有限公司电化通号设计研究院宋丹、兰州交通大学石磊、兰州交通大学张振海副主编，兰州交通大学李国宁主审。第一、二、三章由贺清编写，第四章由石磊编写，第五章由宋丹编写，第六章由张振海编写。贺清策划并对全书进行统稿。本书的编写得到了中国铁路通信信号总公司研究设计院、铁道科学研究院通信信号研究所的大力协助和支持，在此深表感谢。

由于编者水平所限，书中难免出现疏漏和错误，恳请读者批评指正，以期不断改进提高。

编　者

2015 年 10 月

目　录

第一章　编组站与调车驼峰概述

编组站的主要任务是货物列车的解体与编组。为保证改编能力，我国各编组站均设有调车驼峰设备。作为编组站调车控制技术的研究、设计和应用的基本理论，本章主要介绍编组站的分类，调车驼峰的基本知识，驼峰调车场的平、纵断面结构，车辆溜放的受力分析和能高线原理等。

第一节　编组站概述

在铁路网中，凡办理数量较大的货物列车的解体编组作业，并为此而设有专用调车设备的车站都称为编组站。编组站一般由到达场、发车场（或到发场）、编组场等多个车场组成。编组站的作业主要是车流的组织工作，按运行图不间断地接、解、编、发列车，最大限度地压缩机车车辆在本站以及有关车站的停留时间，以加速机车车辆的周转。接车、发车的技术作业分别在到达场和发车场进行。解体和编组作业在编组场进行。所谓解体作业，就是根据改编的货物列车中每节车辆（或几节车辆）的去向将它们分开，即去往同方向的车辆分在同一条编组线上。所谓编组作业，就是将去往同一方向或同一地点的车辆进行选编，连接在一起，组成新的列车。不难看出，编组站是列车"消逝"和"产生"的地方，因此，编组站也被称为"货物列车制造工厂"。

一、编组站的分类

编组站一般设在有大宗车流集中或消逝的地方，或在铁路网上大量车流集散的地方，如大工业企业和矿山地区、大城市、河海港湾、铁路干线交叉地等。

编组站按在整个铁路网上或枢纽内所起作用不同，可分为：

（1）主要编组站——也称为路网性编组站。它的主要任务是解体和编组技术直达列车，具有较强的调车设备。这种编组站一般设在几条具有强大货流的线路汇合或分歧的地点及有大量地方作业的地点。这种编组站在铁路网上的分布，应尽量保证车辆改编时所耗费的车辆小时及车辆公里最少，并保证整个铁路网作业的机动性。

（2）地区编组站——它主要用于对本地区及附近的大工业企业或大厂矿的列车进行编组及解体，也可编组技术直达列车及始发直达列车。这类编组站一般设在枢纽内或网点上或一个联合企业附近，也可设在如港口等附近有大量装卸作业的地点。

（3）辅助编组站——一般这种编组站改编工作量较小，主要以办理衔接本站各区段来的车辆编成到最近的编组站去的列车及小运转列车作业为主，有时也可能组织少数技术直达列车。

二、编组站的车场配置

从上述编组站的分类可以看出，其在铁路网上的作用和车流的数量及性质，决定了编组站所处地理位置的不同，也决定了编组站内车场配置的不同。编组站按设有的调车作业系统数量不同可分为单向和双向两类，按车场相互位置的不同又可分为横列式、纵列式和混合式三种。一般有单向横列式配置、单向纵列式配置、单向混合式配置、双向纵列式配置、双向混合式配置等多种形式。图 1-1-1 和 1-1-2 分别是单向横列式配置示意图和单向纵列式配置示意图。

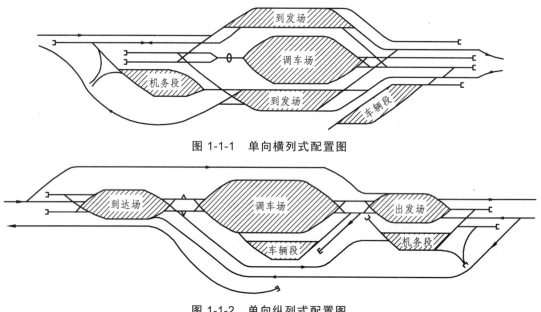

图 1-1-1　单向横列式配置图

图 1-1-2　单向纵列式配置图

从图 1-1-2 可以看出，一个编组站只设一个到达场、一个编组场、一个发车场，用来解、编任何方向的车流，这样的编组站称单方向编组站，承办的改编列车任务主要是下行列车。在一些上、下行车流均较大的路网性编组站，分别设上、下行车流分开使用的到达场、编组场、发车场，这就是双方向编组站。

为了达到编组站在铁路网上保证主要干线不间断工作，车辆周转时间尽量缩短，在整个铁路上能顺利进行全面的运输作业过程的目的，对编组站内的车场配置，应尽可能做到合理布置，以保证良好的运营条件。在新建或改建编组站决定车场配置时，必须进行技术经济比较，择优选用。一般来说，车场横列式配置有占地省、造价低和便于管理等优点，但机车车辆调车走行距离长，车辆在站停留时间长，改编效率低。车场按到达、解编、出发的作业顺序纵列配置的纵列式编组站，对减少机车车辆行程，提高作业效率与能力有利，但站场站坪长，工程投资大。

三、编组站的主要作业过程

编组站的运输生产和工厂企业的生产一样，有一个生产作业程序，称为技术作业程序。现以一个包括三个车场的单向纵列式编组站为例说明编组站的技术作业程序。图 1-1-3 所示是编组站技术作业流程框图。三个车场各有分工，到达场主要办理列车到达（接车）、车列停留、直通列车发车等作业，编组场主要办理列车解体、集结和编组等作业，出发场主要办理编成的列车的发车作业。图 1-1-3 所示流程是对有改编列车的技术作业过程，若是直通列车，即不需要改编的列车，只需在到发场做技检、货检等工作后就发车。

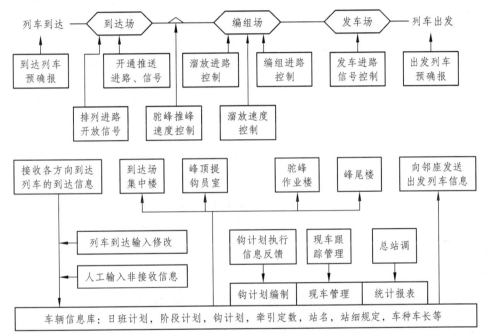

图 1-1-3　编组站技术作业流程框图

从技术作业流程框图可以看出，对整个运输环节产生较大影响的是解编作业。以往对编组站进行的技术改造措施基本上是围绕解编能力的提高，减少解编作业过程所需的时间。当前开展一些计算机管理系统在编组站上的应用也离不开这个范围。所以，实现编组站自动化的核心是首先实现解编作业自动化。

从管理系统的角度来看，可以将解编作业分成调度信息处理系统和解编控制执行系统两大部分。

1. 调度信息处理系统

该系统的中心任务是编制出解体作业钩计划（解体调车单）和编组作业钩计划。这两项计划编制所需的基本信息是有序的现车信息。这些现车信息对编组来说是流动的，当列车到达时生成，当列车出发离开车站时消失。而对于计划编制来说，这些现车信息的基本数据是固定的，它在站内的位置是在流动的，位置的流动取决于所编制的计划。

2. 解编控制执行系统

该系统的中心任务是根据计划解体编组，控制调机、车辆在驼峰编组场内位置的移动。

两个系统的内容如表 1-1-1 所示。

表 1-1-1　编组站作业系统的两大部分

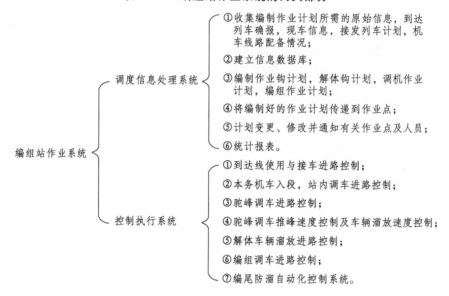

编组站作业系统
- 调度信息处理系统
  - ①收集编制作业计划所需的原始信息，到达列车确报，现车信息，接发列车计划，机车线路配备情况；
  - ②建立信息数据库；
  - ③编制作业钩计划，解体钩计划，调机作业计划，编组作业计划；
  - ④将编制好的作业计划传递到作业点；
  - ⑤计划变更、修改并通知有关作业点及人员；
  - ⑥统计报表。
- 控制执行系统
  - ①到达线使用与接车进路控制；
  - ②本务机车入段，站内调车进路控制；
  - ③驼峰调车进路控制；
  - ④驼峰调车推峰速度控制及车辆溜放速度控制；
  - ⑤解体车辆溜放进路控制；
  - ⑥编组调车进路控制；
  - ⑦编尾防溜自动化控制系统。

上述两部分系统包括的内容及顺序构成编组站的作业过程，以往完成整个作业过程是以人工体力与脑力劳动为主，基本上全部由人工进行情报处理，编制各种计划以及用人工手动操纵控制设备。现在上述很多内容都已进入计算机管理控制之内，使编组站逐步达到半自动化、自动化和综合自动化的水平。

第二节　编组场调车设备及调车作业

在整个编组站中，编组场的解编作业是核心。解编的快慢是影响车辆周转时间的主要因素。为此，各国都集中一定人力和物力发展和改善编组场的调车设备。编组场调车设备包括两大部分内容：一是站场线路平、纵断面调车设备；二是调车控制技术装备。

一、平纵断面调车设备发展概况

目前编组场调车设备基本上是调车驼峰。调车驼峰与其他事物一样也是随着科学技术的发展逐步产生、发展、完善的，经历了从最初的平面调车设备、简易驼峰、机械化驼峰、半自动化驼峰到自动化驼峰调车等阶段。

平面调车设备是所有线路的纵断面基本上在同一个水平面上，就是牵出线与各梯形排列的编组线股道在同一水平面，如图 1-2-1 所示。车列解体是靠调车机车利用牵出线将各个车组（钩车）顶送到规定的股道上，然后摘钩，与车列分离。车组的运动是靠调车机车的推力完成的。不难看出，这种调车设备效率低。解体一个车列，调车机车需要往返运行在牵出线和股道之间，其走行的距离与车组的多少以及股道的长度有关，既浪费动力又占用大量时间。

到了 19 世纪末，世界上出现了特殊断面牵出线调车。它与前一种调车设备相比较，牵出线与各股道的纵断面不是一个水平面，牵出线的平面高于股道的平面，如图 1-2-2 所示。

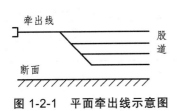

图 1-2-1　平面牵出线示意图

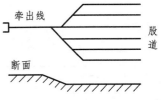

图 1-2-2　特殊断面牵出线示意图

机车在牵出线上给车列一定的推力，然后摘钩，让车辆借助本身的重力和惯性在下坡的线路上自己溜向股道，这样减少了调车机车的走行距离，缩短了车列解体的时间，提高了解体能力。

特殊断面牵出线的改造随后又发展成了简易驼峰，如图 1-2-3 所示。它的各股道线路部分接近于线束型，牵出线部分的纵断面形成凸起，形状类似于骆驼的峰，故称为"调车驼峰"。简易驼峰的出现，对调车设备来说是一个技术上的飞跃。

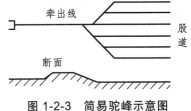

图 1-2-3　简易驼峰示意图

对简易驼峰不断改进完善，将各股道线路平面改为对称的线束型，纵断面由推送部分、峰顶平台和溜放部分几个不同坡度的坡段组成，如图 1-2-4 所示，即为目前纵列式编组场的调车驼峰。车列解体时，推送机车不必下峰，只在推送线路上顶送车辆至峰顶摘钩，脱钩的车辆靠自身重力溜放到股道上。因此，能进一步减小机车的走行距离，提高解体能力。

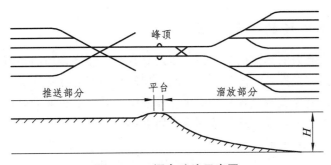

图 1-2-4　调车驼峰示意图

二、调车驼峰平、纵断面结构

调车驼峰是由推送部分、峰顶平台和溜放部分组成。图 1-2-5 所示为纵列式编组站调车驼峰平、纵断面结构图。

推送部分——由到达场股道中部到峰顶之间的线路区段。由到达场咽喉最外方道岔警冲标至峰顶之间的线路称为推送线。设置推送部分线路的目的是得到必要的驼峰高度；调机将解体的车辆送至峰顶，使车钩压紧，便于提钩员摘（提）钩。

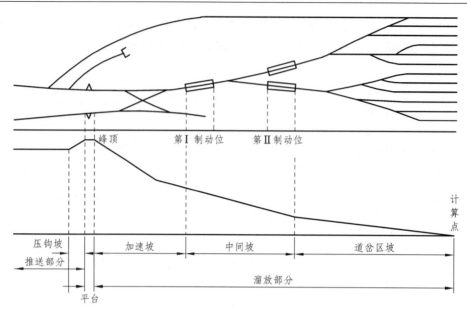

图 1-2-5　调车驼峰平纵断面结构图

峰顶平台——在溜放部分与推送部分之间设的一段平坦地段。设置峰顶平台是为了连接两个不同方向的反坡，同时保证不降低驼峰的计算高度。

溜放部分——由峰顶至编组线计算点之间的区段。计算点是为了进行驼峰设计而人为规定的参考点，它因调速设备类型的不同而不同。例如，机械化驼峰的计算点规定为难行调车线警冲标内方 100 m 处。由峰顶至计算点之间的长度称为溜放部分的计算长度。从峰顶至第一分路道岔始端的一段线路称为溜放线。

（一）驼峰调车场的平面布置

提高驼峰的解体能力的具体措施之一，就是要有一个经济合理的平面布置，否则再好的自动化设备也不能充分发挥其经济效益。因此，我们必须对驼峰平面进行较为深入的讨论。对于小能力驼峰、机械化驼峰或者是自动化驼峰来说，对平面布置的要求虽不尽相同，但是它们都有一些共同的基本要求。这些基本要求如下：

（1）头部咽喉区的长度最短；

（2）各股道自峰顶至计算点间车组溜放总阻力相差较小，并尽量缩短至最低程度；

（3）不铺设多余的道岔、短轨等，以免增加钩车的运动阻力；

（4）要考虑有利于设置机械化和自动化驼峰的设备。

为了满足这些基本要求，驼峰编组场的平面采取了如下措施：

（1）从峰顶至各编组线采用对称配列的线束形布置。把编组线分成几个线束，每个线束一般包括 6~8 条编组线。这样布置的优点是车组从峰顶进入各个线路所经过的道岔数量、转折角度的总和都比较接近，从而达到减少各个线路间的车组溜放总阻力差的目的。

（2）为了缩短咽喉区长度，道岔采用长度短、辙叉角度大的 6 号或 7 号单式对称道岔、复式交分道岔或不对称三开道岔。这样的布置还可以缩短前、后车组之间的间隔，有利于峰顶提高机车推送的速度。

（3）推送线和溜放线的数目应根据改编作业量的大小和调车场股道的数量确定。一般设计成两条推送线和两条溜放线，这样可以保证两台机车能同时作业，提高作业能力。自动化驼峰有的设置 3~4 条推送线。

（4）在推送线上衔接禁溜线、迂回线。禁溜线与推送线连接的道岔应靠近峰顶，以便取送禁溜车辆。

禁溜线是在解体过程中暂时存放禁止由峰顶溜放的车辆（易撞碎、爆炸的车辆）的尽头线。它的有效长度不应短于 150 m，即能存放 10 辆车的长度。

迂回线是绕过峰顶和车辆减速器，从推送线直接与调车场最外侧线路衔接的线路。不能通过峰顶和车辆减速器的车辆可由机车通过迂回线送至调车场。

（5）峰顶至第一分路道岔要有一个合理的长度。这是由于经驼峰解体车列时，车辆在第一分路道岔分路的机会最多，以较高的推送速度解体车列时，要保证前、后钩车之间有足够的间隔。由于在这段距离内一般是不设调速工具的，因此在连续溜放的条件下前、后钩车之间的间隔就由峰顶至第一分路道岔的距离和它的坡度决定。根据理论分析和现有驼峰经验来看：当坡度在 35~40‰ 时，这段距离为 35~40 m；当坡度在 50‰ 时，如考虑到机械化驼峰向自动化驼峰过渡，这段距离为 25~30 m 较为合适。

（6）合理布置调速位是驼峰平面布置的一个重要问题。就目前来说，机械化或自动化驼峰在咽喉区一般设两个调速位。为了在调速位上设置减速器，在其前、后都应有一段直线段，保证车辆平衡进入减速器和防止车辆脱轨。在相邻两股道减速器始端之间的线间距离不少于 3.8 m，以便安装其附属设备。

（二）驼峰调车场的纵断面布置

驼峰头部纵断面的合理与否对驼峰解体效率、工程及运营费，以及调车工作人员的安全和劳动强度等有着极为密切的关系。在介绍头部纵断面之前，首先说明什么叫难行车、易行车、难行线、易行线、有利条件、不利条件等，因为设计纵断面坡度及峰高时要考虑这些因素。

所谓难行车和易行车，是对车辆走行性能及所受阻力大小而言的，与车的类型及重量有关。我国站场设计规范中规定：难行车采用基本阻力（走行性能决定）与风阻力总和最大，选择非空车的不满载 50 t 棚车（类型为 P_{50}）。易行车选择基本阻力和风阻力总和较小而又大量存在的车辆，如满载 50 t 敞车，总重为 70 t（类型为 C_{50}）。最易行车选择基本阻力和风阻力总和最小而又有一定数量，如满载 60 t 煤车，总重量为 80 t（类型为 C_{62A}）。

难、易行线的区别与难、易行车一样。对各编组线按其对溜车的难易程度（即阻力大小）分为若干种线路。难行线作为计算峰高之用。溜车的难易取决于线路上弯道折角的大小和通过的道岔数目多少，为此，编组线的最外侧线路弯道转角和道岔转角之和最大，道岔数目也最多，可以称为最难行线。考虑路基横断面影响设计峰高时不一定是最外侧线路。

和难行线相反，弯道转角和道岔转角之和最小、道岔数目最少的为易行线。

有利和不利条件一般是对气候和风向以及风力而言的。如冬季气温最低，而且风力最大，又是逆风溜放，为最不利条件；反之，气温较高、顺风溜放为有利条件。

1. 峰　高

峰高即驼峰高度，是指峰顶与计算点之间的高度差，亦称驼峰计算高度。峰高是车组溜放的能量来源之一。车组种类不同，对峰高也有不同要求，为了适合各种车组，必须设计一个合理的峰高。

驼峰峰高应符合下列要求：

（1）驼峰溜放部分设有调速设备的驼峰峰高应保证在溜车不利条件下，以 1.4 m/s 的推峰速度解体车列时，难行车溜至难行线的计算点达到该调速系统规定的速度。计算点的位置应根据采用的驼峰调速系统种类确定。

（2）驼峰溜放部分不设调速设备的驼峰峰高应保证在溜车有利条件下，以 1.4 m/s 的推峰速度解体车列时，调车线始端不设减速器时，易行车溜至易行线警冲标处的速度不大于 5 m/s；调车线始端设有减速器时，易行车溜至减速器处的入口速度不应大于其制动能高允许的速度。

（3）当设计驼峰的溜车方向与当地冬季主要季风方向相反时，该峰高按计算出的峰高再增加 10%。

峰高的计算方法，对不同驼峰而言，其公式中的参数选取各不相同。对机械化驼峰，峰高要求是以 1.4 m/s 速度推送车列，保证难行车在不利的条件下自由溜放到难行线的计算点。对自动化驼峰来说，峰高的计算与计算点的选取因所采用的调速工具和技术方案不同，有着不同的设计。例如，采用减速器与减速顶或减速器与加速顶和减速顶组合的点连式调速系统中，设有间隔制动位时，驼峰高度应设计为保证在溜车不利条件下，以 1.4 m/s 的推峰速度解体车列时，难行车自由溜放到难行线打靶区末端有 1.4 m/s 的速度。其峰高的计算公式为

$$
\begin{aligned}
H_{峰} = [&L_{溜难}(W_{溜基}^{冬难} + W_{溜风}^{冬难}) + L_{场难}(W_{场基}^{冬难} + W_{场风}^{冬难}) + \\
&8\sum \alpha_{难} + 24N_{难}] \times 10^{-3} + \frac{v_{连}^2 - v_0^2}{2g_{难}'}
\end{aligned}
\tag{1-2-1}
$$

式中 $H_{峰}$——驼峰高度，m；

$L_{溜难}$——峰顶至难行线车场制动位入口的距离，m；

$W_{溜基}^{冬难}$——冬季难行车在溜放部分的单位基本阻力，N/kN；

$W_{溜风}^{冬难}$——冬季难行车在溜放部分的单位风阻力，N/kN；

$L_{场难}$——车场制动位入口至打靶区末端的距离，m；

$W_{场基}^{冬难}$——冬季难行车在车场部分的单位基本阻力，N/kN；

$W_{场风}^{冬难}$——冬季难行车在车场部分的单位风阻力，N/kN；

$\sum \alpha_{难}$——溜放范围内的曲线转向角（包括通过道岔时的辙叉角）度数之和；

$N_{难}$——溜放范围内的换算逆向道岔总数；

v_0——峰顶推送初速度，m/s；

$v_{连}$——安全连挂速度，取 1.4 m/s；

$g_{难}'$——难行车考虑车轮转动惯量影响的重力加速度的数值，m/s²。

当然，这样计算出的峰高，对易行车在有利条件下溜至易行线，就有着较多的能量需要用减速器消耗掉，而且需要减速器有足够大的能量。又如若采用有几个加速位的加速器调速方案，峰高只需保证易行车在有利的条件下溜至易行线的计算点即可，这样设计的峰高是最低的，但目前我国没有研制大功能的加速设备。

2．推送部分

推送部分的坡度主要是为了满足提钩作业的需要，在峰顶设有一段具有一定坡度和长度的压钩坡，以压紧车钩以便于提钩。坡度一般为 10 ~ 15‰，长度不短于 50 m。压钩坡的前一段是较接近平坡的缓坡，一般在 3‰ 以下。另外它还必须满足满载重车在停车后能自行启动。为此，推送部分平均坡度不大于 4‰。

3．溜放部分

溜放部分的纵断面应设计成面向编组场连续递减的下坡，坡度尽量陡些，可以提高钩车通过咽喉区的平均速度，有利于保持溜放车辆之间的间隔和提高峰顶推送速度。溜放部分由下面几个坡段组成。

（1）加速坡。

从峰顶到第一制动位入口为加速坡。其功能是使车辆迅速加速，减少难、易行车的走行时差，保证峰下第一分路道岔转换的安全间隔。但是必须从整个溜放部分分析，坡度不能过陡，否则将使中间坡和道岔区坡过缓，反而不利于提高溜放部分的平均速度。同时还要受到车辆进入减速器的速度及其他因素的限制。如我国现有设计规范规定：采用蒸汽机车为驼峰机车时，加速坡不应陡于 40‰；采用内燃机车时不应大于 55‰；困难条件下不应小于 35‰。从我国驼峰的实际情况来看，驼峰加速坡采取 40 ~ 50‰ 为宜。

（2）中间坡。

从第一制动位入口到第二制动位出口，这段坡度为中间坡。它把加速坡和道岔区坡之间连接起来，同时在其上设置制动位。该坡度的设计应满足以下条件：① 在冬季不利的条件下难行车自由溜放到第二制动位入口，不超过减速器允许的最高入口速度；② 使难、易行车均能保持高速溜放并且走行时差最小；③ 在冬季不利条件下，难行车被夹停后能自行启动。因此，这段坡度一般不小于 9‰。

（3）道岔区坡。

从第二制动末端至编组线的始端之间的坡度为道岔区坡。对机械化驼峰来说，编组线的始端是指计算点，对自动化驼峰来说，编组线的站端是指车场调车线减速器的入口。这段坡度应保证易行车在有利的条件下不加速；对难行车在不利的条件下溜至计算点，还要保持有良好的间隔。其坡度一般不大于 3.5‰，不小于 1.5‰。

（4）调车线（编组线）坡。

机械化驼峰，由于调车线上采用铁鞋作为调速工具，为安全起见，一般要求调车线有效长度的 2/3 线段上，在顺溜车方向有 1.5‰ 的下坡道，其余 1/3 长度内为顺溜车方向再设一段不大于 1.5‰ 的上坡道，两个坡段中间插入 200 m 左右的平道，即所谓锅底形。

自动化驼峰则根据所采用的调速工具和技术方案不同而对调车线坡有不同的要求。

三、调车驼峰控制技术设备简介

1913 年，美国研制了调整车组溜放速度的第一台减速器，使调车驼峰设施技术有了一个突破，是一项重要的技术革命。随后，工业技术比较先进的国家开始大力研制发展调车驼峰上的技术设备，直到目前广泛应用计算机处理大量信息及自动控制。

我国的调车设备发展较晚，20世纪50年代还停留在平面牵出线调车阶段。1958年以后，在全国许多编组站修建和改造了大量的简易驼峰及驼峰。随着我国车辆减速器的研制成功，建成了我国第一个机械化驼峰。由于电子技术和计算机技术的发展，调车驼峰上的技术装备也在不断地更新发展，1972—1979年我国第一个半自动化驼峰投入运营。1984年，我国开始用计算机对溜放车辆的速度进行自动控制并投入运营，至20世纪80年代末又将微型计算机控制投入运营。

调车驼峰按其技术装备不同大致可分为非机械化驼峰、机械化驼峰、半自动化驼峰及自动化驼峰。

非机械化驼峰调整车辆溜放速度是用车辆上的手轮闸或在编组线上放置铁鞋，调速能力和精度较低，制动员劳动强度大，且很不安全，并且机车在峰顶的推送速度必须较慢，使前后溜放车辆之间距离较长。这就限制了解体能力，一般每昼夜解体600~700辆。

机械化驼峰在线束头部装有调整车辆溜放速度的车辆减速器，它既可以调整在道岔区溜放的前、后两车组之间的间隔，又可以根据车组在编组线上的溜放距离（停车或挂钩地点）来调整车组驶出减速器的速度。车辆减速器的控制采用人工目测判断车辆溜放情况，操作控制台上的制动或缓解按钮，控制减速器对车辆进行制动或缓解。机械化驼峰因有车辆减速器控制溜放车组之间的间隔，调速能力和精度较高，所以机车推峰速度可以提高，提高解体能力，每昼夜可解体4 500辆以上。

在此讨论的半自动化驼峰和自动化驼峰，主要是对车辆溜放速度控制方式而言的。前述机械化驼峰对车辆减速器的控制由人工完成。如果增加一些测试设备和自动判断的控制设备，取代值班员的目测和判断，在机械化驼峰的基础上对车辆减速器实现半自动控制，这不但能提高解体能力，而且能减轻值班员的劳动强度。如果再进一步增加测试采集现场信息的设备，并使用计算机，按照当时实际情况由计算机计算车辆离开减速器应具有的出口速度并做出判断，对减速器发出制动或缓解命令，这便是自动化驼峰，亦称溜放车辆调速自动化。

在自动化驼峰的基础上，再进一步可向编组站综合自动化发展。编组站综合自动化的技术设备除了驼峰各环节的控制系统的自动化外，还应有编组场尾部平面调车计算机联锁系统、到达场和发车场的计算机联锁系统以及编组站车辆信息管理系统、枢纽调度监督系统、编组站车辆实时跟踪系统、站内调车无线指挥系统等先进技术和设备，实现编组站调度、管理、作业的全盘自动化。

调车驼峰按作业能力不同可分为：

（1）大能力驼峰——一般有两条及其以上的推送线，调车线在30条以上，其解编能力在4 000辆/日以上；

（2）中能力驼峰——一般有两条推送线，调车线为17~29条，其解编能力在2 000~4 000辆/日；

（3）小能力驼峰——一般只设一条推送线，调车线为5~16条，解编能力在2 000辆/日以下。

调车驼峰按作业方式不同可分为：

（1）单推单溜驼峰——在同一时间内，只有一台机车进行推送和解体车列的溜放作业；

（2）双推单溜驼峰——在同一时间内，有两台机车平行推峰，一台机车进行解体车列的溜放作业，另一台机车可进行预推作业的作业组织方式。大部分驼峰采用此作业方式；

（3）双推双溜驼峰——能够使用两台机车同时进行推送和解体作业的作业组织方式。

四、驼峰调车作业

驼峰编组场调车作业可分为三类：

（1）解体车列作业——在驼峰头部推送线和溜放部分进行；

（2）编组作业——在驼峰尾部编发线上，根据列车编组计划，将车辆选编成列的调车作业；

（3）其他调车作业——车列、车辆转场、转线调车，编组线上整理车辆等作业。

上述三类作业中，工作量最大并且较复杂的是解体车列作业。解体车列是根据编制的钩计划进行的，不管是双推单溜，还是单推单溜的作业方式，解体一列车一般可分为以下几个过程（以纵列式编组站为例）：

（1）到达作业：包括对到达的车列进行技检、货检、核对现车以及办理货票交接等工作。这些工作均在到达场股道上由相关作业人员平行进行。

（2）待解作业：调车人员将车列风管内的气放掉和按调车作业通知单摘开分钩处的风管，驼峰调车机车从机待线或峰顶驶往到达场连挂待解车列。

（3）预推作业：若为双推单溜作业方式，一台机车正在推送线上解体前一车列，另一台机车去连挂待解车列后就可推送到另一条推送线上等待，称为预推作业。等到前一车列解体完毕，即可接着解体预推的车列，缩短了解体两个车列之间的间隔时间，充分发挥驼峰的作用。

（4）解体车列：驼峰调机根据驼峰信号机的显示，将车列推至峰顶，提钩员提钩，分钩车组下溜，进路开通。调速设备调整溜放车组的速度，车组溜至编组线上。应该注意，在解体过程中，若车列内有禁溜车应送入禁溜线。

（5）取送禁溜车：一般在一个车列（有时是几个车列）解体溜放结束后，驼峰调机将停在禁溜线上的禁溜车取送到编组线上。

（6）整理作业：在解体溜放车组时，如果出现因调速不当，造成堵门车或过大的"天窗"，影响线路使用时；或中途追钩溜错股道的车需要纠正时；或双推双溜时两半场需要交换车等情况时，均需调机下峰进行整理，消除"天窗"，连接车辆，将溜错线路的车或交换的车辆送入指定线上。

（7）集结及编组作业：随着车列的解体，同时将某一方向的车辆集结在固定编组线上。集结到一定数量时就要进行编组作业。编组作业在驼峰尾部进行。

从上述内容可看出，驼峰场调车是一个由多工种、多环节、多设备配合在一起工作的整体。站务组织工作和技术设备必须密切配合、互相协作，才能最大限度地发挥调车驼峰的潜力。

五、驼峰解体能力及其对信号设备的要求

驼峰解体能力的计算方法很多，一般的站场设计单位使用直接计算法，主要是以车列平均解体时间和充分利用峰顶为根据。如驼峰解体能力按每昼夜能通过驼峰解体的车列数或车辆数来表示。这样驼峰解体能力与驼峰推送线的数目、驼峰调车机车的台数有关。以双推单

溜，两台机车作业为例，驼峰的解体能力 N 可由公式（1-2-2）计算。

$$N = (1 - \alpha_{空}) \left(\frac{1400 - \sum t_{固}}{t_{解占}^{双单}} + \frac{2\sum t_{整备} + \sum t_{取送}}{t_{解占}^{单单}} \right) \tag{1-2-2}$$

$$\sum t_{固} = \sum t_{交接} + \sum t_{吃饭} + 2\sum t_{整备} + \sum t_{客妨} + \sum t_{占}^{取送} + \sum t_{取送} \tag{1-2-3}$$

$$t_{解占}^{双单} = t_{分解} + t_{禁溜} + t_{妨碍} + t_{整场} + t_{间隔} \tag{1-2-4}$$

$$t_{解占}^{单单} = t_{空挂} + t_{推} + t_{分解} + t_{禁溜} + t_{妨碍} + t_{整场} \tag{1-2-5}$$

式中　N——日解体能力，列；

$\alpha_{空}$——考虑到列车到达不均衡以及某些不可避免的作业中断对驼峰解体能力的影响而列入计算中的系数，可取为 $0.03 \sim 0.05$；

$\sum t_{固}$——使用两台机车双推单溜时，由于交接班、吃饭、机车整备等中断驼峰作业的总时间，min；

$t_{解占}^{双单}$——采用双推单溜作业方式时，解体一个车列平均占用驼峰的时间，min；

$t_{解占}^{单单}$——采用单推单溜作业方式时，解体一个车列平均占用驼峰的时间，min；

$\sum t_{整备}$——一台调车机车一昼夜整备需要的总时间，min；

$\sum t_{取送}$——驼峰机车应担当的取送调车作业中未占用或中止使用驼峰的时间，min；

$\sum t_{交接}$，$\sum t_{吃饭}$——调车组和乘务员一昼夜交接班、吃饭需要的时间，min；

$\sum t_{客妨}$——一昼夜旅客（通勤）列车横切峰前咽喉妨碍驼峰解体作业的时间，min；

$\sum t_{占}^{取送}$——列入固定作业的取送等调车作业占用或中止使用驼峰的时间，min；

$t_{分解}$——自车列的第一辆车进入驼峰信号机内方时起，至最后一钩车溜出后调车机车停轮时止的纯分解时间，min；

$t_{禁溜}$——驼峰调车机车取送禁溜车或不能通过峰顶、减速器的车辆所需要的时间，min；

$t_{妨碍}$——由于敌对进路交叉干扰妨碍驼峰调车机车分解车列的时间，min；

$t_{整场}$——驼峰机车在编组场内整理车辆所需时间，min；

$t_{间隔}$——使用两台机车连续解体车列，自前一车列解体完毕至第二车列开始解体的间隔时间，min；

$t_{空挂}$——调车机车自驼峰或待作业地点起动至连挂解体车列的时间，min；

$t_{推}$——调车机车自到达场推送车列至峰顶的时间，min。

从公式中各参数不难看出，影响日平均解体能力的因素，除了与站场配置合理、线路设计平行作业以及站务组织工作外，与驼峰信号设备的自动化水平也有很大关系。只有自动化的驼峰信号设备才能保证人身安全；调整车辆溜放速度适当，保证钩车不追钩并安全连挂；及时开通进路，保证车组不溜错股道；确认信号迅速，提高推峰速度等。因此，自动化驼峰会减少 $t_{分解}$ 和 $t_{整场}$，从而提高解体能力。本书后面各章节中，将着重讨论如何提高驼峰信号各项设备自动化控制水平，进而提高驼峰解体能力，保证安全，改善劳动条件。

铁路运输中列车到达的不均衡是不可避免的。因此，驼峰技术设备能力最好应满足列车密集到达时高峰作业的要求。否则从日均解体能力看还有富余，但在高峰时可能发生编组站堵塞的现象，进而影响铁路运输的全局。

第三节　车辆溜放动力学基础

在驼峰站场的设计中需要解决的问题主要有：

（1）确定合理的驼峰调车场头部平面和纵断面；

（2）确定合理的驼峰高度。

在确定了上述问题后，还需要进一步研究车辆溜放的运动规律，以便对溜放车辆的速度进行调整，达到正确、迅速、安全溜放的目的，即需要装设调速工具，并正确地确定调速工具的能力与分布。因此，就必须对车辆在驼峰纵断面上各点运动速度及其变化情况进行较深入的了解。

一、车辆溜放时的受力分析

车辆自峰顶向下溜放运动的原理，与物体沿斜面运动的原理一样，都遵守能量守恒定律。一个自重力 Q（kN）的车辆由调车机车推上峰顶到车辆越过峰顶脱钩抵达编组线的整个过程中，它受到了多种力的作用。

1. 机车的推力

由机车给予车辆的推力，使车辆自峰顶脱钩溜放时，具有一定的初速度。

2. 车辆在下坡道上产生的动力

由于车辆沿坡道溜放，车辆的重力 Q（kN）可分解为两个分力。如图 1-3-1 所示，与坡道平行的分力 $F = Q\sin\alpha$；与坡道垂直的分力 $P = Q\cos\alpha$；由于驼峰的最大坡度为 $i = 50‰$，α 值很小，因此，$\sin\alpha \approx \tan\alpha \approx i‰$，所以 $F = Q\sin\alpha \approx Qi10^{-3}$，而 $P \approx Q$，分力 F 是使车辆产生沿坡道下溜的动力，而分力 P 使车轮与钢轨摩擦产生对车辆的阻力。

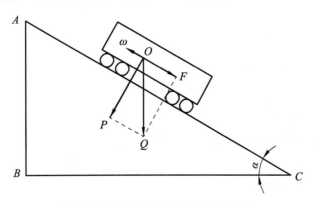

图 1-3-1　车辆在斜面上的受力分析

3. 车辆运行阻力

车辆在自由溜放的过程中，作用于车辆的阻力有以下几种：

（1）基本阻力——指车辆在平直线路上溜放时受到的阻力，主要由于轮轴与轴箱的摩擦、车轮与钢轨的摩擦、车辆在轨缝处的撞击等原因产生的。它与车辆类型、气候条件及线路状况、车辆速度等有关。实际上影响车辆的基本阻力的因素很多，例如同一辆车在溜放过程中，由于走行距离和速度的变化，影响轴油的温度及轮轨间的摩擦和振动，其基本阻力也不一样，特别是冬季或在寒冷地区，轴油影响更为显著。

（2）曲线阻力——指车辆通过曲线时所增加的阻力（与通过直线相比）。由于曲线部分内外轨长度不同，车轮在钢轨上滑行，由滚动摩擦变为滑动摩擦增加了阻力等。它的大小与曲线半径、车辆速度、车辆重量等有关。

（3）道岔阻力——道岔阻力就其本质而言，主要也是曲线阻力，此外还有车轮通过道岔时撞击尖轨和辙叉所产生的阻力。

（4）风和空气阻力——指车辆在溜放过程中与风和空气有相对运动而产生的阻力，该阻力值与车辆形状、大小、表面光滑程度、车速、风速以及风向与车辆行车方向所成的夹角有关。

4. 调速工具产生的力

为了调整车辆在溜放过程中的走行速度，在溜放部分及编组线上设调速工具。在调速工具对车辆产生的力的作用下，车辆产生加速或减速，这根据调速工具采用的是加速工具还是减速工具而定。

上述分析可看出，车辆在溜放中的动力 F（不包括机车推力）与各种阻力 W（不包括制动力）的合力为：$F-W=Q(i-w)10^{-3}$。若 $F-W>0$，车辆加速溜放；若 $F-W=0$，车辆匀速溜放；$F-W<0$，车辆减速溜放。

二、车辆溜放时的能量关系

车辆在溜放过程中，由于受力不同，速度是在不断变化的，它遵守能量守恒定律。也就是说，溜放车辆速度的变化是能量转换的过程。车辆从峰顶溜放至停车点，要克服各种阻力消耗能量，当能量消耗完毕时，车即停下来。

车辆在峰顶脱钩，由于机车的推力给予一个初速度 V_0，通常以动能形式表示：

$$动能 = \frac{QV_0^2}{2g'} \tag{1-3-1}$$

式中　V_0——车辆溜放的初速度（即机车推峰速度），m/s；

　　　Q——车辆重量，kN；

　　　g'——为考虑车轮转动惯性影响的重力加速度，m/s²，一般取 9.5 m/s²。

另外由于车辆在峰顶具有位能 $QH_{峰}$，所以车辆在峰顶具有的总能量为：

$$\frac{QV_0^2}{2g'} + QH_{峰} \tag{1-3-2}$$

车辆溜放时，克服各种阻力要消耗能量。克服阻力所做的功为：

$$WL = Q\omega L 10^{-3} \tag{1-3-3}$$

式中　W——车辆溜放行程上所受的平均总阻力，kN；

　　　ω——单位重量车所受的平均阻力，N/kN；

　　　L——车辆溜放距离，m。

根据峰高的设计原理及能量守恒定律，难行车从峰顶溜放至计算点停车应符合下列公式：

$$\frac{QV_0^2}{2g'} + QH_{峰} = Q\omega L_{计} 10^{-3} \tag{1-3-4}$$

或

$$\frac{QV_0^2}{2g'} + QH_{峰} - Q\omega L_{计} 10^{-3} = 0$$

令 $Q = 1$ kN，则得：

$$\frac{V_0^2}{2g'} + H_{峰} - \omega L_{计} 10^{-3} = 0 \tag{1-3-5}$$

当车辆溜放了 L，驶至 K 点时所剩余的能量应等于：

$$\frac{QV_K^2}{2g'} + QH_K \tag{1-3-6}$$

式中　H_K——K 点的高度，m；

　　　V_K——车辆在 K 点的速度，m/s。

根据能量守恒定律，下式应成立：

$$\frac{QV_0^2}{2g'} + QH_{峰} - Q\omega L_K 10^{-3} = \frac{QV_K^2}{2g'} + QH_K \tag{1-3-7}$$

式（1-3-7）可化简为：

$$\frac{V_K^2}{2g'} = \frac{V_0^2}{2g'} + (H_{峰} - H_K) - \omega L_K \times 10^{-3} \tag{1-3-8}$$

式中　$H_{峰} - H_K = L_K i \times 10^{-3}$； $\tag{1-3-9}$

　　　i——L_K 范围内的平均坡度，‰。

将式（1-3-9）代入式（1-3-8）得：

$$\frac{V_K^2}{2g'} = \frac{V_0^2}{2g'} + L_K i \times 10^{-3} - \omega L_K \times 10^{-3} \tag{1-3-10}$$

$$V_K = \sqrt{V_0^2 + 2g'L_K(i-w)10^{-3}} \tag{1-3-11}$$

式（1-3-11）为求车辆溜放过程中任意点溜放速度的数学模型。

在驼峰调车场设计中，溜放车辆所具有的能量和克服阻力所做的功，以及调速工具消耗的功均可以用能高来表示。能高的定义是：在溜放过程中车辆单位质量所具有的能量或消耗的能量可以用当量高度来表示，这个当量高度叫作能量高度，简称为能高。式（1-3-5）可表示为：

$$H_{峰} + h_o = h_w \qquad\qquad (1\text{-}3\text{-}12)$$

式中　　$H_{峰}$——位能高，m；

h_o——动能高，m，$h_o = \dfrac{V_0^2}{2g'}$；

h_w——阻力能高，m，$h_w = \omega L_{计} 10^{-3}$。

根据能量守恒定律，在整个溜放过程中，这三项能高之和应该不变，而只是互相转换，可以用能高线图表示三者的关系。

能高线的绘制方法如下（见图 1-3-2）：

（1）AC 线为从峰顶到各编组线的纵断面线，表示车辆在溜放过程中各点的位能高。

（2）车辆在 A 点脱钩时，具有初速度 V_0，其相应的动能高为 h_0，车辆在 A 点具有总能高为 $H_{峰} + h_0$。

（3）由 O 点作水平线 ON，它是车辆在峰顶时的总能高线，称始线或零线。如果车辆在溜放时没有阻力，ON 线就是溜放进路上各点的能高线，但实际存在阻力，就会产生为克服阻力的能高损失。

（4）根据式（1-3-3），求出溜放线路上各处的阻力高 h_w，然后从 ON 线向下做垂直线段截取各点的阻力高 h_w，连接各点即得能高线 OC 线。图 1-3-2 中假定阻力是一常数，故能高线画成一条直线。实际在溜放过程中，车辆所受阻力与 L 不是线性关系，因而整条能高线不一定是条直线，而是折线或曲线。

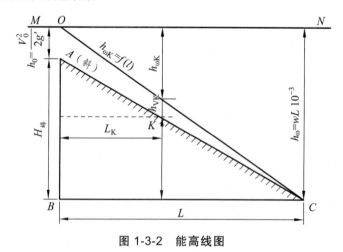

图 1-3-2　能高线图

由能高线图可以确定多个参量，例如车辆溜放至 K 点时，阻力所消耗的能高是从始线 ON 到能高线 OC 的高度 h_{wK}；纵断面线 AC 上的点代表车辆在该点的位能高 H_K；溜放速度所形成的动能高，即从能高线到纵断面线的高度 h_{vK}。车辆在 K 点的溜放速度的计算公式为：

$$V_K = \sqrt{2g'h_{vK}} \qquad\qquad (1\text{-}3\text{-}13)$$

如图 1-3-3 所示是用能高线原理计算调速工具制动能力的实例。制动工具的制动能力用制动能高 $h_{制}$（m）来表示。

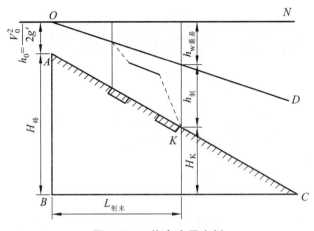

图 1-3-3　能高应用实例

按机械化驼峰纵断面设计要求，驼峰调车场头部咽喉区制动工具的能力应保证：在最有利的条件下，使用全部制动能力后，最易行车在第二制动位末端完全停车，这是计算制动能力的前提条件。图 1-3-3 中，ON 线是初始能高线，OD 线是易行车阻力能高线。可以看出，最易行车从峰顶以一定初速度自由溜放至第二制动位末端 K 时，除了克服阻力之外，尚有剩余动能高需要由减速器消耗掉。从图中看出该站场设有两个制动位，剩余动能高可被两个制动位的减速器的制动力分配消耗掉。车辆经过两个制动位后，已无动能，车辆在 K 点（制动位的末端）停车。减速器缓解后，车辆靠位能高 H_K 转化成动能使车辆起动，继续溜放。

复习思考题

1. 简述编组站的定义和分类。
2. 简述编组站的作业过程。
3. 对驼峰调车场的平面布置有哪些要求？如何实现？
4. 对驼峰调车场的纵断面布置有哪些要求？如何实现？
5. 禁溜线和迂回线各有什么作用？
6. 简述驼峰的分类。
7. 简述驼峰解体作业过程。
8. 车辆溜放时受到哪些作用力？车辆溜放总阻力包括哪几部分？这些阻力受哪些因素的影响？
9. 根据能量守恒原理，说明车组溜放过程中的能量关系。
10. 什么是能高线图？能高线图是怎样画出来的？

第二章　驼峰信号基础设备

为了保证作业安全和提高作业效率，在驼峰调车场的头部咽喉区装设信号设备，并实现必要的联锁关系。本章重点讨论驼峰场的主要信号设备的设置、运营技术要求、信号联锁概念、主要控制电路工作原理等。

第一节　驼峰调车场信号设备概述

驼峰调车场的主要任务是解体、编组和其他调车作业。解体作业在驼峰场头部进行，编组作业在驼峰调车场尾部进行。现在以典型的纵列式编组站驼峰头部信号平面布置示意图（见图 2-1-1）为例，介绍其主要信号设备。

一、信号机

驼峰场的信号机就其性质而言都属于调车信号机。为了讨论方便，我们根据信号机设置的位置及调车作业的性质，将驼峰调车场信号机分为两类：一类为指挥调车机车进行推送解体作业的驼峰信号机（亦称驼峰主体信号机或峰顶信号机）、驼峰复示信号机、驼峰辅助信号机、驼峰机车信号；另一类是指挥机车进行一般调车作业的调车信号机。

1. 驼峰信号机

图 2-1-1 中所示的 T_1、T_2 是驼峰信号机，其作用是指挥调车机车进行推送、解体车列。根据作业需要，设在驼峰峰顶平台与加速坡变坡点处，每条推送线设一架。

2. 驼峰复示信号机和驼峰辅助信号机

解体作业时，推送机车是从远离驼峰一端推着车列向峰顶运行，虽然峰顶上设置高柱信号机，但因距离太远、天气不良、刮风下雨或太阳直射等原因，影响司机瞭望信号。所以根据需要可设驼峰复示信号机。

纵列式编组站的到达场靠近驼峰的一端每一股道上均应设驼峰复示信号机。我们知道，到达场股道上本来就根据行车及调车需要设置了信号机。为了不使司机混淆，规定此处的驼峰复示信号与行车所需的信号合并使用一架信号机。这架信号机在《铁道技术管理规程》（后文简称《技规》）中称为驼峰辅助信号机，以便于与只复示驼峰信号机的驼峰复示信号机区别。驼峰辅助信号机可兼作出站或发车进路信号机。

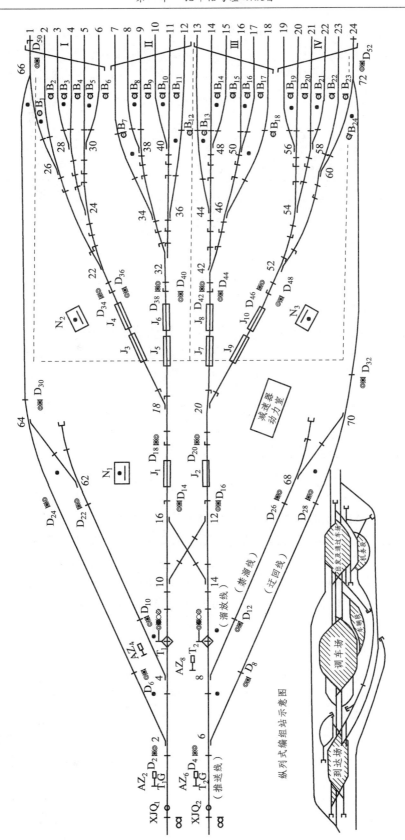

图 2-1-1 驼峰信号平面布置图

若驼峰辅助信号机显示距离仍不能满足要求，还可在需要的地点装设驼峰复示信号机。如图 2-1-2 所示，T_1，T_2 是驼峰信号机；$TF_3 \sim TF_6$ 是驼峰辅助信号机；FTF_4，FTF_5 是驼峰复示信号机。驼峰信号机、驼峰辅助信号机及驼峰复示信号机均采用色灯双机构的高柱信号机，驼峰复示信号机在机构上用方形背板以示区别。

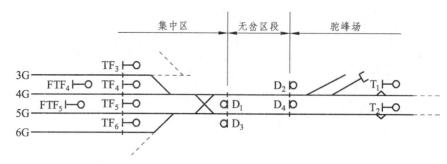

图 2-1-2　驼峰信号机防护范围示意图

3. 驼峰机车信号

为了提高驼峰解体效率，最大限度地缩短司机辨认信号的时间及改善工作条件，可在推峰机车室内装设驼峰机车信号显示器。驼峰机车信号显示器是复示地面的驼峰信号机的显示，也属于复示信号，但它的控制电路结构原理复杂，一般视为独立系统，本书另立一节介绍。

4. 调车信号机

调车信号机根据控制电路原理不同又可分为两类：一类为线束调车信号机，另一类为峰上调车信号机。

（1）线束调车信号机。

在每一个线束分歧道岔处设置线束调车信号机，分上峰和下峰两个方向。如图 2-1-1 中的 D_{18}，D_{20}，D_{34}，D_{36}……。这类信号机的作用是指挥调车机车在峰下调车线路间进行车辆转线整理等调车作业。若有两台机车在同一个线束内进行作业，该线束上峰调车信号机开放，往往难于区分指示哪一台机车上峰，为此在每条调车线始端设置线路表示器，如图 2-1-1 中的 B_1，B_2，B_3……。线路表示器平时灭灯，当上峰线束调车信号机开放，该线束内那条进路开通其调车线上的线路表示器就点亮白灯，准许机车越过该线路表示器调车。

（2）峰上调车信号机。

除了驼峰信号机和线束调车信号机外，其他的信号机均属峰上调车信号机。如图 2-1-1 中的 D_2，D_4，D_6，D_{14}，D_{16}，D_{50}，D_{52}……。这些调车信号机指挥调机进行迂回线、禁溜线以及上下峰的调车作业。

按钮柱是为关闭驼峰信号机而设的，一般设置在调车员、提钩员经常工作的地方，如图 2-1-1 中所示的 AZ_2，AZ_4……。按钮柱上只安装一个按钮，以便现场调车员发现有危及安全的因素时立即关闭驼峰信号。

二、道岔转换设备及轨道电路

驼峰场溜放进路上道岔转换设备要求是快动型的。一般采用 ZD 型电动转辙机（目前较多采用 ZD7 型）和 ZK 型电空转辙机（目前较多采用 ZK3、ZK4 型）。有风压设备的调车场尽量采用 ZK 型电空转辙机。因为它与 ZD 型电动转辙机相比具有拉力大、动作快、结构简单、易维修等优点。

除了溜放进路上的道岔外，其他区段的道岔转换设备不需要快动型的。但为了一个场设备统一，一般也可以采用相同类型的转辙设备。

驼峰场轨道电路分为两种类型。溜放进路上的分路道岔区段的轨道电路有一些特殊的要求，因为它参与进路或道岔控制命令的传递、执行和取消，目前采用的是双区段轨道电路。其他区段的轨道电路与大站电气集中的基本相同。

三、车辆减速器

车辆减速器的作用是调整溜放车组的速度。机械化驼峰溜放进路上一般设置两个制动位，调整相邻车组的必要间隔。如图 2-1-1 中所示的 J_1，J_2，J_3，……，J_{10}。自动化驼峰场除设有间隔调速位以外还设置目的调速位。

四、限界检查器

限界检查器是检查车辆的底部限界，凡不符合限界检查器要求的车辆不能溜放，以免撞坏车辆减速器。一般在每条推送线上距峰顶 80～100 m 处装设限界检查器，如图 2-1-1 中所示的 XJQ_1、XJQ_2。若低于限界的车辆经过时，限界检查器被撞倒，立即关闭驼峰信号，同时发出音响报警信号。

五、信号楼及楼内设备

1. 信号楼

驼峰信号楼是集中控制和监管现场信号机、道岔及车辆减速器等设备的中心。目前驼峰场全场一般只设一座信号楼，其位置保证能瞭望全场作业情况。

2. 控制台

每个信号楼的顶层，在便于瞭望现场的房间设置驼峰控制台。机械化驼峰控制台的外形如图 2-1-3 所示，盘面采用斜面整板，上面有站场模拟线路及各种按钮、手柄、表示灯等。

图 2-1-4 是机械化驼峰场上部信号楼控制台盘面图。控制台的相关按钮及表示灯介绍如下。

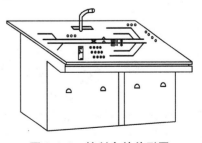

图 2-1-3　控制台的外形图

图 2-1-4　机械化驼峰控制台盘面图

图例：

1. ◇ —— 三位驼峰信号号手柄
2. ◇◇ —— 二位驼峰信号号手柄
3. ○ —— 表示灯（字母内为灯色）
4. ○ —— 二位按钮（无字自复灯钮或带F停留式）
5. ○ —— 三位按钮
6. ◎ —— 二位自复带铅封按钮
7. Ⓑ —— 二位带灯按钮（按钮内字母为灯色）
8. Ⓑ —— 三位带灯按钮（按钮内字母为灯色）
9. Ⓑ —— 驼峰信号复示器
10. Ⓑ —— 继电型信号复示器
11. ┅ —— 轨道光节
12. —— 轨道钢条
13. —— 铭牌

驼峰安全型全继电式进路存储器
上部信号楼控制台面布置图

（1）信号机控制按钮及信号复示器。

全场的信号机都由上部楼控制，控制台上有每架信号机的控制按钮及复示器。每架驼峰信号机设置六个二位自复式按钮，分别控制"加速""减速""定速""后退""调车""停止"信号。每架线束调车信号机设置一个三位自复式按钮，实现人工关、启信号。每架峰上调车信号机设置一个二位自复式按钮。

每架信号机的复示器复示现场该信号机的显示。

（2）道岔手柄及定、反位表示灯。

控制台上有两类道岔手柄。一类是控制溜放进路上的分路道岔的控制手柄。分路道岔有两种控制方式：一种受驼峰道岔自动集中设备控制，完成道岔定位或反位的自动转换；另一种由人工操纵手柄使道岔转换。因此这类道岔在控制台上需设一个三位式道岔手柄，当手柄置于中间位置时，表明该道岔由驼峰道岔自动集中设备自动控制。另一类是除了溜放进路上分路道岔以外的所有道岔。如推送线上连接迂回线，禁溜线以及溜放进路上交叉渡线上的顺向道岔等，这类道岔采用二位式手柄，供值班员控制道岔的定、反位转换。

（3）自动集中作业按钮及表示灯。

对驼峰道岔自动集中设备来说，有三种作业方式：自动、半自动、手动。因此在控制台上分别各设一个二位自复式按钮及表示灯。并设有反映分路道岔是否纳入自动集中控制的表示灯，当所有分路道岔手柄均置于中间位置时，该表示灯就亮。为了自动集中设备的需要，每条溜放进路设相应的进路按钮，另外还有取消按钮、增加按钮、检查按钮等，以使值班员储存、修改进路用，并设表示钩序及进路的数字显示器等。

（4）减速器控制按钮及表示灯。

每台减速器设有制动、缓解按钮，一般采用二位自复式带灯按钮。

（5）电气集中作业按钮及表示灯。

对应每个道岔轨道电路区段设一个故障锁闭按钮，还有总取消、总人工解锁、挤岔、道岔恢复等按钮。

（6）推送作业场间联系有关按钮及表示灯。

为完成场间联系作业设置相关的按钮和表示灯，如允许推送、预先推送按钮及表示灯，到达场股道推送表示灯，推送锁闭、进路锁闭等表示灯。

（7）音响报警信号。

音响报警信号有车辆底部超限（限界检查器被撞倒）、挤岔、道岔恢复等。

自动化驼峰控制台一般采用显示器，操作方式为鼠标、数字化仪等输入设备，在其操作界面上，可以自动或人工操作所有的信号设备、车辆减速器等，并显示所有信号设备状态、减速器状态，以及自动化系统的各种数据。

3. 机械室

在机械室有电气集中、自动集中设备的继电器组合及组合架，室内外联系电缆分线盘等设备，自动化驼峰还有检测和监测设备等。

4. 电源屏

驼峰场要求有两路可靠的独立三相 380 V 电源，各信号楼均有单独电源屏供电，电源屏包括自动调压器、交流和直流电源屏，为了保证不间断供电，交、直流电源屏一般是两套。

自动化驼峰场还设有机房，放置计算机控制设备，设置交流净化电源和不间断电源 UPS 等。

六、其他设备

在自动化驼峰场，为了满足自动化控制需要，在室外根据需要装设各种监测和检测设备。在峰顶有提钩显示屏、光挡，在加速坡末端第一分路道岔前设测重传感器和计轴传感器，在减速器区段轨旁设测速雷达，减速器区段入口设车轮传感器，调车场股道设有测长设备，股道末端设停车器等。这些设备在以后章节中讲解，在此只介绍光挡和气象站。

1. 光挡

光挡用于判断驼峰溜放车组间的分钩，判定车组的辆数和车组的受风面积。它是用成对的光开关装在驼峰推送线的适当位置上，每条推送线安装 4 对光开关。

2. 气象站

气象站由风向、风速、温度、湿度传感器及信号处理电路组成，分别测量风向、风速、温度、湿度，用于计算车辆减速器出口速度和驼峰自动化系统自动校准等。

第二节　驼峰信号联锁设备

早期使用的驼峰信号电气集中联锁设备由控制台、继电器组合、电源屏以及室外信号设备组成。控制台接收值班员的控制命令，由继电器进行联锁条件检查和联锁运算，输出控制室外设备，并在控制台上显示各种状态。目前广泛使用的驼峰信号计算机联锁控制设备由操作计算机、计算机主机、接口柜、电源屏以及室外信号设备组成。控制命令的输入在操作计算机上由键盘和鼠标完成，显示器显示设备状态、操作结果、报警和提示、信息查询、历史回放等，联锁条件检查和联锁运算由软件完成。

由于驼峰的作业特点只有调车作业，行车安全要求相对低，因此在电气集中联锁设备中，为了使设备简单，减少了很多中间逻辑运算继电器。如果采用计算机设备完成驼峰的联锁，在不增加硬件设备的情况下就可以完成各种联锁关系运算和逻辑判断，实现完善的联锁功能，同时安全程度也可以大大提高，因此，驼峰计算机联锁设备在功能、安全检查、智能化、信息化等方面远远高于继电联锁设备。但是，继电联锁是计算机联锁的基础，在某些方面计算机联锁的概念、联锁关系、运营技术要求等方面仍然来源于继电联锁。

一、驼峰信号机控制原理

（一）驼峰信号机显示意义

为了满足驼峰解体作业的需要，驼峰信号机应有多种信号显示，可分为：溜放信号、后退信号、去禁溜线取送车信号、机车下峰调车信号、停止信号等。《技规》规定的驼峰信号机的显示及意义如下：

一个绿色稳定灯光——准许机车车辆按规定速度向驼峰推进；

一个绿色闪光灯光——准许机车车辆加速向驼峰推进；

一个黄色闪光灯光——准许机车车辆减速向驼峰推进；

一个红色闪光灯光——指示机车车辆自驼峰退回；

一个月白色闪光灯光——指示机车车辆去禁溜线取送车；

一个月白色稳定灯光——指示机车到峰下；

一个红色稳定灯光——不准机车车辆越过该信号机或指示机车车辆停止作业；

一个黄色稳定灯光——指示机车车辆向驼峰预先推进。

上述信号中绿色稳定灯光、绿色闪光灯光、黄色闪光灯光一般称为溜放信号，用不同灯光区分不同的推进速度。

黄色稳定灯光是预推信号，指示机车车辆向峰顶预先推送，机车从到达场向峰顶推送至预定地点时，黄色灯光自动转换为红色灯光，预先推送作业结束。目前将黄色灯光的预推信号仅设置在驼峰辅助信号机或驼峰复示信号机上。当驼峰辅助信号机或驼峰复示信号机亮黄灯光时，驼峰信号机仍亮红灯，主体与复示信号机显示暂不一致。

另外需强调一下，从上述灯光显示意义看出，除了月白灯光指示机车越过峰顶下峰外，其他灯光显示都不允许机车越过峰顶，即机车不能进入驼峰信号机的内方。

应注意驼峰信号机上的调车信号月白灯光是指示机车下峰信号，若从联锁条件来区分，它不属于驼峰信号联锁的内容，而是属于峰上调车信号的联锁内容，所以我们讨论驼峰信号以及联锁内容时不包括机车下峰的调车信号。

（二）驼峰信号机防护、联锁及控制的特点

驼峰解体作业包括推送车列、车组溜放、取送禁溜车辆等内容。推送车列就意味着机车从远离驼峰端的到达场股道向峰顶推进，车组溜放意味着从峰顶脱钩的车组在峰下溜放线路上运行。当开放驼峰溜放信号时，上述的作业是连续进行的，使用的进路由两部分组成，前者称推送进路，其始端在到达场股道，终端是峰顶；后者称溜放进路，其始端在峰顶，终端至各调车线。取、送禁溜车意味着机车牵引车列进入或者退出禁溜线（或迂回线）。从上述内容不难看出，驼峰信号机随着作业情况的变化其防护范围也是不同的。总的说来，驼峰信号机防护范围较广，自到达场股道经咽喉区进入驼峰场推送部分、峰顶平台、溜放部分直至各调车线。若以驼峰信号机为界，它既防护信号机外方（推送进路）又防护信号机内方（溜放进路），还要防护驼峰信号机侧方（禁溜线和迂回线），因此，驼峰信号显示及防护的线路与一般车站信号机有显著不同。所以信号与道岔、进路之间的联锁关系也有其特点。例如驼峰溜放信号开放，不检查溜放进路上的分路道岔位置，没有进路锁闭，也不检查进路是否空闲，但它与作业过程中危及溜放安全的"因素"要联锁。

危及溜放安全的因素一般可分两类：一类是设备不正常造成的，这类是可测的因素，例如减速器动力源压力不足，车辆限界检查器被碰，道岔被挤在四开位置等，均应立即关闭信号，为引起值班员注意，一般伴有音响报警信号；另一类是偶然发生的不安全因素，这是不可测的因素，它不但危及溜放车组的安全，而且可能危及人身安全。对这类因素有关人员必须加强观察，当发现不安全因素时，立即用按钮柱上的按钮关闭驼峰信号机。这也是驼峰信

号控制的特点，即除了信号楼值班人员可关闭信号外，其他有关人员也可关闭驼峰信号。

（三）运营技术要求

根据上述驼峰信号特点，提出以下技术要求：

（1）驼峰信号机的显示应符合《技规》的规定。

（2）驼峰信号机应与敌对信号机联锁；与推送进路上的道岔和溜放进路上的顺向道岔（这些道岔不属于驼峰道岔自动集中控制）联锁。

（3）驼峰信号机的开放与不符合车辆限界检查器的车辆联锁，即限界检查器被碰倒时，应立即关闭信号，并有音响报警信号；与车辆减速器动力源联锁，即压力不足，减速器不能正常工作时应关闭信号；发现不安全因素应关闭信号。

（4）灯光显示正确，并由一种开放信号变换为另一种开放信号时，转换中间不能闪显其他显示。若从开放信号变为关闭信号时，提钩员工作处应有短时间音响信号。

（5）信号开放后，当电缆线路断路、灯丝断丝、闪光设备故障等，应关闭信号。

（6）在因设备不正常自动关闭信号或由现场调车人员、下部信号楼值班员关闭信号后，即使故障排除也不能自动再次开放信号，通常称不允许自动重复开放信号。必须由上部信号楼值班员确认关闭信号后，由其再次开放信号。

上述技术要求是设计驼峰信号控制电路的基本依据，但在结合具体站场设计时，也可能还有其他特殊要求。

（四）继电式电气集中联锁驼峰信号机控制电路

驼峰信号电路的性能，直接影响作业的安全和效率。要求电路除了满足运营技术要求外，还必须使电路结构严密，层次清楚，动作稳定可靠，具有故障—安全的特性。信号控制电路一般采用二级或三级控制。下面介绍以继电器为元件的两级控制电路，第一级是信号继电器电路以及为实现联锁条件而设的其他继电电路，它是室内完成联锁运算的主要环节。第二级是信号点灯电路，完成从继电器室内送电至室外信号机点灯的任务。

1. 控制原理

图 2-2-1 所示是信号继电器控制原理框图，包括命令输入部分、记忆和执行部分、联锁部分。

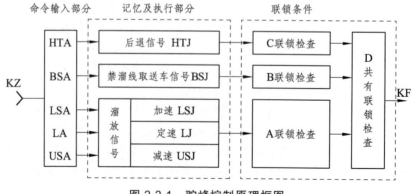

图 2-2-1　驼峰控制原理框图

（1）命令输入部分。

目前驼峰信号机是由上部信号楼值班员进行控制。对应每架信号机的显示设有六个二位自复式按钮："定速"按钮 LA、"加速"按钮 LSA、减速"按钮 USA、"后退"按钮 HTA、"向禁溜线"和"峰下调车"共用按钮 DA、"停止"（关闭）按钮 HA。值班员根据现场作业情况，需要开放什么信号就按压相应的按钮。例如溜放过程中遇到禁止溜放的车辆时，需将它送至禁溜线上，此时值班员应按下"后退"按钮，开放后退信号（红灯闪光信号），指示机车退出 4 号道岔区段（参见图 2-1-1），4 号道岔转换至反位后，值班员再按压"向禁溜线"按钮，开放白灯闪光信号，指示机车车列去禁溜线。当禁溜车"甩"在禁溜线上后，值班员又可开放溜放信号，继续推送溜放车组。目前我国使用的溜放信号有三个速度等级的信号，即"定速"、"加速"、"减速"。在作业过程中用哪个速度等级由值班员根据当前情况（如车组长度、重量、车组组合情况，分歧地点等）判断决定，所以推送速度是否合适与值班员经验有很大关系。

（2）记忆和执行部分。

对应上述的每一个按钮设一个信号继电器，分别为：绿灯继电器 LJ、绿灯闪光继电器 LSJ、黄灯闪光继电器 USJ、月白灯闪光继电器 BSJ、红灯闪光继电器 HSJ 或后退继电器 HTJ。即信号继电器的设置及名称与允许信号的显示一一对应。用它们励磁吸起接点分别开放绿、绿闪、黄闪、月白闪和红闪信号。如果联锁条件满足，按压信号按钮，相应的信号继电器励磁吸起并构成自闭电路，记忆信号开放的事件。

（3）联锁部分。

联锁部分是完成运营技术要求的，开放信号必须要满足必要的联锁条件，否则会造成不安全因素甚至导致重大事故。驼峰信号机的多种显示信号的联锁内容有共同点也有不同点。图 2-2-1 中的 D 部分是表示共同的联锁内容，A、B、C 部分分别是溜放信号、向禁溜线信号、后退信号的联锁内容。

D 项联锁内容是溜放作业、后退作业、向禁溜线作业机车车列都占用推送部分，因此要检查推送线上的敌对信号机未开放；推送进路上的相关道岔在规定位置；推送进路锁闭（推送进路锁闭继电器 TSJ↓）；灯丝完好（灯丝继电器 DJ↑）；防止重复开放信号的条件具备（防止重复继电器 FCJ↑）以及现场无意外发生（各取消信号按钮 QXA 在定位）等。

A 项联锁内容是与溜放信号有关的条件，开放定速、减速、加速三种溜放信号时除了 D 项内容外，还应该检查溜放进路上的敌对信号机未开放；进路上不属于驼峰道岔自动集中的道岔在规定的位置，如图 2-2-1 中的 T1 开放溜放信号进行全场溜放时 16# 道岔应在定位，12# 道岔应在反位；车辆限界检查器在定位（限界检查继电器 XJJ↑）以及减速器动力源压力正常（报警继电器 BOJ↓）等。

B 项联锁内容是与去禁溜线进路有关的条件。如去禁溜线时的敌对信号未开放；相关道岔位置正确等。

C 联锁内容是后退进路的条件。后退进路情况较复杂，因为后退的车列有时较长有时较短，这由禁溜车在车列中的位置决定。若后退的车列较短，占用的后退进路较短，在驼峰场内，只检查驼峰场的联锁条件。若后退的车列较长，需占用到达场的咽喉区，则还必须有场间联系的条件，即到达场未占用该进路，敌对信号未开放等。

图 2-2-2 所示是驼峰信号点灯电路框图。点灯电路是信号控制电路第二级。该电路与室外被控对象（色灯信号机）直接联系。室外联系线路较长，必须考虑断线和混线故障防护，

如采用安全对应法和双断保护法。图中灯丝继电器的设置是断线故障防护的一种措施，若灯丝断丝或线路断线时灯丝继电器失磁落下，切断信号继电器电路，使其失磁落下关闭信号。信号变压器的作用是将信号楼提供的交流 220 V 电压降至点灯电压。

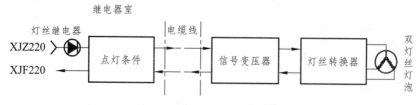

图 2-2-2　驼峰信号点灯电路框图

2. 控制电路

图 2-2-3 所示是图 2-1-1 站场中驼峰信号机 T_1 的信号继电器控制电路。图中以虚线分割是与图 2-2-1 中各部分一一对应。关于每部分联锁的内容在框图 A、B、C、D 已解说，不再赘述，对照图 2-1-1 信号平面图结合联锁内容即可理解。下面就图中一些继电器的动作原理进行介绍。

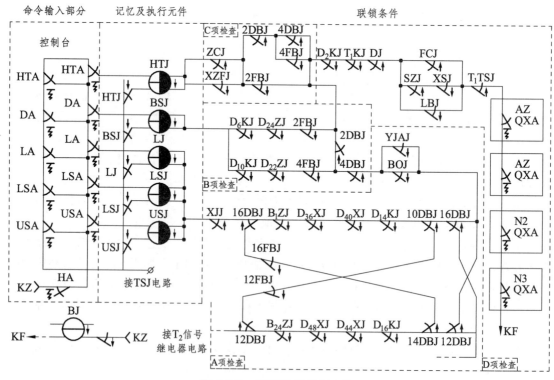

图 2-2-3　驼峰信号控制电路

（1）限界检查继电器 XJJ。

限界检查继电器的作用是检查由驼峰溜放的车辆的底部限界是否超限，如果超限立即关闭溜放信号。XJJ 电路如图 2-2-4 所示。限界检查器常态时，XJJ 经 XJQ 的定位接点构成自闭电路，保持吸起状态。当底部超限的车辆碰倒限界检查器时，接点 XJQ 断开，使 XJJ 失磁落下，随之信号继电器失磁落下，信号关闭，并在控制台上亮红灯，发出音响报警。XJJ 一且失磁落下必须经值班员按压 XJA 按钮,并且检查器恢复常态,XJJ 才能再次励磁吸起并保持。

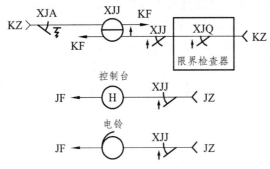

图 2-2-4 限界检查器电路

(2)防止重复继电器 FCJ。

FCJ 的作用是防止信号因某种原因自动关闭后又自动重新开放。从图 2-2-5 中看出,驼峰信号机在关闭时(各信号继电器失磁落下),FCJ 自闭吸起。当某一信号继电器吸起,切断 FCJ 自闭电路使其失磁落下。信号继电器若因故失磁落下关闭信号,FCJ 也不会自动吸起,只有值班员按压红灯按钮 HA 后,才能使 FCJ 再次励磁吸起并构成自闭电路。

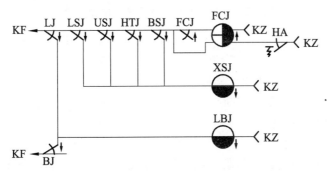

图 2-2-5 防止重复和信号复示继电器电路

FCJ 采用缓放型继电器是因为信号继电器要经 FCJ 前接点才能励磁吸起,而信号继电器吸起后,又切断 FCJ 的自闭电路,为了保证信号继电器可靠吸起,要求 FCJ 采用缓放型。这种为了使继电器稳定可靠的动作,采用继电器缓放的方法,称为时间防护法,时间防护法在信号电路中经常使用。

(3)信号闪光继电器 XSJ 和绿白继电器 LBJ。

XSJ 是绿灯闪光继电器 LSJ、黄灯闪光继电器 USJ、月白灯闪光继电器 BSJ、后退(红灯闪光)继电器 HTJ 的复示继电器。LBJ 是绿灯继电器 LJ 和白灯继电器 BJ 的复示继电器,如图 2-2-5 所示。

(4)闪光继电器 SNJ 和闪光照查继电器 SZJ。

闪光继电器的作用是用其构成闪光源,使驼峰信号机能显示闪光信号。SNJ 的常态在失磁落下状态,当某一闪光信号继电器吸起后,XSJ 也随之励磁吸起,由 XSJ 的前接点和 SNJ 的后接点构成两条电路,如图 2-2-6 所示。一条电路经 R_1、SNJ_{1-2} 线圈到 KF;另一条经 C_2、SNJ_{4-3} 线圈到 KF,给电容 C_2 充电。由于此时 SNJ 的两个线圈电流方向相反,所以在给 C_2 充电过程中 SNJ 不能吸起,直到 C_2 充电结束后,SNJ 由 1-2 线圈励磁吸起。SNJ

吸起后由其本身后接点断开供电电路，并构成 C_2 的两条放电回路，其中有一条是通过 SNJ 的 1-2、3-4 线圈，使 SNJ 继续保持吸起（缓放）。C_2 放电完毕后 SNJ 失磁落下。SNJ 落下后，又重新构成了其本身 1-2 线圈的励磁电路和 C_2 的充电电路，重复上述吸起、断开、C_2 放电的过程。不难看出只要 XSJ 保持吸起状态，SNJ 就以一定的频率脉动工作。C_2 的充、放电回路中电阻是可调的，其作用是调整 SNJ 的工作频率，用 R_1 调节 SNJ 缓吸时间，R_2 调节 SNJ 缓放时间。用 SNJ 脉动接点控制驼峰信号机的点灯电路（图 2-2-9 所示），得到闪光显示。

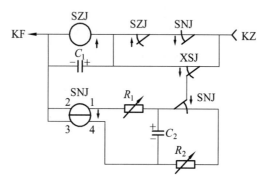

图 2-2-6　闪光脉动及照查继电器电路

闪光照查继电器 SZJ 的作用是为了在开放闪光信号时，监督 SNJ 是否正常脉动工作。若 SNJ 不脉动工作，闪光信号会自动变成稳定信号，造成错误显示。

SZJ 的常态是经 XSJ 后接点励磁吸起的。当驼峰信号机开放某一闪光信号时，XSJ 励磁吸起，于是 SZJ 励磁电路被切断，但它通过并联在线圈上的电容 C_1 放电保持吸起。在 C_1 放电过程中 SNJ 前接点接通，构成 SZJ 自闭电路并给 C_1 充电，以备在 SNJ 落下间隙再给 SZJ 放电使之不失磁落下。因此，只要 SNJ 正常脉动工作，SZJ 就不会失磁落下。开放闪光信号期间，若 SNJ 因故不脉动工作，则 SZJ 失磁落下，起到监督作用。SZJ 前接点接入信号闪光继电器控制电路（见图 2-2-3）的自闭电路中，一旦 SZJ 失磁落下，信号继电器失磁落下，关闭信号。

（5）推送锁闭继电器 TSJ。

TSJ 的作用是锁闭推送进路（锁闭推送进路上敌对信号机和有关道岔），实现先锁闭敌对关系，后开放信号的安全原则。每条推送线设一个 TSJ，其电路如图 2-2-7 所示。当相关的轨道区段空闲，未办理推送作业或预推作业时，TSJ 励磁吸起并自闭，说明进路未锁闭。当办理了允许推送（YTJ↑）或允许预先推送（YYJ↑）作业，或驼峰信号开放（FCJ↓），均使 TSJ 失磁落下，锁闭推送进路的敌对关系。

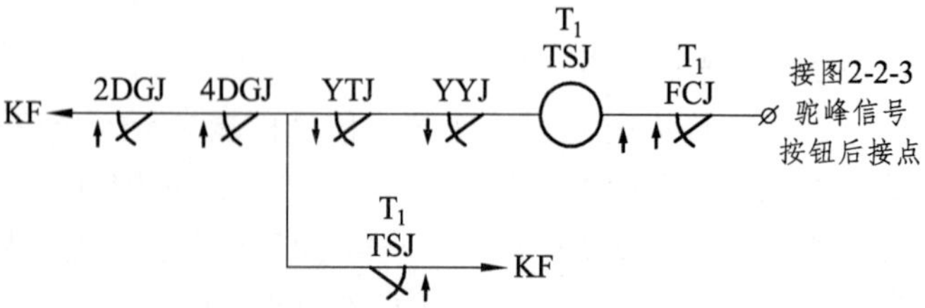

图 2-2-7　推送锁闭继电器电路

（6）电铃继电器 DLJ 及电铃电路。

电铃继电器 DLJ 的作用是为实现驼峰信号由开放信号变为禁止信号时有短时间音响信号，其电路如图 2-2-8 所示。开放任一允许信号时 XSJ 或 LBJ 励磁吸起，DLJ 随之励磁吸起。当信号继电器失磁落下时，DLJ 经 *C* 放电缓放落下，用其缓放期间（此时 XSJ↓、LBJ↓）接通电铃电路，使电铃鸣响。限界检查器被碰倒时（XJJ↓）电铃也鸣响。

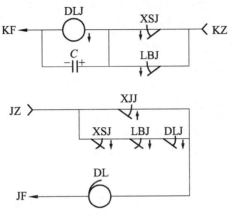

图 2-2-8　电铃继电器及电铃电路

（7）驼峰信号机点灯电路。

驼峰信号机由信号楼集中供电，在信号机柱旁设置变压器箱。对应每个灯泡设置一台信号变压器，将电压降至点灯电压。电路中串接入灯丝继电器 DJ，当断线或灯丝断丝（主副灯丝全断），DJ 失磁落下，切断信号继电器电路（见图 2-2-3）。

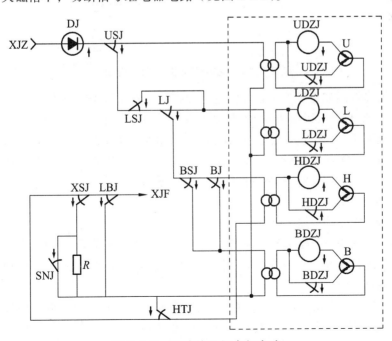

图 2-2-9　驼峰信号机点灯电路

另外，还采用双灯丝转换器，主灯丝断丝后，灯丝转换继电器 DZJ 失磁落下，接通副灯丝电路。由于信号继电器采用缓放型的，所以在转换显示时，可能出现两种信号继电器瞬间同时在吸起状态，因而会出现乱显示，为防止这种现象采用信号继电器后接点串联接入点灯电路中。驼峰信号同一种颜色的稳定灯光和闪光信号是采用同一灯位实现显示的，这就要求两种条件并联接入一个灯位，因此采用串并结合，例如图中 LSJ 与 LJ 的接点，BSJ 与 BJ 的接点分别用串、并接入绿灯位和白灯位。

电路中接入 SNJ 接点，以便得到闪光显示。但 DJ 是串联接在电路内，若电路随着 SNJ 脉动而接通或断开。势必造成 DJ 也脉动，这样，一则影响信号继电器电路的稳定，二则也影响 DJ 寿命。为此，在 SNJ 接点上并联一个大电阻（4 KΩ，50 W），在 SNJ↓时，仅使变压器降压不断电，保证 DJ 稳定吸起。

电路中考虑混线防护，采用去、回线中均有控制条件构成的双断控制。

（8）驼峰信号机复示器点灯电路。

图 2-2-10 是在控制台上的驼峰信号机复示器电路。电路中也考虑防止乱显示的问题，即控制继电器后接点串联。闪光灯光由 SNJ 接点脉动直接控制。若 DJ 失磁落下，复示器灭灯。

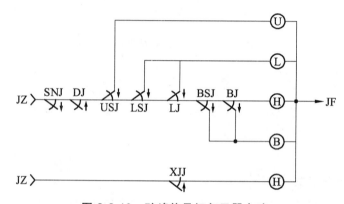

图 2-2-10 驼峰信号机复示器电路

下面以开放绿灯闪光信号为例，说明电路的联锁内容及有关继电器和表示灯的动作情况（参看图 2-2-1 信号平面图和图 2-2-3 电路图以及有关继电器电路）。逻辑关系式中检查条件有：敌对信号机关闭：$B_1ZJ↓$、$D_{36}XJ↓$、$D_{40}XJ↓$、$D_{14}KJ↓$、$D_2KJ↓$、$T_1DKJ↓$；道岔位置正确：16DBJ↑、14DBJ↑、2DBJ↑、4DBJ↑，（10DBJ，12FBJ 为区分电路用）；限界检查器正常 XJJ↑；推送进路锁闭 T1TSJ↓；灯丝完好 DJ↑；按钮柱 AZ 和下部楼的取消信号按钮在定位：AZ_2QXA，AZ_4QXA，N_2QXA，N_3QXA。

（9）调车信号机带动电路。

在驼峰场的作业一般都是调车性质的作业，为了防止司机瞭望信号引起误解，驼峰信号机开放后，将该进路上同方向的调车信号机带动开放。对于不同的驼峰头部站场布置，可能被带动的信号机也有所不同。

从图 2-1-1 中可以看出 D_2 是推送线上与 T_1 驼峰信号机同方向的调车信号机，并在 T_1 防护范围内，因此当驼峰信号机开放相关允许信号时应将 D_2 带动开放，其带动电路图如图 2-2-11 所示。当 LSJ 或 LJ 或 USJ 或 BSJ 吸起时，D_2XJ_{1-2} 线圈有电，励磁吸起，D_2 信号机开放。同理当机车从迁回线或禁溜线向推送线后退时，将 D_6 或 D_{10} 带动开放。

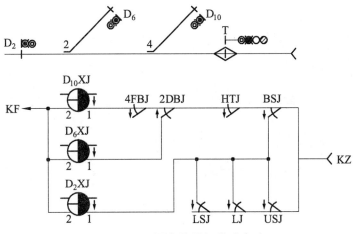

图 2-2-11　调车信号机带动电路

二、调车信号机

（一）线束调车信号机

线束调车信号机设置在线束头部，上、下峰方向均设置。其主要作用是指示调车机车进行各调车线间的车辆转线作业。为了使车辆转线作业有较多的灵活性，提高作业效率又达到经济目的，继电式电气集中联锁系统的线束调车信号设成人工开放、人工关闭的控制方式。信号关闭，进路一次解锁。考虑到这种作业的灵活性，而且道岔区设有保护区段轨道电路，所以信号开放仅检查敌对信号未开放，不必检查进路锁闭，也不检查进路空闲。信号开放后锁闭进路上道岔和敌对信号。

综合上述，这类信号机的运营技术要求有：

（1）与敌对信号机联锁。信号开放前首先检查敌对信号应在关闭状态，信号一经开放后，锁闭敌对信号机。

（2）上峰方向信号与进路上道岔联锁，信号开放后，锁闭道岔。下峰方向的信号开放，仅检查道岔位置正确（此处道岔位置正确指的是不在四开位置）。若有道岔不密贴，信号不能开放。

（3）每架信号机在控制台上设一个三位自复式按钮，用来开放和关闭信号。按下按钮，开放信号；拉出按钮，关闭信号。

图 2-2-12 所示电路是图 2-1-1 信号平面图中 I 线束和 II 线的上峰方向线束信号机控制电路图，每架信号机设一个信号继电器 XJ，若按压信号按钮，并且联锁条件满足，XJ 励磁吸起并构成自闭电路。XJ 吸起后开放信号。图 2-2-13 所示是调车信号点灯电路和控制台上复示器电路。

图 2-1-14 所示是下峰方向线束调车信号机电路。图中 1JDJ 和 2JDJ 接点是为 I 线束和 II 线束内的道岔设置的挤岔继电器的接点。该继电器在励磁状态，说明该线束没有道岔在四开位置。

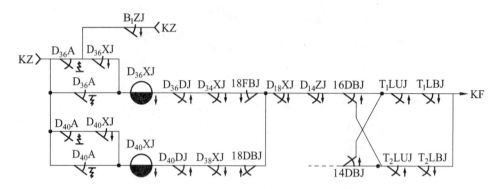

图 2-2-12　上峰方向线束调车信号控制电路

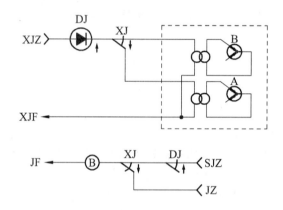

图 2-2-13　调车信号机点灯电路和控制台复示器电路

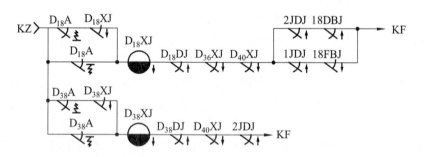

图 2-2-14　下峰方向线束调车信号机电路

图 2-2-15 所示是线路表示器电路。每条调车线入口处设置一架调车线路表示器。线路表示器是单灯位，常态是灭灯的。其开放条件是：当该线束的上峰线束调车信号机开放，进路上道岔开向哪条调车线，该调车线的线路表示器亮灯。

（二）峰上调车信号机

对于继电式电气集中联锁系统的峰上调车信号机，它的电路原理一般采用 6502 型大站电气集中电路，但也有不同之处。峰上调车信号的主要运营技术要求如下：

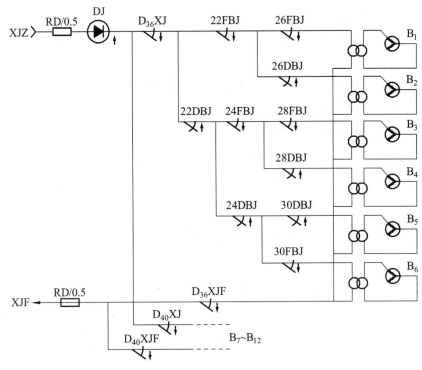

图 2-2-15 线路表示器电路

（1）调车信号机开放必须检查进路中道岔及防护道岔位置正确；轨道区段空闲；敌对进路未建立；敌对信号未开放；进路已锁闭；进路未进行人工解锁等。

（2）信号机控制电路发生故障或灯丝断丝等，信号机应自动关闭，未经重新办理，不应自动重复开放。

（3）车列完全进入信号机内方后，信号机自动关闭。

（4）驼峰信号机开放，推送进路上与驼峰信号机同方向的调车信号机应随着驼峰信号机的开放被带动开放。

考虑到驼峰头部只有调车作业，没有列车作业，且调车作业速度较低，进路一般较短的特点，为了节省器材，减少设备投资，将 6502 型大站电气集中电路中的双按钮选路部分改为道岔手柄式选路，单按钮开放信号。值班员操纵控制台上的道岔手柄，将道岔转到所需位置，按压进路始端按钮开放信号。对于长调车进路，必须按单元基本进路逐段办理。这样一来，简化了原 6502 大站电气集中电路中的选岔网络。

峰上调车信号机电路分为"分离式"接线电路和"站场网路式"接线电路两部分。"分离式"接线的继电器电路有：按钮继电器（AJ）电路、开始继电器（KJ）电路、接近预告继电器（JYJ）电路、取消继电器（QJ）电路、总取消继电器（ZQJ）电路、总人工解锁继电器（ZRJ）电路、调车人工解锁继电器（DRJJ）电路、调车限时继电器（DXCJ）电路、上峰方向继电器（SFJ）电路和下峰方向继电器（XFJ）电路、挤岔继电器（JDJ）电路、轨道停电继电器（GDJ）电路、传递继电器（CJ）电路、锁闭继电器（SJ）电路以及轨道继电器（GJ）电路等。

"站场网路式"接线电路由六条执行网路线组成：

第 1 线——终端继电器（ZJ）网路线；

第2线——信号检查继电器（XJJ）网路线；

第3线——区段检查继电器（QJJ）网路线；

第4线——信号继电器（XJ）网路线；

第5、6线——正常解锁、取消进路和人工解锁的网路线；

另外，第2、5、6线兼作调车中途返回解锁的网路线。

以上电路构成了峰上调车信号机的控制系统。

三、驼峰调车场与邻接车场的联系电路

驼峰场与邻接车场之间有作业联系。为了保证作业安全，场与场之间的信号楼必须协调操作。保证协调操作，实现联锁的电路称为场间联系电路。场间联系电路与各场之间联系的业务有关，场间联系电路必须根据作业情况及运营要求进行设计。

驼峰场与邻接车场的作业联系主要有：

（一）推送作业联系

到达场与驼峰场采取纵列式布置时，推送作业联系最多。列车进入到达场后，由驼峰调机直接从到达场股道经其咽喉区将车列顶送到驼峰场推送线上进行解体和编组。与驼峰场衔接的到达场咽喉区由到达场集中信号楼（以下简称集中楼）控制。驼峰头部由驼峰楼控制。推送进路纵跨两个车场，进路较长，为了保证司机瞭望到驼峰信号，必须在到达场股道靠近驼峰场的一端，设置驼峰辅助信号机，必要时再设置驼峰复示信号机。驼峰辅助信号机和复示信号机设置在到达场的集中区，但它们复示驼峰信号机的显示，所以他们必须受到集中楼和驼峰楼的双重控制。另外，驼峰推送解体作业的过程很复杂。机车有时推送，有时后退，推送时有时可能出清了到达场集中区的轨道区段，若此时按照6502电气集中分段解锁原则，这些区段已被解锁，但后退时又要进入这些区段，这就不能保证行车安全，为此，推送作业时到达场部分的推送进路不仅要按6502电气集中解锁原则，也必须受驼峰信号楼控制，推送解体作业过程中只有车列完全出清到达场推送进路后，到达场部分的推送进路一次解锁。

（二）调车作业联系

场间调车作业联系不论是在纵列式还是横列式的编组站内都存在。纵列式编组站一般在到达场和驼峰场之间要划出一段无岔区段，在该区段的两端各设一架调车信号机，如图2-1-1驼峰信号平面布置图所示的 D_2、D_4、D_1、D_3。横列式编组站的两场之间一般用渡线相衔接。渡线两端衔接的道岔是双动道岔，平时锁在定位，使两场线路隔开互不影响。场间调车作业主要是调车机车进入到达场挂车；由到达场向牵出线牵出解体车列；到货场、专用线取送车辆等。为了保证两场间调车作业的安全，两场信号楼对于隔离区的控制必须互相联锁，防止两场同时向无岔区段调车或一方擅自扳动隔离道岔。

（三）编发线发车作业联系

为了提高调车线的利用率，可以指定几条调车线兼做发车线，这种尾部具有发车功能的调车线称为编发线。

为了保证在编发线上将要发出的列车的安全，驼峰头部向该线的溜放进路必须封锁，使车组不致误溜入发车线与出发列车相撞或危及列检作业人员的人身安全。为此，办理溜放作业时和办理发车作业时，两方信号楼必须相互照查联系。

（四）场间推送作业联系电路原理

上述的各种联系作业，有的联锁关系较简单，其电路构成也简单，本书不做介绍。下面只对场间推送作业联系电路的构成做一简单介绍。

场间推送作业运营要求及主要技术条件如下：

（1）驼峰楼按下允许推送按钮或允许预先推送按钮后，才准许到达场的集中楼选排推送进路。

（2）当办理允许推送作业并建立了推送进路后，到达场的驼峰辅助信号机完全复示驼峰信号机的显示；当办理允许预先推送作业并建立了推送进路后驼峰辅助信号机显示一个黄灯稳定灯光，驼峰信号机显示红色灯光，车列推送至距驼峰信号机 70～90 m 处时，驼峰辅助信号机自动改变为红灯。

（3）推送进路建立并锁闭之后，在驼峰信号机显示溜放信号时，推送进路上同方向的调车信号机均应自动开放；显示后退信号时上述的调车信号机关闭，与后退方向相同的调车信号机均应开放。

（4）到达场一侧的推送进路建立并锁闭，驼峰辅助信号机和驼峰复示信号机开放之后，集中楼即失去对该段进路和驼峰辅助信号机的控制权。必要时，只能破铅封按下"切断推送信号"按钮，使驼峰辅助信号机关闭，但不能解锁进路。

（5）驼峰楼在车列尚未占用已锁闭的推送进路之前，只要拉出"允许推送"按钮或"预先推送"按钮即可取消进路，关闭驼峰信号机和驼峰辅助信号机。一旦车列占用了推送进路，驼峰楼就不能再办理取消，但可以关闭驼峰信号机和驼峰辅助信号机，但进路不能解锁。必要时到达场可以进行人工解锁，限时 3 min 后解锁进路。正常情况下，车列全部出清到达场，压入分界处的无岔区段和该无岔区段的下一个道岔区段，才准许到达场部分的推送进路经 3 s 后一次自动解锁。

驼峰场一侧的推送进路在车列完全下峰，机车出清推送进路后自动解锁。

（6）到达场某股道为推送进路时，另一咽喉区不能向该股道排列接车进路和调车进路，应作为敌对进路处理，因为推送的车列可能在推进过程中后退。

（7）两场间的无岔区段的轨道继电器放在驼峰楼。为了保证行车安全，禁止两场同时向无岔区段办理调车。在无岔区段里有车列时也不得再开放通往该无岔区段的调车信号。

（8）驼峰楼在控制台上应有联系作业的各种表示灯和按钮。

① 允许推送按钮及表示灯——每一条推送线设一个三位自复式带白灯按钮（YTA），在具备了允许推送的条件，并按压了允许推送按钮后，按钮亮白灯，表示驼峰场同意到达场办理推峰解体作业。拉出按钮，取消允许推送作业。

② 预先推送按钮及表示灯——每一条推送线设一个三位自复式带白灯按钮（YYA），具备预先推送条件并按压了该按钮后，按钮亮白灯，表示驼峰场同意到达场办理预先推送作业。拉出按钮，取消预先推进。

③ 推送股道表示灯——对应到达场的每股道设一个白灯。该股道建立推送进路并锁闭后亮灯，表示驼峰辅助信号机已经开放。

④ 推送锁闭表示灯——每条推送线设一个白灯（TSB）。驼峰场同意到达场建立推送进路，按下 YTA 或 YYA 后 TSB 点亮，表示驼峰场的推送进路已经锁闭。

⑤ 进路锁闭表示灯——每条推送线设一个红灯。在解体车列推出到达场股道压入咽喉区，占用了推送进路后亮红灯。

⑥ 控制台上有分界处到达场调车信号机复示器，以便驼峰楼及时了解到达场是否开放该调车信号机。

（9）在到达场集中楼控制台上应设下列按钮及表示灯：

① 驼峰信号机复示器——驼峰信号显示绿闪和绿灯时，复示器亮绿灯；驼峰信号显示黄闪、月白闪、月白灯和驼峰辅助信号机显示黄灯时，复示器均亮黄灯。

② 允许推送表示灯——每条推送线设一个。驼峰楼办理允许推送或预先推送作业时，亮绿色灯。

③ 调车照查表示灯——两场分界处的每个无岔区段设一个。当驼峰楼向该区段排列调车进路后亮白色灯。

④ 切断推送信号按钮——每条推送线设一个带铅封非自复式带红灯按钮（QTA），必要时破铅封按下该按钮，使驼峰辅助信号机关闭，但不能解锁进路。

在设计联系电路时，应满足上述的运营要求及技术条件。首先介绍一下为实现联系电路在两楼内所增设的继电器。

1. 在驼峰楼里需要增设的继电器

（1）允许推送继电器 YTJ：每条推送线设一个 YTJ，允许推送按钮按下，只要符合联锁条件，该继电器就励磁吸起。

（2）允许预先推送继电器 YYJ：每条推送线设一个 YYJ，按下允许预先推进按钮，只要符合联锁条件，该继电器励磁吸起。

（3）调车照查继电器 ZCJ：每条推送线的无岔区段设一个 ZCJ，其目的是为了完成两楼间的调车照查联锁。

（4）信号总辅助继电器 XZFJ：每条推送线设一个 XZFJ。只要推送车列占用了驼峰辅助信号机防护的咽喉区，XZFJ 励磁吸起，反映车列占用推送进路的情况，以便禁止值班员取消推送进路。

（5）预先推送锁闭继电器 YSJ：每条推送线设一个 YSJ，其作用锁闭推送线上道岔，并区别值班员是关闭驼峰辅助信号机还是取消预先推送作业。若是前者，只能关闭信号，不能使进路解锁；若是后者，既能关闭信号，又能使进路延时 30 s 解锁。

2. 在到达场集中楼里增设的继电器

为了满足运营要求构成到达场驼峰推送进路，到达场靠近驼峰一侧的咽喉区原用的 6502

电气集中电路要进行一些修改，修改以后的电路能将分段解锁变为车列出清后一次解锁，同时能使推送进路上的驼峰辅助信号机、驼峰复示信号机也随之开放。为了达到上述要求，除了增加一些继电器及零散电路外，还要用有关道岔表示继电器接点及其他继电器接点组成六条网路电路。篇幅所限，对这些新增加的网路与其他不涉及驼峰场的电路本书就不介绍了。下面只介绍与驼峰楼联系、照查电路有关的几个继电器。

（1）对应每条推送线（即每架驼峰信号机）设置七个继电器 LSJ、LJ、BSJ、BJ、USJ、UJ、HTJ，分别控制驼峰辅助信号机的灯光。这些继电器除了 UJ 外，实际上是驼峰信号继电器的复示继电器。通过两楼间的电缆通道控制。

（2）允许推送继电器 YTJ：它复示驼峰场的允许推送和允许预先推送继电器的状态，即反映驼峰楼值班员是否按下允许推送或允许预先推送按钮。

（3）每条推送线设两个继电器 GJF 和 FDGJ。GJF 是 T1GJ 的复示继电器；FDGJ 是 T1G 区段的下一个道岔区段的轨道反复示继电器，其目的是为了完成到达场一侧推送进路自动解锁用的，因为到达场一侧推送进路自动一次解锁必须取得车列压入分界处的无岔区段及其下一个道岔区段的证明条件。

（4）调车照查继电器 DZCJ：对应每条推送线无岔区段设一个，用来反映驼峰楼是否向无岔区段办理调车。

3. 联系电路

两场间的联系电路及表示灯电路如图 2-2-16 所示。

（1）驼峰场的 YTJ 和 YYJ 电路及表示灯电路。

驼峰楼的值班员按下允许推进按钮 YTA，（以 T1 为例）电路中检查了没有建立推送线上的调车进路（即 T1DKJ↓，D2KJ↓，D2ZJ↓的条件），YTJ 就吸起并自闭。YTJ↑后，点亮 YTB 白灯。自闭电路中甩开了以上的三个条件，因为在推送溜放过程中 D2 和 T1D 都有可能开放。在 YTJ 的其中一条自闭电路中检查 2DGJ↑、4DGJ↑条件。其目的有两个：一是若在该区段有车，使 YTJ 不能构成自闭电路，禁止排推送进路；二是当排通推送进路后，车列出清到达场一侧推送进路，进入 2DG 区段时，使 YTJ↓，自动取消允许推送作业。这条自闭电路中串接 YTA 定位接点的目的是拉出 YTA 可以取消允许推送作业。还有一条自闭电路是经 XZFJ 的前接点构成，目的是当推送车列已进入到达场的推送进路，尚未出清以前（XZFJ 是吸起的）驼峰楼无权取消推送进路。

允许预先推送时，值班员按下 YYA，这时条件满足 YYJ 吸起并自闭，YYJ 吸起后点亮 YYB 白灯。在 YYJ 励磁电路中除了检查敌对信号机没有开放外，还检查 T1G 和 2DG，4DG 区段都空闲，即 T1GJ↑和 2DGJ↑，4DGJ↑条件；电路中 YTJ↓，说明没有发出允许推送的命令，如果同时发出两个命令（允许和预先），则以允许推送命令有效，若由预先推送作业变为允许推送作业，也由该接点切断 YYJ 的电路；2DBJ↑，4DBJ↑说明推送线上的道岔在定位，没有开通迂回线和禁溜线。

应注意其自闭电路将 T1GJ 的前接点条件甩开接入 YYA 的定位接点。这可以做到当车列压入 2DG 区段（预定制动点）时切断 YYJ 的自闭电路，使之落下，自动关闭预推信号。

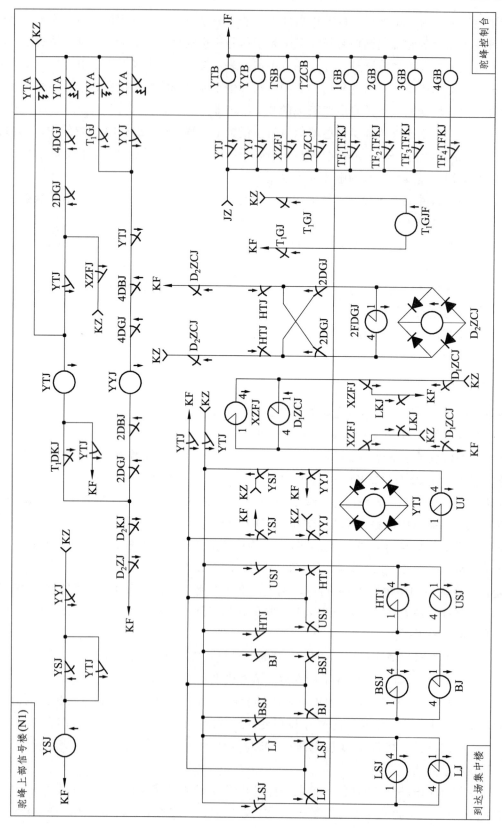

图 2-2-16　场间联系电路

（2）驼峰场的 YSJ 电路。

如图 2-2-16 电路所示，YYJ 吸起后，YSJ 就失磁落下，锁闭推送进路上的有关道岔。但它若重新吸起，必须再经 YTJ 的前接点才能吸起。这就是说，当预推车列推到峰前制动区段时，YYJ（由于 2DGJ 的作用）自动落下，YSJ 不会重新吸起，预推进路不会被解锁。若想使 YSJ 重新吸起，驼峰楼值班员需按下 YTA，由预推变为允许推送后 YTJ 吸起，YSJ 随之吸起，此时进路上的道岔由驼峰信号机的显示（LUJ 或 HBJ 接点）条件锁闭。

（3）驼峰场的 XZFJ 和 DZCJ 的电路。

如图 2-2-16 中 XZFJ 电路所示，在到达场和驼峰场均设有 XZFJ。在推送作业过程中，到达场办理推送进路后，到达场的 XZFJ 吸起并自闭，进路一直在锁闭。到达场的溜控继电器 LKJ 在车列未占用推送进路前吸起，占用后 LKJ 落下，车列出清到达场一侧推送进路后又吸起。所以驼峰场的 XZFJ 只在车列占用到达场一侧推送进路的期间吸起，出清落下。在 XZFJ↑后点亮驼峰楼控制台上的进路锁闭表示灯（红灯），表示不能再取消推送进路。如前所述在 YTJ 电路中，由 XZFJ↑接了一条自闭电路，是用以排除取消进路的可能性。当然信号机可关闭，但进路不能解锁，以此保证作业安全。

与 XZFJ 同图的 DZCJ 电路，当到达场向分界处无岔区段排列调车进路时，到达场的 D_1ZCJ 落下，随之驼峰楼的 D_1ZCJ 也落下。D_1ZCJ 落下后点亮调车照查表示灯（白灯），表示禁止驼峰场再向 T_1G 区段调车。

（4）集中楼的 LSJ、LJ、BSJ、HTJ、USJ 电路。

这些继电器的电路结构均相同，举其中一例说明。以开放绿色闪光信号为例，在驼峰楼办理允许推送作业后，值班员按下 LSA，YTJ↑和 LSJ↑，这时集中楼的 LSJ 也吸起，使驼峰辅助信号机也显示绿色闪光信号。

（5）集中楼的 YTJ 和 UJ 电路。

如图 2-2-16 中集中楼的 YTJ 电路所示，在线圈上接有四个二极管构成全波整流，这样它就构成驼峰楼的 YTJ 和 YYJ 的复示继电器。YTJ 或 YYJ 吸起或 YSJ 落下，它均能吸起，以接通有关电路。集中楼的 UJ 只在 YYJ 吸起时才吸起，使驼峰辅助信号机开放预推信号，即点亮黄色灯光。

（6）集中楼的 2FDGJ，D_2ZCJ 和 T_1GJF 电路。

T_1GJF 是 T_1GJ 的复示继电器，2FDGJ 是 2DGJ 的反复示继电器。在这里之所以采用反复示继电器是为了防止在电路断线时造成虚假的解锁条件。在推送溜放过程中，待车列出清到达场一侧的推送进路，占用 T_1G 和 2DG 区段时，用 $T_1GJF↓$和 2FDG J↑作为到达场一侧推送进路自动解锁的条件之一，即体现了两点检查法。

D_2ZCJ 在驼峰场向分界处无岔区段调车时失磁落下。这种作业有两种情况：一种是驼峰场以 D_2 为终端向无岔区段排列调车进路。排列此进路时驼峰场 $D_2ZJ↑$，切断 D_2ZCJ 电路，于是 D_2ZCJ 落下；另一种是车列由驼峰向无岔区段后退，因此 HTJ↑，切断电路，D2ZCJ 落下（如果在驼峰信号后退前，集中区的推送进路已经解锁，驼峰辅助信号机不能而且也没有必要复示）。用 D_2ZCJ 条件禁止集中楼向无岔区排列调车进路。

如图 2-2-16 所示的驼峰控制台中的 1GB，2GB……等，是由集中楼的 TFKJ↑条件控制亮白灯的。集中楼专设了推送辅助开始继电器 TFKJ。因为驼峰辅助信号机不是单一防护推送进路，而是兼发车进路或转场进路。为了加以区别建立的进路，设置了 TFKJ。只有 TFKJ 吸起才证明是推送进路，检验符合推送进路联锁条件，才准许使驼峰辅助信号机复示驼峰信号机的显示，同时点亮股道推送白灯，以示该股道建立推送进路。

在图 2-2-16 中，两楼之间的联系线路均使用电缆，为了尽量减少芯线，节省电缆，所使用的是偏极继电器，使每一对线路控制两个继电器，以接点条件控制送电方向，使其中一个继电器吸起。电路均采用了双断控制防护措施，不会产生错误显示。

四、驼峰信号计算机联锁控制设备

驼峰计算机联锁设备一般分三个层次，即操作层、联锁层和执行表示层。不同型号的驼峰计算机联锁设备，联锁层和执行表示层的功能实现采用了不同的方法，既有在同一计算机实现的，也有采用上位机和下层控制机结构的，联锁逻辑运算主要在上层管理机进行，下层控制机只进行基本校验逻辑运算和比较执行。

驼峰信号计算机联锁系统有以下技术要求：

1. 选　路

联锁逻辑两点间的路径选择，由于没有事先预定的进路对照表，选路过程是在按照站场形网络描述的设备链接数据结构中的搜索过程。

根据值班员的操作确定进路的始端和终端后，只能自动地选出一条缺省进路，该缺省进路可以根据现场需要事先设定。依次确定进路的始端、变更点和终端后，能选出相应的迂回进路。变更点不仅可选信号机，也可选道岔或无岔区段。对于长调车进路的选路与变更进路的选路与基本进路同理。

进路选出后，将在按站场形网络描述的设备链接数据结构中留下一条建立连接关系的一组设备被选通的烙印，为该进路今后各个阶段、各项设备的联锁连续检查，直至进路的解锁提供了由终端至始端的唯一通路。由于站场网络形链接数据结构为所有进路共享，进路敌对等各种联锁检查将变得顺理成章。

2. 进路检查与锁闭

进路选出后，首先检查进路建立的基本联锁条件，若不满足即自动取消操作，并立刻报出不能建立的原因；若条件满足即向下层控制机送道岔转换命令。在规定时间内，若道岔转换到规定位置并且有关联锁条件，如进路空闲、未建立敌对进路等联锁条件成立时，即可对有关道岔及进路实现进路锁闭。若 30 s 内进路未完成锁闭，则由程序自动取消该进路。

3. 接近锁闭

当防护进路的信号机开放，进路的接近区段有车时，实现接近锁闭。当未设接近区段时，信号机开放后立即实现接近锁闭。

4. 信号机开放前联锁检查

信号机只有在办理进路或重复开放操作后，且其防护的进路空闲（包括侵限绝缘检查）、有关道岔位置正确、敌对进路未建立、进路锁闭等联锁条件检查通过时才能开放。线束调车信号机防护的道岔及轨道区段可不检查被车占用。

5. 信号机开放后连续检查及关闭条件

在信号开放过程中，程序连续不断地检查上述各项联锁条件，一旦某个条件发生变化，即由程序及时关闭信号。此外，信号还能在下列情况下及时关闭：

（1）列车信号机在列车第一轮对进入该信号机内方第一轨道区段时；

（2）调车信号机在车列全部越过该信号机时；当信号机前留有车辆时，应在车列出清该信号机后方第一轨道区段时；

（3）办理取消和人工解锁进路时；

（4）办理区段故障解锁时。

信号一旦关闭后，未经再次办理，不能自动重复开放。

6. 长调车进路

一次排列由多条基本调车进路相衔接的长调车进路时，防护各进路的调车信号机按运行方向由远而近地依次开放。

长调车进路的取消或总人工解锁，其调车信号关闭过程与开放时相反，采用了按运行方向由近而远地依次关闭和解锁开放策略。

7. 信号机灯丝检查

对列车主体信号机和调车信号机均具有灯丝监督功能，在信号开放后能不间断地检查灯丝良好状态。一旦灯丝检查未通过，即关闭信号，并且禁止自动重复开放。

8. 正常出清解锁

列车或电气集中调车进路锁闭的进路在其防护信号机关闭后，随着车列的正常运行，使各轨道区段分段地自动解锁。各轨道区段除条件不具备者，必须满足三点检查，延时 3 s 自动解锁。

机车上下峰进路的解锁是当车列顺序通过一段基本进路的各个区段后自动一次性解锁整个基本进路。

9. 调车中途返回解锁

折返调车信号机前方的道岔区段因折返作业而不能正常解锁时，在检查道岔区段空闲和车列全部驶入折返信号机内方后才能解锁。车列驶入调车进路后，因折返使进路的道岔区段均不能正常解锁时，在检查车列出清该进路和其接近区段后，进路一次解锁。

10. 取消进路解锁

在信号开放过程中，当值班员按下取消按钮和进路始端信号图标时，由程序判断是否办理取消进路，即立即关闭信号，并在检查接近区段无车且车列确实未进入到进路内方时，解锁进路内的所有区段。

11. 总人工解锁

信号开放后，车已占用接近区段，此时要想改变进路，需采用人工解锁方法。值班员按下总人解按钮和进路始端信号图标后，进路不能立即解锁，而是先关闭信号，再经规定延时后方能解锁。在延时过程中，一旦车进入进路内方即取消人工解锁操作。接车进路及有通过列车的发车进路在信号关闭后限时 3 min 解锁；其他发车进路及调车进路限时 30 s 解锁。

12. 故障解锁

区段在开机、停电恢复和因故障锁闭时，在检查区段未排列在进路中且区段空闲后，选择该区段的下拉菜单中的"故障解锁"选项可实现区段故障解锁。

进路在使用中由于轨道电路故障而不能正常解锁时，在轨道电路故障已经排除并检查车列已经通过进路后，选择该区段的下拉菜单中的"故障解锁"选项可实现区段故障解锁。

上下峰进路在使用中由于轨道电路故障而不能正常解锁时，在轨道电路故障已经排除并检查车列已经通过进路后，选择该进路始端的下拉菜单中的"故障解锁"选项可实现进路故障解锁。

13. 道岔的控制

道岔不仅能由进路选动，还可实现人工单独操纵。道岔受进路锁闭、区段锁闭、人工单独锁闭或其他锁闭时，拒绝向该道岔发控制命令。

14. 推送进路建立

在值班员"溜放开始"的操作下，首先将溜放进路上相关顺向道岔搬到定位并锁闭，而后根据溜放开始命令带的参数，选择相应的推送进路，以驼峰主体信号为进路终端。检查推送进路建立的联锁条件是否满足，在允许的情况下控制道岔转换到规定位置。在道岔位置正确及其他联锁条件具备时，锁闭推送进路，此时溜放作业正式开始。

15. 推送进路解锁

推送进路一般实行两段解锁方式，第一段从始端到最靠近主体信号的反向信号机，第二段为剩余部分。随着溜放作业的进行，解体车列依次占用推送进路的第一段、第二段。溜放结束后，当车列出清第一段时，该进路即自行一次解锁。第二段进路在车列出清该区段且第一段进路解锁后方可解锁。若推送进路只有一段，则溜放结束，车列出清后，该进路一次解锁。

16. 纵列式站场场间联系

（1）手动办理是通过在图形窗选择"场间联系"下拉菜单中的"允许推送"或"预先推送"选项；自动办理是通过"溜放开始"菜单中的"允许推送"或"预先推送"参数选项。只有办理了"允许推送"或"预先推送"后，才准许到达场排通推送进路。

（2）在排通到达场推送进路并使之锁闭后，驼峰辅助信号机才能复示驼峰信号机的显示。预先推送时，驼峰辅助信号机显示黄色灯光，并且在车列推送至距驼峰信号机 70～90 m 处自动地改点红灯。

（3）在到达场推送进路锁闭并且驼峰辅助信号机开放后，在车列未占用推送进路前，通过图形窗的取消允许推送或预先推送的操作，可使驼峰信号机和驼峰辅助信号机关闭，经 30 s 后到达场推送进路解锁。

（4）当车列占用到达场推送进路后，该进路不能通过人工操作取消。在车列全部出清到达场并且占用分界处的无岔区段和该区段的下一个道岔区段后，一次自动解锁到达场一侧的整条进路。

（5）禁止到达场和驼峰场同时向两场间的无岔区段办理调车；在该无岔区段有车占用时，不允许再开放通往该无岔区段的调车信号机。

17. 横列式站场场间联系

横列式车场有关推送作业的场间联系情况比较特殊，可根据实际要求作相应处理。常见的联系方法有：

（1）无岔区段照查联系；

（2）并置信号机联系；

（3）双重控制道岔联系；

（4）推送进路非进路联系。

18. 驼峰主体信号的控制

驼峰主体信号的控制方式分为三种：由值班员直接在图形窗上操作；由系统自动给定和改变信号；在个别站场，根据设计需要，值班员对峰顶操作交权，由峰顶控制台操作。驼峰信号控制接口电路如图 2-2-17 所示。

（1）驼峰信号机和与其敌对的信号机及推送进路上的和峰下相关防护进路有关的道岔均应有联锁。但与分路道岔不直接联锁。

（2）信号开放后，当发生灯丝断丝、联锁道岔被挤、闪光电源损坏等故障，以及溜放作业中的异常情况时，信号机立即自动关闭。

（3）驼峰信号机因设备故障自动关闭后，未经再次办理，不能自动重复开放。

（4）驼峰信号显示在绿色、绿闪和黄闪之间变换时，由原来显示直接转换到要求的显示；在上述显示与红闪、白闪或白色之间变换，以及后三种显示之间的变换，都必须先关闭主体信号，再转换到要求的显示。

（5）驼峰信号机开放后，推送进路上同方向的调车信号机应随之带动开放，包括前进和后退两种情况。

19. 机车上、下峰进路的自动控制

在溜放状态下，上下峰进路以溜放钩形式储存在作业计划单内，随着溜放作业的进行，执行到上下峰进路时，关闭驼峰信号并检查进路建立条件，满足时即转换道岔并在联锁条件具备后锁闭进路，开放相关线束调车信号和驼峰信号。

20. 线束调车信号机的控制

线束调车信号机的控制有以下两种方式：

（1）线束调车信号机与机车上下峰进路相联系。这种情况下信号随着上、下峰进路的锁闭而开放，随其取消而关闭。

（2）个别站场线束调车信号机兼一般调车信号机。通过信号机内方道岔区分，若道岔位置开向峰上调车部分时，该信号机与峰上调车信号机是完全一样的，包括信号的开放、关闭时机和其他有关控制。

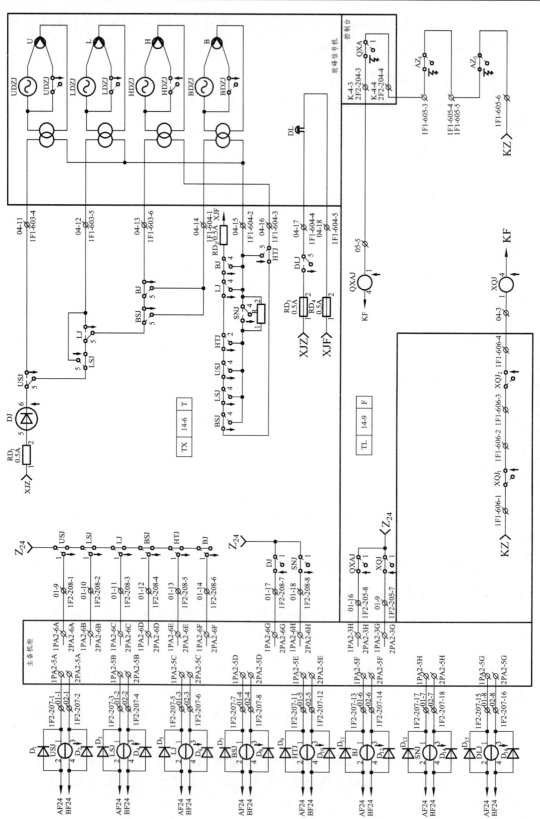

图 2-2-17　驼峰信号控制接口电路

此外，线束信号机还有一些特殊的联锁条件：

（1）上峰线束调车信号和下峰线束调车信号之间的互锁关系；

（2）上峰线束调车信号和驼峰主体信号之间的互锁关系；

（3）上峰线束调车信号外方至股道间的上峰进路与上峰线束调车信号的联锁关系。

21. 去禁溜、迂回线的自动控制

在溜放状态下，将去禁溜线或迂回线的作业以溜放钩形式储存在计划单内。当执行到去禁溜线或迂回线的计划时，先关闭驼峰主体信号，而后开放红闪信号指示推峰机车后退，一旦通向禁溜线或迂回线的进路联锁条件满足，即控制相关道岔转换到要求位置，同时闭锁进路，开放白闪信号。当车列要退出禁溜线或迂回线时，在作业员操作确认下，由程序自动将白闪信号切换到红闪信号，指示车列退出禁溜线或迂回线，一旦车列出清了与禁溜线或迂回线相关的道岔区段，即控制道岔转换到指向峰顶的位置，以便继续溜放。

22. 去禁溜、迂回线的推送进路控制方式

在非溜放状态下进行去往禁溜线或迂回线按推送进路方式办理时，驼峰主体信号的白闪与红闪控制，去往禁溜线或迂回线的推送进路办理，以及退出禁溜线或迂回线后继续溜放等控制均由作业员操作完成。

根据以上技术条件可以看出，驼峰计算机联锁设备具备大站电气集中的各种技术条件，如操作方式、联锁检查、解锁等，同时满足调车场的解体作业要求。在自动化驼峰控制系统中，驼峰信号联锁只是该系统的一部分内容，它不是一个独立的控制系统，联锁进路的排列可以混合编制在解体作业计划中，实现计划自动执行的功能。

第三节　驼峰场轨道电路

驼峰场轨道电路根据其作用不同可分为两类：一类是推送部分的各专用线（禁溜线、迂回线）及专用线与推送线连接的道岔区。其作用主要是监督线路是否空闲和钢轨完整，以及参与信号及道岔自动控制系统工作，没有特殊要求。其轨道区段的划分原则一般与大站电气集中轨道区段划分原则基本相同，主要考虑运行的调车进路及调车作业中缩短机车走行距离。一般采用安全型轨道电路；另一类是溜放部分的分路道岔区段的轨道电路，亦称驼峰轨道电路。它的作用除了有前者的作用外，还参与自动传递进路信息及区段锁闭道岔的作用，因此对它有特殊要求。本节主要介绍这类轨道电路的特殊性及电路构成的原理。

一、驼峰轨道区段的划分及技术要求

从第一章讨论可知，为了提高驼峰解体能力，要求前、后溜放车组之间的间隔越短越好。但车组之间的间隔距离是受道岔轨道电路区段长度限制的，所以道岔轨道电路区段亦越短越好。在保证溜放安全的前提下，应尽可能缩短轨道电路的长度，具体的划分方法是每个分路道岔应单独划分一个轨道电路区段，有时相邻两组道岔距离较近，常发生后续道岔的一组保

护区段始端绝缘节正处于前一道岔的辙岔部分，无法安装，这种情况也不能将两个道岔划分为一个轨道区段，而只能省去一组绝缘，只装设单边保护绝缘。从单纯提高解体能力方面要求轨道区段越短越好，但还要注意车辆的结构与轨道电路的配合作用。若轨道电路的长度短于车辆 2、3 轴之间的内轴距，则就会出现车辆跨压在轨道电路区段上（2、3 轴在轨道区段外方），出现无车占用的错误反映，所以轨道电路不能短于经驼峰溜放的内轴距最大的四轴车的内轴距的长度。

前面讲过，为了提高溜放效率，溜放进路不使用进路锁闭，只有道岔区段锁闭。也就是说，只要车辆未占用道岔轨道区段，道岔就有转换的可能性。为了保证溜放车辆的安全，防止车进入正在转换的道岔之中，岔前必须有一定长度的保护区段，此长度应保证道岔刚启动，车辆第一轮对进入该轨道电路区段，到车辆第一轮对运行到岔尖时，道岔应该转换完毕并且尖轨已经密贴，使车辆安全通过该道岔，这段长度称为保护区段，也就是车辆在道岔转换过程中运行的距离，如图 2-3-1 所示。

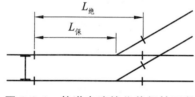

图 2-3-1　轨道电路的岔前保护区段

保护区段的长度可按下式计算：

$$L_保 = V_{max} \cdot (t_继 + t_转 + 0.2) \tag{2-3-1}$$

式中　　$L_保$——保护区段长度，m；

　　　　V_{max}——溜放车组通过保护区段的最大速度，m/s；

　　　　$t_继$——轨道继电器，道岔控制电路中有关继电器的动作时间，s；

　　　　$t_转$——转辙机动作时间，s；

　　　　0.2——安全量。

从式（2-3-1）可以看出，采用快动转辙机和控制电路以及应变速度快的轨道电路，有利于缩短保护区段的长度，从而缩短道岔轨道电路长度，进而缩短了溜放车组的间隔距离。这样不但有利于提高作业效率，而且也节省占地面积及投资。

溜放进路上除了每组道岔设轨道电路外，其余线路均为无岔区段。无岔区段是否设轨道电路，可根据程序控制进路的需要考虑。

调车线入口警冲标内方 3.5 m 处，一般设一段轨道电路，其作用是及时向控制台反映此段是否有车停留。若此处有停留车，值班员要及时封锁该调车线，而且也不能再向相邻股道溜车，避免侧撞事故的发生。

峰顶至第一分路道岔之间需装设轨道电路，应单独设无岔区轨道电路，不能与第一分路道岔轨道电路合并为一个区段，以免影响解体效率。

另外，驼峰轨道电路还有一些特殊的运营要求。驼峰场轨面比较脏，油污、砂子、煤屑等物从车辆上散落下来，经过碾压形成导电不良的薄层，再遇到轻车，与轨面接触压力小，致使轨道电路分路效应变坏，特别遇到高阻轮对的车辆，甚至不会分路。为此，驼峰轨道电路应采取一定措施，防止上述情况发生。

轻车组或短车组，过道岔区溜放时会"跳动"，轨道电路瞬间失去分路效应，造成轨道继电器瞬间错误吸起，道岔中途解锁转换。这种情况虽然不多见，但在运营中是绝对不允许发生的，因此驼峰轨道电路必须采取防止"轻车跳动"的措施。

综合上述内容，对驼峰场轨道电路技术条件要求如下：

（1）驼峰轨道电路采用闭路式轨道电路，它符合故障—安全原则。

（2）溜放进路上分路道岔，每组道岔划为一个轨道电路区段，并安装能防止车辆跳动瞬间失去分路效应的轨道电路。

（3）道岔轨道电路长度（$L_绝$）应大于最大内轴距，并保证保护区段的长度。

（4）采用应变速度快，分路灵敏度高的轨道电路，继电器落下时间不超过 0.2 s（0.5 Ω 分路电路时）。

二、驼峰轨道电路工作原理

交流连续闭路式驼峰轨道电路原理图如图 2-3-2 所示。送电端采用 BG5 型变压器，限流电阻 R 用 R-6/65 型变阻器，受电端采用 60×60 方型硒整流片或 2CP$_1$ 型硅二极管接成桥式整流器，执行元件采用 JWXC-2.3 型继电器。因为受电端采用硒片，利用其非线性特性，当轨道区段被分路时，硒片上的正向电压降低，其正向阻值急剧上升，使受电端电阻增大，继电器加速释放（继电器的时间常数 $\tau = L/R$）。这种轨道电路限流电阻调整合适，分路效应良好，车辆占用反应迅速。

图 2-3-3 是驼峰直流轨道电路，当编组站处在电气化牵引区段时，其牵引电源对上述交流轨道电路有干扰，可能产生误动。为此，一般考虑采用直流轨道电路，由送电端整流器供给直流电源。如果采用交流轨道电路，则应采用 25 Hz 相敏轨道电路。

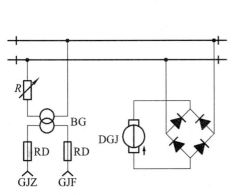

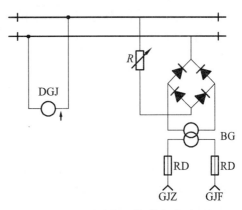

图 2-3-2　交流连续闭路式驼峰轨道电路原理图　　**图 2-3-3　驼峰直流轨道电路原理图**

图 2-3-4 是溜放进路上分路道岔双区段轨道电路。在分路道岔上为了防止轻车跳动，短时间失去分路作用造成轨道继电器错误吸起，而采用了双区段轨道电路。就是把一个轨道区段的轨道电路分割成两段，其中第二段轨道电路除了受车轮的分路外，还受第一段轨道继电器的控制。

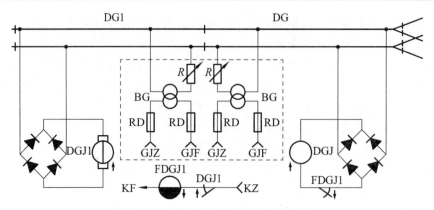

图 2-3-4　驼峰双区段轨道电路原理图

　　一般在岔尖基本轨接缝处分开，前面一段命名为 DG1，后一段为 DG，分别设轨道 DGJ1和 DGJ，另外还设 DGJ1 的反复示继电器 FDGJ1，无车组占用时 DGJ1 和 DGJ 均励磁吸起，FDGJ1 由于 DGJ1 后接点切断其电路而处在失磁落下状态。当车组进入 DG1 区段时，DGJ1失磁落下，FDGJ1 励磁吸起，由于 FDGJ1 后接点接在 DGJ 电路中，DG 区段虽然还没有被车组轮对分路，但 DGJ 已经失磁落下。由于继电器 FDGJ1 采用缓放型继电器，若车组在 DG1区段跳动时，DGJ1 会随着车组跳动而瞬间吸起，但 FDGJ1 依靠缓放在此瞬间仍在吸起，所以 DGJ 始终在失磁落下状态，这样就防止轻车跳动时 DGJ 的错误动作。有关的联锁电路中凡使用轨道继电器接点处，均使用 DGJ 接点，从而防止了轻车跳动造成短时间失去分路效应的不良后果。

　　在 DG1 区段的轨道继电器是两个线圈并联使用，使线圈电感减少，从而使继电器的时间常数进一步减少，这样更加速继电器的释放，但继电器线圈并联使用，电流值增大，在线路上损耗增加，影响送电端的电压，所以并联线圈的办法只在 DG1 区段使用，因为此段较短，损耗较少，而且要求继电器动作快。

　　应注意，上述电路中，轨道反复示继电器 FDGJ1 的缓放时间很重要，若其缓放时间较短，当单个轻车辆（或两轴车）溜放时，车辆出清第一区段，完全进入第二区段，此时车辆跳动，也会使 DGJ 瞬间错误吸起。

三、高压脉冲轨道电路

　　为了进一步提高轨道电路的分路灵敏度，解决高阻轮对造成的分路不良问题，研制了高压脉冲轨道电路。100 V 高压脉冲能击穿钢轨表层的氧化膜，降低轮对分路电阻。这种脉冲轨道电路的主要特性是分路灵敏度高，应变速度快，50 m 以下区段的分路灵敏度不小于 3Ω，响应时间不大于 0.2 s。设备由发送器和接收器组成。

（一）发送器

　　发送器原理电路如图 2-3-5 所示，其作用是产生脉冲电压。发送器的主要元件是变压器 B_1 和可控硅 SCR。发送器的输入为 50 Hz 交流 220 V 电源，输出电压为微分尖脉冲，峰值为 30 ~ 130 V。当交流正半周时，D_1 导通，给 C_1 充电，D_2 导通，可控硅 SCR 截止，电容器电压很快充到电源电压的峰值。当电源负半周时，D_2 截止，可控硅的控制极为正，阴极为负，可控硅导通，则 C_1 经可控硅 SCR 和 L 向轨道及 R_2 放电，产生高压脉冲。下一个正半波来时，又重复上述过程，通过可控硅周期的工作，使 C_1 充电和放电，产生周期性的脉冲电压，输入钢轨。图中 R_2 是空载时的负载，用于限制空载输出的脉冲电压幅度，抑制因道床漏泄电阻变化引起的轨面电压变化。可通过调整 R_2，使输出电压达到要求值。R_3 为过压防护压敏电阻。

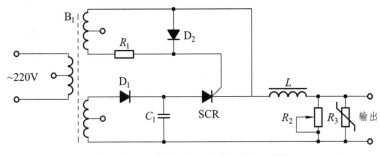

图 2-3-5　高压脉冲轨道电路发送器

（二）接收器

接收器原理电路如图 2-3-6 所示。从轨面来的高压脉冲电压经脉冲变压器 B_2 降压，分两路输出：一路为轨道电路电源，经二极管 D_1 给 C_3 充电，同时给轨道继电器 GJ 的 1-2 线圈供电。在脉冲间歇时，C_3 放电给继电器供电。另一路接电子开关 DZK-I，产生局部电源供给继电器 GJ 的 3-4 线圈。轨道继电器 GJ 采用 AX 系列 JDBXC－550/550 单闭磁继电器，这时继电器两个线圈有同极性电流而吸起。

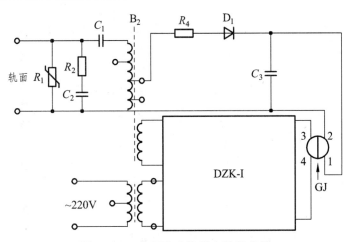

图 2-3-6　高压脉冲轨道电路接收器

当车辆进入轨道区段时，轨道电路被分路，接收器无脉冲电压输入，GJ 失磁落下。当电路发生故障时，只要两个线圈中的任何一个断电都能使 GJ 失磁落下。提高了电路的安全可靠性。由于电子开关具有很高的返还系数和开关速度，就使得接收器具有高的返还系数和分路灵敏度。

四、驼峰模块化电子轨道电路

为了进一步提高轨道电路的分路灵敏度和应变速度设计了驼峰模块化电子轨道电路，适用于驼峰分路道岔双轨道区段、联锁道岔轨道区段、无岔轨道区段有无车占用状态的识别。设备由电子轨道电路电源盒、轨道识别模块 TDG 及其电气连接电路组成。

（一）电路构成及工作原理

分路道岔双区段电子轨道电路的构成如图 2-3-7 所示，它和通常的驼峰双区段轨道电路不同的是：DG1 和 DG 两轨道区段的分割，只在其中一根基本轨进行分割并安装绝缘，在两区段中间串接一电阻 R_2，并在区段末端设置短路电阻 R_3。如果为单区段轨道电路，则把 DG1 和 DG 两区段间的 R_2 及绝缘节去掉，并改变 R_3 的阻值即可。

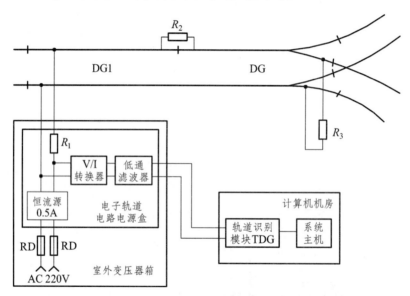

图 2-3-7　驼峰分路道岔模块化电子轨道电路原理图

电子轨道电源盒装在室外变压器箱内，它的输出端通过轨道连接线连接到轨道电路发送端，室内送出的 AC 220 V 电源经电压变换和整流电路后，通过恒流源电路向轨道发送 0.5 A（1A）恒定直流电流。同时，在电源盒的输出端测量轨端电压变化，变化值经 V/I 转换器和低通滤波器送到室内轨道识别模块 TDG 的接收端，室内识别模块按输入电压的变化判断轨道电路是否被车辆占用，并将结果通过开关量 I/O 和 CAN 总线送到驼峰控制系统的主机和其他控制模块。

电源盒中的 V/I 转换器和低通滤波器是为了提高传输通道的抗干扰能力而设计的，限流电阻 R_1 在此起保护及调整轨端电压的作用。为了减少能源消耗，峰下使用 0.5 A 的直流恒流轨道盒，因为峰上区段长而且峰顶道床状况较差，使用 1 A 的直流恒流轨道盒。

分路道岔电子轨道电路的结构是为了满足双区段防止轻车跳动而设计的。电路结构根据车辆在 DG1 和 DG 区段上运行，接收端收到电压值不同，判断车辆运行在 DG1 或 DG 区段上。

（二）技术指标

驼峰电子轨道电路根据轨道盒输出电压值变化判断工作状态，各状态判定条件如下：

（1）调整状态电压范围：DC 2.04 ~ 4.8 V（分线柜端子电压）。

维修要求的调整状态电压：DC 2.30 ~ 4.5 V（分线柜端子电压）。

由分路状态到调整状态电压的判定：分路状态电压上升到原调整状态电压的 90% 以上且大于 DC 2.2 V。

（2）分路状态电压：小于调整电压的 70% 或低于 DC 2.04 V。

采用 0.5 Ω 封接线短路时轨道区段最大残压：分路道岔 DG 区段最大残压小于等于 DC 1.8 V，其他轨道区段最大残压小于等于 DC 0.8 V。

（3）高压预报警电压：DC 4.5 ~ 4.8 V。

（4）故障高压报警电压：大于 4.8 V，判为轨道电路占用状态。

（5）故障断线报警电压：小于 0.1 V，判为轨道电路占用状态。

（6）泄漏预报警电压：DC 2.04 ~ 2.2 V。

（7）分路灵敏度：3 Ω。

（8）占用和出清响应时间小于 0.2 s。

（9）道床漏泄电阻：不小于 0.7 Ω · km。

（三）驼峰电子轨道电路的特点

（1）驼峰电子轨道电路较驼峰继电轨道电路对道床要求低，对电源电压和轨道区段道床漏泄电阻变化具有自适应能力。在调整状态时，由于轨道内各项参数变化引起调整状态电压变化，系统能通过自学习方式修正轨道模块软件中记录的调整状态电压值，确保轨道电路正确工作。因此，在安装和使用过程中不需要调整，减少了施工和维修工作量。在这方面，较驼峰继电轨道电路有明显的优势。

（2）驼峰电子轨道电路把轨道送电端电压较调整状态电压小于 70% 或低于 DC 2.04 V 判为有车占用（进入分流状态），按电子轨道电路的结构计算，其允许的分流电阻值将明显高于部标准的规定。提高了轨道电路的分流灵敏度和分流可靠性。

（3）对轨道电路由分路状态返回到调整状态的判定较继电轨道电路严格。它规定必须在测到的输入电压值上升到原调整状态电压的 90% 以上且大于 DC 2.2 V 时，才能判定为轨道电路由分路状态返回到调整状态。提高了系统判定轨道空闲的可靠性。

（4）分路灵敏度从驼峰 2.3 型轨道电路的 0.5 Ω 提高到 3 Ω。

（5）出清和占用响应时间比驼峰 2.3 型轨道电路快，小于 0.2 s，可达 0.1 s。

（6）采取软件延迟 0.5 s 判定轨道电路由分路状态返回到调整状态，有效防止钩车进入分路道岔轨道区段时的跳动，延迟时间还可以根据情况随意设定。

（7）轨道电路工作状态有检测，各状态判据明确，有预报警提示及故障报警功能。在发生故障报警时，能够将其置于占用的安全状态。

（8）驼峰电子轨道电路接收端信息单芯电缆传输距离可达到 1 km 以上，因此不需要像驼峰 2.3 型继电轨道电路传输距离超过 200 m 就要增加电缆芯线，节省了工程投资。

第四节　驼峰道岔转辙设备及其控制

根据调车场溜放作业的特点，为提高驼峰作业解体效率，要求分路道岔采用小号道岔和快速动作转辙机。目前我国驼峰场广泛使用的快速转辙机有两类：一类是电动快速转辙机；另一类是电空转辙机。

一、电动快速转辙机

电动转辙机结构框图如图 2-4-1 所示。

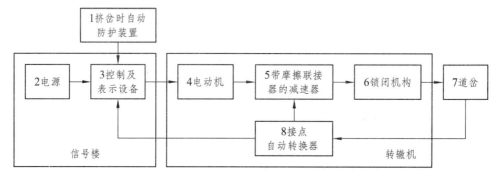

图 2-4-1　电动转辙机结构框图

电动机 4 在转辙机的机箱内，电源由信号楼电源设备经控制条件 3 后供给，电动机 4 经减速齿轮减速，并转换为直线运动，带动了锁闭机构 6 共同完成解锁、转换和锁闭道岔 7 的功能，接点自动转换器 8 用于监督道岔定、反位置的状态。通过电缆送给信号楼。

我国目前生产适用于驼峰场的电动快速转辙机有 ZD7 型、ZD7-A 型和 ZD7-C 型。ZD7 型电动快速转辙机是在普通的 ZD6 型电动转辙机基础上改进研制而成的，为了达到快动的要求，把 ZD6 型的两级齿轮减速改为一级减速，取消了第一级减速齿轮，把电机轴直接与第二级行星减速器的输入轴连接（电动机安装位置移至中间），减速比为 41，而 ZD6 型为 3.815×41 = 156.4。另外 ZD7 型电动转辙机提高了动作电流，即功率大，使之动作速度进一步加快，其转换时间不大于 0.8 s。它取消了挤切销，改用强度大的连接销，取消了移位接触器，为不可挤型。

由于 ZD7 型转辙机存在控制电路复杂，室外设置转极继电器，既影响转辙机动作时间，又易发生故障，所以 1993 年在 ZD7 型的基础上改进研制了 ZD7-A 型电动快速转辙机。ZD7-A 型采用分激式直流串激电动机，定子绕组为正转、反转分开使用，以配合五线制道岔控制电路，取消了室外转极继电器，具有控制电路简单、可靠性高、转换时间快、控制距离远、维护方便等特点。

1996 年为适应列车车辆提速重载、分路道岔向重型发展的需要，又研制成功了大功率 ZD7-C 型电动快速转辙机，实现转换力大、速度快、更安全、更可靠的要求，同时满足调车场采用 50 kg/m 钢轨 9 号及 9 号以下单开道岔及对开道岔的需要。

二、ZK 系列电空转辙机

电空转辙机具有比电动快速转辙机更快的转换时间和结构简单、维护方便等特点，同时，电空型车辆减速器的发展及大量使用，为电空转辙机的运用提供了动力源，使电空转辙机的运用越来越普遍，技术也得到较大的发展。

目前我国生产的电空转辙机有 ZK 系列。现场应用有 ZK2、ZK3、ZK3-A 和 ZK4 型等。1962 年，将仿造苏联的 ZK 型电空转辙机在使用中进行了一些改进，改型号为 ZK2 型。该机内部对尖轨无机械锁闭装置，采用安装在两根钢轨之间的关节型锁闭器锁闭尖轨，称外部机械锁闭，每组道岔要一组关节型锁闭器，以保证尖轨的密贴。其主要技术参数：额定负载1 000 N，工作气压 400 kPa，动作时间不大于 0.6 s，电磁阀控制电压为 DC 20 V。ZK2 型转辙机存在转换时间快，惯性大，易造成零件损坏，机体本身造成故障较多，关节型锁闭器磨损后，锁闭不可靠、维修困难、杆件稍件易断裂等缺点。另外，由于 ZK2 型电空转辙机拉力小，不能转换弹性可弯道岔，特别是近年来驼峰场采用三开道岔的较多，需要在岔尖的左右侧均安装转辙机，而线路中间又无法安装两组关节型锁闭器，为此研制了 ZK3 型电空转轨机。ZK3 型适用于三开道岔，亦适用于普通道岔。

ZK3 型转辙机主要由分水滤气器、调压器、油雾器、气缸、滑阀等组成，结构原理如图2-4-2 所示。ZK3 型转辙机采用了压缩空气对活塞杆施加压力保持尖轨在规定位置的软锁闭方式；另设有低气压时用于锁闭控制的机械锁舌，当发生故障，气压降到 250 kPa 以下时，锁舌吐出把活塞杆锁在规定位置，保持尖轨密贴。另外在机内设置了分水滤气器、调压阀和油雾器，既能洁净压缩空气又能自动喷油润滑，还可用调压阀调整工作气压，以适应不同负载要求。如负载小于 1 500 N 时把气压调到 450 kPa，转换时间仍不大于 0.6 s。

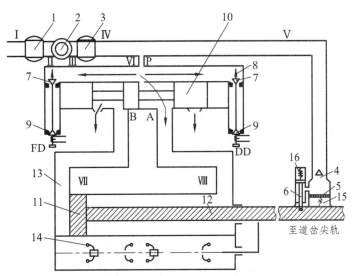

图 2-4-2　ZK3 型电空转辙机结构原理图

1—分水滤气器；2—调压器；3—油雾器；4—锁闭阀；5—开关阀芯；6—阀杆；
7，9—小阀头；8—上部弹簧；10—阀芯；11—活塞；12—活塞杆；
13—气缸；14—自动开闭器；15—小弹簧；16—大弹簧

ZK3-A 型电空转辙机是 ZK3 的改进产品。它将锁闭阀改成经常锁闭状态，将分水滤气器、调压器、油雾器集成为二联体，在主气道的二联体后部增设了单向阀，增加了小锁闭阀和梭阀，增设了表示杆，采用速动接点系统。ZK3-A 型电空转辙机主要由气源处理二联件、气动换向阀（滑阀）、工作风缸、锁闭阀、接点组和箱体等部分组成。

　　ZK4 型电空转辙机是在 ZK3 及 ZK3-A 型电空转辙机的基础上优化设计的，采用了先进气动元件及相关技术，是 ZK3-A 型电空转辙机的换代产品。适用于驼峰调车场采用 50 kg/m 钢轨和 43 kg/m 9 号以下单开对称道岔，可安装于道岔左侧或右侧。ZK4-170 型电空转辙机结构如图 2-4-3 所示。

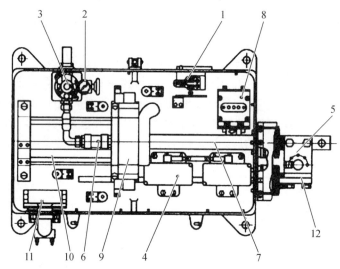

图 2-4-3　ZK4-170 型电空转辙机结构图

1—安全接点；2—压力表示开关组；3—组合式气源处理元件；4—表示接点组；
5—连接铁；6—单向阀；7—活塞杆；8—电磁锁闭阀；9—换向阀；
10—气缸；11—引线插座；12—表示杆

　　ZK4 型电空转辙机的主要技术特点有：

　　（1）采用差压式自保换向阀结构（ZK3-A 型转辙机使用的二位五通换向阀具有自锁功能，结构比较复杂，其可靠性也难以满足使用要求），消除了换向阀误动作的隐患，提高了安全及可靠性，结构简化，并具有结构新颖、体积小、重量轻等特点。

　　（2）采用双锁闭设计，即气缸、换向阀的气锁闭和电磁阀锁闭，防止了因泄露或断气源成设备失控引发的故障。

　　（3）利用电磁锁闭阀代替气动锁闭阀，克服了解锁时与动作杆卡阻的缺陷，实现了到位锁闭、解锁动作的顺序化。

　　（4）设备主要轴套机构部件均采用 SF-2 复合材料衬套，减少现场维修工作量，同时提高了整机的使用寿命。

　　（5）采用集成式气源处理元件，克服现场调整压力因振动而造成变化等问题。

　　（6）表示装置安全可靠、故障率低，动作直观，便于观测、维修。

三、驼峰道岔控制电路

　　驼峰道岔根据道岔位置和作业性质分为峰上道岔和分路道岔。峰上道岔在解体作业过程中不需要转换，峰下有些道岔在解体作业过程中不需要转换，也按峰上道岔处理；分路道岔在解体作业过程中需要按溜放车组的不同去向而随时转换，因此它们的控制电路有所不同。

（一）技术要求

不管是峰上道岔还是分路道岔，无论采用何种转换设备，都应满足作业中有关安全和效率的技术要求：

（1）处于锁闭状态或其所属轨道区段被车占用时，该道岔不能转换。

（2）转辙机启动后，车辆进入该道岔所属轨道区段时，道岔应能继续转换到底，并使尖轨密贴基本轨。

（3）道岔转换完毕后，应立即切断转辙机的动作电源和启动电路。

（4）道岔在转换过程中，如车辆未进入该道岔的轨道区段，可以中途改变道岔的转换方向。

（5）道岔的定、反位表示应符合道岔的实际位置。

（二）分路道岔与峰上道岔的区别

分路道岔与峰上道岔由于作业情况不同，除了要满足以上基本技术要求外，还必须满足一些特殊技术要求：

（1）分路道岔不仅能够用手动控制转换，还能够用自动集中控制系统条件自动控制转换。分路道岔手柄采用三位式，手柄在中间位置时受自动控制条件控制。

（2）峰下分路道岔的转辙机，若其机械锁闭装置未解锁时车辆即进入了该道岔的轨道区段，此时应能立即切断动作电源和启动电路，使道岔不能转换。

（3）自动集中系统的分路道岔控制电路应具有道岔自动恢复功能，即分路道岔如因故不能转换到底时，在车辆尚未进入该道岔的轨道区段前，应能自动转回至原来位置。

（4）分路道岔控制电路具有极性继电器与道岔实际位置状态一致及表示电路自保功能，确保故障时的溜放作业安全。

（三）电动转辙机控制电路

电动转辙机采用多级控制。电动机是直流串激电机，用改变激磁绕组电流方向，保持电枢的电流方向不变，或者改变电枢电流方向，保持激磁绕组电流方向不变的方法，使电机正转和反转。

1. ZD7 型转辙机驼峰分路道岔控制电路

（1）启动继电器电路。

根据需要设两个启动继电器，第一启动继电器 1DQJ 和第二启动继电器 2DQJ，如图 2-4-4 所示。

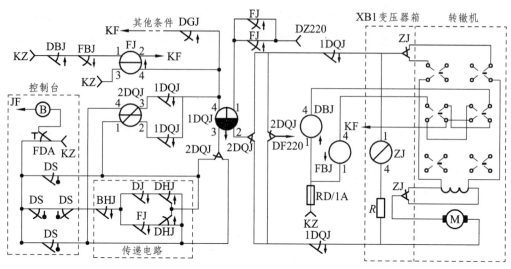

图 2-4-4　原 ZD7 型转辙机驼峰分路道岔控制电路

1DQJ 的作用是接收控制命令、检查道岔区段空闲和锁闭条件，以及监督电动机能否正常工作。在图 2-4-4 中，如果联锁条件满足，1 DQJ 3-4 线圈有电，励磁吸起；1-2 线圈电路与电动机串联，若自动开闭器接点，电动机的整流子与炭刷接触良好，电机电路构成。在道岔转换过程中，1DQJ 1-2 线圈自闭电路构成而保持吸起。

2DQJ 是极性保持继电器，用其转极接点改变电枢绕组电流方向，使电机正转、反转。另外，当电机电路接通道岔正在转动的过程中，车辆驶入道岔区段，轨道继电器失磁落下，切断 2DQJ 电路，但它的接点极性保持不变，能保证道岔继续转换到底。

（2）转极继电器电路。

如图 2-4-4 所示，在变压器箱内设置一个转极继电器 ZJ，它实际上是 2DQJ 的复示继电器。2DQJ 转极后，首先使 ZJ 转极，然后用 ZJ 转极接点接通电机电路。电机电路中还串联了转辙机的自动开闭器接点，目的是道岔转换完毕，自动切断电机电路。

（3）表示及挤岔继电器电路。

DBJ 和 FBJ 是由转辙机自动开闭器的定位和反位接点分别接通电路的。与峰上道岔不同，分路道岔表示继电器的励磁仅检查了转辙机自动开闭器接点的位置，未能反映道岔手柄的位置，这样就有可能造成室外道岔位置与室内手柄位置不一致的现象。为了克服这个缺点，在挤岔继电器 JDJ 电路中检查了 2DQJ 的接点位置。若道岔在四开位置，定、反位表示继电器均在失磁落下状态，或表示继电器接点位置与 2DQJ 的接点位置不一致时，接通挤岔继电器 JDJ 电路，JDJ 吸起点亮报警红灯和接通电铃电路，如图 2-4-5 所示，JDJ 全楼道岔共用。

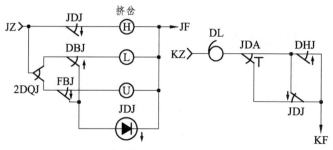

图 2-4-5　挤岔继电器及电铃电路

驼峰分路道岔控制有两种方式：一种是扳动手柄的手动控制；另一种是由控制系统自动控制。下面以电路接通公式说明道岔手动控制时由定位转到反位的动作电路。

① 1DQJ 励磁电路。

当道岔手柄操作至反位后，1DQJ 电路接通公式为：

KZ—FDA（定位）—DS（反位）—2DQJ$_{142-141}$—1DQJ 3-4 线圈—DGJ↑—其他联锁条件—KF

② 2DQJ 转极电路。

当 1DQJ 励磁后，2DQJ 电路接通公式为：

KZ—FDA（定位）—DS（反位）—2DQJ 4-3 线圈—1DQJ↑—DGJ↑—其他联锁条件—KF

③ ZJ 转极电路。

当 1DQJ 励磁，2DQJ 转极后，ZJ 转极电路接通公式为：

DZ220—FJ↑—1DQJ 1-2 线圈—2DQJ$_{111-113}$—1DQJ↑—R—ZJ4-1 线圈—1DQJ↑—2DQJ$_{123-121}$—DF220

④ 电动转辙机电机电路。

当 1DQJ 励磁，ZJ 转极后，接通电机电路：

DZ220—FJ↑—1DQJ1-2 线圈—2DQJ$_{111-113}$—1DQJ↑—电枢绕组 M—ZJ$_{121-123}$—激磁绕组—转辙机自动开闭器启动接点—ZJ$_{113-111}$—1DQJ↑—2DQJ$_{123-121}$—DF220

道岔转到反位后，自动开闭器反位表示接点接通，室内的 FBJ 吸起。

⑤ FBJ 励磁电路。

KZ—FBJ1-4 线圈—自动开闭器反位表示接点（两组）—KF

FBJ 励磁，点亮控制台上的反位表示黄灯（U）。

（4）辅助继电器 FJ 电路。

在电机电路中，1DQJ1-2 线圈电路中正电源端接有 FJ（辅助继电器）接点。该继电器电路如图 2-4-6 所示，是为了满足分路道岔特殊技术要求而设的。FJ 的作用是：当溜放车组刚占用道岔区段时，用 FJ 监督该区段道岔的机械锁闭装置是否解锁。如果车辆压入该道岔区段时，道岔已经解锁（DBJ 和 FBJ 均落下）正在转换，那么，FJ 经 DBJ 和 FBJ 的后接点保持吸起，使已启动的道岔继续转换到底；如果只有电机电路接通，但转辙机机械锁闭装置因故不能解锁，道岔不能转换，原来道岔表示继电器仍在吸起，这时车组进入该道岔区段 DGJ↓，FJ 的 1-2 和 3-4 线圈均切断，使 FJ 失磁落下，用其落下接点切断电机动作电路，防止因车组进入道岔区段，经"震动"道岔机械锁闭又解锁，道岔中途转换而危及行车安全。

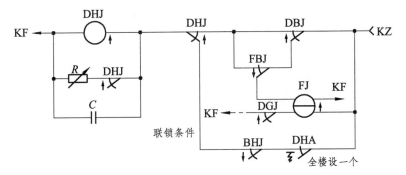

图 2-4-6　道岔恢复继电器和辅助继电器电路

分路道岔的表示继电器电路中为什么不检查 2DQJ 的接点？是因为分路道岔的表示继电器不仅用来反映道岔的位置，还应该确切反映出道岔的机械锁闭装置是否解锁，以便配合 FJ 的工作，达到防止中途转换的目的。

（5）道岔恢复继电器 DHJ 电路。

在分路道岔的特殊技术要求中提到，凡属于自动集中系统的分路道岔都可以自动控制，并且在道岔因故不能转换到底时（车辆未进入区段），应能自动转回原来位置。自动作业时首先将道岔手柄置于中间位，使道岔处于自动控制方式，图 2-4-4 中传递电路虚线框中的 BHJ（保护继电器），DJ（定位继电器）和 FJ（反位继电器）接点是道岔自动集中电路中的继电器的接点。当 BHJ 吸起，说明该道岔有转换命令。DJ 或 FJ 吸起，说明命令的性质，即转换到定位和反位。

DHJ 电路如图 2-4-6 所示。DHJ 经 DBJ↑（或 FBJ↑）接点构成自闭电路，同时给电容 C 充电。当转辙机转动过程中，表示继电器 DBJ 和 FBJ 都失磁落下，DHJ 的自闭电路被切断，但经电容 C 放电保持吸起，直到道岔转换完毕。如果转辙机在 DHJ 缓放时间内未转到规定的位置（DBJ 和 FBJ 均不吸起），则 DHJ 失磁落下。这时在 2DQJ 电路中（见图 2-4-4）经 DHJ↓接点使 2DQJ 转极，使道岔自动转回原位，保证溜放车组不致因道岔"四开"而脱轨。DHJ 失磁落下后，控制台上点亮红灯并响铃报警。在查出道岔恢复原因后，值班员可按压控制台上的道岔恢复按钮 DHA 使 DHJ 再次吸起。每个信号楼设一个 DHA，全场道岔共用。DHJ 再次吸起须检查各道岔环节没有进路命令（BHJ↓）。

ZD7 型转辙机道岔控制电路在近年根据铁道部要求进行了修改，虽然由于电机的原因仍存在室外 ZJ 电路，但室内电路取消了 FJ，同时采取了故障返极电路和安全保护电路。电机启动及表示控制电路如图 2-4-7 所示。

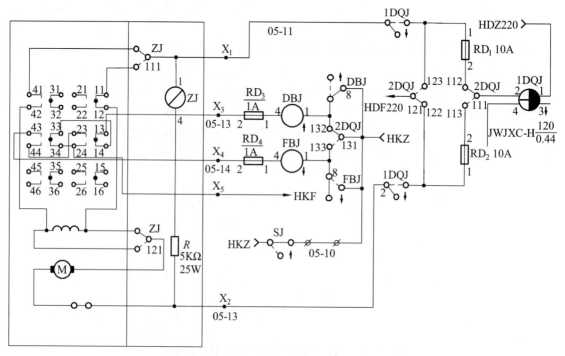

图 2-4-7　改进后 ZD7 型转辙机电机启动及表示控制电路

改进后的表示控制电路中，DBJ 或 FBJ 吸起后通过 SJ 吸起条件及转辙机自动开闭器的接点构成自闭电路，满足道岔表示准确反映道岔实际位置的要求；励磁电路检查 2DQJ 接点和自动开闭器接点条件，保证了分路道岔控制启动继电器与道岔实际位置状态的一致，满足溜放作业安全要求。

2. ZD7-A（ZD7-C）型转辙机驼峰分路道岔控制电路

ZD7-A 型驼峰分路道岔控制电路是根据 ZD7-A 转辙机电机的改进形成的，电路取消了室外的 ZJ，表示电路改为交流电源，完善了分路道岔控制启动继电器与道岔实际位置状态一致及表示电路自保功能。由于电机工作电流较大，1DQJ 采用 JWJXC-H120/0.17 型，2DQJ 采用 JYJXC-135/220 型。比 ZD7-A 转辙机功率更大的 ZD7-C 型转辙机，控制电路中 1DQJ 采用 JWJXC-H80/0.058 型继电器，2DQJ 采用加强接点切断电流为 20A 的 JYJXC-X135/220 型继电器，除此之外，ZD7-C 型转辙机的控制电路形式及结构与 ZD7-A 型相同，电路如图 2-4-8 所示。

图 2-4-8 电路中要特别说明的是：两组 DGJ$_1$、DGJ 落下接点分别与道岔表示继电器接点（DBJ、FBJ）交叉连接的电路构成故障返极电路。由于电路中未设 FJ，为了满足分路道岔特殊技术要求，防止因"震动"造成道岔中途转换，采取了此措施。例如，由定位向反位控制分路道岔时，当联锁条件满足 1DQJ 吸起，2DQJ2-1 线圈有电，反位打落，电机电路构成，但因故道岔不能解锁，没有转换，则 DBJ 将一直吸起。此时车组进入该道岔区段，由 DGJ 落下接点与 DBJ 吸起接点又将 2DQJ3-4 线圈电路接通，使 2DQJ 再次转极，定位吸起，切断电机电路，防止因"震动"造成道岔中途转换，并使之与实际道岔位置保持一致。

（四）电空转辙机控制电路

1. ZK3 型电空转辙机驼峰分路道岔控制电路

ZK3 型电空转辙机控制电路如图 2-4-9 所示，同样要满足前述的技术要求。电路用二级控制方式的六线制电路，第一级是道岔操纵继电器 DCJ 电路，第二级是动作电路即定位、反位电磁阀电路。

道岔操纵继电器 DCJ 采用极性保持继电器，用道岔手柄 DS 的定位、反位接点或道岔自动集中有关继电器接点分别接通 DCJ 的 1-2 和 3-4 线圈，如图 2-4-9（a）所示。电路中还要检查轨道电路空闲状态及其他联锁条件，当上述条件满足，则 DCJ 励磁转极。由 DCJ 转极接点接通第二级电磁阀电路，使道岔转换。

电磁阀电路如图 2-4-9（b）所示，由 DCJ 极性接点和 DBJ、FBJ 接点组成双断控制电路。例如，要求道岔向定位转换，DCJ 定位吸起，DBJ↓，接通转辙机定位电磁阀 DK 电路。

表示继电器电路与启动电路合用一组 DCJ 接点，如图 2-4-7（b）所示。表示继电器励磁电路检查了道岔位置状态与 DCJ 的极性位置一致后吸起，吸起后构成自闭电路，具有防止道岔中途转换的返极电路、极性继电器与道岔实际位置状态一致及表示电路自保功能。其电路结构原理与电动转辙机控制电路相同。

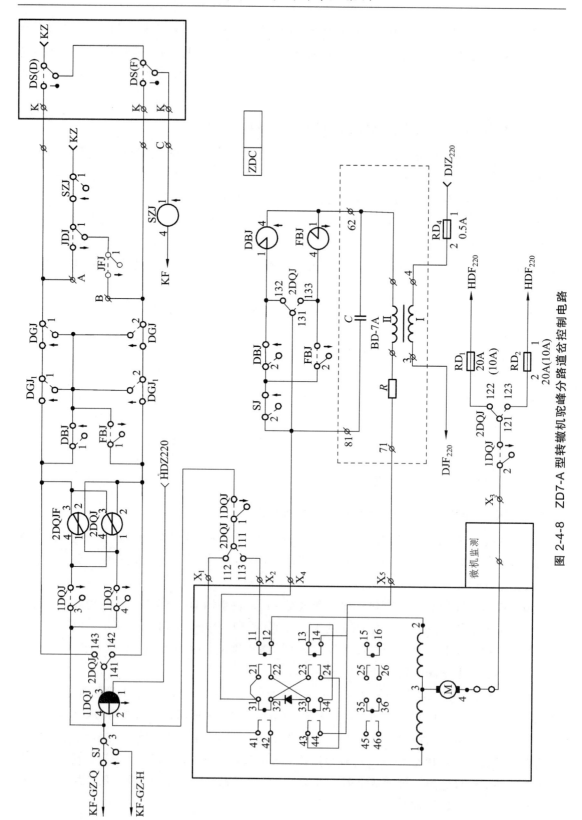

图 2-4-8　ZD7-A 型转辙机驼峰分路道岔控制电路

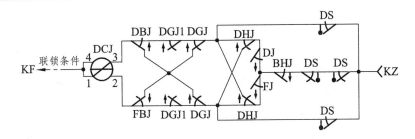

（a）道岔操纵继电器电路

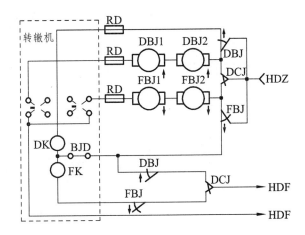

（b）表示继电器及电空阀电路

图 2-4-9　ZK3 型电空转辙机控制电路

　　DHJ 电路与电动转辙机电路相同，如图 2-4-6 所示。电路中 R 为可调电阻，用来调整 DHJ 的缓放时间。电动道岔 DHJ 的缓放时间标准为 1.2 ~ 1.4 s；电空道岔 DHJ 的缓放时间标准为 1.0 ~ 1.2 s。

2. ZK4 型电空转辙机控制电路

　　根据 ZK4 型电空转辙机的改进，其控制电路也有相应的改进，如图 2-4-10 所示。该电路以 TW-2 驼峰自动控制系统控制电路为例，在原电路的基础上，增加了压力继电器 YLJ 接点条件；电磁锁闭阀 SF 改为其线圈与 YLJ 接点串联后单独供电，其电源回路单设，如图 2-4-10 中的 X_7、X_8 所示。

　　在自动化驼峰中，一般不设 DHJ，道岔恢复时间的设定由计算机控制系统软件完成。通过计算机输出接口驱动 DJ、FJ 实现道岔转换。

（五）三开道岔控制电路的特点

　　在驼峰场，有时为了缩短咽喉区的距离，线束中有三开道岔。三开道岔电空转辙机控制电路有特殊要求。

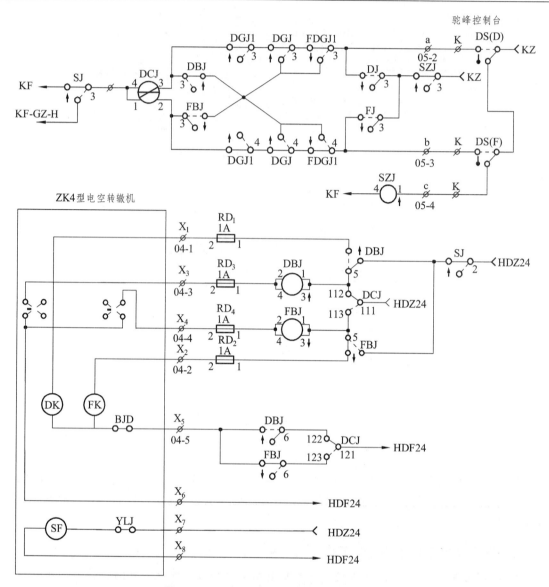

图 2-4-10　ZK4 型电空转辙机控制电路

　　三开道岔是由两台转辙机分别带动两组尖轨，如图 2-4-11 所示。AB 两台转辙机分别设置在两侧。道岔位置和进路开通是：A 定位，B 反位开通 I 线束；A 定位，B 定位开通 II 线束；A 反位，B 定位开通 III 线束。

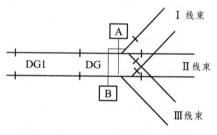

图 2-4-11　三开道岔控制示意图

若从开通Ⅰ线束转为Ⅲ线束或由Ⅲ线束转为Ⅰ线束，两组道岔都必须动作。从三开道岔的结构来看，两组道岔的尖轨有内、外之分，它们必须按顺序动作，外侧尖轨先动，内侧的后动。如由Ⅲ线束转向Ⅰ线束，A先启动转定位，B再启动转反位，必须保证A与B启动间隔时间大于$t_隔$（$t_隔 > 0$），否则会造成尖轨互相卡阻，影响道岔的正常转换。为了保证它们内外尖轨的顺序动作，在两组道岔DCJ的反位控制电路中分别用对方的DCJ定位极性接点相互照查。实现了其中一组道岔反位，必须先使另一组道岔的DCJ转向定位，即A、B两台转辙机都转换时，只有当转向定位的转辙机的DCJ转极后，转向反位的DCJ才会开始转极，这样，既保证了三开道岔两组尖轨按规定的顺序转换，也保证了两组道岔间隔启动。三开道岔控制间隔示意图如图2-4-12所示，$t_隔 = 150$ ms。

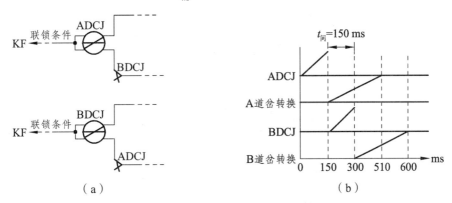

图2-4-12　三开道岔控制间隔示意图

四、驼峰道岔的联锁条件

由于道岔所处位置以及进路的性质不同，控制道岔的联锁条件也不同。

（一）一般调车进路上道岔的联锁条件

峰上调车作业区内的道岔，如果与推送进路和溜放进路无关，基本锁闭条件用SJ接点构成。SJ吸起，道岔处于解锁状态可以转换；办理调车进路后SJ↓，道岔被锁闭不能扳动。如图2-4-13（a）所示，单动道岔使用一个SJ，双动道岔使用1SJ和2SJ。

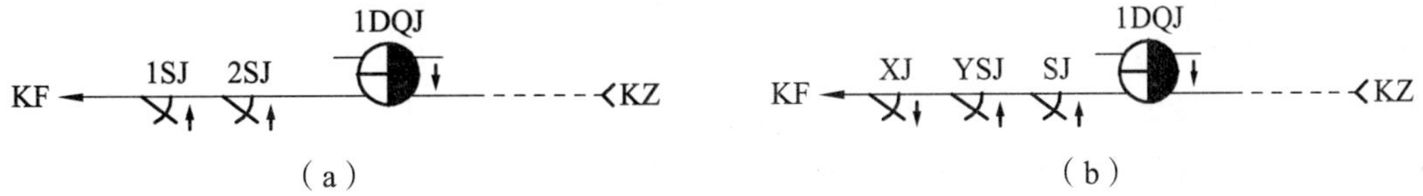

图2-4-13　一般调车进路上道岔

（二）推送线上的道岔联锁条件

推送线可作调车进路、预推进路以及推送进路，因此其道岔锁闭条件与进路性质有关。当办理调车进路时，应用SJ↓为锁闭条件；当办理预推进路时，应用预推锁闭继电器YSJ↓为锁闭条件；当进行推送解体作业时，应用驼峰信号开放条件锁闭道岔，这样做的目的是为了提高解体效率。当解体车列中遇到不允许溜放的车辆时，需送至禁溜线或迂回线。为了较快地办理去禁溜线（或迂回线）进路，采用只要信号关闭、区段无车，道岔即可解锁的方式。图 2-4-13（b）所示电路中有上述三种联锁条件：SJ 和 YSJ 以及驼峰信号条件 XJ（即 USJ、LJ、LSJ、BSJ、HTJ，或者用驼峰信号反复示继电器 LUJ 和 HBJ）。

（三）溜放进路上交叉渡线道岔的联锁条件

溜放进路上交叉渡线道岔按四个单动道岔处理，这样，既可以提高解体作业的效率，又可避免渡线后端道岔不必要的转换。它们的联锁条件与进路性质和溜放作业方式有关。

（1）办理调车进路时，按调车进路要求用 SJ 构成联锁条件，但也要考虑防止排出交叉进路。还要加入相关道岔表示继电器的接点，如 10 号道岔的启动继电器电路中除了 10SJ 条件外，还有 14DBJ↑条件，如图 2-4-14 所示，只有 14 号在定位时，才能扳动 10 号道岔。

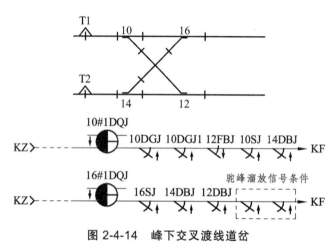

图 2-4-14　峰下交叉渡线道岔

（2）办理溜放进路，10 号和 14 号道岔纳于道岔自动集中控制。属于自动集中的道岔只有区段锁闭，即用轨道继电器的条件：DGJ↑道岔解锁，DGJ↓道岔锁闭。12 和 16 号道岔是溜放进路上的背向道岔，在溜放过程中不需要扳动，要求锁在一定位置，如 T1 开放全场溜放时 12 号道岔应锁在反位，16 号道岔应锁在定位。即驼峰信号开放后道岔应锁闭，同时要防止交叉进路的开通。如图 2-4-14 所示 16 号道岔 1DQJ 电路中接入 16SJ 条件（调车进路的需要）；驼峰溜放信号条件（用 T₁LUJ 和 T₂LUJ）；14DBJ↑，12DBJ↑（防止交叉进路的需要）。渡线的前端和后端道岔，为防止动作不一致造成挤岔，互相间应具有锁闭关系：渡线的前端道岔，仅在其后端道岔在反位时才能转换（如 10 号道岔在 1DQJ 电路中检查 12FBJ 的吸起条件）；而渡线的后端道岔，仅在其前端道岔在定位时才能扳动（如 16 号道岔在 1DQJ 电路中检查 14DBJ 的吸起条件）。

（3）峰下分路道岔（除了交叉渡线外）的联锁条件。

峰下一般分路道岔的锁闭关系比较简单，除了区段锁闭条件外，再加上线束上峰、下峰调车信号机开放条件，如图 2-4-15 所示。

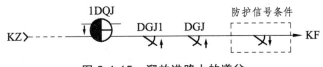

图 2-4-15 溜放进路上的道岔

第五节 调速设备及其控制

在保证作业安全和正确溜放的前提下，驼峰调车场的解体能力很大程度上取决于驼峰头部范围内车辆的运行速度，由平均推送速度和平均溜放速度决定，尤其是车组在调车场头部咽喉区的溜放速度。我们在第一章的讨论中曾提到在驼峰平、纵断面和峰高设计中，把提高平均溜放速度作为基本原则来考虑。但是，由于不同溜放车组走行性能的差别，车组有易行、难行之分，也有长车组和短车组之分，而且它们的溜放顺序有各种组合，如难行车组在前、易行车组在后等。尽管机车在峰顶推送摘钩时，保持了一定的峰顶时隔，但因各种车组走行性能不同，在溜放过程中仍会出现后行车组追上前行车组，使道岔来不及转换位置，形成中途追钩而溜错股道等事件。为此在驼峰头部咽喉区需要设置若干调速工具，对车组的溜放速度进行调整来保持相邻溜放车组之间的合理间隔，使道岔来得及转换，通常称这些调速工具为间隔调速工具。另外，在设计峰高时是按最不利条件下考虑的，可是这种最不利的条件只是在某种情况下才出现。而其他情况下，例如在有利条件下，常会发生溜放车组进入调车线，还有多余的能量，不能停留在预定的地点或超速与停留车发生冲撞，这些都影响着解体安全和效率。为使它们能够以安全连挂速度与停留车辆连挂，或在预定的停车地点停车，也需要在调车线上设置若干调速工具，对溜放车组进行速度调整，设于调车线上的调速工具一般称为目的调速工具。

最早的车辆调速是用车辆上的手制动机（手闸），调车员上车转动制动机的手轮，带动制动杆，使闸瓦紧压车轮（通常称抱轮），车轮和闸瓦产生较大摩擦力使车辆减速停车。在钢轨上使用的调速工具较早的是一种铁鞋。将铁鞋放在钢轨上，当车轮压上铁鞋尖后，推动铁鞋在钢轨上滑行产生较大摩擦力，因而使车辆减速或停车。手制动机和铁鞋均不能满足驼峰编组场的需要。

1914 年德国开始安装试验车辆减速器（以下简称减速器），1924 年美国正式开始使用减速器。经过几十年的不断改进与发展，各国至今已研制出多种不同类型的减速器。按其制动原理来分，车辆减速器基本上分为两大类：钳夹式和非钳夹式。钳夹式减速器使用历史较久，绝大部分驼峰编组场使用钳夹式减速器。目前国外的钳夹式减速器主要有美国 WABCO 公司的 81、96 等型气动多级非重力式减速器，德国梯森公司的 TW 型液压非重力式减速器等。

我国从 1955 年开始进行钳夹式减速器的研究，改良了 EP-31 型，仿制出了 DK-59 型。于 1966 年研制了 T·JY 型（原 66-11 型）减速器，以后相继研制了 T·JK 型减速器。至今，我国已研制并投入运营的有 T·JY 系列和 T·JK 系列等各种型号的减速器，其技术水平达到国际先进水平。

非钳夹式的调速工具种类很多，而且原理差异较大，具有代表意义的有橡胶轨式、螺旋滚筒式、电磁式、绳索牵引推车、直线电机加速小车、减速顶（油－气减速单元）、加速顶等。我国从 1974 年开始研制减速顶，也相继研制过加速顶和加减速顶，至今已生产多种型号系列的减速顶产品。从 1976 年我国开始研制绳索引推送的加速小车，从最简单的手动控制发展到与调速系统配套使用的计算机控制。

一、调速工具概述

（一）调速工具分类

1. 从能量的观点来分

（1）减速设备：在钩车溜放过程中，用以消耗钩车的能量或称制动而使车辆减速。也就是将车辆的多余能量靠摩擦生热消耗掉。如钳夹式车辆减速器等。

（2）加速设备：在钩车溜放的过程中，给予车辆能量使其加速。如绳索牵引推送小车等。

（3）加减速设备：兼有加速和减速功能的设备。如直线电机加减速小车、加减速顶。

2. 按制动原理来分

（1）钳夹式减速器：以制动夹板（或制动轨）像钳子夹住车轮两侧产生制动力而得名。钳夹式按其驱动力又可分为液压型、空压型、电机型，目前应用较广的是前两种。按其制动力来源又可分为重力式和外力式（又称非重力式）。

① 外力式：制动力由外加能源供给，对车辆制动力的大小靠调节外加能源的压力来控制，可分为多个制动等级控制。

② 重力式：制动力来自车辆本身的重量。制动力的大小与车辆重量成正比。

（2）非钳夹式减速器。

非钳夹式减速器品种繁多。非钳夹式减速器的制动力或由减速器内部部件的摩擦产生；或由感应电流产生；或由其他方式产生。目前主要有德国 TG 型橡胶轨式减速器及电磁式减速器、瑞典 ASEA 公司的螺旋滚筒式、减速顶、加减速小车等。

3. 按驼峰作业要求的作用来分

（1）间隔调速工具：一般安装在头部咽喉区。用以保证相邻钩车的合理间隔，要求制动力大。目前用得较多的是制动力较强的钳夹式减速器。

（2）目的调速工具：一般安装在调车线，用以调整钩车的速度，使钩车在指定地点停车或与已停车辆安全连挂。由于调车线股道较多，要求减速器数量多，所以目的调速工具的经济指标尤为重要，但制动能力可以较低。

4. 按调速作用范围来分

（1）点式调速工具：对整个溜放进路长度而言，调速工具的长度可以看作一个"点"。如钳夹式减速器就是点式调速工具，车辆在经过调速工具时可以对其速度进行调整，离开后就不能再进行调整。

（2）连续式调速工具：这种调速工具可对车辆连续调速，直至车辆达到规定速度，如加速小车、减速顶等为连续式调速设备。

（二）减速器技术性能

目前我国使用的调速工具主要有钳夹式减速器 T·JK 系列、T·JY 系列、T·JD 系列，绳索牵引的推送小车 T·CSY，加减速顶 T·D 系列，主要性能指标见表 2-5-1 ~ 2-5-3。

表 2-5-1　钳夹式减速器的主要性能指标

序号	型　号	全制动时间（s）	全缓解时间（s）	缓解时间（s）	单位制动能高（m/m）
1	T·JK	1.4	1.94	1.23	0.117
2	T·JK1-D	0.5	0.7	0.4	0.12
3	T·JK2-A	0.6	0.9	0.5	0.12
4	T·JK2-B	0.6	0.6	0.4	0.12
5	T·JK3-A	0.8	0.8	0.4±0.1	0.125
6	T·JK3-B	0.6	0.6	0.4	0.13
7	T·JK4	0.5	0.7	0.4	0.13
8	T·JY	1.0	1.0	0.6	0.115
9	T·JY1	0.9	0.8	0.4	0.093
10	T·JY2-A	0.9	0.8	0.4	0.12
11	T·JY3-A	0.9	1.15	0.45	0.125
12	T·JCD	0.4	0.45	0.3	0.12

表 2-5-1 中减速器型号参数含义：

T—驼峰设备；J—车辆减速器；K—空压；Y—液压；D—电动；数字—设计序号；字母—派生类型。

表 2-5-2　我国使用的推送小车调速工具的主要性能

型　号	推送速度	返回及追车速度	水平推力	最大走行距离
T·CSY	4 km/h	7 km/h	30 kN	450 m

表 2-5-2 中型号参数含义：

T—驼峰设备；C—推送小车；S—绳索牵引；Y—油马达。

表 2-5-3　我国使用的加减速顶调速工具的主要性能

序号	型　号	临界速度	制动（加速）力	最高限制速度
1	T·DJ 系列	0 ~ 5 m/s	0.1 ~ 0.135 t·m/轮次	25 km/h
2	T·DW（外侧）	4 ~ 14 km/h	0.0914 t·m/轮次	25 km/h
3	T·DD（外侧）	4.5±0.4 km/h	0.09 t·m/轮次 57 km/h	18 km/h
4	T·DJK（可控）	4.5 km/h（非控） >8 km/h（控制）	882 J/轮次 57 km/h（非控） <490 J 轮次 57 km/h（控制）	25 km/h（非控） 30 km/h（控制）
5	可锁式加减顶	4.5±0.5 km/h	0.1 t·m/轮次（加速） 0.082 t·m/轮次（减速）	
6	T·DJ（加速）	4.5 km/h	0.1 t·m/轮次	

名词术语解释：

（1）车辆能高 H_c（m）：在溜放过程中，车辆单位质量所具有的能量（包括势能和动能），可以用当量高度来表示，这个当量高度称为该车辆的能高。

（2）制动能高 H_z（m）：减速器消耗被制动车辆的能高值。

（3）单位制动能高 h（m/m）：减速器单位制动长度（m）上消耗被制动车辆的能高值（或单位能高）。

（4）全制动时间 t_{QZ}（s）：自减速器控制阀或电动控制单元接到制动命令至减速器制动轨（或制动夹板）之间的开口达到制动状态尺寸的时间。

（5）全缓解时间：t_{QH}（s）：自减速器控制阀或电动控制单元接到缓解命令至减速器制动轨（或制动夹板）之间的开口达到缓解状态尺寸的时间。

（6）缓解时间：t_H（s）：自减速器控制阀或电动控制单元接到缓解命令至减速器制动轨（或制动夹板）对车辆失去减速作用的时间。

（三）减速器的技术要求

驼峰头部间隔制动位减速器和编组线目的制动位减速器，由于二者使用条件不同，对减速器的要求也不同。

1. 对减速器的共同要求

（1）满足铁道部 TB/T2845—2007《车辆减速器技术条件》要求。

（2）减速器具有足够的抗冲击机械强度，制动时允许车辆最大入口速度不小于 6.5 m/s，间隔制动不小于 7 m/s。

（3）适应车辆在钢轨上的蛇行运动及减速器对车辆实施控制后产生其他运动的特点，不会导致制动中挤出车轮和脱轨的危险发生。

（4）对车辆的作用力合理，不至于对车辆有较大的损伤，减速器对车辆的作用力必须在车辆的允许范围内。

（5）具有适应控制系统所需要的可靠而有效的制动能力和可靠而快速的缓解。

（6）具有较好的可维护性和较长的寿命周期。

2. 对间隔制动位减速器的要求

（1）要有足够大的制动能力，有较大的单位制动能高，可缩短减速器的有效制动长度和缩短驼峰咽喉区的长度。

（2）在任何情况下均能对车辆进行有效的制动和缓解。

3. 对目的制动位减速器的要求

由于编组线数量较多，安装在其入口处的目的减速器数量较多，除了对减速器有较高的出口控制精度要求外，经济指标也不可忽视。

（1）制动和缓解时间较小，制动能高适宜，控制中有比较稳定的减速度，以保证较好的控制精度。

（2）结构简单、造价低、维护费用低，便于维护安装。

二、外力式（非重力式）车辆减速器

外力式（非重力式）车辆减速器主要有钳夹型和平推内撑型，外力源主要为液压或空压气动。

（一）钳夹型外力式车辆减速器

我国 20 世纪 70 年代研制的钳夹型外力空压式 T·JK 型减速器，由于具有制动平稳、能够进行分级连续制动及使用寿命长等特点，至今仍在使用。

T·JK 型减速器的结构和动作原理示意图如图 2-2-1 所示，这是一种用压缩空气产生制动力的减速器。图 2-5-1（a）为结构剖面示意图，此时减速器处于缓解状态（非制动状态）；图 2-5-1（b）为减速器处于制动状态的单线条示意图，减速器的"钳"由钳型杠杆 1、2 组成，它们是动力的传动装置，在杠杆 1、2 的短臂上装有制动梁 3、4；制动梁上装有制动夹板 5、6；在两杠杆端部装有一个直立式气缸，杠杆 1 与气缸缸体钢性连接，杠杆 2 与气缸活塞杆钢性连接；7、8 是拉伸弹簧。

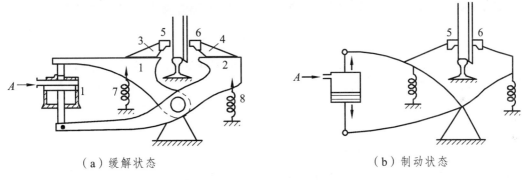

（a）缓解状态　　　　　　　　　　（b）制动状态

图 2-5-1　外力式车辆减速器

当作为减速器动力的压缩空气未进入气缸时，减速器处于图 2-5-1（a）所示的状态，即缓解状态。此时两个制动夹板 5、6 之间的距离大于车轮的厚度，车辆通过减速器时，减速器对车辆不起制动作用。需要制动时，由控制设备打开气缸的进气阀门，压缩空气从 A 进入气缸，气缸缸体和活塞在压缩空气的推动下作相对运动，运动方向如图 2-5-1（b）中的箭头所示，缸体和活塞带动杠杆运动，使制动梁相互趋近直到两制动夹板之间的距离小于车轮的厚度为止。当有车辆驶入减速器区段时，制动夹板对车轮产生挤压力，由摩擦生热消耗车辆的动能而起到制动作用。不难看出，制动力的大小是由压缩空气的压力决定的。需要缓解时，由控制设备关闭进气阀门，打开排气阀门，在弹簧 7、8 和杠杆自身重量（重力）的作用下，使气缸内气体排出，气缸的缸体和活塞以及两个杠杆恢复到缓解位置。

T·JK 型减速器已运用数十年，虽经不断改进完善，但结构上仍没有大的突破，不适应先进的控制系统的要求。

（二）T·JDY 型液压外力式分级制动减速器

我国液压型减速器发展较早，但均为重力式减速器并且要求庞大的液压动力站及供油管路网，因此其应用数量越来越少。T·JDY 型液压外力式分级制动减速器属于非重力式减速器。它采用独立的液压单元系统及液压新技术，解决了减速器设有庞大的液压动力站网带来的投资高、能量损失大、易漏泄及维护困难等问题。

1. T·JDY 型减速器结构

T·JDY 分级制动减速器由机械执行系统、液压及分级控制系统、电气系统三部分组成。减速器的现场安装如图 2-5-2 所示。

图 2-5-2 　T·JDY 型减速器

机械执行系统由托梁、伸缩臂、制动轨、防爬机构等组成。它的主要作用是：用托梁将线路基本轨和减速器的动作机构固定连接为一体，吸收溜放车辆的冗余动能；制动时，接受液压系统的控制、产生高压，反作用于车轮，对车辆实施分级制动；缓解时，接受液压系统的控制，使伸缩臂收缩，失去制动力，使减速器处于缓解状态。

液压及分级控制系统由制动油缸、分级控制中心、油管路组成。每组伸缩臂上各有一个制动油缸。一台减速器配一组分级控制中心，它的主要作用是接受控制系统的命令，控制减速器执行机构的动作，完成各级制动等级的快速转换，以及制动和缓解的状态转换。

电气系统包括电磁换向阀、压力检测控制元件、自动补油装置、表示装置等。电气系统的主要作用是：按自动控制系统的指令控制减速器的动作，反馈设备的工作状态信息。

2. T·JDY 型减速器工作原理

（1）减速器的制动。

工作原理示意图如图 2-5-3 所示。减速器制动时利用油泵产生的压力推动制动轨进入制动状态（制动轨开口小于车轮宽度），当溜放车组车轮进入减速器两制动轨入口后，挤压两制动轨，使制动油缸活塞回缩。此时由于液压控制模块的作用，已形成密闭油路，液压油不能排出，使液压系统的压力急剧升高，此压力又通过制动轨反作用到车轮内侧，对车轮产生了高压摩擦力矩，阻止车轮的转动，实现车辆调速的目的。由于液压油具有不可压缩性，通过电磁换向阀动作溢油阀适当控制液压系统溢油，就可实现对车轮制动侧压力的多级调节。

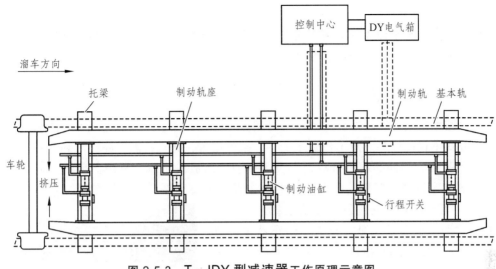

图 2-5-3　T·JDY 型减速器工作原理示意图

　　减速器在一、二级制动时不需要启动高压增压，在最高等级制动时，延时 0.6 s 打开增压阀，保证减速器在放头或重复制动时有足够的制动力。也就是减速器在一级制动时使用液压低压系统的动力，但消耗后可由车辆挤压压力补充。在二级制动时，在一级压力的基础上，次高压全部由挤压压力产生（不需要外力源高压）。在三级制动时，由于延时 0.6 s 打开增压阀，在 0.6 s 内车辆挤压压力也会迅速增加，使液压系统压力达到一定的高压值。由此可见该系统是一个利用车辆冗余动能，实现节能的系统。

　　（2）减速器制动等级转换。

　　减速器对于不同重量等级的车辆有相应的基本制动等级。减速器常态定位于一级制动位（根据需要也可定位为缓解位），由于 T·JDY 型减速器三种等级制动位的机械位置是相同的，制动等级转换时不需要发生机械位置转换，所以转换时间非常快（0.05 s），为控制系统提供了更为灵活的控制方式。

　　溜放车组进入减速器区段时减速器处在一级制动状态，进入减速器两制动轨后，挤压两制动轨，使液压系统的压力升高，此时控制系统根据车辆的重量等级采用相应的基本制动等级对车辆进行制动，在规定时间内查看是否达到了预计的效果（即车辆的减速度是否达到要求）。如果减速度过大或过小，减速器制动位可降一级或升一级。当减速度过小，减速器制动等级可提高一个等级（二级制动到三级制动）。当车辆的能高降低到下一级制动位的能高时，减速器的制动位也相应地降至下一级制动位（三级制动到二级制动），车辆的能高再继续下降，减速器的制动位也再继续相应地下降（二级制动到一级制动），以便使列车的控制速度更平稳地接近要求的定速，达到在出清减速器前适当降低减速器的制动力，提高减速器出口控制精度，使减速器重复制动少。

　　（3）减速器的缓解。

　　减速器缓解使减速器电液系统及制动油缸工作状态转换，减速器转换到缓解状态，使车辆在缓解状态安全运行。

　　缓解时，控制系统通过电磁换向阀控制减速器的液压集成模块，向制动油缸小腔供油，同时排出制动油缸大腔液压油，推动油缸活塞向内收缩，减速器达到较大的开口尺寸，处于缓解状态。

如果减速器常态定位为一级制动状态，当车组出清减速器轨道区段后，减速器立即恢复到一级制动位，为下一车组的控制做好准备。

（三）防溜停车器

我国铁路编组站调车场尾部过去一直沿用传统的铁鞋或手闸制动完成停车防溜。这种落后的作业方式不仅使停车防溜工作效率低下，条件艰苦，而且易因"漏放"和"漏撤"铁鞋造成挤岔、脱线、侧冲等调车事故，以及因疲劳疏忽造成防溜人员伤亡事故。近年来，针对驼峰尾部的车辆防溜问题，研制成功的停车设备主要有停车顶和停车器。停车顶采用连续式布置零临界速度的减速顶，分散消耗走行车辆的动能，对调车线有效长影响较大。停车器采用点式布置集中消耗走行车辆的动能，其发展经历了非控制状态到可控制状态而逐步趋于成熟。

下面以 DYT 停车器为例进行介绍，停车器的现场安装实景如图 2-5-4 所示。

DYT 停车器采用 T·JDY 分级制动减速器的二级制动能高，保留了 T·JDY 减速器的结构和优点，能够配合各种微机控制或者手动控制。其机械结构

图 2-5-4　DYT 停车器

与用于目的制动的 T·JDY 分级制动减速器相同，强度高、使用寿命长，工作原理示意图如图 2-5-5 所示。

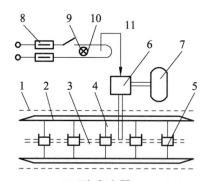

图 2-5-5　DYT 型减速器工作原理示意图

1—基本轨；2—制动轨；3—主油管；4—制动液压缸；5—液压缸支撑；
6—控制箱；7—蓄能油箱；8—熔断丝；9—指示灯；
10—电控线路；11—二位三通阀电磁线圈

三、气（液）动重力式车辆减速器

浮轨重力式车辆减速器是利用被制动车辆的重量，通过能浮动的基本轨及制动钳的传递，使安装在制动梁上的制动轨对车轮两侧产生侧压力来对车辆进行制动，达到减速的目的。这个特点给溜放速度的自动控制创造了有利条件，又由于其结构简单、动作速度快、能耗小，

使用不同类型控制动力的减速器的大部分零、部件可以互换等优点而得到大力发展。

以这种原理工作的减速器因适用的基本轨类型、作用、控制动力等不同，在我国有多种型号。早期曾安装在大能力驼峰调车场上使用的 66-11 型减速器是一种单轨条重力式液压减速器，它对车辆轮对的单边车轮进行制动。由于结构比较复杂，单边制动可能加于车轴以扭力等原因而逐渐被另一些结构更先进的减速器所取代。经过改型的双轨条重力式减速器，对车辆轮对的双边车轮进行制动。较新型号主要有：应用于目的制动的 T·JK1-D、T·JK（Y）2-A、T·JK（Y）2-B；应用于间隔制动的 T·JK（Y）3-A、T·JK（Y）3-B、T·JK4 等型号。型号虽多，但基本结构和工作原理相同。

现以 T·JK（Y）2-A（50）型为例介绍浮轨重力式车辆减速器的工作原理。图 2-5-6 是减速器的结构和工作原理示意图。图 2-5-6 中（a）是减速器处于缓解位置；（b）是制动位置；（c）是工作位置。T·JK2 和 T·JY2 型为同一结构，只是控制动力可以是压缩空气，也可以是高压油液。减速器主要由制动钳组件、工作气缸（或油缸）、四连杆机构、制动轨 N1、N2、可浮动的基本轨和整体道床等组成，制动钳组件包括内制动钳 1、外制动钳 2、钢轨承座 6、限位块和制动轴 O_1、O_2 等；四连杆机构包括曲拐 3、7、连杆 5、支承轴和支座等。

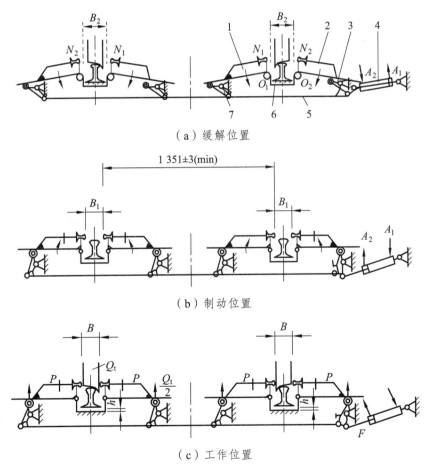

（a）缓解位置

（b）制动位置

（c）工作位置

图 2-5-6　重力式减速器的结构和工作原理示意图

当高压气体（或高压油液）由 A_2 入口处进入气（油）缸时，减速器处于缓解位置，此

时制动轨 N_1、N_2 之间的距离 B_2 大于车轮的厚度，车辆可以自由地通过减速器而不受到制动作用，如图 2-5-6（a）所示。当压缩空气（或高压油）通过控制阀由入口 A_1 进入时，气缸（或油缸）的活塞杆推动曲拐 3、7 和连杆 5 使内、外制动钳绕制动轴 O_1、O_2 向上转动，致使两制动轨之间的距离缩小至 B_1，减速器处于制动位置，如图 2-5-6（b）所示。当车辆进入制动状态下的减速器时，车轮将两制动轨之间的距离从 B_1 挤开到车轮厚度 B，迫使内外钳以曲拐滚轮为支点连同 O_1、O_2 及钢轨承座向上翻转而将基本轨向上抬起，但压在基本轨上的车辆的重力要将基本轨向下压，重力通过内外制动钳传递到制动轨压向车轮，产生制动力，如图 2-5-6（c）所示。显然，制动力的大小与车重成正比。当压缩空气（或油液）通过控制阀由 A_2 进入时，驱动活塞杆将曲拐和连杆回拉，使减速器回到缓解位置。

T·JK（Y）2-A 型减速器采用对称的钢轨承座，难以实现对重载车辆的制动控制；零部件磨耗大，使用寿命无法满足一个大修期；气缸等部件也难以适应重载车辆。随着编组站运量和车辆轴重的增加，2000 年我国研制成功了新的目的减速器 T·JK（Y）2-B（50）型，作为 T·JK（Y）2-A（50）型减速器的替代产品推广使用。T·JK（Y）2-B（50）型除保留结构简单、通用性强、动作特性好等优点外，采用了不对称钢轨承座，内制动钳的主轴外移，彻底解决了轮缘碾压内钳的问题，增加主轴、滚轮轴及轴套的直径，更换滚轮套材料等优化设计，改善了部件受力状态，减少了磨耗，延长了使用寿命，方便了维修；能满足轴重 25 t 货车制动时的强度要求。

2004 年，新一代适用于 25 t 轴重（100 t 车辆）的间隔制动减速器 T·JK（Y）3-B（50）型问世，它是 T·JK（Y）3-A（50）的加强型，统一了内外制动钳，加大了轴孔长度及轴径，采用多功能钢轨承座，制动轴限位功能，取消限位块组件，采用 75 kg/m 制动轨和可长期使用的轨枕板，整机强度大大提高。

T·JK4 减速器包括 T·JK4 型和 T·JK4-50 型两种型号，分别适用于 43 kg/m 和 50 kg/m 钢轨线路。它是以压缩空气为动力源的浮轨重力式车辆减速器，适用于间隔制动位，是在目的重力式减速器的基础上研制的，主要针对提高间隔位重力式减速器的抗冲击能力、零部件耐磨耗、延长大修周期而设计的。它采用了大流量中泄五通换向阀，该阀动作快，可取消快速排气阀，能达到减速器快速缓解的要求；采用整体制动钳底座，主轴轴套采用钢套和硬质铜套的双层设计，所用的轴都采用了防转设计，避免了轴底孔磨损，提高了整机的使用寿命。

四、电动车辆减速器

减速器的传递动力可以是液压、气压或电机。利用电机代替气（液）压缸带动减速器制动或缓解的称为电动减速器，它无需气动和液压系统，为中小驼峰目的制动开辟了一条新途径。我国 20 世纪 90 年代研制成功的 T·JD2、T·JD3 和 T·JCD 等型号的电动减速器，均采用了浮轨重力式减速器的制动原理，与气（液）动重力式减速器基本通用，不同点主要在于传递动力的机构。

传动动力机构是电动减速器的关键环节，目前电传动机构主要有电机直接驱动、飞轮式电机直接驱动、电机六连杆驱动及电动单元驱动方式。下面以 T·JCD 系列电动减速器为例说明电动车辆减速器结构和工作原理。

（一）T·JCD系列电动减速器结构

T·JCD系列电动减速器是以电机驱动的浮轨重力式减速器，制动方式为双轨钳夹式，包括T·JCD（50）型目的制动减速器、T·JCD1（50）型间隔制动减速器两种型号，满足机械化、半自动化、自动化编组作业要求，采用电机六连杆驱动方式，主要由制动钳组、制动轨、轨枕板、推杆组、六连杆机构、电动机及控制箱等组成。减速器的现场安装如图2-5-7所示。

图2-5-7　T·JCD电动减速器

1. 传动机构

T·JCD系列电动减速器传动机构指电动机与推杆机构之间的连接机构，该机构不仅要完成运动传递，而且还应具有传力和锁闭效果。传动机构设计成两级传递双重锁闭的六连杆机构，如图2-5-8所示。

传动机构采用滑块摇杆机构和曲柄连杆机构串联，曲柄与电动机轴同步旋转，通过滑块带动摇柄，摇柄通过连杆带动曲拐转动，曲拐推动制动钳组抬升或落下，完成制动和缓解。

在制动位置时，曲柄与摇柄的导槽垂直，构成第一级直角锁闭。而摇柄与连杆、曲拐、安装底板构成的四连杆机构处在死点的位置，构成第二级直线锁闭，形成直角、直线两级串联锁闭，此时锁闭力在理论上非常大，即使各连杆位置存在一定的误差，仍能保证锁闭可靠，缓解时只需电机对曲柄施加较小的力即可，缓解可靠。

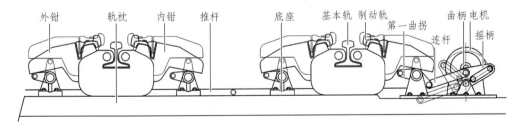

图2-5-8　T·JCD系列电动减速器结构示意图

2. 电机结构

YLJ200-24型可堵转电机是为电动减速器设计的专用电动机。主要由机座、转子、定子、端盖、电机轴等组成。

定子绕组采用不等匝、不等跨矩的非正规绕组，这样能有效削弱三次谐波和高次谐波对基波磁场的影响，从而增加了电机堵转转矩，提高了电机功率因数。

转子槽形采用大小槽相间结构，该结构能有效调节槽漏磁大小，从而改善电机起动转矩，降低电机起动电流。定子槽采用多槽深槽结构，增加了导线的有效面积，降低了电子密度，提高了电机效率。为了使电机能够适应冲击负荷，电机机壳采用钢板结构，提高了电机的机械性能。

3. 控制箱及控制电路

控制箱采用模块化设计，由箱体、配线、主控板、分控制板组成。每块分控制板控制两台电机，各分控制板为插拔式，易于更换，也可以互换。主控板根据控制信号控制各分控制板上的接触器动作，实现制动和缓解，主控板为易拆卸式，使得维修维护都很方便。

（二）T·JCD 系列电动减速器工作原理

T·JCD 系列电动减速器以电机为动力，用曲柄摇杆传递力矩，改变电机转动方向，通过推杆机构推动制动钳组进入制动位或缓解位。溜放车辆通过处于制动状态的减速器时，车辆重量通过基本轨及制动钳组的传递，转换成制动轨对车轮的侧压力，实现对溜放钩车的制动。

1. 制动过程

当调速控制系统发出减速器制动指令时，控制箱向电动机输出制动命令，电动机转子驱动曲柄逆时针方向旋转，带动摇柄转动，摇柄通过连杆推动曲拐转起，支承制动钳绕承轨座绞链中心旋起使减速器进入制动状态，机构处于锁闭状态，当车辆进入时由于车轮厚度大于制动轨开口，制动轨被挤开，迫使内外钳以曲拐滚轮为支点向上翻转，使承轨座上升，抬起基本轨，而基本轨和车辆重量又压迫承轨座下落。这样车辆的重量通过制动钳组传递并转换成制动轨对车轮的侧压力，使溜放车辆减速。

2. 缓解过程

当调速控制系统发出减速器缓解指令时，控制箱向电动机输出缓解命令，电动机转子驱动曲柄顺时针方向旋转，带动摇柄转动，摇柄通过连杆拉动曲拐旋落，制动钳落下复位，减速器进入缓解状态。

（三）T·JCD 系列电动减速器的特点

（1）六连杆机构，采用直角直线双重锁闭，锁闭可靠，解锁方便，消除了因机械卡阻易造成不缓解的隐患。

（2）该锁闭机构将被制动车辆的反作用力（冲击力）卸载到底板上，有效地防止了电动机轴受冲击。

（3）以电能作为减速器工作能源，可以省掉能源转换中间环节，作为一种新的制式，扩大选用范围。

（4）在 380 V 额定电压下，工作电流保持在 10 A，降低了配电条件。

电动车辆减速器作为一种新型制式的减速器，技术上虽具有一定的特点，但目前仍需对减速器制动和缓解的可靠性，以及电机系统的寿命做进一步的研究。

五、非钳夹式调速工具

国内外研制了大量不同类型的非钳夹式调速工具，它们大多用于目的调速，以取代铁鞋，实现目的调速的半自动化和自动化。下面我们对其中使用较多的非钳夹式调速工具作一些简单的介绍。

（一）减速顶

减速顶亦称油气减速单元，源于英国 DOWTY 公司，是一种小型减速器，有内侧顶（T·DJ）和外侧顶（T·DW）两种类型，可安装在钢轨的内侧或外侧。外侧减速顶的研制成功，避免了机车轮缘的磨耗，并提高了减速顶使用的安全性。每个减速顶有其固有的临界速度（根据需要出厂前预先调整好），能自动确定是否对通过其上的车辆进行减速，当低于临界速度的车辆通过其上时，基本没有减速作用，对超过临界速度的车辆才有减速作用。在溜放线路的特定区段安装许多减速顶，就能对溜放车辆进行连续的速度控制。

减速顶主要由壳体和吸能帽两大部分组成。吸能帽安装在壳体内，壳体安装在钢轨的内侧或外侧，用螺栓固定在钢轨轨腰部，安装示意图如图 2-5-9 所示。

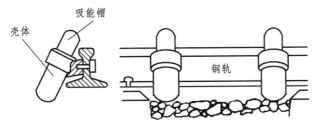

图 2-5-9　减速顶安装示意图

壳体的作用是作为吸能帽的支撑和导向吸能帽的上下滑行。吸能帽由一个滑动圆筒和一套活塞组件组成，并在圆筒内充入一定数量的油液和惰性气体（氮气）。活塞组件是减速顶的核心部分，它主要由速度阀板、安全阀和弹簧等组成。其简化结构和动作原理示意图如图 2-5-10 所示。

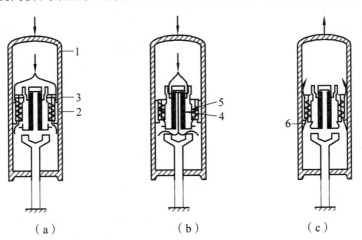

（a）　　　　　　　（b）　　　　　　　（c）

图 2-5-10　减速顶结构和动作原理示意

1—滑动圆筒；2—活塞；3—速度滑板；4—安全阀；5—弹簧；6—瓣阀板

图 2-5-10（a）是车辆以低于减速顶的临界速度通过时情况。当车辆轮缘与吸能帽顶部接触时，吸能帽因受力而向下滑行，带动所充的油液和氮气压向活塞 2，但是压力不足以使速度滑板 3 与活塞接触，这就使速度阀门保持在开启状态，吸能帽上腔的油液能顺利地通过孔隙流到活塞下面。因此吸能帽虽受压向下滑动但对车辆基本不起减速作用，与此同时吸能帽上腔的氮气因吸能帽下移而被压缩。

图 2-5-10（b）是车辆以高于减速顶的临界速度通过的情况。当车轮压上吸能帽时，吸能帽下滑速度很快，致使吸能帽上腔的油液来不及经速度阀环形缝隙流入吸能帽下腔，在速度阀板的上下形成较大压力差而使弹簧 5 压缩，于是速度滑板下降使速度阀关闭，吸能帽继续下滑迫使吸能帽上腔的氮气继续压缩，气压急剧上升直到安全阀 4 被打开。由于油液以一定的压力通过安全阀消耗了能量，即吸收了车辆的能量达到使车辆减速的目的。

图 2-5-10（c）是减速顶回程状态，即车轮通过了减速顶后的复原状态。车轮离开减速顶后吸能帽上腔被压缩了的氮气膨胀而使吸能帽向上滑动回升，此时吸能帽下腔的油液通过回程阀孔回流至吸能帽上腔。瓣阀板 6 起到阻尼作用，使吸能帽能够平稳回升。

由于减速顶有施工安装周期短、无需外部能源、结构简单、品种单一等特点，我国目前已在大、中、小驼峰安装了几十万台。哈尔滨、上海、沈阳减速顶中心等单位在内、外侧顶的基础上还研制成功了可控减速顶、可锁闭加减速顶、单向减速顶（适于单方向牵出作业繁忙、布顶密集的调车线，尤其适于反方向发车的编发线，但必须从结构设计、选材和制造上解决使用的可靠性）。为了适应驼峰调车的需要，还研制了停车顶和适应不同临界速度的减速顶等。

（二）缆索牵引加速小车

缆索牵引加速小车是一种在调车线上连续对溜放车辆进行调速的加速工具。它由两大部分组成，一部分是加速小车（以下简称小车），另一部分是驱动器和力的传动系统。图 2-5-11是其结构示意图，图中打开了小车顶部的保护盖板，以显现小车的内部结构。在小车的车体上装有四个特殊的走行小车轮，使小车沿着钢轨的底部走行，为此要求小车走行区段的轨道采用焊接长钢轨和低限界的钢轨扣件。在加速小车两侧的前端及后端各装有一对平衡轮，弹性地顶在钢轨轨腰，以保持小车走行中的平稳性。在小车两侧的中部各装有一个推送臂，臂上装有一钢制滚轮，推送臂能上下运动。当缆索传动力使牵引小车顺溜车方向前进时，如图中箭头方向，推送臂借助弹簧的作用保持在抬起的位置，小车追上溜放车辆后，臂上的滚轮

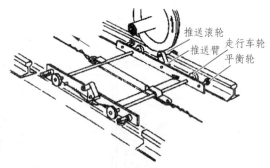

图 2-5-11　缆索牵引加速小车结构示意图

与溜放车辆的轮缘接触并推送车辆，使车辆加速。当溜放车辆从小车后面追越小车时，车辆轮缘通过小车推送臂时，迫使推送臂落下而从小车上面通过。小车返回时借助小车内部钢丝滑轮系统使推送臂处在落下位置并被锁闭，避免在小车返回途中推送臂与相遇车辆的车轮相撞。小车处在待车起始位置时，推送臂亦被锁闭在落下位置。

由钢缆索牵引的小车牵引动力主要有电驱动（电马达）和电液驱动（液马达）两种，利用摩擦绞盘传递牵引动力。

小车在调车线的某一区段上行走，一般是以安全连挂速度推送溜放车辆，直至其与停留车辆安全连挂。为了提高小车的利用效率，小车以较高的速度返回，返回速度一般是推车速度的两倍或更高些。小车推车时的最大推力要保证推力的垂直分力不能将最轻车辆抬起。小车的传动系统设计要保证小车推送车辆或返回，能够灵活起动以及过载时的可靠保护。现场使用中的缆索牵引推送小车如图 2-5-12 所示。

图 2-5-12　现场使用中的缆索牵引推送小车实景图

电驱动方式一般使用三相电机，经减速驱动摩擦绞盘牵引小车。这种方式具有能量转换效率高、传输简便等优点，但是由于使用中频繁地启动、变换动作方向，存在对电机启动性能要求较严和体积较大等缺点。电液驱动方式一般使用油马达，它有换向快、过载安全、体积小等优点，再配合液压张紧装置可使结构较紧凑，但有需要铺设输油管道、对维修制造要求较高、受温度影响较大等缺点。电液驱动方式的传动系统如图 2-5-13 所示。

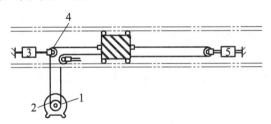

图 2-5-13　加速小车电液驱动传递系统示意图

1—液马达；2—绞盘；3—钢缆索张紧装置；4—导向轮；5—初张力调整器

其他一些非钳夹式调速工具，如螺旋滚筒液压式减速器；豪亨柯连续式推进设备；日本研制的 L4 型直线电机加减速小车；法国研制的制动小车和非沃莱减速器；瑞典研制的绞盘式推送小车等，均可用于连续式目的的调速，这里不再一一详细介绍。

六、减速器控制原理

（一）减速器控制电路的基本技术要求

（1）对驼峰场各部位减速器，应能实现有效地远程集中控制。

（2）减速器控制能够实现手动、半自动和自动化等控制方式，并以手动控制方式优先。

（3）减速器的各种实际状态（制动、缓解等）能在作业控制楼内控制台和控制显示屏上正确显示出来。

（4）对减速器能够实施正确的各种控制，实现安全、可靠、不间断地工作。

（5）手动控制：操纵控制台上的制动按钮，制动电路能够工作，实现减速器的制动控制；操纵控制台上的缓解按钮，缓解电路能够工作，实现减速器的缓解控制。

（6）半自动控制：由操作人员人工给定期望的车组出口速度，由控制系统采集测速设备所测得的当前速度值与人工定速值相比较后给出控制命令，控制减速器制动或缓解。

（7）自动控制：由计算机控制系统采集各有关数据，按一定数学模型经计算后自动给出期望的车组出口速度，并采集测速设备所测得的当前速度值与计算速度相比较后给出控制命令，控制减速器制动或缓解。。

（8）减速器可实现分台控制：在两台减速器串联的制动位，为防止由于某种原因溜放车组在减速器区段发生追钩后前后车组的超速连挂甚至冲撞，控制电路对两台减速器应能分别控制，即一台制动，另二台缓解等。减速器对车组制动能力足够或车组已出清前台减速器时，也可采用单台减速器控制。

（9）减速器可实现分级或无级控制；对制动等级分级或连续调整制动力大小控制的减速器，控制电路应能正确满足对其分级或无级连续制动力大小的控制。

（10）检修控制：现场需对减速器检修作业时，控制楼作业人员同意按下检修按钮后，切断控制电路，不能够向室外检修的减速器送电，控制台检修表示灯点亮，保证溜放作业和检修人员的安全。

（11）表示灯电路：减速器的制动、缓解、检修等均有表示灯和相应的操作按钮。

（二）重力式减速器控制电路

下面以三部位重力式减速器控制电路为例进行介绍。

减速器的制动与缓解是由制动继电器 ZJ 的吸起与落下接点进行控制，并检查缓解继电器 HJ 的吸起接点条件来完成的（在给室外减速器制动或缓解电磁阀送电时，必须检查缓解继电器 HJ 的吸起接点），其特点是：

（1）控制电路简单、动作可靠、时间短。

电路结构简单，减速器制动和缓解电路仅有制动继电器 ZJ 一个继电器的动作时间，其他接点条件是电路预先提供的。

（2）减速器制动时检查缓解条件。

由于制动时给室外减速器制动电磁阀送电，必须检查缓解继电器 HJ 的吸起接点，避免了由于 HJ_{3-4} 线圈带有使继电器缓放的 RC 阻容元件，造成吸起时也有一定的延时或某种原因而导致的 HJ 吸不起，或吸起不可靠而造成减速器制动后不缓解的严重后果。

（3）控制电路能够自动复原。

为实现减速器缓解后静态状态无控制电源，满足制动、缓解短时送电的要求，电路采用减速器缓解后自动切断其控制电源，自动实现复原的措施。

1. 电路组成

重力式减速器控制电路在组合架上主要有制动继电器 ZJ、缓解继电器 HJ、手操继电器

SCJ（均为 JWXC-1700 型）；在信号楼操纵台上主要设有自复式制动按钮 ZA 和缓解按钮 HA，非自复式检修按钮 JXA，制动和缓解表示灯 ZB、HB，检修表示灯 JXB 等。具体控制电路如图 2-5-14 所示。

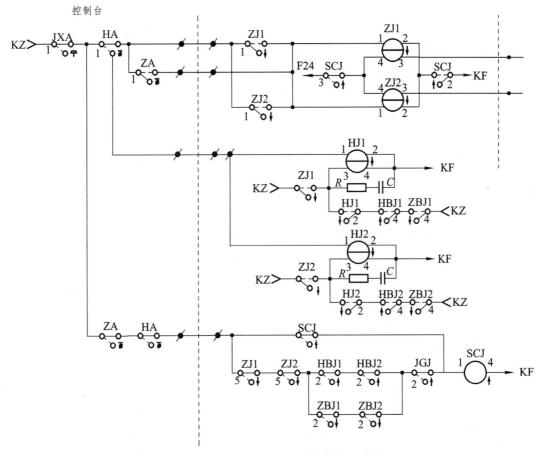

图 2-5-14　T·JK1-D 型减速器控制电路

2. 电路工作原理

（1）手操继电器电路工作原理。

该电路用以检查是否手动参与控制减速器。图 2-5-15 为 T·JK1-D 型减速器控制电路。

在自动控制时，由于按钮 JXA、ZA、HA 均在定位接通状态，手操继电器 SCJ 吸起。SCJ 吸起电路为：

KZ—JXA 定位—ZA 定位—HA 定位—$ZJ1_{51-53}$—$ZJ2_{51-53}$—（$HBJ1_{21-22}$—$HBJ2_{21-22}$ 或 $ZBJ1_{21-23}$—$ZBJ2_{21-23}$）—JGJ_{21-22}—SCJ_{1-4} 线圈—KF

SCJ 吸起后其自闭电路为：

KZ—JXA 定位—ZA 定位—HA 定位—SCJ_{11-12}—SCJ_{1-4} 线圈—KF

在手动参与控制时，ZA 或 HA 接点断开，SCJ 落下。

（2）手动控制电路工作原理。

① 制动控制。

按压自复式制动按钮 ZA，制动继电器 ZJ1、ZJ2 吸起（由于三部位目的制动控制方式是以自动控制为主，半自动控制为辅，手动控制仅为备用或检查设备使用，所以手动电路设计不分台控制，当然根据需要也可分台手动控制），其动作过程为：

KZ—JXA 定位—HA 定位—ZA 按下—ZJ1$_{1-2}$ 线圈和 ZJ2$_{1-2}$ 线圈—SCJ$_{21-23}$—KF

ZJ1、ZJ2 吸起后，通过接通室外制动电磁阀电路实现减速器制动。

同时 ZJ1、ZJ2 吸起后，通过其自身的前接点 ZJ1$_{11-12}$、ZJ2$_{11-12}$ 自闭，并带动缓解继电器 HJ1 和 HJ2 励磁吸起。带动励磁电路为：KZ—ZJ1$_{21-22}$—HJ1$_{3-4}$ 线圈—KF。

HJ1、HJ2 线圈上并联有由 5 W、51 Ω 电阻和 5 W、2 000 μF 电容串联组成的 RC 电路。在 HJ1、HJ2 线圈励磁的同时，电源也给 RC 电路充电，使电容两端电压达到 24 V，为后面的 RC 放电维持 HJ 的延时落下作准备。

其充电回路为：KZ-ZJ1$_{21-22}$—R—C—KF。

② 缓解控制。

要求减速器缓解时，按压自复式缓解按钮 HA，则断开制动继电器 ZJ1、ZJ2 的自闭电路，使 ZJ1、ZJ2 失磁落下，通过接通室外缓解电磁阀电路实现缓解。

为解决减速器因卡阻等故障不能可靠缓解的问题，HJ 设有一条自闭电路：

KZ—ZBJ1$_{41-42}$—HBJ1$_{41-43}$—HJ1$_{21-22}$—HJ1$_{3-4}$ 线圈—KF

由于 HA 为自复式，HA 复原后依靠 RC 放电回路维持 HJ 的吸起。

放电回路为：C_+—R—HJ$_{3-4}$ 线圈—C_-。

由于 RC 的放电，使 HJ 缓放 2~3 s 后落下，即给缓解电磁阀送 2~3 s 缓解控制电源。减速器缓解后，电容 C 放电结束，HJ 失磁落下，电路复原。

（3）自动控制电路工作原理。

自动控制指由计算机控制系统自动输出控制命令，控制减速器的制动或缓解。自动控制兼容半自动控制，经计算机自动控制系统输出电路实现半自动控制。

在系统控制电路中，计算机自动控制的控制条件通过 I/O 开关量输出接口，以电压信号的形式分别控制前、后台减速器的制动继电器 ZJ1、ZJ2 电路，实现减速器的分台控制，如图 2-5-15 所示。

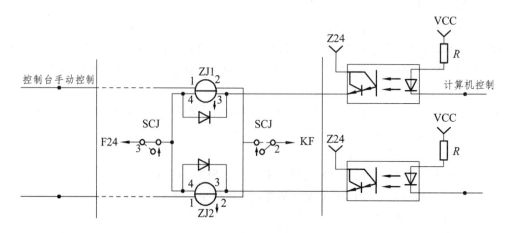

图 2-5-15　计算机自动控制电路

例如，系统需要对第一台（前台）减速器控制时，其动作过程为：计算机输出减速器制动命令，控制 I/O 接口电路（光电隔离电路），输出电压 Z24—ZJ1$_{3-4}$ 线圈—SCJ$_{32-31}$—F24。前台减速器的制动继电器 ZJ1 吸起，给减速器电磁阀供电，减速器制动。同时 ZJ1 吸起后，同样也带动 HJ1 吸起。需要缓解时，计算机控制系统切断输出控制电压，即可实现 ZJ1 的落下，实现减速器缓解。

其他控制电路工作原理同手动控制电路。

（4）电磁阀控制电路工作原理。

减速器电磁阀控制电路如图 2-5-16 所示。

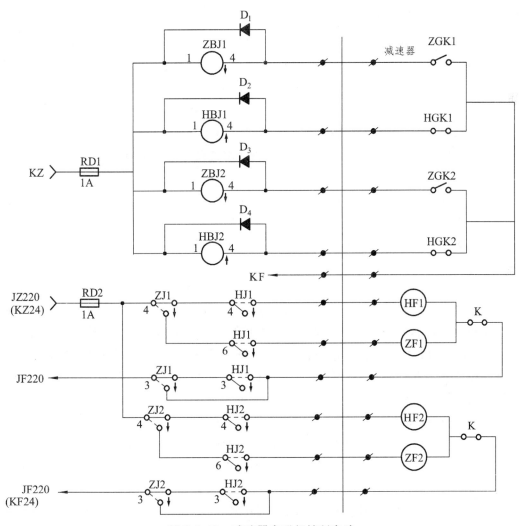

图 2-5-16　减速器电磁阀控制电路

① 减速器制动电磁阀电路。

由于制动继电器 ZJ1、ZJ2 和缓解继电器 HJ1、HJ2 吸起，经其前接点接通制动电磁阀 ZF1、ZF2 控制电源，ZF1 励磁电路（ZF2 励磁电路相同）为：

JZ220（KZ24）—RD2—ZJ1$_{41-42}$—HJ1$_{61-62}$—ZF1—K—ZJ1$_{32-31}$—JF220（KF24）

由于减速器制动电磁阀 ZF1 的励磁，控制气动（液动）换向阀接通制动气路（液路）使减速器处于制动位置，制动过程中电磁阀 ZF1 一直处于励磁状态，当制动表示接点 ZGK1 接通表示继电器 ZBJ1 时，则确认减速器已达到制动位置。

ZBJ1 前接点接通，点亮控制台上制动表示灯 ZBD1，并一直保持在制动位置。

② 减速器缓解电磁阀电路。

在缓解时，制动继电器 ZJ1、ZJ2 落下（切断 ZF1、ZF2 的励磁电路），经其后接点和 HJ1、HJ2 的前接点，接通缓解电磁阀 HF1、HF2 的控制电源。HF1 励磁电路（HF2 励磁电路相同）为：

JZ220（KZ24）—RD2—ZJ1$_{41-43}$—HJ1$_{41-42}$—HF1—K—HJ$_{32-31}$—ZJ1$_{33-31}$—JF220（KF24）

由于减速器制动电磁阀 ZF1 断电，缓解电磁阀 HF1 励磁，控制气动（液动）换向阀接通缓解气路（液路）使减速器缓解，减速器缓解到位后，表示接点 HGK1 闭合，缓解继电器 HBJ1 吸起，确认减速器达到缓解位置，HBJ1 前接点接通控制台缓解表示灯 HBD1。

缓解继电器 HJ 经 2～3 s 后落下，使缓解电磁阀 HF 断电，因此缓解电磁阀 HF 只在缓解过程中短时励磁，缓解动作一经完成即自行切断励磁通路。通过 ZJ 的后接点控制缓解电磁阀 HF 励磁，使得减速器快速缓解，缩短了减速器缓解电路的动作时间，同时提高了减速器缓解的可靠性。

由于减速器表示装置采用磁敏元件，如干式舌簧管等有接点元件，为减少接点拉弧烧坏，在制动和缓解表示继电器 ZBJ、HBJ 线圈两端反向并联续流二极管以保护接点，提高可靠性。二极管参数为电流 1 A、耐压 500 V。

（5）检修按钮电路。

在正常情况下，检修按钮处于接通位置，需要检修时经车站值班员同意后，由值班员按压非自复式检修按钮 JXA，切断制动继电器 ZJ1、ZJ2 和缓解继电器 HJ1、HJ2 以及手操继电器 SCJ 的电路，依靠 JXA 的按下接通接点点亮控制台上的 JXB 灯。这时信号楼控制台不论手动、半自动或自动化控制均不能动作减速器，现场可以安全地检修减速器。

在其他控制电路中如需要检修接点条件（检修按钮 JXA 接点不够），可以设置检修继电器 JXJ 电路。

（6）减速器防止追钩电路。

调车场各部位减速器多采用两台串联形式，当前后溜放车组间隔较紧时，在减速器区段易产生追钩。为此减速器控制电路均应具有防追钩控制功能。在自动化驼峰中，该功能是由计算机控制系统的软件判断实现的。

半自动控制系统则需增加有关防止追钩控制电路，如图 2-5-17 所示。该电路为 TZ-103、TZ-104 半自动控制系统的防追钩电路，其电路结构及工作原理较为简单。为防止在减速区段内追钩，要求控制电路能够判别追钩的发生。发生追钩时，第一台减速器能够按控制系统发出的控制命令对后钩车进行控制，而第二台减速器则缓解一定时间（6 s）将在第二台减速器上的前钩车放行（6 s 的缓解时间，能够使一般较低速度的钩车出清减速器区段），然后再恢复对后钩车的正常控制，从而拉开两追钩车的间距。

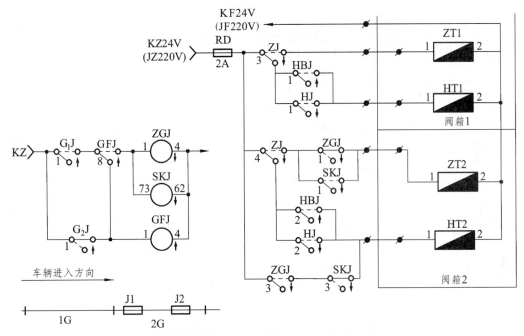

图 2-5-17　防止追钩控制电路

图 2-5-17 所示电路由两个轨道区段继电器 G_1J、G_2J，轨道辅助继电器 GFJ，追钩继电器 ZGJ 和时间控制继电器 SKJ（延时 6 s）组成。GFJ 在无车时通过 G_2J_{11-12} 励磁吸起，当前钩车进入减速器 1G 区段时 $G_1J\downarrow$ 构成 GFJ 自闭电路，当前钩车进入 2G 区段时 $G_2J\downarrow$、出清 1G 区段 $G_1J\uparrow$，$GFJ\downarrow$，此时又有后续钩车进入 1G 区段 $G_1J\downarrow$ 使 $ZGJ\uparrow$，则表示发生追钩。电路为：

KZ—G_1J_{11-13}—GFJ_{81-83}—ZGJ_{1-4} 线圈（SKJ_{73-62} 线圈）—KF

SKJ 电源接通开始延时，$ZGJ\uparrow$ 后由第一组后接点切断第二台减速器制动电磁阀 ZT2 的控制电路使 ZT2 失磁，同时由 ZGJ 的第三组前接点经 SKJ_{31-33} 使缓解电磁阀 HT2 励磁，使第二台减速器缓解。SKJ 延时 6s 后 $SKJ\uparrow$，SKJ 第一组前接点又重新使 ZT2 电路接通，SKJ 第三组后接点使 HT2 失磁，恢复半自动对减速器的控制。

当车组出清 2G 区段时 GFJ 又重新吸起，ZGJ、SKJ 落下，电路恢复常态。

（三）非重力式（外力式）减速器控制电路

1. 控制特点

非重力式减速器由于为分级控制，控制电路相对复杂，主要是根据室外减速器执行电路的类型而设计的。室外执行电路主要包括分级控制等级分别单独控制、分级控制等级组合控制、无极（多极）连续控制。如 T·JK 型减速器分级控制电路是根据风压调整器所分等级，每一级均单独控制；T·JDY 型减速器分级电路是根据电磁阀的等级组合情况进行控制。

2. T·JK 型减速器分级控制电路

T·JK 型减速器控制电路如图 2-5-18 所示。

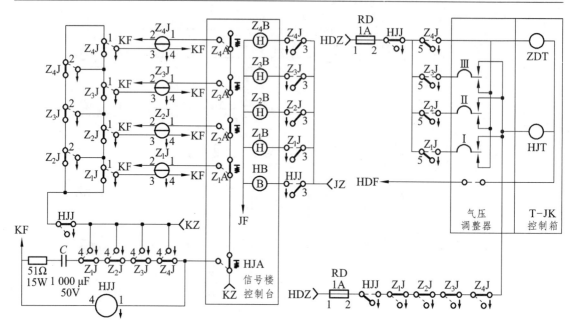

图 2-5-18　T·JK 型减速器分级控制电路

　　T·JK 型减速器有四或六个制动等级。这里仅介绍 T·JK 型减速器四个等级的手动控制电路（六个等级控制电路与四个等级控制电路原理相同）。

　　T·JK 型减速器在控制台上设置四个制动按钮 $Z_1A \sim Z_4A$ 和一个缓解按钮 HJA，均为二位自复式带灯按钮。在机械室相应的设置 $Z_1J \sim Z_4J$ 四个继电器和一个缓解继电器 HJJ。减速器在制动或缓解时，是通过各自继电器的前接点点亮控制台按钮内的表示灯，制动时为红色表示灯，缓解时为白色表示灯。

　　（1）制动电路工作原理。

　　在对减速器进行制动时，根据实际需要按压所需的制动等级按钮。如进行Ⅲ级制动，按压 Z_3A，使 Z_3J 励磁吸起，其励磁电路为：

　　KZ—HJA 定位—Z_1A 定位—Z_2A 定位—Z_3A 按下—Z_3J_{1-2} 线圈—KF

　　Z_3J 吸起并自闭，其自闭电路为：

　　KZ—HJJ 后接点—Z_1J_{13-11}—Z_2J_{13-11}—Z_3J_{22-21}—Z_4J_{23-21}—Z_4J_{11-13}—Z_3J_{11-12}—Z_3J_{3-4} 线圈—KF

　　ZJ 自闭后，通过风压调整器接点Ⅲ的后接点，自动构成制动电磁铁 ZDT 的励磁电路：

　　HDZ—RD—HJJ 后接点—Z_3J_{51-52}—Ⅲ 后接点—ZDT 线圈—HDF

　　ZDT 得电励磁后，打开电空阀中的制动工作阀，使压缩空气进入制动气缸，推动活塞杆，使减速器进入制动状态。

　　当进入气缸的压缩空气达到Ⅲ级气压时，Ⅲ级气压检测控制装置波顿管膨胀而断开其联动的后接点，切断 ZDT 的电路，使减速器制动缸内保持Ⅲ级气压。如果制动气缸气压继续上升，超过Ⅲ级气压，Ⅲ级波顿管继续膨胀而接通其前接点，使缓解电磁铁 HJT 励磁，打开缓解工作阀向大气排气，使制动缸中的气压下降，直至其前接点断开，切断 HJT 的电路，使制动气缸内的气压始终保持在Ⅲ级压力范围内。

　　在进行Ⅰ、Ⅱ级制动时，电路工作过程与Ⅲ级相同，不同的是风压调整器波顿管Ⅰ、Ⅱ

调节气缸中的压力。当进行Ⅳ级制动时，制动电磁铁 ZDT 电路中只由 ZJ 的接点控制，不经过气压调整器波顿管的接点。因此Ⅳ级制动的压力最大，制动气缸中的压力与供气压力相同，为全压制动。

在制动继电器（$Z_1J \sim Z_4J$）的励磁电路中，所有的制动按钮接点均串联连接，在自闭电路中也采用各制动继电器后接点串联的方式，其目的是为了保证同一时间内只能有一个制动继电器励磁。

（2）缓解电路工作原理。

在缓解继电器 HJJ 电路中，HJJ 线圈两端并联了一只 1 000 μF 的电解电容和 51 Ω 电阻的串联电路，构成缓放电路，并加入了所有制动继电器 ZJ 的前接点并联及后接点串联条件，其目的：一是制动时，不论哪级 ZJ 吸起都会给电容 C 预先充电；二是制动时，将电容 C 与 HJJ 励磁电路脱离开，以保证按压缓解 HJA 时 HJJ 会立即吸起，及时缓解减速器，提高减速器控制钩车速度的精度；三是保证缓解时 HJJ 有足够的缓放时间，使减速器达到可靠缓解。

处于制动状态的减速器如需缓解时，只要按压缓解接钮 HJA，缓解继电器 HJJ 即可励磁吸起。HJJ 吸起后切断 $Z_1J \sim Z_4J$ 的励磁自闭电路，使 $Z_1J \sim Z_4J$ 均在失磁落下状态，构成电容 C 对 HJJ 的放电回路，使 HJJ 保持吸起。HJJ 大约吸起 3～4 s 后落下，以保证减速器有足够的缓解时间，可靠缓解。

3. T·JDY 型减速器分级控制电路

T·JDY 型减速器控制电路分为油泵电机控制、减速器控制及信息采集三部分。

（1）减速器油泵电动机控制电路。

① 配电要求。

T·JDY 型减速器利用电机带动油泵向蓄能器补充液压油，每台减速器电机额定电压为交流 380 V。减速器 6＋6 配置的额定功率为：0.75 kW＋2.2 kW；5＋5＋5 配置的额定功率为：1.1 kW＋2.2 kW。

减速器在调速的过程中，每次泵油时间约为 30 s。对于中、小驼峰，采用 5 km/h 推峰速度时，一般采用 6＋6 节配置，整个站场油泵电机的供电量考虑两条股道同时作业，全场 T·JDY 减速器用电量要求不小于 10 kW。对于大、中驼峰，采用 7 km/h 推峰时，一般采用 5＋5＋5 节配置，对于大钩车可以有更大的放头量。作业频繁应考虑三条股道同时作业，整个站场油泵电机的供电量按照 20 kW 设计。

供电电源为三相四线 AC 380 V，直接连接到各台 T·JDY 减速器的电气箱接线柱上，电机启动时电压值下降一般不超过 10%。

② 电路工作原理。

具体电路如图 2-5-19 所示，三相交流 380 V 电源向减速器 1M（高压）和 2M（低压）油泵电机供电。在电机主回路中设置 1QF 和 2QF 保护断路器，作为三相电机过载、短路和三相不平衡保护及分断之用，内装一开一闭辅助触点。

钮子开关 1SA 控制高压电机；2SA 控制低压电机。钮子开关有三个位置，中间为"停止"位，向上扳动为"自动"位，向下扳动为"手动"位。钮子开关只有在调整系统压力时，才置"手动"位，在正常运行时应置"自动"位。

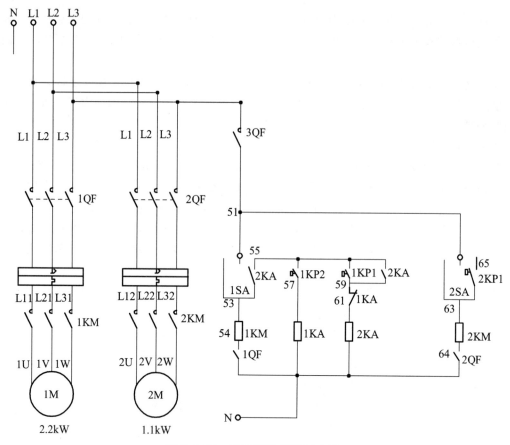

图 2-5-19　油泵电动机控制电路

SA—钮子开关；1KA，2KA—中间继电器；1KM，2KM—交流接触器；3QF—断路器；
2QF—断路器；1QF—断路器；1M—高压油泵电机；2—低压油泵电机

手动启动低压油泵 1.1 kW 电机，可将 2SA 扳向"手动"，51、63 触点接通，2KM 吸合，低压油泵电动机启动。手动启动高压油泵只需将 1SA 扳向"手动"，51、53 触点接通，1KM 吸合，高压油泵电机启动。

1KP1、1KP2 为同一块高压"电接点压力表"的低位及高位触点，在油压低于设定低压力时 1KP1 接通，在高于设定高压力时 1KP2 接通。1KP3 为另一块高压"电接点压力表"，当油压过低时，其触点（GZ、B）闭合，输出故障表示。

当 1SA 扳向"自动"时，触点 51、55 接通，油压低 1KP1 闭合，2KA 得电吸合并通过其吸合接点自锁，电源由 L3 经 3QF、1SA、2KA（NO）、1KM 线圈、1QF（NO）至 N，1KM 吸合，高压油泵电机 1M 启动。当油压上升超过低压设定值时，1KP1 断开，2KA 靠自锁触点维持吸合。当压力上升到高压设定值时，1KP2 闭合，1KA 得电吸合，其常闭触点（59、61）断开，2KA 失电接点断开，1KM 释放，1M 电机停止，当油压降低又使 1KP1 接通，1M 电机又运转。自此循环启停，自动保持压力在一定的高压值范围内。

2KP1 为低压压力开关，当 2SA 扳向"自动"时，因油压低于其低压设定值时，触点（51、65）闭合，电流由 L3、3QF、2SA、2KP1、2KM 线圈、2QF（NO）至 N。2KM 吸合低压电机 2M 启动，当油压升高时 2KP1 触点（51、65）又断开，2KM 释放，电机停止。当油压再次低于设定值时 2KP1 接点又接通，自此循环启停，自动将油压保持在一定的低压值范围内。

（2）电磁换向阀控制电路。

① 配电要求。

T·JDY 型减速器工作状态的转换采用直流电磁换向阀，型号分别为 4WE6（2 个，消耗功率 30 W）、4WE10（1 个，消耗功率 35 W），4WEH16（1 个，消耗功率 26 W），工作电压均为直流 220 V ± 11 V；运行状态为连续，接通时间为 50 ~ 60 ms，断开时间为 50 ~ 70 ms；线圈温度 + 150 ℃；动作频率 15 000 次/小时。

控制电源为直流，由信号楼控制柜用电缆直接接入 T·JDY 减速器电气箱接线端子上。每次控制为持续通电，每台同时通电最多为 3 个电磁换向阀（定位为一级状态），全场三条股道减速器电磁换向阀同时工作消耗最大功率为 855 W。

② 电路工作原理。

T·JDY 型减速器控制电路主要分为电磁换向阀控制电路和减速器表示及报警电路，如图 2-5-20 所示。

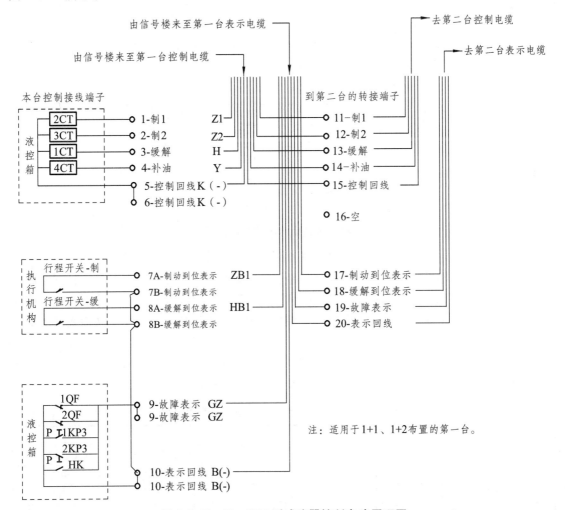

图 2-5-20　T·JDY 型减速器控制电路原理图

　　T·JDY 型减速器共有四种工作状态，即一级制动状态、二级制动状态、三级制动状态和缓解状态。控制电磁换向阀的不同通电状态（通电状态为常供直流电 220 V），实现对 T·JDY 分级制动减速器的各种工作状态的转换。减速器控制常态定位可分为一级制动状态或缓解状态。

　　T·JDY 型减速器常态定位为一级制动位，实现对 T·JDY 分级制动减速器的四种工作状态的控制，见表 2-5-4。电磁换向阀控制电路原理如图 2-5-21 所示。

表 2-5-4　T·JDY 型减速器工作状态（常态为一级制动位）

工作状态	两制动轨面距离（mm）	电磁换向阀			
		1CT（缓解）	2CT（制1）	3CT（制2）	4CT（增压）
三级制动位	1 372±3	断电	通电	通电	通电
二级制动位	1 372±3	断电	通电	断电	断电
一级制动位	1 372±3	断电	断电	断电	断电
缓解位	1 372±3	通电	断电	断电	断电

　　注：一级制动位：4 个电磁阀全部断电；

　　　　二级制动位：2CT 电磁阀通电，其余断电；

　　　　三级制动位：2CT、3CT 电磁阀通电，500 ms 后，4CT 通电，进行高压补油。

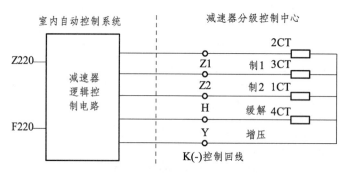

图 2-5-21　电磁换向阀控制电路原理图

　　利用 2CT、3CT、4CT 电磁换向阀不同的组合，控制液压系统不同的溢流压力，实现对减速器不同等级的制动。4CT 实现对控制的增压，特别是减速器放头及重复制动控制时需要外力能量。而车辆进入减速器挤开制动轨时，由于液压油的不可压缩性，会使液压系统内的压力升高，达到规定的溢流压力则溢流，使系统压力稳定在一定压力值上，从而实现了对车辆制动等级所需的压力值。

　　为方便现场的使用，可对电磁阀重新定义和调节，T·JDY 型减速器常态可定位为缓解位，实现对 T·JDY 型分级制动减速器的四种工作状态的控制，见表 2-5-5。

表 2-5-5　T·JDY 型减速器工作状态（常态为缓解位）

工作状态	两制动轨面距离（mm）	电磁换向阀			
		1CT（缓解）	2CT（制1）	3CT（制2）	4CT（增压）
三级制动位	1 372±3	通电	通电	通电	通电
二级制动位	1 372±3	通电	通电	断电	断电
一级制动位	1 372±3	通电	断电	断电	断电
缓解位	1 372±3	断电	断电	断电	断电

（3）信息的采集。

① 制动与缓解状态表示。

T·JDY 型减速器制动到位与缓解到位的开关量表示，由安装在制动油缸缸体法兰盘上的行程开关提供。一股道二台减速器分别接 T·JDY 减速器电气箱端子上，实现每台分别表示。由室内减速器信息采集电路完成室外减速器表示的采集，如图 2-5-22 所示（图中为 1 台减速器的表示采集电路）。

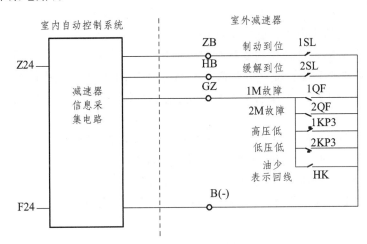

图 2-5-22　T·JDY 减速器的表示采集电路

② 故障状态表示。

T·JDY 型减速器有五种故障报警状态表示。表示接点并联后，接于电气箱接线端子上，由室内电路提供 DC 24 V 采集电源及表示灯。同样，一股道二台减速器分别表示。当该表示灯亮灯时，即为故障，应进行故障报警。五种报警状态下表示接点的采集及表示的意义为：

a. 高压蓄能器压力低，由电接点压力表 1KP3 的下限接点接通表示。

b. 低压蓄能器压力低，由压力开关 2KP3 接点接通表示。

c. 储油箱液面过低（油少），油液位传感器 HK 接点接通表示。

d. 电机 1M 故障，交流三相断路器 1QF 的过流保护辅助接点接通表示。

e. 电机 2M 故障，交流三相断路器 2QF 的过流保护辅助接点接通表示。

③ 控制命令（校核）信息的采集。

T·JDY 型减速器的状态反馈信息，一种是提供开关量的表示信息，如上述的制动到位和缓解到位表示；另一种是没有提供开关量的受控信息，如 1～3 级的制动命令的表示可采集控制命令的最终输出电流，来进行命令的表示和对结果的校核。

复习思考题

1. 简述驼峰信号机的设置地点和各种显示意义。

2. 驼峰信号机开放推峰信号时，需要检查哪些联锁条件？

3. 驼峰信号机开放去禁溜线或迂回线信号时，需要检查哪些联锁条件？开放后退信号时，需要检查哪些联锁条件？

4. 驼峰信号机开放闪光信号时，SNJ 是如何动作的？其点灯电路中为什么要串联一个大电阻？

5. 纵列式编组站的驼峰调车场与到达场间需要建立哪些联系？

6. 办理允许推送作业时，驼峰调车场与到达场的联系电路是怎样工作的？

7. 办理允许预先推送作业时，场间联系电路是怎样工作的？驼峰主体信号机和驼峰辅助信号机各显示何种灯光？

8. 什么是双区段轨道电路？它的特点是什么？

9. 峰上道岔和分路道岔的控制电路有何区别？

10. 说明原 ZD7 型转辙机驼峰分路道岔控制电路中 DHJ 和 FJ 的作用。

11. 说明改进后的 ZD7-A 型转辙机驼峰分路道岔控制电路是如何实现驼峰分路道岔的特殊技术要求的。

12. 简述 ZK4 型电空转辙机驼峰分路道岔控制电路的动作原理。

13. 我国采用的调速设备有哪几种类型？简述它们的工作原理。

14. 说明 T·JK1-D 型减速器控制电路的工作原理。

15. 说明 T·JK 型减速器分级控制电路的工作原理，气压调整器有何作用。

第三章　自动化驼峰测量设备

自动化驼峰为了对解体溜放车辆进行追踪和速度调整，除了调速工具之外，还有一整套为了实现自动控制而设置的基础设备，主要有车轮传感器、测速雷达、测长器、测重机、光挡、气象站等。本章主要介绍我国研制使用的几种车轮传感器、轴重传感器的结构和工作原理；测阻、测重、测速、测长（测距）的实现途径和设备工作原理。

第一节　车轮传感器

驼峰调车场使用最多的传感器是车轴（轮）传感器。车轮传感器又称轨道踏板、车轴检知器、接触器。踏板用途十分广泛，例如用于检知车辆到达、计轴、测速、测阻、判断车辆运行方向、取代传统轨道电路的作用等。踏板广泛用于自动闭塞、半自动闭塞、道口自动信号等铁路信号领域。在自动化驼峰，为了实现溜放追踪或其他功能，需要安装许多踏板，它们的动作可靠与否直接影响自动化系统的工作。

踏板技术已从机械的、光电的、无源永磁的发展到有源电子的。曾使用过的机械踏板是车轮与机械传感元件直接接触，由于机械传感元件的机械变形和机械磨损等原因，致使工作不可靠而被淘汰。目前大多使用电磁踏板。按它们的工作原理一般可分为两大类：无源电磁感应踏板和有源电磁感应踏板。

一、无源电磁踏板

无源电磁踏板又称永磁踏板。它是在一块永久磁钢上绕制一个绕组，将它安装在钢轨轨条的内侧，其结构及安装示意图如图 3-1-1（a）所示。在踏板的上方没有车轮经过时，磁钢上的绕组没有信号输出；当有车轮经过踏板上方时，由铁磁材料制成的车轮以一定的速度通过永久磁钢的静磁场时，由于切割磁力线的作用使绕组中的磁通发生变化而产生感生电动势，其电压波形为一对极性相反的脉冲，如图 3-1-1（b）所示。车速越高，切割磁力线的作用越强，绕组中的感应电动势越大，反之则小。在驼峰溜放区段上，踏板信号的宽度由车速决定，经实测约在 30～100 ms 范围内变化。显然，可以根据踏板绕组是否有感应信号输出来检知是否有车辆到达。

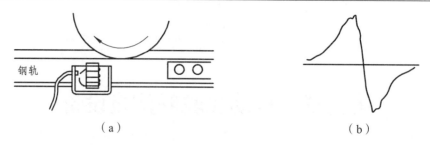

（a） （b）

图 3-1-1 无源电磁踏板结构、安装及信号波形

无源电磁踏板的优点是设备简单、维修工作量小。试验表明，当车速不低于 5 km/h 通过踏板时，这类踏板的工作是可靠的。但当车速很低时，由于感应信号太小，外界干扰可能造成不能正确检测到踏板信号，造成丢轴事故；对于高速通过的车轮，由于振动产生的干扰信号可能高于轮信号，因而该传感器不能正确反映车轮的通过；车轮进入传感器作用范围时轮信号为正，车轮离开传感器作用范围时轮信号为负，与方向无关，因此不能判断车轮通过的方向；没有车轮通过时，传感器无任何输出，因此无自检功能。

二、有源电磁踏板

为了提高踏板在低速车辆经过时的工作可靠度，各类有源电磁踏板在国内外相继问世。有源电磁踏板一般利用车轮对交变电磁场的作用产生传感信号，主要有变耦合式和变衰耗式两类。

（一）差动变压器有源电磁踏板

差动变压器接线原理图如图 3-1-2 所示。它属于变耦合式类型，在变压器铁心上将二次侧的两个绕组经电容器差动连接，在变压器的一次侧加上激磁电源。踏板上方没有车轮经过时磁路处于平衡状态，差动连接的二次侧的两个绕组中的感生电动势正好相互抵消，输出端输出几乎为零的残留电压（零信号）；当有车轮经由踏板上方时，铁磁材料构成的车轮破坏了磁路的平衡，使变压器二次侧两个绕组中的感生电动势不再相等，在输出端输出不平衡电压（信号电压）。可见根据有无信号电压输出就可以判断是否有车辆到达。

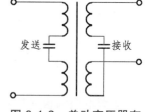

发送 接收

图 3-1-2 差动变压器有源踏板工作原理

（二）变衰耗式有源电磁踏板

变衰耗式有源电磁踏板也叫电子轨头开关踏板，它是一个振荡器，安装在钢轨轨头的圆孔内。安装示意图如图 3-1-3（a）所示。在钢轨轨面开的圆孔直径为 30 mm，深度为 45 mm。我国研制的同一工作原理的踏板 T·LJ（S）型车轮传感器于 1993 年通过铁道部技术鉴定，安装在钢轨轨条的内侧，安装示意如图 3-1-3（b）所示。

T·LJ（S）型车轮传感器为一只 *LC* 振荡器，其回路电感的磁场是开放的，平时振荡器起振，传感器总电流约为 3.6 mA，当踏板上方有车轮经过时，车轮在交变电磁场中运动，在车轮中产生涡流使其发热（电能被转换成热能），由于振荡器的能量被消耗而使振荡器停振，传感器总电流减少到 1.4 mA 以下。传感器信号处理电路检测该电流变化形成轮信号。

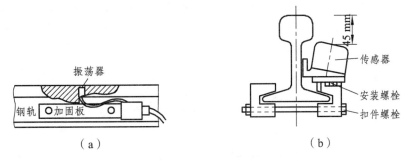

图 3-1-3　变衰耗式有源踏板安装示意图

传感器输出信号幅度与车速无关，因此能适应 0 ~ 60 km/h 速度通过的车轮。每只传感器内封装了两个指标十分接近、电路完全独立的金属接近开关，可以同时工作，根据产生轮信号的先后次序，确定车轮运动的方向，也可以只用其中的一只，另一只做备用。车轮传感器正常时，最大电流不超过 4 mA，当电流超过 4 mA 时，表示出现短路现象，检测电路可以输出报警信号；同样，传感器正常工作时最小电流不小于 0.4 mA，当电流小于 0.4 mA 时，可能出现断路故障，检测电路输出报警信号，所以该传感器可以具有在线故障检测能力，能全面满足编组站的运营要求。

（三）相位调制传感器

相位调制传感器由发送线圈和接收线圈组成，安装在钢轨轨条的两侧。传感器安装位置及信号处理电路框图如图 3-1-4 所示。

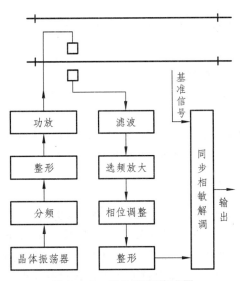

图 3-1-4　相位调制传感器

传感器主要由发送电路和接收相位解调电路组成。晶体振荡器产生的正弦信号经分频、整形、功放后将频率为 5 kHz 的方波信号送至发送线圈。它还作为相位解调电路的基准信号。

接收电路的核心是同步相敏解调电路。相位调整电路用于在无车经由传感器上方时，调整传感器接收信号与相敏解调电路基准信号的相位差（如调在反相）。此时解调电路输出端呈高电平；车辆经由传感器上方时，在车轮的作用下，接收信号相位发生变化，这时解调电路输出端呈低电平。比较解调电路输出端的电位就可以检知是否有车辆到达。滤波、选放和整形电路环节是为提高抗干扰能力而设的。

第二节　测阻设备

车辆溜放时的走行阻力是影响溜放速度的重要因素。在四种阻力中，直线阻力、道岔阻力、曲线阻力可以用相同的方法测量。在测阻区段，一般通过测车辆运行加速度的方法实现测阻。

如前述，车辆溜放阻力这个参数能否精确测量，并把测量结果进行处理，使之成为实用阻力值参与调速，在点式自动化调速中是一个关键问题，处理不好将严重影响调速效果。

由于阻力随速度的变化而变化，因此在每一个点式调速位前均要测阻。测试的阻力参数要经过处理才能参与速度控制。

一般地说，车辆走行阻力正比于加速度。由列车牵引计算得到车辆运行阻力 W 与运动加速度 a 的关系：

$$W = a/g' \tag{3-2-1}$$

式中　g'——考虑了车轮转动惯量的重力加速度。

我国计算 g' 的适用公式：

$$g' = \frac{g}{1 + \frac{420n}{Q}} \tag{3-2-2}$$

式中　g——重力加速度，以 9.81 m/s^2 计；

n——计算车辆的轴数；

Q——计算车辆总重量。

为了测量直线阻力，测阻区段应该设置在线路的直线段。当测阻区段的线路坡度为 i 时，测试总阻力包括基本阻力 $W_{基}$、风阻力 $W_{风}$ 和坡度的当量阻力 i：

$$W_{总} = \pm i \pm W_{风} + W_{基} \tag{3-2-3}$$

式中的正、负号取决于是下坡（取负）还是上坡（取正），顺风（取负）还是逆风（取正）。

车辆在不太长的直线测阻区段上的运动可以看作是作匀加速（或匀减速）运动。作了这样的假设后（符合实际的溜放运动），测量加速度就可以通过测量车辆在测阻区段始端和终端两点的速度 V_1 和 V_2，以及车辆经由这两点的间隔时间 t 得到。车辆在测阻区段上的平均加速度：

$$a_{均} = (V_2 - V_1)/t \tag{3-2-4}$$

利用电磁踏板测阻是国内外采用较多的测阻方法。在测阻区段的踏板安装如图 3-2-1 示意。这里是使用四块踏板 TP_1、TP_2、TP_3、TP_4。两两分设于测阻区段的始端和终端。TP_1、TP_2 为一组，用于测量测阻区段始端速度；TP_3、TP_4 为另一组，用于测量终端速度。两组踏板各相距定长 l 安装。采用记取车轮经由各踏板时间的方法，求取车辆运行阻力。按图 3-2-1 中标示的符号，利用如下关系式计算阻力：

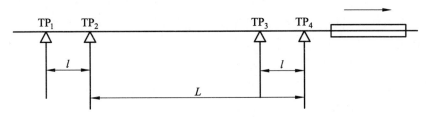

图 3-2-1　测阻踏板安装示意图

$$V_{均1} = l/t_1$$

$$V_{均2} = l/t_2$$

$$a = \frac{V_{均2} - V_{均1}}{T} = \frac{V_{均2} - V_{均1}}{\dfrac{L}{\dfrac{V_{均2} + V_{均1}}{2}}} = \frac{V_{均2}^2 - V_{均1}^2}{2L}。$$

$$W = \frac{\left(\dfrac{l}{t_2}\right)^2 - \left(\dfrac{l}{t_1}\right)^2}{2g'L} \tag{3-2-5}$$

式中　t_1——车轮从 TP_1 到 TP_2 的时间；

　　　t_2——车轮从 TP_3 到 TP_4 的时间；

　　　L——车辆从 TP_2 到 TP_4 的距离。

在自动化调速系统中，通常由计算机以中断方式采集经预处理的踏板信号并根据式（3-2-5）计算测量阻力。图 3-1-4 已给出一种相敏调制传感踏板信号的预处理电路结构框图。预处理电路输出的是开关量信号，经 I/O 接口送入计算机。

第三节　测重设备

车辆的重量是编组站自动化系统的重要基础参数之一。它不仅是控制非重力式减速器的必不可少的依据；在减速器＋减速顶的点连式调速系统中，减速顶对车辆的减速作用的大小和车辆重量直接相关；人工或自动编制编组计划时也需要以车辆重量信息作参考。在某些特定情况下，车辆的重量还可作为判定车辆走行阻力的辅助参数。因此测重设备是编组站自动化系统的基础设备之一，此外，测重设备在矿山、钢铁等企业也有大量的应用。

一、重力传感器

力（重力）传感器的作用是将车辆（车轴）的重力转换成电信号。力传感器的种类繁多，传感原理各异。按工作原理不同一般可分为两大类：机械应变式和电磁应变式。后者又分电应变式和电磁应变式两类。

机械应变测重是应用机械应变传感器实现测车辆轴重。机械应变传感器有机械弹性踏板（弹性桥）、钢轨弯曲式机械传感器等。以弹性桥机械应变测重器为例，在安装这种传感器时将钢轨轨头切去一部分，弹性桥紧附在钢轨外侧，桥的踏面高出轨面，车轮经过时，弹性桥将车轮抬起，弹性桥受压力而弯曲，轴重不同，弯曲度也不同。由传动部分带动接点组，输出不同重量等级信息。机械应变式测重器虽有结构简单等优点，但由于测量精度差、测重等级不能划分太多、弹性桥易疲劳等缺点，钢轨受损也降低了钢轨的使用寿命，因此机械应变测重已很少应用。钢轨弯曲式传感器安装在钢轨外侧轨腰处，对钢轨无损，但也同样存在弹性桥的一些缺点。

电应变式或电磁应变式测重采用的传感器有多种类型，下面讨论几种我国驼峰调车场研制和应用的测重设备结构和工作原理。

（一）应变电阻传感器

应变电阻作为重力传感器是利用金属导线纵向受力被拉伸或压缩时，金属产生弹性形变，它的电阻值将发生变化的特性。将直径约为 0.025 mm 的具有高电阻率的电阻丝排成栅网状，牢固地黏贴在绝缘基片上，电阻丝两端焊接引出导线并在栅网线上面贴上起保护作用的覆盖层即做成力传感应变电阻片。将应变片置于受力部位，例如固定在钢轨轨腰，应变电阻测重传感器安装示意图如图 3-3-1 所示。两片相互垂直的应变电阻片紧贴于金属圆片上，粘贴的角度与钢轨纵轴线成 45° 角，圆片装在特制的钢套筒内，套筒用弹性钢材制造。在钢轨轨腰打孔，将套筒安装于钢轨轨腰的孔中（塞钉式安装）。车轮压在其上方时，剪切应力使应变片电阻值变化，通过对此变化的测量求取车轴重量信息。

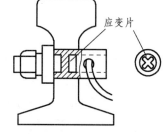

图 3-3-1　应变电阻测重传感器安装示意

硅力敏电阻具有半导体压阻效应，它也采用与应变电阻测重传感器相同的塞钉式安装方式。硅力敏电阻芯片采用集成电路工艺，在一定形状的单晶片上扩散出四个电阻，将这四个电阻接成电桥形式，作为重力传感器。

（二）压磁重力传感器

压磁重力传感器是一只特殊的变压器。变压器铁芯用冷轧硅钢片黏合构成。传感器是利用冷轧硅钢片这种铁磁材料的磁弹性效应将重力信息转换成电信号，且剪切应力与信号电压成正比。

在变压器铁芯上开四个与铁芯中心对称的穿线孔，在对角线上的两个孔分别绕制一次线圈（激磁绕组）和二次线圈（测量绕组），如 3-3-2（a）所示。两个线圈所在的平面垂直相交。在一次线圈中通以交变的激磁电流，当传感器不受力时，传感器铁心各部分的磁导率相同，一次线圈产生的磁力线分布如图 3-3-2（b）所示，基本上不与二次线圈交链，故二次线圈几乎没有感应电动势产生（输出零信号）。如图 3-3-2（c）所示，当车轮由左侧接近传感器时，传感器 AC 方向导磁率下降，磁阻增加，BD 方向磁阻减小。导致磁力线发生形变，这时一次线圈产生的磁力线与二次线圈产生交链，在二次线圈中产生感生电动势。压应力越大产生的感生电动势越大。传感器输出特性有如图 3-3-3 所示的曲线（图中传感器输出的交流电压已转换成直流电压），压应力与输出信号电压基本成线性关系。通过对输出电压的测量就可以求取轴重信息。

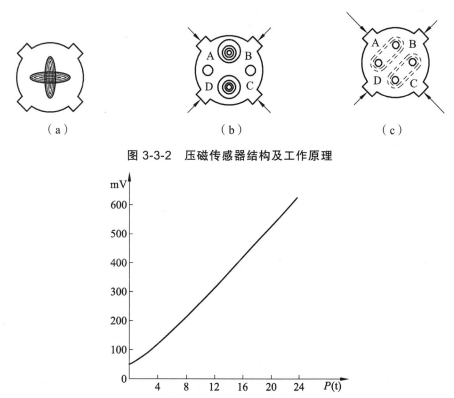

（a）　　　　　　　　　　（b）　　　　　　　　　　（c）

图 3-3-2　压磁传感器结构及工作原理

图 3-3-3　车辆轴重于输出电压关系曲线

二、应变电阻测重

一套测重器一般包括两个应变电阻传感器，将应变电阻接入惠斯顿电桥。当有车轮通过传感器上方时，钢轨受到的剪切应力传递给钢套筒，由于应变电阻阻值变化破坏了电桥的平衡，使其输出一个正比于压应力的电信号。对其测量取得轴重信息。

应变电阻测重器有安装简单等优点，但由于输出信号弱，为了提高传输过程中的信噪比，一般在现场需进行信号放大等处理，设备框图如图 3-3-4 所示。图中振荡器提供电桥电源并供给相敏检波器基准信号。两个传感器的信号调制电桥电源，电桥输出的是调幅波经放大后由相敏检波器检出，再经滤波和直流放大后，输出正比于轴重的直流电压。图中的内桥用于检测和设备调试。

硅力敏电阻测重传感器有测重输出信号较大、信号处理比较简单的优点，但有传感器易受温度影响，需要增加温度补偿等缺点。

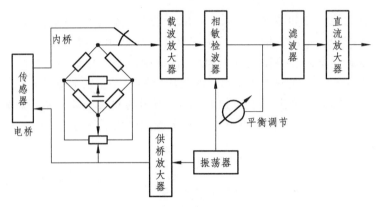

图 3-3-4   应变电阻测重设备框图

三、压磁传感测重

以塞孔式压磁测重传感器为例，压磁测重传感器的安装有与应变电阻测重传感器相似的方式。在钢轨轨腰打孔，将传感器装入螺栓内，固定在钢轨轨腰。

测重电路原理如图 3-3-5 所示。当被测车辆的车轴经由测重传感器上方时，传感器输出正比于车轴重的交流电压信号，该信号经过室外电缆直接进入室内。测重信号经过交流放大、相敏整流变成直流信号，由于车轮通过传感器所在钢轨的前后区段时，这两段的测量交流信号相位差为 180°，所以经过相敏整流后，每个车轮的轮重都可以得到正负两个半波直流电压。此信号经过电压峰值采集电路得出轮重的模拟电压。轮重模拟电压经过 A/D 变换电路变为数字量。此数字量送入计算机进行车辆重量的计算。在车轮通过压磁测重传感器时，电路自动给计算机发送读取重量的中断信号。车辆每个轮重的重量通过测重机的面板显示屏显示出来。

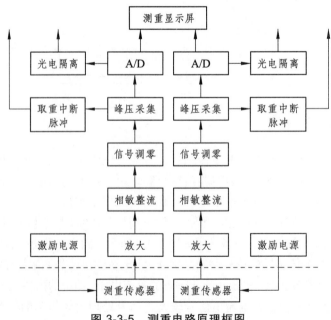

图 3-3-5   测重电路原理框图

第四节　测速设备

对点式调速方案，测速是指对处于调速位上的溜放车辆速度的测量。当调速工具（减速器）对车辆进行调速时，溜放车辆的速度将发生急剧的变化，这就要求测速设备准确、及时、不间断地进行测量。对连续式调速方案，也存在测量速度的问题，例如在加速小车调速区段入口前的测速。

可以通过不同的途径达到上述测速目的，例如利用轨道踏板测速、刻槽钢轨测速、激光测速、超声波测速、雷达测速等，其中踏板、刻槽钢轨、雷达等测速设备均得到应用，尤以雷达测速器在国内外应用最为广泛。

为了满足点式自动化调速的需要，测速设备应达到下面提出的一些最基本的技术要求。它们是：

（1）测速距离不小于调速位的长度；

（2）能连续测量车辆在整个调速位的走行速度；

（3）满足自动化调速系统对测速精度的要求；

（4）设备能在铁路现场苛刻的环境条件下稳定可靠地连续工作；

（5）现场安装满足铁路限界要求。

踏板测速是一种原理简单的测速方法。在需要测速的地点或区段安装一对或等距离地安装一系列的踏板，测量车轮经由相邻两踏板的时间 t，就可求出车辆经过这一踏板区段的平均速度。

显然，仅仅在减速器调速区段的始、终端安装两块测速踏板测量整个调速区段的平均速度是没有实用价值的，而是需要安装许多踏板，这样可以测出一系列小区段的平均速度。不难看出，踏板安装越密，即小区段越短，小区段的平均速度越接近瞬时速度。这种方式的测速精度不仅与设备数量有关，还与计时精度有关。此外，踏板的安装空间还受到调速工具安装的限制，因而未能推广使用。

在钢轨踏面上等距离地刻一系列的槽，当有车辆在刻槽钢轨上通过时，由车轮对槽的撞击产生撞击噪声，噪声频率与车速成正比，就可以通过声电变换装置将噪声频率变换成对应于车速的电信号，从而达到连续测速的目的。这种测速方法现场设备虽简单，但易使钢轨踏面受损，还会受到调车场其他噪声的干扰。

激光测速、超声波测速易受气象条件的影响，如雨、雾、风等都可能干扰其正常工作。

上面列举出的各种测速方法因其难于满足点式半自动化或自动化调速的全部要求而未被推广使用。

利用多普勒原理的多普勒雷达测速器，由于其有测速精度高、能连续测量瞬时速度、受工频干扰小、便于维护等优点，能够满足调速的各项技术要求，从而被国内外广泛采用。

一、多普勒雷达测速原理

应用多普勒原理进行测速的雷达称多普勒雷达。多普勒原理简述如下：

声学指出存在这样一种现象，当声源和听觉器官做相对运动时听觉器官感觉到的声音频率不再是声源发出的频率，而是增大或减小了的声音频率，这种现象称为多普勒效应。多普勒效应同样也存在于超高频电磁波的传播中。频率的变化量与相对运动的速度成正比，这就是多普勒原理。

多普勒雷达是利用多普勒原理测速的。测速原理如图 3-4-1 所示。由雷达天线（相当声源）向运动车辆（相当听觉器官）发射频率为 f_1 的超高频电磁波能束，超高频电磁波具有光学性质，当遇到车辆时将发生反射，由于多普勒效应的存在，使反射频率不再是 f_1 而变成了 f_2，且 f_1 不等于 f_2。当车辆迎着天线作趋近运动时，f_2 大于 f_1；当车辆远离天线运动时，f_2 小于 f_1。我们把 f_1 和 f_2 之差称为多普勒频率，记作 f_d。

$$f_d = |f_1 - f_2|$$

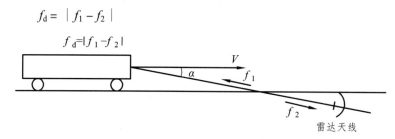

图 3-4-1　多普勒雷达测速原理

由多普勒原理可知，f_d 与车辆运动速度成正比，它们之间的定量关系为（推导略）：

$$f_d = \frac{2fv}{C}\cos a \qquad (3\text{-}4\text{-}1)$$

式中　f——雷达天线发射电磁波频率；

　　　C——电磁波在空气中的传播速度；

　　　v——车辆速度；

　　　a——电磁波与车辆溜放方向的夹角。

当采用 3 cm 雷达时，f 等于 9 375 MHz；电磁波传播速度等于光速，为 3×10^8 m/s；当 a 角很小时，$\cos a \approx 1$。这就是说，在式（3-4-1）中除了车速 v 外，都是常数，即

$$f_d = kv \qquad (3\text{-}4\text{-}2)$$

式中

$$k = \frac{2 \times 9375 \times 10^6}{3 \times 10^8} = 62.5 / \text{m}$$

式（3-4-2）定量地给出多普勒频率与车辆速度的线性关系式。根据式（3-4-2）可以通过测量多普勒频率 f_d 达到测量车辆速度的目的。

二、雷达测速设备结构

雷达测速设备由高频和低频两部分组成。高频部分及多普勒放大器设于测速现场。视天线尺寸由使用的波长决定，设于轨道中心的高频密封箱中（适合尺寸较大的）或设于道旁（适合于尺寸小的）。

如图 3-4-2 所示的是一种振荡和混频分别由不同的微波晶体管担任时的结构框图。它工作在厘米波段，通常采用 3 cm 雷达。

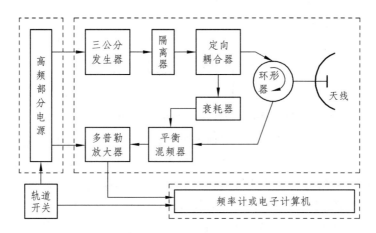

图 3-4-2　多普勒雷达测速系统框图一

高频部分的三公分发生器产生一个频率为 9 375 MHz 的超高频电磁波（f_1），由雷达天线向运动车辆发射。经溜放车体反射后的超高频电磁波（频率为 f_2）由同一天线接收。电磁波 f_1 和 f_2 均送至混频器混频，并取出差额 f_d，如前述，f_d 正比于车速。根据调车场可能出现的车速，f_d 约在 50～500 Hz 的低频范围内。频率为 f_d 的多普勒信号由低频部分处理。首先对多普勒信号在现场进行高倍放大和整形，以提高传输过程中的信噪比。然后送至室内的频率计或计算机对 f_d 作模拟或数字计量，以求取车辆运动速度信息。图中的微型隔离器的作用是只允许微波功率沿箭头指向的方向传播，以避免反射波对振荡器工作的干扰。定向耦合器将振荡器输出的大部分 f_1 电磁波功率向天线方向传播（经环形器和扭波导）；将 f_1 电磁波功率的一小部分送至混频器，作为混频器的本振输入。T 形环形器是在收发合用天线时完成收发隔离作用的。电磁波沿箭头方向传播衰减很小，反之甚大。由定向耦合器送来的 f_1 电磁波经过扭波导时，电场和磁场均被扭转了 90°。然后经环形器传至天线发射；由车体反射至天线的 f_2 电磁波经环形器送至混频器。混频器将 f_1 和 f_2 电磁波混频，输出频率为 f_d 的多普勒信号。如果运动车辆的各反射部分速度相同（这不是事实），那么多普勒信号就是单一频率（f_d）的正弦信号。

由于 TZ103 型和 TZ104 型驼峰测速雷达均采用 3 cm 波段，雷达天线体积大，由于限界问题，只能安装在道心，故我国开始研究毫米波雷达，于 1993 年研制成功，定型为 T·CL-2 型。测速器结构框图如图 3-4-3 所示，当微波晶体振荡管兼作混频管时结构被大大简化了。采用毫米波的雷达测速器具有天线尺寸小、重量轻的优点，可以将测速器雷达天线等高频部分从轨道中心移至轨道一侧（道旁），这不仅便于安装，也大大改善了维修条件。

图 3-4-3 中给出 8 mm 多普勒测速雷达设备框图，高频部分由毫米波振荡器、环形器、圆锥形介质透镜天线和混频器组成。设计中为了尽可能利用毫米波元件体积小的特点，利用环形器的非理想性，即反向隔离端存在漏泄，由环形器向混频器提供本振功率。这样高频部分就取消了波导管，使结构紧凑小巧。

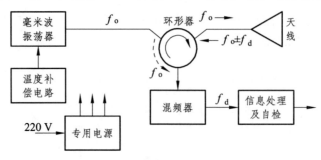

图 3-4-3　多普勒雷达测速系统框图二

　　为了使雷达测速器具有自检功能，一般的做法是在有车占用测速区段时正常测速；在无车占用测速区段时，检查雷达各个部件功能是否正常，一旦发生故障或失效，及时报警以防患于未然。实现雷达系统自检的方法很多，如采用压控振荡器的频率调制方式；采用 PIN 管调制器的场调制（幅度调制）方式；采用对体效应振荡器电源调制方式等。

　　对于 T·CL-2 型测速雷达，当测速区段无车占用时，雷达利用混频器直流偏压和计算机系统发来的自检命令进行自检。若计算机收到雷达输出的频率为 2 000 Hz 的自检信号，即表示雷达各部件工作正常；如果设备发生故障，则信号消失或信号频率偏离，经计算机确认后，发出故障报警。

三、雷达测速器工作原理

雷达测速器由高频部分（微波系统）和多普勒信号处理两部分组成。

（一）高频部分

从测速原理可知，高频电路中的三公分发生器、混频器及雷达天线是电路的核心部件。

1. 雷达天线

　　雷达天线的主要作用是将超高频电磁波能量向空间定向发射和接收传向天线的超高频电磁波能束。发射时应使电磁波能量尽可能集中在发射方向上。在厘米波和毫米波波段，雷达天线的种类很多，例如喇叭天线、介质透镜圆锥形喇叭天线、抛物柱面天线、介质天线、波导裂缝天线等。目前我国用于驼峰的有波导裂缝天线、介质天线、介质透镜圆锥形喇叭天线。

2. 体效应振荡器

　　体效应晶体振荡器的核心部件是体效应二极管。体效应二极管由具有均匀导电性质的半导体材料制成。如图 3-4-4（a）所示，当在体效应管两端加上大于阈值电压的瞬间，有大电流通过，待高场畴形成，电流减小，在畴由阴极向阳极渡越期间，电流保持不变，畴至阳极消失后，电流又升高，待畴再次形成，电流又减小，周而复始，产生电流振荡。振荡波形如图 3-4-4（b）所示。

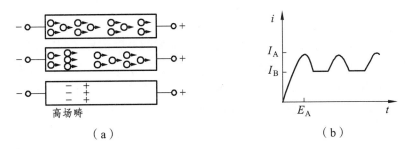

图 3-4-4　体效应管振荡过程示意

在三公分波段，主要由谐振腔构成谐振器。谐振频率 f_0 由下式决定：

$$f_0 = \frac{1}{2\pi\sqrt{LC}}$$

欲得到高的谐振频率，要求由具有极小的电容、电感值的元件构成谐振电路。如图 3-4-5（a）中由两块金属圆板组成的电容器和一匝矩形线圈的电感构成谐振槽路。当在金属圆板之间并联矩形线匝，将进一步减少回路电阻，提高了回路的品质因数，如图 3-4-5（b）所示。继续增加线匝，直至使线匝联成一体成了如图 3-4-5（c）所示的封闭金属盒，即振荡回路变成了空心金属盒。测速雷达采用三公分矩形波导作为谐振腔。体效应管与谐振腔的结构剖面图如图 3-4-6 所示。体效应二极管用装管螺杆装在标准 3 cm 波导腔内、波导的一端短路、从短路面到体效应器件为基本谐振回路、体效应管置于波导中心线上即电场最强处并设有扼流装置、介质调谐螺杆用来改变腔体体积，达到调整谐振频率的目的。

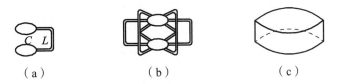

图 3-4-5　高频 LC 谐振腔形成过程

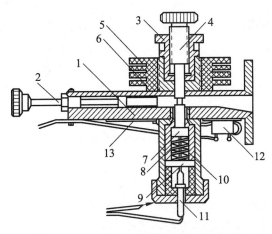

图 3-4-6　体效应振荡器结构剖面示意图

1—振荡器波导；2—短路活塞；3—座；4—装管螺杆；5—体效应二极管；
6—散热器；7—管座；8—衬套；9—垫圈；10—弹簧；
11—电容器；12—温度继电器；13—加热电阻片

3. 混频器

混频器实现求取发射电磁波频率与反射电磁波频率的差频信号。利用具有非线性伏安特性的电路元件可以完成混频工作。晶体二极管就是这样的电路元件。晶体二极管输入电流与输出电压之间近似地成平方律关系。

当向混频管输入两个不同频率的正弦信号 u_1 和 u_2 时，输出信号 u 为：

$$u = u_1 + u_2$$

按平方律关系得到：

$$i_a = \frac{a_2}{2}(U_1^1 + U_2^2) + a_1 U_1 \sin \omega_1 t + U_2 \sin \omega_2 t - \frac{a_2}{2}(U_1^2 \cos 2\omega_1 t + U_2^2 \cos 2\omega_2 t)$$

$$-a_2 U_1 U_2 [\cos(\omega_1 - \omega_2)t + \cos(\omega_1 + \omega_2)t] \cdots\cdots$$

分析上式可以看出，当输入的是两个超高频正弦信号，且频率之差为（50~500）Hz 时，在输出端除了角频率为（$\omega_1 - \omega_2$）一项是低频信号外，其他各项均为超高频信号，在输出端将高频滤掉就可取出 f_1 和 f_2 的差频信号，即频率为 f_d 的多普勒信号。

在雷达测速设备中，为了减少混频器输出噪声，通常采用平衡混频器。图 3-4-7 给出一种交叉场平衡混频器的结构示意图。图 3-4-7（a）为混频二极管、调节螺钉、同轴电缆及低通滤波电路的安装结构剖面图。在矩形腔体中装有两只混频二极管。混频器是一个六面体，其中两面安装晶体管管座；一面安装调整螺钉；一面安装同轴输出线；另外相对的两面接本振输入信号功率和反射信号功率的波导管，结构图如图 3-4-7（b）所示。两端波导的 H 面和 E 面相互垂直，故本振信号和反射信号的电场和磁场相互垂直，因而称交叉场混频器。交叉场混频器可将本振引入的噪声在输出端抵消掉，从而减少了混频器的输出噪声。

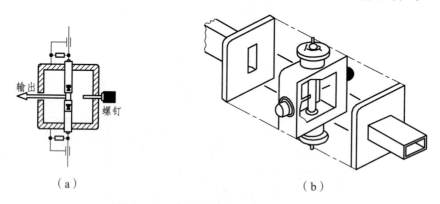

（a）　　　　　　　　　　　　　　　（b）

图 3-4-7　交叉场平衡混频器结构示意

（二）低频部分

由高频部分的混频器输出的信号频率为多普勒频率。如前所述，在驼峰车辆溜放速度范围内，3 cm 雷达多普勒信号频率范围为 50~500 Hz。

低频部分的处理主要分为两步：多普勒信号的预处理（放大整形）和频率测量。

混频器输出的多普勒信号电压有效值在最不利的反射条件下（空平板车处于测速区段远

端时）只有几十微伏，一般情况下在 200 μV 以上。这样低的电压不利于抗传输过程中的干扰，为了提高信降比，首先在测速现场对多普勒信号进行高倍放大和整形放大预处理，然后送至室内测量多普勒信号频率求取速度信息。

1. 多普勒放大器

图 3-4-8 是由集成运算放大器构成的多普勒放大器实例。它由两级电压放大器、一级史密特触发器和一级射极跟随器组成，并经光电隔离器输出。

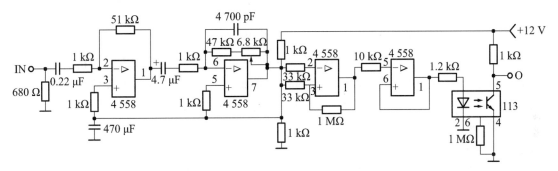

图 3-4-8　集成运算放大器构成的多普勒放大器电路结构

2. 多普勒信号频率测量原理

根据调速系统的需要，多普勒信号的测量结果可以用确定模拟系数的模拟量表征，也可以用数字量表征。当由计算机处理多普勒信号并控制调速工具时，一般以数字量输出。脉冲化了的多普勒信号（经过预处理的多普勒信号）经光电隔离电路输入计算机，由计算机处理和测量信号频率。计算机测量频率的一般方法是：在采样周期内（例如 100 ms）计数脉冲一次，按脉冲数 n 与车辆速度 V 之间的关系（模拟系数）计算一次车辆速度，3 cm 雷达按下式计算：

$$V = 0.16n　（m/s）$$

直接利用上式，由于计算机脉冲采样误差，使测速误差较大。为提高输入信息密度，目前一般采用测量多普勒信号周期取代频率测试。具体的做法是在计算机内建立一个标准时钟，例如实用设备使用的时钟脉冲周期为 60 μs（也有用更低的如 3.2 μs）。多普勒信号向计算机请求中断，计数两次中断间的时钟脉冲数 N 乘以时钟脉冲周期 t，即得到多普勒信号周期 T_d。用图 3-4-9 示意周期测量方法。由于时钟脉冲的周期大大短于多普勒信号脉冲周期（多普勒信号脉冲周期为 2~60 ms）。对于相同的计算机采样误差（例如 ±1 个脉冲），多普勒信号周期的测量精度被大大地提高了，从而提高了测速精度，按下式计算车速：

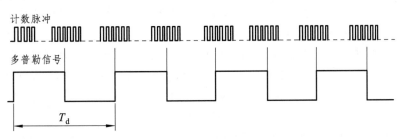

图 3-4-9　周期测量方法示意

$$V = \frac{C}{2f_1}f_d = \frac{C}{2f_1 T_d} = \frac{CM}{2f_1 Nt}$$

式中　$C = 3 \times 10^8$ m/s；

　　　$f_1 = 9375 \times 10^6$ Hz；

　　　M——两次中断间多普勒信号周期个数；

　　　N——时钟脉冲计数。

得到：

$$V = 266.6M/N（\text{m/s}）= 960M/N（\text{km/h}）$$

计算机可以对"丢脉冲"和"多脉冲"进行处理。方法之一是利用回归分析或称异常数据处理，剔除由于丢脉冲和多脉冲时出现的不正常速度值。当在几个多普勒信号脉冲（时钟脉冲计数中断信号）计算一次速度时，例如 4 个脉冲，在 100 ms 时间内将获得多个速度值（样本），则按车辆运动的正常速度变化规律（两个连续测量的速度增量范围），保留那些属于正常范围的速度数据，去除异常数据。为了进一步减少速度信息输出的波动，再经卡尔曼数字滤波后提供车辆速度及加速度信息。下列简化的卡尔曼滤波公式是一种实际采用的滤波方法：

$$V_n' = V_{均n-1} + A_{均n-1}t_n$$
$$\Delta V_n = V_n - V_n'$$
$$V_{均n} = V_n' + K_1 \Delta V_n$$
$$A_{均n} = A_{均n-1} + K_2 \Delta V / t_n$$

式中　$V_{均n}$——本次速度滤波输出值；

　　　A_n——本次加速度滤波输出值；

　　　$V_{均n-1}$——上次速度滤波输出值；

　　　$A_{均n-1}$——上次加速度滤波输出值；

　　　t_n——两次速度运算时间间隔；

　　　V_n'——本次速度预估值；

　　　V_n——本次速度测量值；

　　　ΔV_n——本次速度测量值与预估值之差；

　　　K_1——速度滤波系数；

　　　K_2——加速度滤波系数。

从上列公式可以看出，滤波输出速度或加速度由两部分组成：本次测量值和上次预估值。式中的滤波系数 K_1（或 K_2）表征测量值和预估值在滤波输出所占的比重。选用较大的 K 值，使测量值所占的比重加大，预估值所占的比重减小；反之，若选用较小的 K 值，则减小测量值的比重和加大预估值的比重。不难看出，使用较大的 K 值，滤波输出跟随测量值的性能好，但输出平滑性差；使用较小的 K 值，滤波输出跟随性较差而平滑性较好，应兼顾两者适当选取 K 值。通常采用对 K 变化取值，即当车速变化较大时（加速度大），要求有好的跟随性，故选用较大的 K 值；当车速平稳时，应以追求平滑为主，故采用较小的 K 值。

第五节 测长（测距）设备

测长又称测距，用于测量调车线连续的空闲长度。调车线空闲长度参数不仅是自动化调速系统的基本参数之一，也是调车场自动化其他子系统的重要参数，例如自动编制调车作业计划等。即便是非自动化调车场，调车线空闲长度这个参数也是必不可少的。

为了满足自动化调速的需要，测长设备一般要在图 3-5-1 所示的两种情况下完成测长工作。图 3-5-1（a）所示的情况是调车线上调速位与停留车之间没有正在溜行的车辆，后续车辆所需走行的距离为 $l_{静}$，即所谓静长度，测静长的设备为"静测长"设备；图 3-5-1（b）所示的情况是在调速位与停留车之间有一个车组（有时不止一个车组）正在溜行。如果只有静测长设备，测量的 l_x 将随溜放车辆的运动而变化，故 l_x 不能作为对后续车组调速的参数。为了对后续车组调速需要在动车组停车前就能预测出停车地点，即动车组停车后的调车线空闲长度 $l_{动}$。测量 $l_{动}$ 的设备称"动测长"设备。

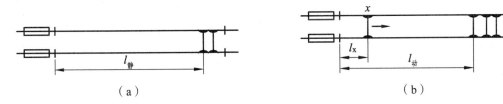

（a） （b）

图 3-5-1 静、动测长示意

通常测动长是以测静长为基础的，下面首先讨论几种测"静长"设备的工作原理。

一、实现测长的途径

测长可以通过不同的途径实现。测长设备根据测长原理不同、使用器材不同等有多种类型，例如短轨道电路或踏板测长；雷达或激光测长；计轴测长；利用轨道电路参数测长等。

1. 短轨道电路、轨道踏板测长

短轨道电路测长是将所需测长的线路划分成若干段长度相等的短轨道区段，如图 3-5-2 所示。每段短轨道区段均装有轨道电路，用轨道电路的状态可以反映区段上是否有车占用。

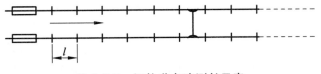

图 3-5-2 短轨道电路测长示意

图中箭头方向为车辆溜放方向。通过统计最后停留车所在区段左方的空闲轨道区段数便可计算调车线空闲长度：

$$l_{空} = nl$$

式中 n——连续空闲的轨道区段数；

l——短轨道区段长度。

　　和短轨道电路区段测长原理相似的方法是轨道踏板测长。它在测长线路的一根轨条等距离地安装轨道电磁踏板，如图 3-5-3 所示，在测长区段的始端向轨道送交变电流。对无车占用的区段，在踏板中产生感应电动势，踏板有感应电流输出。当有车辆停在测长区段的某处时，由于轮对的分路作用，使停留车辆最后轮对右方的轨道没有交变电流，装于其上的踏板将没有感应电流输出。同理，连续有感应电流输出的踏板数与相邻踏板之间距离的乘积就是线路的空闲长度。

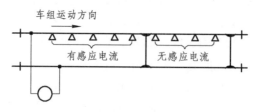

图 3-5-3　踏板测长原理示意图

　　不难看出，上述两种测长方法的测量精度是与短轨道电路区段长度和相邻踏板的距离直接相关。测量误差小于区段长度或踏板距离。缩短轨道电路区段的长度或加大踏板的安装密度都可以取得期望的测量精度。但这将增加设备量和维护工作量。例如，将 12.5 m 划分为一个轨道电路区段，测量误差虽然可以控制在 12.5 m 之内，但对近千米的调车线，要装设近百段轨道电路，全场的轨道电路数量就要大得惊人。这不仅需要大量的电缆和其他轨道电路器材，维修工作量也是十分庞大的。这种方法虽曾应用过，但未能推广。用电磁踏板方案较之短轨道电路在使用器材数量、维修量方面得到了改善。

2. 踏板计轴器测长

　　在测长区段的始端装设轨道踏板，用于检测车轴的到达、通过计轴设备记录通过踏板的车轴数。按四轴为一辆车，每辆车按 14.5 m 换算进入调车线的车辆长度，由下式求取调车线空闲长度：

$$l_{空} = L - 14.5 \times n/4 \tag{3-5-1}$$

式中　L——调速位出口至调车线尾端（调车线有效长减去调车线入口至调速位出口的距离）的距离；

　　　n——进入调车线的车轴数。

　　计轴测长的测量误差主要由车辆的安全连挂率决定。当出现"天窗"时，测试误差将增加，天窗越大，误差也越大，且误差是积累的。由于这种方式的测长设备的测量精度是与自动化调速效果直接相关，当连挂率高时，这种测长设备有设备简单、精度高、同时可以测静长和动长的优点，但连挂率又与测长误差有关，二者之间存在互为因果的关系。误差积累是其主要缺点。

3. 利用轨道电路参数测长

　　当在测长线路区段装设轨道电路时，由于轨道具有分布电路参数，其轨端的输入阻抗与轨道电路短路长度有关，利用轨道参数可以达到测试轨道电路区段短路点的长度的目的。目前国内外自动化驼峰无不利用轨道电路来实现调车线空闲长度的计量。

二、利用轨道电路参数测长原理

具有分布参数的交流轨道电路可以用图 3-5-4 所示的等效电路描述。图中 R、L、C、G 分别为钢轨单位长度具有的电阻、电感、电容和电导，它们的单位分别是 Ω/km、mH/km、$\mu F/km$、S/km。

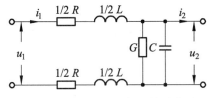

图 3-5-4　交流轨道电路等效电路

图 3-5-4 是一个四端网，输入输出关系式为：

$$u_1 = u_2 \mathrm{ch}\gamma l + i_2 Z_c \mathrm{sh}\gamma l$$
$$i_1 = \frac{u_2}{Z_c} \mathrm{sh}\gamma l + i_2 \mathrm{ch}\gamma l$$

（3-5-2）

式中　γ——轨道电路传播常数；

Z_c——轨道电路特性阻抗；

l——轨道电路长度。

鉴于钢轨线路的导纳中，容性电纳与电导相比要小得多，在轨道电路的频率小于 1 000 Hz 时，轨间电容 C 与电导 G 相比较时，C 可以被忽略，这时，γ 和 Z_c 分别为：

$$\gamma = \sqrt{G(R + j\omega L)}$$

$$Z_c = \sqrt{(R + j\omega L)/G}$$

当轨道电路区段的终端被短路时，式（3-5-2）变为：

$$u_1 = i_2 Z_c \mathrm{sh}\gamma l$$
$$i_1 = i_2 \mathrm{ch}\gamma l$$

轨道电路短路输入阻抗 $Z_入$：

$$Z_入 = u_1/i_1 = Z_c \mathrm{th}\,\gamma l$$

（3-5-3）

从式（3-5-3）可以看出，交流轨道电路的短路输入阻抗与短路点距离（空闲长度）之间是一种非线性的函数关系。处理这个非线性函数的方法一般有两种：其一是限定在一种特定的条件下用线性模拟或采用折线逼近非线性曲线的方法；其二是采用高次方程对非线性曲线逼近的计算方法。

当向轨道电路始端送以恒定电流时，则有：

$$U = I \cdot Z_入 = I \cdot Z_c \mathrm{th}\gamma l$$

（3-5-4）

式（3-5-4）是用于测长的数学模型。从式（3-5-4）可以看出轨端电压与短路点长度亦是一种非线性关系。

三、利用轨道电路参数测长设备

目前国内利用轨道电路参数测长的设备，品种较多，有音频测长、工频测长、微机测长、相位测长等，虽然都是利用短路轨道电路输入阻抗参数测长，但其实施方案各异。

（一）音频测长

音频测长利用轨道电路短路输入阻抗的模值与空闲长度在限定条件下线性模拟近似成正比的关系实现长度的测量。

双曲函数有如下特性：

当 x 很小时，$\text{th}\,x \approx x$

式（3-5-3）中如果 γl 很小，则：

$$Z_{\lambda} = Z_c \text{th} \gamma l \approx Z_c \cdot \gamma l = \sqrt{(R + j\omega L)/G}\sqrt{G(R + j\omega L)} \cdot l = (R + j\omega L) \cdot l \qquad （3-5-5）$$

式（3-5-5）成立的条件是 γl 很小，其中 l 小，则要求测试区段不能太长；γ 小，当钢轨电阻和电感一定时，则要求 G 小，也就是道床泄漏要小；同时轨道电路使用的频率也不能太高。

当轨道电路采用某一固定频率时（一般选在音频频段），$Z_c \gamma$ 为一常数，以 k 表示，有：

$$Z_{\lambda} = kl$$

轨端送以恒定电流，则有：

$$U = I \cdot Z_{\lambda} = I \cdot kl = K \cdot l \qquad （3-5-6）$$

式（3-5-6）就是利用音频轨道电路线性模拟测长的基本关系式。

利用式（3-5-6）测长的条件是道床电阻足够大且测试区段不太长时，式中的 K 才是一个常数，即轨端电压与空闲长度呈线性关系，通过阻抗—电压—长度变换实现线性模拟。当道床漏泄变大或车轮分路电阻变化时，都要影响测长精度。当需要测长的区段长度超过某一范围时，轨端电压与短路长度不再呈线性关系，这也将带来较大的测长误差。研究试验表明，测试区段短于 400 m 时能够满足精度要求。为此，对于有效长超过 400 m 的调车线需要将调车线划分为几段，分别测试各区段的空闲长度，然后进行逻辑相加，如图 3-5-5 中的例子是将一条调车线划分为两段测长区段（Ⅰ区段和Ⅱ区段）。车辆占用测长区段时，有图 3-5-5（a）、（b）两种情况。图（a）为Ⅰ区段有车占用，此时无论Ⅱ区段的测量结果如何，仅以Ⅰ区段的测量结果 l_1 作为空闲长度输出；图（b）为Ⅰ区段无车占用的情况。这时总空闲长度为Ⅰ区段长度与Ⅱ区段测量长度之和，即

$$l = l_{固定} + l_2$$

式中，用Ⅰ区段固定长度而不用它的测量长度可以避免测量误差。

不难看出，为了进行逻辑相加，首先要判断除最后区段外的其他区段是否有车占用。

上面提到的频率固定问题，选用多大的频率主要由两个因素决定。为使 γ 小，应选尽可能低的频率，以减小道床电阻的影响；但频率太低，车轮分路电阻的影响将增大，因此要兼顾两者的影响作为频率选取的依据。

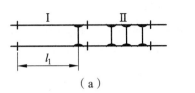 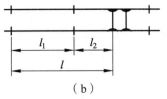

（a）　　　　　　　　　　　　（b）

图 3-5-5　测长区段划分

道床电阻对线性模拟的影响可用试验时的实测曲线表示，如图 3-5-6 所示。图中给出在两种频率下，道床良好时和道床电阻为 $0.6\,\Omega \cdot \text{km}$ 时的轨端电压与短路点长度关系曲线。从图中不难看出，线性度随道床漏泄的加大而变坏。选用频率太高时，线性段亦缩短。

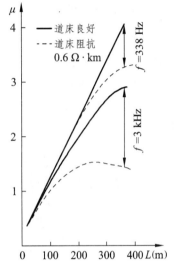

图 3-5-6　道床电阻对线性度的影响

音频测长设备框图如图 3-5-7 所示，分为发送和接收两部分。振荡器产生音频信号，设计选用了三种频率 225 Hz、275 Hz、325 Hz 的音频振荡器。选用三种频率是为了在相邻区段和相邻股道使用不同的频率，以减少区段间和股道间的干扰。音频信号经功率放大后由恒流源送向轨道测长区段的始端。接收部分从区段始端接收正比于至短路点长度的交流电压，经选频放大滤除杂音。将有用信号（与发送信号同频率）放大，整流成正比于短路点长度的直流电压输出长度信息，由长度表显示。从音频轨道电路测长原理可知，要求振荡器振荡频率稳定、频漂小。试验表明，向轨端发送功率的大小对测量精度并无明显影响，因此采用小功率发送电路。

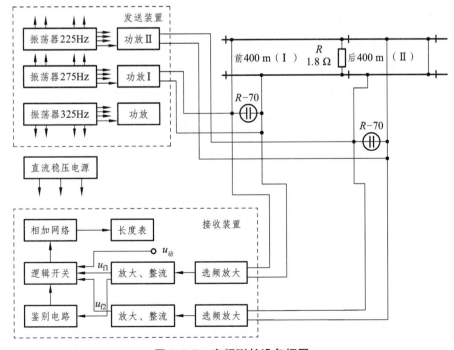

图 3-5-7　音频测长设备框图

图 3-5-7 中一条调车线分为两个测试区段。对于区段 I，首先要对其输出的模拟电压进行鉴幅，以判定 I 区段是否空闲。例如区段 I 长度为 400 m，按 1 V/100 m 的模拟系数，鉴幅电平应选在 4 V。由于测量误差的存在，为防止误判，在此轨道电路区段的终端不是接短路线而是接入 2 Ω 左右的电阻（图中为 1.8 Ω），当区段无车占用时，输出电压增高到 6 V 左右，用 4 V 的鉴幅电平就能正确地鉴别区段是否空闲。各区段输出的模拟电压按逻辑关系进行相加。

（二）工频测长

这也是一种阻抗—电压—长度测长方式。采用高次方程曲线逼近的方法处理测长轨道电路短路输入阻抗与空闲长度的非线性关系，可以实现一条调车线全线一段轨道电路区段测长（无需分段测长逻辑相加）。

任一条非周期性曲线都可以用一元高次方程逼近：

$$Y = a + bX + cX^2 + dX^3 + \cdots\cdots \tag{3-5-7}$$

X 取幂越高，方程越逼近实际曲线。利用上式建立轨道电路输入阻抗（电压）和长度之间的数学模型，实现"阻抗—电压—长度"测长。

从实际测试结果分析，用于测长的非线性方程最高幂取值 3 就可以满足测长的精度要求，即由式（3-5-8）进行测长计算：

$$L = K_a + K_b V + K_c V^2 + K_d V^3 \tag{3-5-8}$$

式（3-5-8）反映的是信号电压与轨道电路区段空闲长度之间的关系。适当选取高次方程中各项系数，可使关系式十分逼近轨道电路的传输特性。当向测试区段始端送一恒定电流，从始端得到的是符合式（3-5-8）的电压，若由计算机计量轨端电压时，一般先将电压模拟量转换成数字量，并根据式（3-5-8）求取轨道空闲长度信息。

除微机外，工频测长设备分室内、外接口及微机接口几部分，如图 3-5-8 所示。

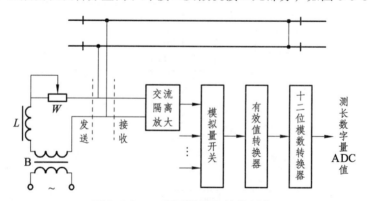

图 3-5-8　工频测长设备结构示意

室外部分：交流 220 V 电压经送电端变压器 B 降压、电抗器 L 滤波后送至测试轨道电路区段始端。送电电流为 3.5 A。空线时送电电压约为 1.8 V。按设计的模拟系数，区段空闲时通过输出变压器和可变电阻器 W 调整至额定输出电压。

室内部分：室内接口电路包括交流隔离放大、交流有效值/直流转换、模/数转换几部分电路。将测长区段始端送来的正比于区段空闲长度的交流电压转换成数字量，送至微机处理。交流隔离放大电路由微型变压器和运算放大器组成。我国实用的测长器的一个测长单元可测16 条调车线（股道），图中的 16 路模拟量开关用来选择股道，它按计算机给定的股道编码选出要处理的股道测长模拟信息，并将选通的一种信息送入后级的有效值/直流转换器，测长模拟电压的有效值被转换成直流电压。12 位模/数转换器根据测量精度的要求，采用快速逐次逼近工作方式，将直流电压转换成数字量（12 位）送入计算机，再根据式（3-5-8）计算股道空闲长度。

式（3-5-8）中的系数 K_a、K_b、K_c、K_d 通过如下方法确定：

在一条股道上等距离地或是有代表性地选取 N 个采样点（要求 $N \geqslant 4$），然后在每个采样点处短路轨道电路。读取计算电压值和采样点长度，由计算机用数理统计方法求取系数。对于每一条股道，要计算属于它的系数。

测长微机可以专用，构成独立的测长系统；也可以由速度控制微机处理测长信号，测长印刷电路板作为微机调速系统的一部分。微机根据模/数转换器送来的数字量信号计算并用数字量表征轨道的空闲长度。

（三）变频测长

式（3-5-3）中，当 ω 不高忽略 C，得到：

$$Z_\lambda = Z_c \operatorname{th} \gamma l = \sqrt{\frac{R + j\omega l}{G}} \cdot \operatorname{th}(\sqrt{(R + j\omega) \cdot G} \cdot l$$

$$= A(l) + jX(l) \tag{3-5-9}$$

式中　$A(l)$——短路阻抗中的有功分量；

　　　$X(l)$——短路阻抗中的电抗分量。

在测长区段始端接入一个谐振槽路，如图 3-5-9 所示。当车辆在测长区段的始端（0 m 处）短路时，谐振频率为：

$$\omega = \frac{1}{\sqrt{L_0 C_0}} = \omega_0$$

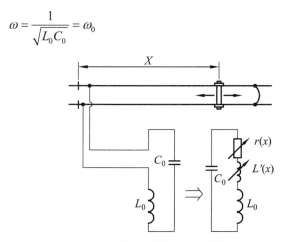

图 3-5-9　阻抗-频率-长度测长原理示意

当短路点在 l m 时，则有：

$$\omega = \frac{1}{\sqrt{[L_0 + L'(l)] \cdot C_0}} = \omega(l)$$

轨端接有的谐振槽路加进轨道电抗构成信号的谐振槽路，等效电路如图 3-5-9 箭头右方所示的电路。据此得到"阻抗—频率（周期）—长度"的函数关系、显然这种函数关系是非线性的，可以由计算机对其进行折线逼近模拟。

变频测长设备构成框图如图 3-5-10 所示。测长器除微机外，包括与轨道连接的 LC 槽路、频率变换器（LC 振荡器、整形器、分频器等）、计数电路、多路信息采样接口等。振荡器的振荡频率 f 与短路点的长度 l 存在 $f = F(l)$ 的关系。振荡信号经滤波、整形、隔离、分频处理后，由计数器计量脉冲数，经多路信息采样接口输入计算机。多路采样接口可满足 32 股道测长信息的采集需要。计算机完成计算长度、速度跟踪、长度显示等功能。

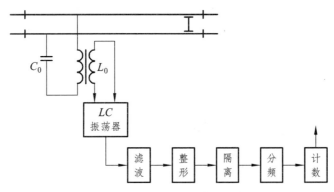

图 3-5-10　微机测长设备构成框图

四、动测长原理

动测长一般可以用下列两种方法实现：

1. 用停留车辆最后轮对位置（静长度）减去运动车组长度

在动车组进入测长区段前，记忆静长 $l_{静}$，测长区段入口处设置踏板，用于计数动车组的轴数，利用式（3-5-1），将 L 换为 $l_{静}$，就可计算动车组长度和预测动车组停车后的空闲长度。如前所述，测长精度取决于动车组是否安全到达停车地点。

2. 利用溜放运动方程计算动长

变换溜放运动方程：

$$V_{出} = \sqrt{V_{允}^2 + 2g' \cdot l(w-i) \cdot 10^{-3}}$$

$$l = \frac{V_{出}^2 - V_{允}^2}{2Gg'(w-i) \cdot 10^{-3}} = \frac{V_{出}^2 - V_{允}^2}{2a}$$

可以通过连续取测试长度的办法求动车组溜放加速度 a，读测速器输出的 $V_{出}$，由计算机计算动长。

从上面列举的两种方法不难看出，为了实现测动长，除了要有静测长设备外，一般还需要计轴器、动车长换算、记忆静长、判断测长区段是否有动车组、计算动长等装置。当由计算机完成测动长的有关功能时，可以比较容易地解决误差积累的问题。

复习思考题

1. 简要说明测速雷达的工作原理。
2. 测量车组的溜放阻力的基本原理是什么？
3. 我国驼峰场采用的测重设备是哪种类型？简述其工作原理。
4. 什么是静测长，什么是动测长？动测长是如何实现的？
5. 驼峰场测长设备的工作原理是什么？

第四章　驼峰自动化系统基本原理

　　驼峰调车自动化系统是在半自动化驼峰控制技术的基础上发展起来的，自动化驼峰的基本功能是：推送进路、调车进路的计算机联锁及控制，溜放进路及溜放速度的自动控制，推送机车速度控制，与其他有关系统联网，同时还具有系统和设备的监测维护支持。

　　驼峰自动化系统的核心是计算机控制，控制系统将驼峰基础测量设备测出的溜放车组速度、重量等级、股道空闲长度、走行阻力、车轮传感器信息等内容送入计算机控制系统，计算机将接收到的各种信息根据过程控制程序及一定的数学模型进行计算、处理，自动给出各部位减速器的出口速度值，发出对溜放车组的控制命令，自动控制调速设备、进路控制设备等工作，达到溜放车组与股道停留车安全连挂，实现速度与进路的自动控制。

第一节　溜放进路控制系统概述

　　驼峰溜放进路控制系统是驼峰自动化控制系统的一个子系统，它控制溜放进路上的分路道岔及时而正确地转换，为溜放车组自动准备进路。车组溜放的过程中，若溜放进路上道岔位置正确，车组溜放到计划的调车线；若进路上有一组道岔位置不对，车组溜放到异线（不是计划的调车线），成为"外路车"。

一、溜放进路特点

　　从车列解体过程中不难看出，溜放进路有以下特点：

　　（1）溜放进路有共同始端（峰顶），不同终端（各调车线），各条溜放进路都有部分重叠。

　　（2）车组连续溜放，各溜放进路连续开通。由于进路重叠，每个车组的溜放进路不能连续一次开通，只能逐段（级）开通，逐段（级）使用，逐段（级）解锁（区段解锁）。

　　（3）溜放信号开放期间，根据车组的去向，及时、正确的转换道岔位置是溜放作业的需要，因此，道岔、信号和进路之间的联锁关系不可能与6502电气集中要求的一样。

　　（4）为了提高解体效率，相邻车组在峰顶提钩的间隔时间 t_0 越短越好，但在溜放过程中的间隔距离，必须大于最长道岔轨道电路区段的长度，否则道岔来不及转换，无法为后续车组准备进路。

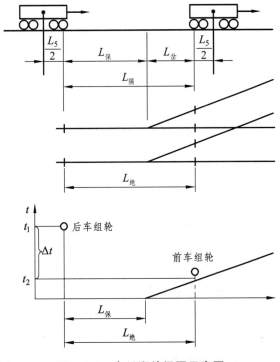

图 4-1-1　车组溜放间隔示意图

如图 4-1-1 所示，各参数的含义如下：

t_1——前车组出清道岔轨道电路区段时刻，即轨道继电器吸起时刻；

t_2——后车组进入道岔轨道电路区段时刻，即轨道继电器落下时刻；

$t_2 - t_1 = \Delta t$，Δt 是前车组出清，后车组进入轨道电路区段的间隔时间；

$L_隔$——前车组最后轮轴与后车组的第一轮轴的距离；

$L_绝$——轨道电路长度；

$L_保$——岔前保护区段长度；

$L_岔$——道岔区长度。

下面讨论 Δt 对进路开通的影响。

① $\Delta t > 0$：相邻车组的间隔距离 $L_隔 > L_绝$；

② $\Delta t = 0$：相邻车组的间隔距离 $L_隔 = L_绝$；

③ $\Delta t < 0$：相邻车组间隔距离 $L_隔 < L_绝$。

第 3 种情况，显然道岔区段前、后车组都在占用，道岔没有解锁，无法为后钩车转换位置，造成前、后车组在道岔区段追钩，后钩车溜错股道。

第 2 种情况，后钩车转换道岔的时间是最紧张的，前钩车出清该区段时应立即转换道岔，保护区段的长度按正常道岔转换时间计算，若道岔转换较慢，车组会进入正在转换的道岔上导致脱轨。但车组间隔距离最小，解体效率高。

第 1 种情况，前行车组出清后，为后续钩车转换道岔，道岔转换时间不紧张，即使转换稍慢些，车组进入道岔前也会转换完毕，但车组间隔距离大，影响解体效率。

从上述的分析看出，合理调整相邻车组的间隔距离，正确的转换道岔位置是控制溜放进路的关键。关于车组的间隔调整，我们将在后几章介绍。本章讨论采用什么方法能适时、正确地控制分路道岔转换。

1. 手柄操纵道岔（亦称手柄式集中控制）

在驼峰控制台上，值班员根据调车作业单观察车组溜放的实际情况，适时扳动道岔手柄控制道岔转换，为各溜放车组逐级开通进路。这种方法在作业繁忙、线路较多的驼峰场，值班员难以做到对每车组、每组道岔均能适时、正确地控制。因为，在溜放区同时有多个车组溜放时，值班员必须同时观察各车组在什么位置，记忆该车组的去向，转换相应的道岔到定位或反位。可以想象面对这种情况，值班员的精神会过于紧张，容易操纵错误。另外，从观察车组到操纵道岔手柄也有一定的时间延误，使道岔转换不及时。

2. 道岔自动集中（亦称程序控制）

所谓道岔自动集中，就是溜放进路上的分路道岔由车组的溜放运行适时而正确地自动控制。例如，车组在峰顶脱钩时，控制第一分路道岔自动转到所需位置；车组溜放运行到第一分路道岔区段时，又控制第二分路道岔自动转换到所需位置；这样随着车组溜放运行逐级自动控制道岔，直至最后分路道岔。

3. 实时监控进路

实时监控进路不仅具有道岔自动集中的功能，而且还具有自动处理并为溜放车组选排安全进路的功能，如确认分钩和记录提钩错误；自动确认和处理追钩；记录车组溜放实迹；调车线满线或有堵门车时，自动为后续车组选排另一条进路等。

我国绝大多数驼峰场采用驼峰道岔自动集中设备。进入 20 世纪 80 年代，我国开始研制微机实时监控进路系统，相继有几个站投入运营。目前，在我国驼峰场技术改造过程中，设备更新较快，计算机实时监控进路系统已普遍装备到各个驼峰场。

二、溜放进路控制

（一）道岔自动集中

道岔自动集中是分路道岔的自动控制设备，按进路命令储存和传递的方式不同，基本上分为两大类：道岔储存式自动集中和进路储存式自动集中。

1. 道岔储存式自动集中基本原理

道岔储存式自动集中是以道岔为基点设置道岔储存器。每个分路道岔设置一个道岔储存器，每个道岔储存器设置若干储存单元。将溜放车组的进路命令（车组的去向）转换成对进路上各道岔的控制代码，将各控制代码分别储存在对应的道岔储存器中，一般每个储存单元可以储存一个道岔控制代码。随着车组的溜放，各道岔储存器的控制码独立地进行传递和执行。

图 4-1-2 是道岔储存式自动集中原理框图。图中所示站场有四条调车线三组道岔，故设置三个道岔储存器。根据表 4-1-1 给出的调车作业计划，有五钩车的进路命令转换成道岔控制码存入了相应的道岔储存器中。用二进制数"0"代表道岔定位码，"1"代表道岔反位码。

"0"或"1"由每个车组的去向决定（进路命令）。显然每个车组都要经过 1 号道岔，所以 1 号道岔储存器设置了五个储存单元。每个储存单元中储存的控制码依次为"0，1，0，1，1"，它说明 1 号道岔储存器在车组溜放时将适时地顺序输出五个控制码，并控制道岔的转换。

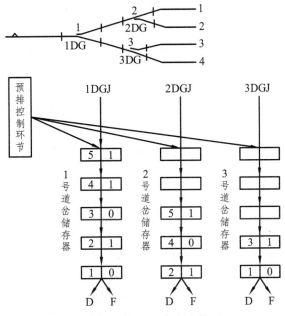

图 4-1-2 道岔储存式结构图

表 4-1-1 调车作业计划举例

钩序	股道	道岔任务及内容		
		№ 1	№ 2	№ 3
1	4	0		0
2	2	1	1	
3	3	0		1
4	1	1	0	
5	2	1	1	

第 1 次控制码是"0"道岔转换到定位；
第 2 次控制码是"1"道岔转换到反位；
第 3 次控制码是"0"道岔转换到定位；
第 4 次控制码是"1"道岔转换到反位；
第 5 次控制码是"1"道岔仍留在反位。

其中，由反位到反位虽然道岔不需转换，但却反映了连续两个车组通过道岔反位这一事实。因为控制码从道岔储存器输出和执行要由溜放车组来控制。因此，定、反、定、反、反的五个命令不能由定、反、定、反四个命令来代替。

同理，有三个车组经过 2 号道岔，所以 2 号道岔储存器设置三个储存单元，储存道岔控制码依次为"1，0，1"。道岔储存器的储存单元的设置数目与经过本道岔的车组数是相同的。

不难看出，道岔储存器中控制码的储入顺序和输出顺序是一致的，即先入先出。

如何将进路命令转换为各道岔控制码输入到道岔储存器中，以及储存器中的控制码如何输出，有不同方法。例如，将按压进路按钮的动作通过译码环节变成相应的二进制道岔控制码，输入到相应的道岔储存器就是其中的一种。道岔储存器控制码的输出方式，较简单的一种模式是溜放作业开始（按下开始按钮或启动按钮）后，给各道岔储存器送开始信息，使各储存器的第一个储存单元输出控制码并控制道岔转换，为各道岔的第 1 个车组准备好进路；当第 1 个车组经过该道岔，储存器就立即自动地顺序输出第二个储存单元的控制码，为该道岔的第 2 个车组准备进路；第 2 个车组经过时，就输出第三个储存单元的控制码……，直到最后一个储存单元的控制码输出。经过该道岔的车组溜放完毕。

道岔储存式自动集中的特点：

（1）每个道岔储存器除了与输入译码环节发生联系外，还受车组溜放运行（轨道电路或接触器）控制输出信息的影响。

（2）各道岔储存器之间无联系，是独立工作的。道岔控制码是按顺序输入和在车组溜放的作用下按输入顺序输出。在溜放过程中，若后续车组中途追上前行车组，如第二车组在 1 号道岔追上第一车组，即两个车组变成一个车组，两个车组都溜到 4 股道去了（按表 4-1-1 中的命令内容）。但是对于 1 号道岔储存器来说，因它受轨道电路的控制，只确认了一个车组通过，所以储存器仍然输出第二车组的控制码"1"，将道岔转到反位为第二车组准备进路。实际后面溜放来的已是第三车组，结果后续车组全部溜错了股道。因此，为了使这种方案更完善，又有使用价值，还必须采用一些措施，如监督溜放车组的运行、确认追钩车、自动取消追钩车的道岔控制码等问题。

（3）道岔储存器的容量的确定，就是储存单元数目的确定。从图 4-1-2 看出，1 号道岔储存器的容量应最大，储存单元数目等于调车计划单上的车组总数。从站场图来看，似乎后级道岔储存器的容量可以少于前级道岔储存器的容量。按概率的正常分布，每经过一级分路道岔，溜放车组密度降低一半，根据一般解体作业情况可以有这个规律，但也有特殊情况，如隔钩率较多的情况，即相邻的车组进入相邻的股道。如一、三、五车组溜放至 1 股道，二、四车组溜放至 2 股道，则 1 号道岔储存器和 2 号道岔储存器的容量应该相等。因此储存器的容量除了满足一般情况外，也应适当地考虑特殊情况，所以各道岔储存器的容量不能简单地随着道岔的级数（第 1 分路道岔为第 1 级，第 2 分路道岔为第 2 级）而递减，但如果前、后级道岔储存器的容量设置相同，在大多数情况下，后级道岔储存器的利用率不高，容量有浪费。另外，若采用接点元件构成储存器，则会造成接点元件数量多、故障率高、维修量大等。当然，如果采用的是无接点元件构成储存器或采用计算机，则这些缺点就不复存在了，而且其结构简单的特点有可能充分发挥出来。

2. 进路储存式自动集中基本原理

进路储存式自动集中是以进路为基点编制溜放进路控制代码，并只设一个进路储存器储存进路代码。已知车组的进路命令就可以确定该进路上的道岔在什么位置，由进路上道岔位置控制代码编制成进路命令代码。设置进路储存器，储存每个车组的进路命令代码，对每组分路道岔设置传递执行器或称传递环节。将这些传递环节按站场形式连接起来，形成一个站场型的传递器，随着车组溜放其进路命令从储存器中输出给传递器。车组逐级溜放，其命令也在传递器中逐级传递。当某个传递环节接收到进路命令后，不但寄存以备继续向下一级环节传递，而且还要从命令中找出本级道岔的控制信息，输出转换道岔位置。如图 4-1-3 所示，进路储存式自动集中设置进路储存器和传递器，传递器中根据站场设置 C_1、C_2 和 C_3 三个传递环节。进路储存器可以预先存储多个车组的进路命令，当车组开始从峰顶溜放时，按逐级传递原则，其进路命令首先传给 C_1 环节，C_1 接收后，控制 1 号道岔转到需要位置并寄存车组进路命令。当车组进入 1 号道岔轨道区段后，C_1 环节寄存的命令继续传递给 C_2 或 C_3 环节。

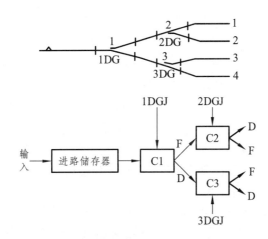

图 4-1-3　进路储存式自动集中设备框图

下面我们讨论车组进路命令代码的编码方式。

（1）进路命令以二进制代码表示可有多种方法。

用进路上的道岔位置来编码是一种被广泛采用的编码方式，因为道岔的位置能决定开通的进路。为了说明问题，我们选用 5 级站场介绍其编码方法。根据图 4-1-4 站场所示，向 1～6 股道溜放的进路命令可以用进路上的道岔位置来进行编码。若以"0"代表道岔定位，"1"代表道岔反位，则开通去 2 股道的进路就是 2、4 号道岔定位，6 号道岔反位，8 号道岔定位，12 号道岔反位，进路命令代码为"00101"，见表 4-1-2，其中高位是第一分路道岔（2 号道岔）。如果将每条溜放进路对分路道岔的要求按股道顺序列成表格，就叫进路编码表，表中"×"表示不经过该道岔。

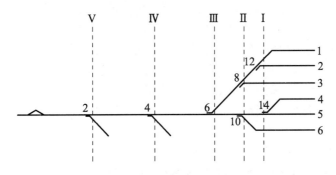

图 4-1-4　进路命令编码站场示意图

表 4-1-2　进路编码表

进路号	道岔位置代码							进路代码					
	2	4	6	8	10	12	14	1	2	3	4	5	6
1	0	0	1	0	×	0	×	00100					
2	0	0	1	0	×	1	×		00101				
3	0	0	1	1	×	×	×			00110			
4	0	0	0	×	0	×	1				00001		
5	0	0	0	×	0	×	0					00000	
6	0	0	0	×	1	×	×						00010

采取这种编码方式时，首先要确定站场分路道岔的"级别"。分路道岔是这样分级的：以峰顶为坐标原点，向编组线做坐标轴，将坐标相同或相近的各组分路道岔划为一个级别。自峰顶至编组线，依次为Ⅴ～Ⅰ级。图中虚线上标出的罗马数字表示分路道岔的级别。由图 4-1-4 可知，每条溜放进路最多经过 5 组分路道岔，分路道岔的最高级别为Ⅴ级，故称之为 5 级站场。从表 4-1-2 可以看出，一条进路码最多有 5 位，与站场的"级"数相同，当进路上少于 5 个分路道岔时可以用"0"补齐 5 位。

站场道岔的级数由站场股道的最大数量决定。对于 32 股道的站场，其分路道岔可划分为 5 级，进路上五个道岔的定、反位两个状态的全组合可组成 32 条进路代码。全组合中的进路代码"00000"，它表示进路上的道岔全在定位时开通的进路，如表 4-1-2 中的 5 股道的代码。当以继电器为元件组成电路时，用继电器的失磁落下状态表示"0"（定位）；用其励磁吸起状态表示"1"（反位）。当代码为"00000"时，五位继电器全在失磁落下状态。一般为了将这样的进路代码和无码输入（无电）情况相区别，在使用中要做特殊处理。如再增加一个信息位，将原五位代码改为六位码。最高位（或最低位）为信息码。这样进路上道岔全在定位时的进路代码为"100000"，该码表示有效代码，若为"000000"表示无效码。

（2）进路命令以进路编号数字表示。

每条进路都有一个十进制的编号（01，02，03，……）。如某车组的去向是 2 股道，则该车组的进路命令为 02。进路命令确定了进路上道岔的位置。

进路命令以进路编号表示，储存进路命令就是储存进路编号，然后随着车组溜放传递进路编号。根据图 4-1-4 所示，以进路编号找出道岔应在的位置。不难看出，进路编号与每级道岔有内在的关系。例如，对于 2 号道岔，当进路编号小于或等于 12（假如站场共有 24 股道，其他部分图 4-1-4 未画出），要求道岔在定位；进路编号大于 12，要求道岔在反位。对于 4 号道岔，进路编号小于或等于 6，要求道岔在定位；大于 6，要求道岔在反位。对于 12 号道岔，进路编号等于 1，要求道岔在定位；不等于 1，要求其在反位（只有进路编号 1 和 2 向 12 号道岔环节传递命令）。因此，对于每一个道岔环节都可以确定一个道岔方向（位置）判断式。

2 号道岔方向判断式：

进路编号（命令）≤12，2 号道岔环节输出定位控制码"0"；否则输出反位控制码"1"。

4 号道岔方向判断式：

进路编号（命令）≤6，4 号道岔环节输出定位控制码"0"；否则输出反位控制码"1"。

12 号道岔方向判断式：

进路编号（命令）=1，12 号道岔环节输出定位控制码"0"；否则输出反位控制码"1"。

从判断式中看出，式中的右边数字是道岔位置判断数，对于道岔传递环节来说它是一个固定的常数。

综上所述，进路命令以数字储存和传递，在逐级传递命令的过程中，传递环节接收命令（进路编号）后首先与判断数进行逻辑判断，根据判断结果输出道岔控制码"0"或"1"，使道岔转换，然后随着车组溜放再向下一级环节传递进路命令。

3. 进路命令传递原则

前面讨论了道岔储存式和进路储存式自动集中基本原理，用较多的篇幅讨论了进路命令如何传递。现在总结并定义以下两种传递原则。

（1）"他准传递"原则。

凡是用前车组出清道岔区段的信息（轨道继电器吸起 DGJ↑），输出后车组信息，使道岔转至后车组需要的位置，即它车的经过为自己准备进路，称"他准传递原则"命令。

道岔储存式自动集中，每个道岔储存器中的道岔控制码的传递输出（除了第 1 个码外）是以他准原则传递的。因为是预先将经过该道岔的每个车组的道岔控制码按顺序存储在道岔储存器中，用开始信息将第 1 个码输出，为第一次经过的车组准备进路。第一个车组溜放后，输出第二个车组的道岔控制码，直至全部输出。

（2）"自准传递"原则。

凡是用车组溜放至某一位置的信息（如上一级轨道电路 DGJ↓）向下一级传递车组进路命令，使道岔转换至需要位置，称"自准传递原则"传递信息，即自己准备前方进路。

进路储存式自动集中中是按"自准原则"逐级传递进路命令。如车组进入第一分路道岔区段，其命令向下一级传递。

（二）实时监控溜放进路

继电器构成的控制系统在车组跟踪和实时监控方面都难以实现。随着计算机在驼峰调车场中的应用，进路控制的功能不断完善，除了及时、安全、正确建立溜放进路外，还增加了对车组溜放的监督功能，即所谓的"溜放追踪"。从而实现了对车组溜放的实时监督控制和必要的记录，提高了车组溜放的安全性和溜放效率。

溜放进路实时监督控制是很必要的。我们知道铁路信号自动控制设备一般是以"故障—安全"作为设计指导原则之一。设备发生故障时，其控制电路自动导向安全的控制，其结果不会使行车产生危险。如信号机允许灯光断丝或其他故障时，信号机应自动导向（转向）禁止信号，即红灯（安全侧）。这些设备或控制电路都有确定的安全侧，即能够避免事故的发生或减少事故产生的影响的一侧。但是驼峰场作业有它的特殊性，例如驼峰信号机仅对没有越过峰顶或没有提钩的车列有防护作用，而对于已经越过峰顶正在溜放的车辆不能防护，设备故障时，关闭驼峰信号机仍可能导致车组溜放事故产生。另外，有些设备如进路上的分路道岔发生故障时，对于溜放车组来说，其定位是安全侧还是反位是安全侧是无法规定的；又如车辆减速器其缓解位置是安全侧还是制动位置是安全侧也是事先无法确定的，只有根据当时溜放作业的情况，瞻前顾后，实时选择，以保证前、后车组尽早分路，避免冲撞作为安全侧。

从上述分析不难看出，为保证车组安全溜放，驼峰场的信号设备，除了以传统的"故障—安全"原则设计外，还应考虑溜放作业的灵活性和实时性，即驼峰信号系统应实现"实时故障—安全"或称"动态故障—安全"。该系统的某一部分发生故障时，系统应根据当时的控制对象状态和控制环境的变化而自行选择比较安全的一方为安全侧（动态安全侧）进行控制，保证作业安全。

计算机实时监控溜放进路系统是一个具有"动态故障—安全"功能的系统。一般可归纳三个步骤：

（1）实时信息采集。对控制对象（如道岔状态，轨道电路区段占用出清情况等）的各个物理量的瞬时状态（"0"或"1"值）进行扫描输入或中断输入。

（2）实时决策。对采集来的表征现场状态的信息进行分析判断，与已确定的控制方案比较，进一步作出合理的、安全的控制方案。如溜放出现异常时，及时改变原定进路，选择较安全的进路，防止冲撞等事故发生。

（3）实时控制。根据决策，适时地对控制点发出控制命令。

第二节　继电进路储存式自动集中原理

目前我国应用的以继电器为元件构成的驼峰道岔自动集中设备有两种，一种用电码型继电器构成进路储存器，安全型继电器构成传递器（铁道部电号7021）；另一种用安全型继电器构成进器储存器和传递器（铁道部电号7024）。这两种设备，仅是进路储存器不同，传递器是一样的。7021型储存器应用的较早，由于近几年不生产这种电码型继电器，7021储存器随之被7024储存器所取代。两种储存器的逻辑结构及功能基本相同。下面介绍7024型进路储存器的工作原理。

一、设备功能

继电自动集中设备是根据进路储存式自动集中原理设计的，所以亦称进路式自动集中。它所具备的功能是按驼峰场运营技术要求考虑的。

（一）储存器

（1）值班员通过控制台上的进路按钮，输入储存车组的进路命令，按压一次进路按钮，输入一个车组的进路命令。

（2）适用两种作业情况。

① 半自动作业：一次只能输入储存一个车组的进路命令。如该车组溜放前，输入储存该车组进路命令，待该车组溜放后，又可输入下一钩车的命令。

② 自动作业：在解体一车列前，能预先储存部分和全部车组的进路命令。

（3）储存器有 24 个储存单元，能一次存入 24 钩车的进路命令（储存单元数目的确定一般按每昼夜解体车列的车组数的 80% 左右考虑）。储存器能循环使用，对于一次不能储存完余下的车组命令，在车列解体过程中，随着车组的溜放，储存单元逐个清空，此时可继续办理储存（一般称边溜放边储存），不影响解体作业。

（4）在储存过程中，控制台上有钩序和进路的数字显示。若发现当前的输入有错，可以纠正。

（5）输入储存完毕，可以进行检查。所谓检查，就是将各储存单元存储的命令，在控制台上顺序进行数字显示，给值班员校对。若发现有错，可以纠正。有以下两种检查方式：

① 自动检查：按下自动检查按钮，自动按顺序（有一定间隔）显示钩序和进路。

② 逐钩（进位）检查：每按压一次进位检查按钮，显示一次钩序及其进路。若发现有错，可立即纠正。

（6）能一次取消全部存储的命令。

（7）在车组溜放过程中，应显示当前脱钩溜放车组的钩序和进路，预显示将要溜放的后两钩车的进路，以便校对和变更。

（8）在溜放时能取消或变更即将溜放的车组进路命令，并能增加新的进路命令。

（二）传递器

（1）按进路式自动集中原理传递进路命令。轨道继电器状态（DGJ 落下）是传递命令的媒介，命令和道岔位置不符时，不允许向下传递。

（2）对应每个分路道岔设置道岔传递环节，若有较长无岔区段，应增设中间传递环节。

（3）道岔传递环节输出道岔控制信息，控制道岔转换位置。

（4）传递过程中不应该丢失车组进路命令，并能取消道岔区段追钩车的命令。

（5）在传递进路命令过程中，命令传递到哪一级道岔环节中，在控制台上有表示。

（三）控制台上操纵按钮及表示

（1）自动、半自动、手动三种按钮（均是二位自复式按钮）用来区分作业方式。

① 按压自动按钮：表明使用自动集中全套设备，进行车列解体溜放作业。

② 按压半自动按钮：表明储存器 24 个储存单元不参与工作。传递器及其他环节参与工作。

③ 按压手动按钮：全套自动集中设备不参与工作，进路上的道岔由道岔手柄控制。

（2）清零按钮（三位自复式按钮）：拉出按钮，可取消存储的全部命令，并且使储存器处于开始工作状态，钩序表示灯显示提示性的"0"数字。

（3）对应每条调车线设一个进路按钮，用来输入储存车组进路命令。

（4）自动检查、进位检查按钮和检查停位按钮：用来进行自动和进位检查以及停止检查等。

（5）储存取消按钮：在储存过程中，发现当前存入的命令是错误的，按下该按钮，取消刚存入的车组命令；检查时可取消当前显示的钩车命令。

（6）溜放取消按钮：在溜放过程中按下该按钮，取消当前待溜放的车组进路命令。

（7）增加按钮：在溜放过程中，需要增加一条进路命令时，按下该按钮，再输入一个新的进路命令（即增加的进路命令）。此时，钩序显示红灯，进路显示新输入的（增加的）命令。

（8）控制台有下列表示：

① 三种作业方式表示灯和增加表示灯；

② 储存车组钩序和进路数字显示；

③ 当前溜放车组钩序和进路，以及后续待溜放的两个车组的进路数字显示；

④ 其他表示灯，如道岔纳于自动集中表示灯、传递命令表示灯等。

二、自动集中原理

（一）储存原理框图

图 4-2-1 是 7024 型进路储存器结构框图。

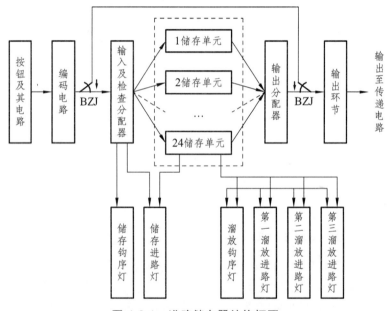

图 4-2-1　进路储存器结构框图

图中电路由七部分组成：按钮继电器电路、编码电路、输入及检查分配器电路、储存（记忆）单元电路（24 个）、输出分配器、命令输出环节以及表示电路。自动作业时输入的命令存入储存单元，半自动作业时输入的命令通过半自动继电器（BZJ）的吸起直接送到输出环节。下面介绍各部分完成的功能及电路构成原理。

（二）储存器电路原理

I. 按钮及继电器电路

根据运营要求，在控制台上设置各种功能按钮，为了记录这些按钮的动作，设置相应的按钮继电器，通过继电器的接点状态，去完成该按钮功能。

（1）作业方式。

电路如图 4-2-2 所示，对应自动作业按钮 ZDA，设自动继电器 ZDJ，按下 ZDA，ZDJ 吸起并自闭；对应半自动作业按钮 BZA，设半自动继电器 BZJ，按下 BZA，BZJ 吸起并自闭；手动按钮 SA，不设继电器，按下 SA 后 ZDJ 和 BZJ 均落下。ZDJ 和 BZJ 的自闭电路互切。

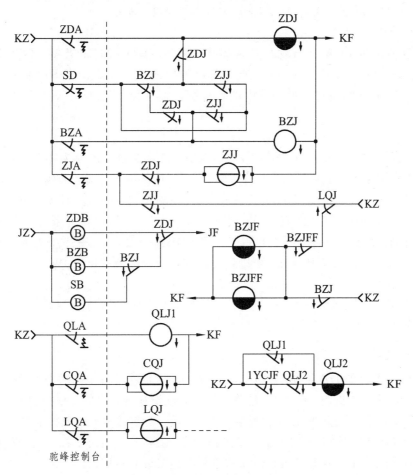

图 4-2-2　按钮及继电器电路

（2）清零。

设清零按钮 QLA 及两个清零继电器 QLJ_1 和 QLJ_2。拉出 QLA，QLJ_1 吸起，QLJ_2 吸起。用 QLJ_1 吸起清除储存单元所有命令，用 QLJ_2 吸起使输入及输出分配器处于开始工作状态。松开 QLA 后 QLJ_1 即落下，QLJ_2 由输入分配器中 1YCJF 前接点构成自闭，等到储存单元储存了第一条进路命令后 QLJ_2 落下。QLA 为三位自复式按钮，用拉出位置防止误碰错误取消命令。

（3）储存取消。

设储存取消按钮 CQA 及储存取消继电器 CQJ。按下 CQA，CQJ 吸起，可以取消刚储存的一条进路命令，或取消检查中显示的当前钩车命令。

（4）增加。

设增加按钮 ZJA 及增加继电器 ZJJ。在自动作业下，溜放时如果要办理增加作业，按下

ZJA，ZJJ 吸起并自闭。一次只能增加一条进路命令。增加的车组溜放至第一分路道岔区段时，进路命令下传（LQJ 落下），ZJJ 落下。注意，办理增加进路命令时，一般按半自动作业方式进行。为了简化手续，当按下 ZJA 时，用 ZJJ 将 BZJ 带动吸起，但 ZDJ 不应落下，所以在 ZDJ 的自闭电路中加入 ZJJ 的前接点。应注意，此时 ZDJ 和 BZJ 是同时吸起。增加车组溜放后，ZJJ 落下，BZJ 落下，恢复自动作业。电路如图 4-2-2 所示。

（5）溜放取消。

设溜放取消按钮 LQA 及溜放取消继电器 LQJ。LQJ 平时自闭吸起。LQJ 受到双重控制，按下 LQA，LQJ 落下，可以人工取消即将溜放的车组命令；当车组溜放至第一分路道岔区段时，第一分路道岔传递环节中的相关继电器动作将使 LQJ 短时间落下，可将命令自动取消。

（6）检查。

检查分自动检查和进位检查，设检查按钮 JCA（二位非自复式）、检查停位按钮 JTA（二位非自复式）、进位检查按钮 JWA（三位自复式），对应的继电器是检查继电器 JCJ、检查停位继电器 JTJ 和进位检查继电器 JWJ。按一定时间间隔连续自动检查时按下 JCA，按储存顺序显示储存钩序和进路，如果发现错误，按下 JTA 可以暂停进行纠正。改正后拉出 JTA 可继续检查。检查结束后拉出 JCA。进位检查时，按下 JWA 一次，检查一钩车命令，再按下一次检查下一钩车命令。如果发现错误，可以直接修改。检查结束后拉出 JWA。

（7）进路按钮。

按站场情况，每股道设一个二位自复式进路按钮，如举例站场为 24 股道，设 1～24 A。不设继电器，用按钮的接点直接参与进路的编码。

2. 编码电路

7024 型储存器存储的进路命令，是以 I～V 进路上道岔位置编制的进路代码。为将十进制的进路按钮转换成二进制（0 和 1）进路代码，必须设计编码电路。根据图 4-2-3 站场可以写出各进路编码表，见表 4-2-1。举例站场有 24 股道，为五级分路道岔的驼峰场，储存器每个记忆单元设 1J～5J 记忆继电器记录一条进路命令。表中不仅给出了各溜放进路对分路道岔的要求，而且还表明了储存某条进路命令的单元各记忆继电器应处的状态。道岔定位用"0"表示，储存时记忆继电器落下；道岔反位用"1"表示，储存时记忆继电器吸起。设置 0J，用来区分本单元是否存有命令，0J 吸起表示本单元有命令。图 4-2-3 给出了分路道岔级别与记忆继电器的对应关系。

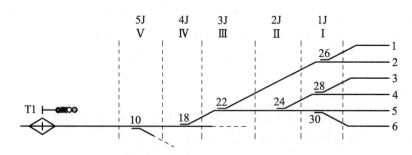

图 4-2-3　分路道岔与记忆继电器的对应关系

表 4-2-1　进路编码表

股道	0J		5J		4J		3J		2J		1J	
1	↑	1	↓	0	↑	1	↑	1			↑	1
2	↑	1	↓	0	↑	1	↑	1			↓	0
3	↑	1	↓	0	↑	1	↓	0	↑	1	↑	1
4	↑	1	↓	0	↑	1	↓	0	↑	1	↓	0
5	↑	1	↓	0	↑	1	↓	0	↓	0	↓	0
⋮												

　　7024 型储存器的编码电路有两种类型：二极管矩阵式编码网络和继电式编码网络。继电式编码网络应用较少，这里仅介绍二极管矩阵式编码网络。

　　二极管矩阵式编码网络由行线和列线交叉组成。列线用来接受进路命令，所以对应每股道进路按钮设一条列线并与其相连，接高电平（＋24 V），如图 4-2-4 所示。行线和列线的交叉点处根据是否输出高电平决定接不接正向二极管。行线输出有两路，一路接储存单元（自动作业），使有关的记忆继电器吸起；一路接输出环节（半自动作业），使有关的进路继电器吸起，用 BZJF 接点区分。

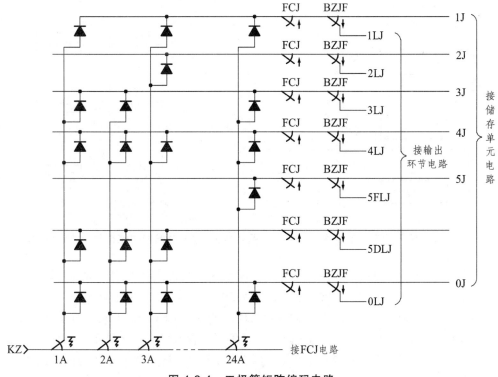

图 4-2-4　二极管矩阵编码电路

3. 输入及检查分配器

　　输入及检查分配器的作用就是将调车作业人员输入的进路命令，经编码后顺序存入各记忆单元；检查时按顺序输出查看。储存器的容量为 24 个记忆单元，输入及检查分配器也必须能够管理 24 个单元。输入分配器保证 24 个并联储存单元，能够按顺序存入进路命令。分配器为步序控制电路，有 24 步与 24 个储存单元一一对应，设 24 个允许储存继电器 1～24YCJ，分别代表 1～24 步，同时设 1～24YCJF，主要用来点亮储存钩序灯。为了能够实现边储存边溜放的功能，使储存单元循环使用，设一个允许储存反复示继电器 FYCJ。YCJ 步进的条件是本单元已存入命令，下一个单元没有命令。例如输入分配器开始工作应在第一步（清零后 2～24 YCJ 全在落下状态，1YCJ 吸起，进入第一步），1 单元存入命令（1°0J↑）后，1YCJ 落下，2YCJ 励磁吸起，说明第 2 钩车组的命令可以存入 2 单元，2 单元一旦存入命令，2YCJ 落下，3YCJ 励磁吸起，又步进到第三步，直至第二十四步。24 单元一旦存入命令，即储存器已满，FYCJ 吸起，分配器等待重新进入第一步，使储存单元可以循环使用。车组开始溜放后，1 储存单元的命令输出（1°0J↓），1YCJ 吸起，分配器重新进入第一步，储存单元开始循环工作。

　　图 4-2-5 表示了输入分配器的步进原理，图 4-2-6 表示了编码电路、输入分配器和储存单元三者之间的关系。

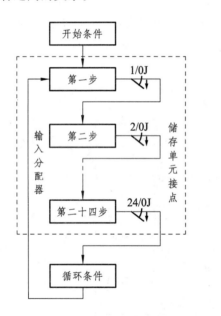

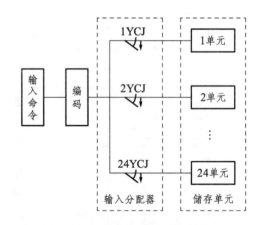

图 4-2-5　输入分配器示意图　　　　图 4-2-6　输入分配器和储存单元的对应关系

　　输入及检查分配器电路如图 4-2-7 所示，用于输入分配器的继电器是 1～24YCJ，1～24YCJF$_{3-4}$，FYCJ。用于检查分配器的是 1～24YCJF$_{1-2}$，由 JCJ 的吸起与落下接点区分。

　　拉出 QLA→QLJ1↑→QLJ2↑→FYCJ↑→1YCJ↑、1YCJF↑→FYCJ↓。储存钩序表示灯点亮 0。当按下第一钩车的进路按钮，第一钩进路命令经编码后存入第一记忆单元，1°0J↑→1YCJ↓、1YCJF↓→2YCJ↑、2YCJF↑，用 2YCJF↑点亮储存钩序灯 1，将 1 单元储存的代码经译码后点亮储存进路表示灯。储存下一钩车的动作过程与上相似。

　　当 24 单元命令全部储存结束后，1～24YCJ↓、1～24YCJF↓→FYCJ↑，为循环准备条件。当第一钩车溜放后可以循环使用记忆单元。

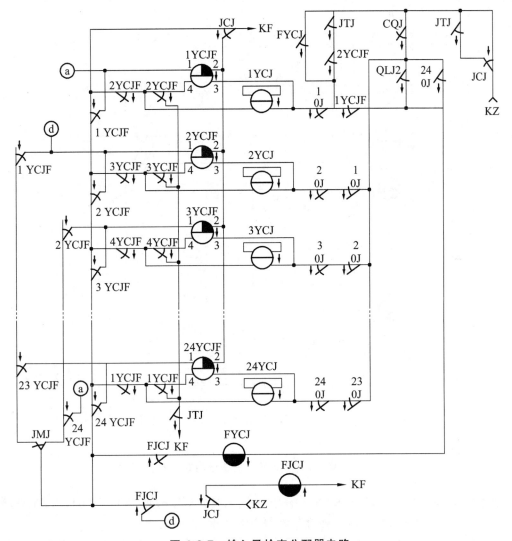

图 4-2-7　输入及检查分配器电路

从上述分析可以看出，作为输入分配器时，推动分配器步进的动力源是储存一钩车的命令动作。如果作为检查分配器，电路必须能够自动步进，为此设置了脉动节拍控制电路，由检查脉动继电器 JMJ、JMJ1 和 JMJ2 组成。检查分配器与检查脉动继电器的关系如图 4-2-8 所示，脉动继电器脉动一次分配器步进一步，可以按一定频率的时间间隔进行自动检查。

在 JM1 和 JMJ2 电路中使用了 *RC* 缓放电路，以便自动检查时显示钩序和进路的时间间隔加大并可以调整，便于值班员能够看清显示。现以自动检查为例，说明脉动电路的动作过程，电路如图 4-2-9 所示。

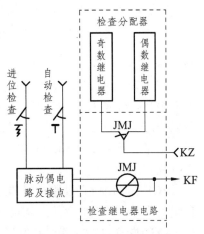

图 4-2-8　检查分配器与脉动继电器的关系

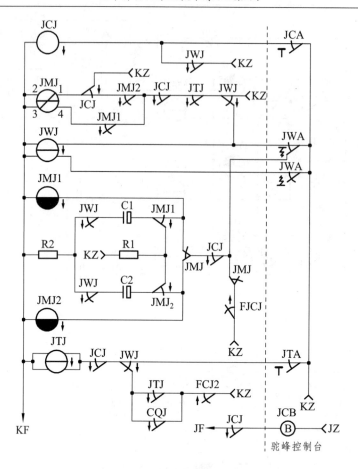

图 4-2-9　进路命令检查电路

按下 JCA→JCJ↑→JMJ2↑→JMJ 转极→JMJ1↑→JMJ2 缓放→JMJ 转极→JMJ2↑→JMJ1 缓放 →JMJ 转极……。JMJ 转极一次，检查分配器步进一步。

按下 JCA 后 JCJ 吸起，通过检查反复示继电器 FJCJ 的缓放首先使 2YCJF 吸起，从第一单元开始检查。在检查过程中如果按下 JTA→JTJ↑→JMJ 保持极性不变，显示停留在当前状态，此时可以进行修改。图 4-2-10 表示了检查时各继电器的逻辑关系和时序。

4. 储存单元

储存单元用来存储车组的进路命令。用 5 个记忆继电器（1J～5J）的 2 个状态（↑和↓）的全组合可组成 32 条进路代码，另外增加 1 位信息码（0J）。24 个储存单元并联，哪个储存单元能存入命令和存入什么代码，由输入分配器和编码电路输出决定。

储存单元接收编码电路的输出条件有：自动作业方式（BZJ↓），输入分配器 nYCJ↑，防止重复储存继电器 FCJ↑。

FCJ 平时由所有进路按钮的后接点串联构成励磁吸起，并由 1～24YCJ 前接点并联构成自闭电路。例如在储存第一钩命令时 1YCJ↑，当进路按钮按下，命令经编码送入 1 储存单元后，1YCJ↓，2YCJ↑，若此时值班员还没松开进路按钮，如果没有设 FCJ，会造成该进路命令继续被存入 2 储存单元…，结果多个单元储存了同一个进路命令。

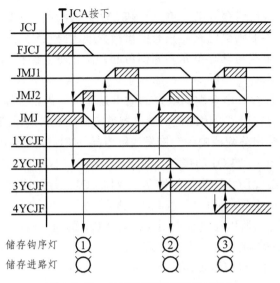

图 4-2-10　检查逻辑关系与时序图

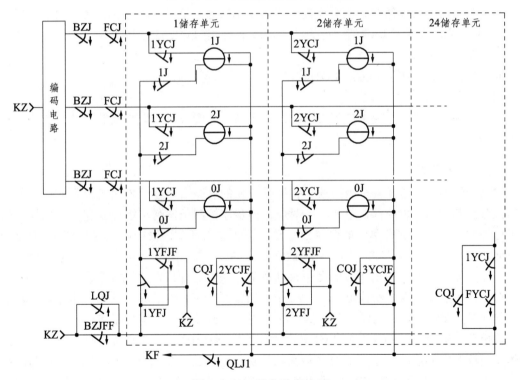

图 4-2-11　储存单元电路

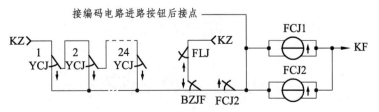

图 4-2-12　防止重复储存 FCJ 电路

在 1YCJ↓（证明已将代码存入第一单元）和 2YCJ↑的瞬间，FCJ 自闭电路断开落下，切断 2 储存单元记忆继电器的励磁电路。只有值班员松开进路按钮，FCJ 才会再次励磁吸起。将 FCJ 前接点接在编码电路与储存单元之间即可起到防止重复储存的作用。防止重复储存的 FCJ 电路如图 4-2-12 所示。

命令输入后就需要保存。由于编码电路的输出是在按压进路按钮期间产生的，在松开进路按钮后编码电路就没有输出了，因此记忆继电器就需要设置自闭电路。命令尚未从储存单元发送至传递环节时，由输出分配器中的允许发送继电器 YFJ↓构成自闭。在命令发送过程中，由 YFJ↑和 LQJ↑构成自闭。在 LQJ 的接点又并联了 BZJFF（BZJ 的第二复示继电器），目的是在办理了增加作业时 BZJ↑，防止因增加的钩车溜放后 LQJ↓，导致储存单元的代码被错误取消。

在两条自闭电路中由于分别使用了 YFJ 的前接点和后接点，会导致两条自闭电路的转换过程中记忆继电器瞬间断电，所以在电路中用 YFJ 和 YFJF 的前、后接点的并联来解决此问题。

储存单元中的进路命令有以下几种取消情况：

（1）拉出 QLA，QLJ1↑可以取消所有单元的命令。

（2）溜放自动取消。

溜放开始后，第 n 储存单元命令输出，第 n 车组溜至第一分路道岔，命令向下一环节传递后，n 储存单元的命令应取消，称为"自动取消"，由 LQJ↓完成。

（3）溜放人工取消。

溜放过程中人工按下 LQA，LQJ↓取消即将溜放车组的命令。

（4）储存取消。

储存过程中或检查过程中按下 CQA，CQJ↑与 YCJF 配合可以取消刚储存的命令或检查时的当前命令。

5. 输出分配器

输出分配器作用是随着车组溜放，将储存单元的进路命令逐个依次输出到输出环节。它与输入分配器相似，也与储存单元一一对应，但步序控制条件与车组溜放有关。例如，第 n 车组已溜放，并且 n 储存单元的命令已自动取消（输出环节中命令随之也取消），输出分配器应前进一步（到 $n+1$ 步），使（$n+1$）储存单元的命令输出给输出环节。（$n+1$）车组溜放，且（$n+1$）储存单元和输出环节的命令自动取消，输出分配应前进到 $n+2$ 步，…。直至 24 个储存单元依次输出命令给输出环节，24 个车组溜放完毕。然后又可从第一步循环。输出分配器如何进入第一步的，与输入分配器一样，均由值班员按压清零按钮实现。

输出分配器设有脉动继电器 1MJ 和 2MJ 作为推动分配器步进的动力源，而脉动电路的动作受溜放车组的控制。1MJ 和 2MJ 均为极性保持继电器，其接点互相控制，LQJ 的前接点控制 2MJ，后接点控制 1MJ，QLJ2 可以使 1MJ 和 2MJ 处于初始状态，电路如图 4-2-13 所示。

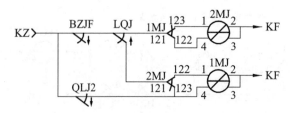

图 4-2-13　输出分配器脉动电路

输出分配器电路如图 4-2-14 所示，设有 1 ~ 24YFJ，1 ~ 24YFJF 分别用于顺序输出命令和点亮溜放钩序表示灯。拉出 QLA→QLJ1↑→QLJ2↑→2MJ 定位吸起→1YFJ↑→1YFJF↑，控制台溜放钩序灯亮"1"。第一钩车下溜后，2MJ 转极→2YFJ↑→2YFJF↑→1YFJ↓→1YFJF↓。

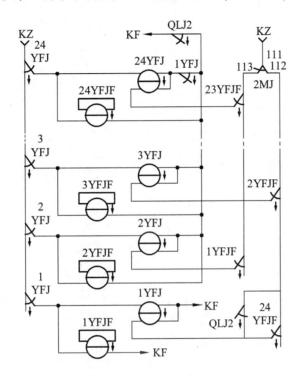

图 4-2-14　输出分配器电路

6. 输出环节

输出环节是储存器和传递器的结合部分，其作用是接收储存单元或编码网络的输出，控制第一分路道岔转换，也可以说它是传递器中第一分路道岔传递环节的代码记忆部分。

输出环节设有进路继电器 0LJ ~ 4LJ、5DLJ、5FLJ，与储存单元 0J ~ 5J 一一对应。另外设一个 0LJ 和进路反复示继电器 FLJ。为了用继电器的前接点控制道岔转换，将记忆第一分路道岔控制命令的 5J 的状态用两个继电器（5DLJ，5FLJ）记忆：即 5J↓→5DLJ↑→将第一分路道岔转换到定位，；5J↑→5FLJ↑→将第一分路道岔转换到反位。电路如图 4-2-15 所示。

LJ 两个线圈分别使用，一个是自动作业方式下，接收储存单元的命令，由输出分配器的 YFJ 和储存单元的 J 条件构成励磁条件。YFJ 吸起决定哪一个单元的命令输出，记忆 J 决定输出的是定位码还是反位码。在自动作业方式下，储存单元的命令被取消后，输出环节的命令随之取消。LJ 的另一个线圈用于在半自动作业方式下或增加作业时接收编码电路直接输出的命令，该线圈有自闭电路，由 LQJ↑构成，当车组溜放至第一分路道岔时，LQJ↓，LJ↓，输出环节的命令被取消。

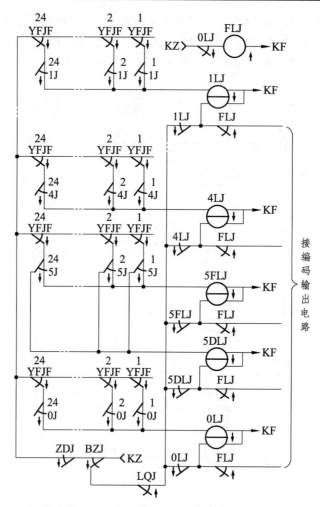

图 4-2-15　输出环节电路

7. 表示环节

为了使值班员了解设备状态，溜放进路命令的储存；储存结束的检查、取消、修改、变更；溜放时的监督，在控制台上均设置相应的表示灯。

（1）作业方式表示灯。

当 ZDJ↑时点亮自动作业表示灯 ZDB，BZJ↑时点亮半自动作业表示灯 BZB，ZDJ↓和 BZJ↓时点亮手动作业表示灯 SB。电路如图 4-2-2 所示。

（2）道岔自动集中表示灯。

溜放进路上的分路道岔纳入自动集中控制时，必须将道岔手柄至于中间位置。当全场所有的分路道岔手柄均置于中间位置后该表示灯点亮。

（3）增加作业表示灯。

在溜放时办理增加作业，由于增加的钩车没有序号，因此 ZJJ↑在溜放钩序灯位置点亮增加作业表示灯。

（4）储存钩序表示灯。

在办理进路储存时显示调车作业单钩车序号。根据上述输入分配器电路的分析，1～

24YCJF 与钩车序号的对应关系是（$n+1$）YCJF↑点亮储存钩序灯 n，电路如图 4-2-16 所示。在点亮个位灯时，YCJF 的后接点串联是因为 YCJF 具有缓放特性，防止瞬间出现乱显示。

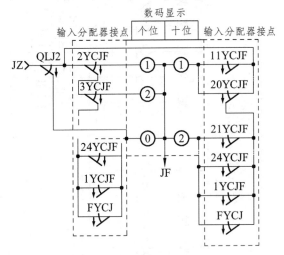

图 4-2-16　储存钩序灯电路

（5）溜放钩序表示灯。

溜放钩序表示灯是在进行溜放时显示钩车序号。根据上述输出分配器电路的分析，1 ～ 24YFJF 与钩车序号的对应关系是 nYFJF↑点亮溜放钩序灯 n。电路如图 4-2-17 所示。

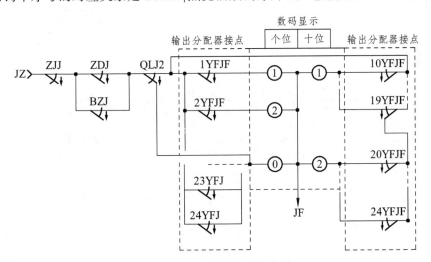

图 4-2-17　溜放钩序灯电路

（6）储存进路表示灯。

储存单元中的代码为 0 和 1，要想知道它表示的是哪一条进路，必须经过译码后用十进制数显示出来。如果每一单元都设一套译码电路，点灯电路将非常庞大。储存进路表示灯的基本思路是设计一套译码电路和一组进路复示继电器（LJF）。需要显示哪一单元的进路命令时，将该单元的代码复示出来译码即可显示。进路复示继电器电路如图 4-2-18 所示，图中二极管是防止迂回电流，以免造成继电器误动。译码电路如图 4-2-19 所示，用进路复示继电器的吸起和落下构成译码网络，显示进路的十进制数码。

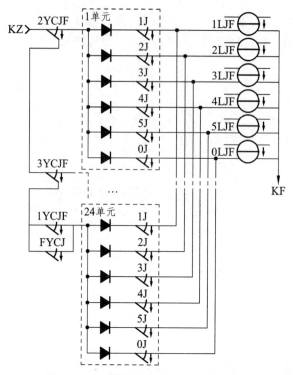

图 4-2-18　储存进路复示继电器电路

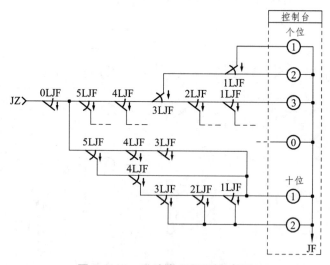

图 4-2-19　进路表示灯译码电路

（7）溜放进路表示灯。

溜放进路表示灯能够预先显示前三钩车的进路命令，即有第一、第二、第三溜放进路表示灯。电路如图 4-2-20 所示，第一溜放进路灯显示即将溜放的车组命令，此命令现已在输出环节，因此用输出环节的进路继电器构成译码电路就可以点亮第一溜放进路灯。第二、第三钩车的命令仍在储存单元，因此设两组进路复示继电器，用输出分配器中的 YFJF 控制条件将储存单元中的代码分别复示给两组进路复示继电器。由两组进路复示继电器分别构成译码电路，即可点亮相应的表示灯。译码电路与储存进路译码电路结构完全相同。

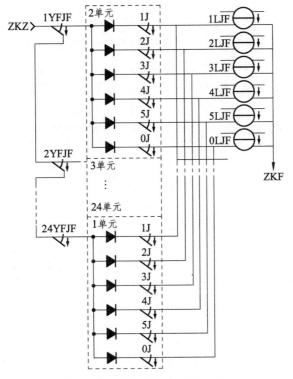

（a）第二溜放进路复示继电器

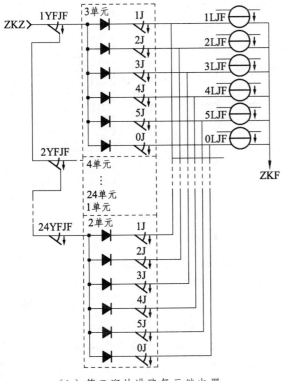

（b）第三溜放进路复示继电器

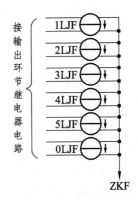

（c）第一溜放进路复示继电器

图 4-2-20　溜放进路复示继电器电路

（三）传递器原理框图

传递器中对应每个分路道岔设置一个道岔传递环节，其作用是接收、寄存、传递和控制道岔转换。道岔之间距离较长的站场还要设置中间（岔间）传递环节，用以接收、寄存、传送车组进路命令。传递环节按其所处的位置不同，电路也有不同之处，可分为第一分路道岔传递环节，如 10＃、14＃；中间道岔传递环节，如 18＃、22＃、24＃等；最后分路道岔传递环节，如 26＃、28＃、30＃等；以及中间传递环节（岔间传递环节），共四种类型。传递器的构成如图 4-2-21 所示。

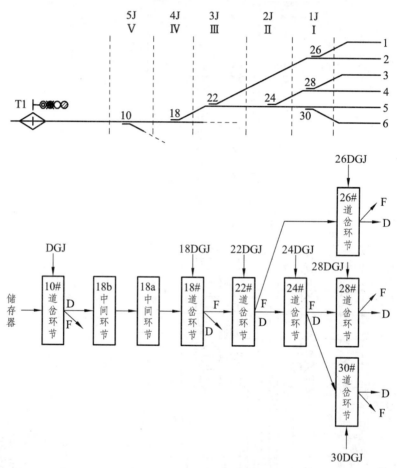

图 4-2-21 传递器的结构框图

下面具体讨论进路命令在传递过程中遇到的问题及传递器的工作原理。

（1）在图 4-2-22 中，车组 A 进入 2＃道岔区段（2DGJ↓），其命令从 C2 环节下传给 C4 环节，C4 环节接到命令后，将 4＃道岔转至规定位置，等待 A 车组进入。此时 C2 环节将 A 车组的命令取消，接收后续 B 车组的命令。如果 A 车组出清 2＃道岔区段后运行较慢，还未进入 4＃道岔区，B 车组已进入 2＃道岔区段后又出清，此时会造成 B 车组的命令因 C4 环节不空闲（有 A 车组命令）无法接收，又被 C2 环节"强迫取消"而"丢失"，致使 B 车组跟随 A 车组进路溜放而溜错股道。为什么说 C2 环节要"强迫取消"B 车组的命令呢？因为按照逐级传递、逐级取消的原则，B 车组在进入 2＃道岔区段后命令下传，下一环节接收命令后，命令被取消称正常取消，现在命令因下一环节不空闲而无法下传，保留到 B 车组出清才取消称"强迫取消"。C2 环节只有将它强迫取消才能接收后续 C 车组的进路命令。否则对后续车组的命令传递有影响。

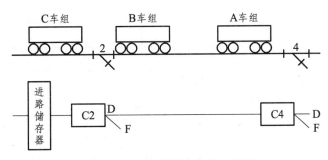

图 4-2-22　岔间溜放钩车示意图

（2）若 2＃和 4＃道岔之间距离较长，即存在一个较长的无岔区（通常驼峰场头部咽喉无岔区不设轨道电路）。当相邻两车组之间满足最小间距（道岔轨道区段长度）溜放时，对于长无岔区段同时会有几个车组在区段内运行。如图 4-2-23 所示，无岔区段中允许同时溜放的钩车数（n）计算公式如下：

$$n = \frac{L_{岔间}}{L_{车} + L_{隔}}$$

（4-1-1）

式中　　$L_{岔间}$——无岔区长度；

　　　　$L_{车}$——一个车组长度（一般按最短车组即一个车辆长度计算）；

　　　　$L_{隔}$——相邻两车组最小间隔距离。

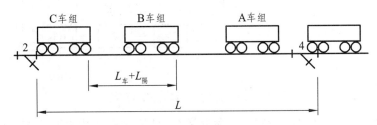

图 4-2-23　岔间溜放多钩车组

若车组是如图 4-2-23 所示的溜放情况，其命令的传递和取消原则仍然如前所述，而且道岔环节中同时只能寄存一个命令。那么图中的 A、B 钩车的进路命令就会像上述第一种情况所述"丢失"命令。为了解决第一和第二种情况所述丢失命令的问题，下面介绍两种方案：

（1）增加轨道电路和传递环节。

在无岔区段设置轨道电路或传感器，轨道电路或传感器的数目按公式（4-1-1）计算，其作用与道岔轨道电路一样，反映车组占用和出清出及参与传送命令，对应每段轨道电路或每个传感器设置一个传递环节，一般称中间传递环节，如图 4-2-24 所示。1＃和 2＃道岔之间的无岔区经计算 $n = 2$，即设两段轨道电路 2aG、2bG。进路命令在车组溜放的作用下逐个环节传递和取消。中间传递环节没有转换道岔的任务，只有接收、寄存、传递进路命令的任务。

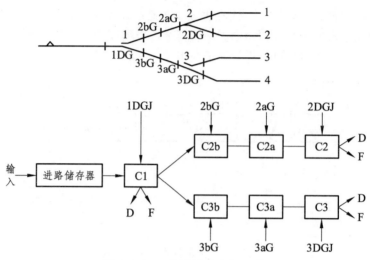

图 4-2-24 岔间增设中间环节

（2）在下一级道岔传递环节中增设寄存单元。

在下级道岔传递环节中增设寄存单元后，该道岔传递环节中同时能寄存多个命令。寄存单元的数目也是按公式(4-1-1)计算。寄存单元的作用是寄存后续车组的进路命令。如图 4-2-25 所示，在 2# 道岔传递环节 C2 中增加两个寄存单元，分别寄存图 4-2-23 所示中的 A、B 车组命令。

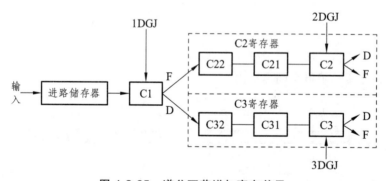

图 4-2-25 道岔环节增加寄存单元

当 B 车组溜放到 1# 道岔区段时，其命令从 C1 环节经 C22 传给 C21 寄存单元（C2 中还寄存有 A 车组进路命令），当 C 车组进入 1# 道岔区段时，其命令从 C1 环节传至 C22 寄存单元。当 A 车组进入 2# 道岔区段其命令向下一级环节传递，C2 环节空闲，则 C21 寄存单元中进路命令自动传入 C2 环节中，而 C22 中的进路命令又自动传入 C21 寄存单元。不难看出，寄存单元之间进路命令的传递时机，与车组溜放（轨道电路）没有发生联系，而是只要前面寄存单元空闲，后面寄存单元内容立即向前传递，即 C22 中的命令传至 C21，C21 再传至 C2。

综上所述，方案一除了增加电路环节外，还必须增加轨道电路或传感器及其联系电缆等器材。每个传递环节借助轨道电路与溜放车组运行发生联系，有利于记录、监督追踪溜放车组的实迹，并检测追钩车组，可立即取消追钩车进路命令，保证后续车组不溜错股道。方案二虽然不需增设轨道电路，节省器材投资，但不利于监督、检测车组溜放实迹及追钩。例如：若 B、A 车组追钩，其追钩事件与 C21、C22 的命令传递没有联系，造成后续钩车连续溜错。

（四）传递器电路

1. 第一分路道岔传递环节

第一分路道岔传递环节中记忆进路代码与储存器中输出环节共用继电器，另外设有转接继电器 GJJ、允许发送继电器 YFJ、保持继电器 BCJ。

传递环节的电路全部使用条件电源，ZKZ 和 ZKF，如图 4-2-26 所示。

图 4-2-26　条件电源

（1）转接继电器 GJJ。

下一级是否接收了传递的进路命令，本环节应能确认，为此设置一个转接继电器 GJJ。若确认下一级已经接收了进路命令，则本环节即可将该命令取消；若确认下一个环节不能接收命令（不空闲），那么车组的命令在本环节中应保留一段时间。GJJ 与 YFJ 配合可以使 LQJ 瞬间落下，取消储存单元命令。电路如图 4-2-27 所示。

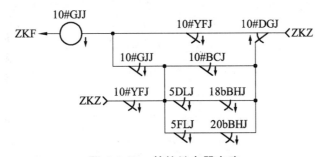

图 4-2-27　转接继电器电路

励磁电路：ZDJ↑或 BZJ↑送出条件电源 ZKZ，ZKF；第一分路道岔区段无车占用 DGJ↑；本环节不在发送状态 YFJ↓，GJJ 励磁吸起。

自闭电路 1：第一条自闭电路，由 YFJ↓构成。当由励磁电路转入自闭 2 或自闭 3 电路时，DGJ 由前接点转向后接点，为了保证 GJJ 线圈不断电。

自闭电路 2：车组压入 DGJ↓，下一环节空闲，由 18bBHJ↓（或 20bBHJ↓）构成。

自闭电路 3：车组压入 DGJ↓，下一环节不空闲，本环节保持命令，由 BCJ↑构成。

失磁：① 正常取消：当本环节把命令发送到下一环节，18bBHJ↑（或 20bBHJ↑），切断自闭电路 GJJ↓，取消储存单元的命令；② 强迫取消：当车组压入区段（DGJ↓）到出清区段（DGJ↑），下环节仍不空闲，不能接收命令，DGJ↑→GJJ↓，此时车组已追钩强迫取消该命令。

（2）允许发送继电器 YFJ。

溜放车组进入该道岔区段，允许命令向下一级传递。YFJ 的状态反映向下一级传递车组命令的时机，即车组进入道岔区段而且输出环节有命令，YFJ↑，即可发送。电路如图 4-2-28 所示。

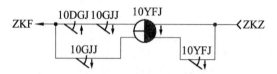

图 4-2-28　允许发送继电器电路

车组压入 10#道岔区段，GJJ↑→10YFJ↑，准备向下一环节发送命令。正常或强迫取消命令都会使 GJJ↓。在 GJJ↓后使 YFJ 缓放落下，两者配合可以使 LQJ 瞬间落下（落下时间取决 YFJ 缓放时间），取消储存单元的命令。LQJ 电路如图 4-2-29 所示。

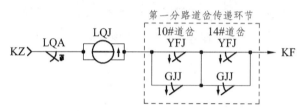

图 4-2-29　溜放取消继电器电路

（3）保持继电器 BCJ。

当车组进入轨道区段，允许向下一环节发送命令，但下一环节不空闲，不能接收命令时，命令需在本环节保持，此时 BCJ↑。当车组出清区段（DGJ↑），下环节仍不空闲，其命令就被"强迫自动取消"。此时电路判断车组已追钩，强迫取消追钩车组的命令，该车组跟随前车组的进路溜放，将溜错股道，但不影响后行车组的溜放。电路如图 4-2-30 所示。

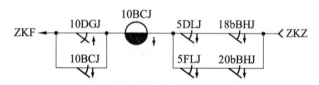

图 4-2-30　保持继电器电路

2. 中间传递环节（岔间传递环节）

中间传递环节不对应道岔区段，只起接收、寄存、向下一级传递命令的作用，没有执行任务，由记忆继电器 J、保护继电器 BHJ、允许发送继电器 YFJ 组成。

（1）记忆继电器 J。

记忆继电器 J 的数量根据所处位置设置，如 10#与 18#道岔中间设的 18a 和 18b 中间环节，记忆继电器设 1J～4J。电路如图 4-2-31 所示。

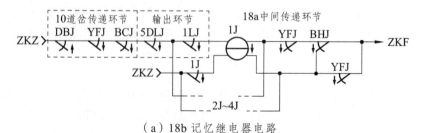

（a）18b 记忆继电器电路

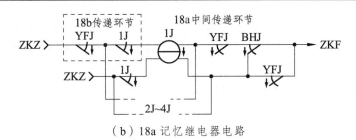

（b）18a 记忆继电器电路

图 4-2-31　记忆继电器电路

对于 18b 环节，接收命令检查的条件有：上一级环节（10 # 环节）的传递方向正确（定位 DBJ↑对应 5DLJ↑，反位 FBJ↑对应 5FLJ↑），上一级环节正在发送状态 YFJ↑，不在保持状态 BCJ↓，命令内容（1LJ ~ 4LJ），本环节状态（YFJ↓、BHJ↓）。

对于 18a 环节的上一环节（18b 环节）只有一个条件 YFJ↑，本环节状态条件相同。

（2）保护继电器 BHJ。

BHJ 的作用是反映环节是否空闲，校核接收的命令，完成命令的取消。对于检查的上一级的条件与记忆继电器检查的条件相同。校核是将上一级的记忆继电器与本环节的记忆继电器接点每一位前后接点并联，达到校核的目的。由 YFJ↓条件构成第 1 条自闭电路，自闭电路 2 用下一环节的 BHJ 的后接点构成。当下一环节接收到代码后即可使本环节的 BHJ 落下，达到取消命令的目的。如图 4-2-32 中当 18a 传递环节接收到 18b 发送的命令后，18aBHJ↑→18bBHJ↓。

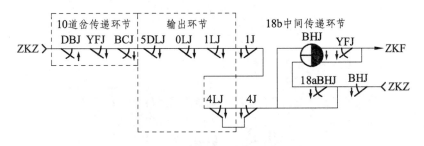

图 4-2-32　保护继电器电路

（3）发送继电器 YFJ。

中间环节不与轨道电路发生联系，因此命令的发送不受溜放车组的控制，当传递环节接收到命令（BHJ↑），只要下一个环节空闲（18aBHJ↓），YFJ 即吸起，向下发送命令。电路如图 4-2-33 所示。命令下传后，BHJ↓→YFJ 缓放落下，取消本环节命令。

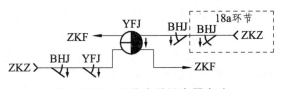

图 4-2-33　允许发送继电器电路

3. 中间道岔传递环节

中间道岔传递环节在记忆进路代码时，位数逐级递减。设置的记忆继电器的数目等于该道岔在进路上的级数。如 18# 为第 4 级分路道岔，设 1J ~ 4J，由于 4J 要控制 18# 道岔转换，因此将 4J 的状态分为 4DJ 和 4FJ 两个继电器记忆。同理，22# 为第 3 级分路道岔，设置 1J ~ 3J（3DJ 和 3FJ）；24# 为第 2 级，设置 1J ~ 2J（2DJ 和 2FJ）。

BHJ、YFJ、BCJ 继电器电路的作用和电路结构与前面讲述的大同小异，不再重复。电路如图 4-2-34 所示。在本环节中又设了一个允许提前接收继电器 YJJ。道岔环节在正常情况下接收车组命令的时机是本环节空闲，道岔区段无车。接收命令后，控制道岔转换。当溜放车组密度大，车组间的距离间隔较小时，应考虑提高传递车组命令的速度。前行车组未出清道岔区段，但命令已下传，本环节已空闲（没有命令），即可接收后续车组的命令，称允许提前接收命令，但提前接收的命令，不能提前执行，也不能提前发送。

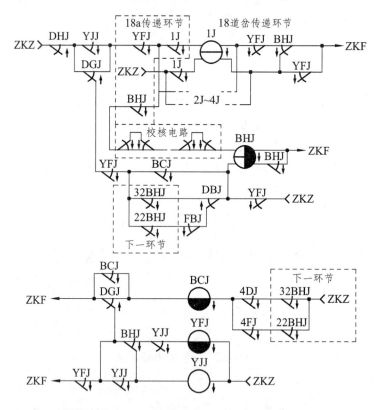

图 4-2-34　中间道岔传递环节继电器电路

4. 最后分路道岔传递环节

最后分路道岔传递环节其后不连接任何传递环节，所以发送、传递和保持命令的作用均不需要，只接收属于本道岔的命令并执行即可。电路如图 4-2-35 所示，28# 为最后分路道岔，该道岔环节设有保护继电器 BHJ、允许提前接收继电器 YJJ 和一个记忆继电器 J。车组进入该道岔区段，其命令即可取消，又可接收后续车组的命令。

现将传递环节命令接收、发送、执行、取消时机总结见表 4-2-2。

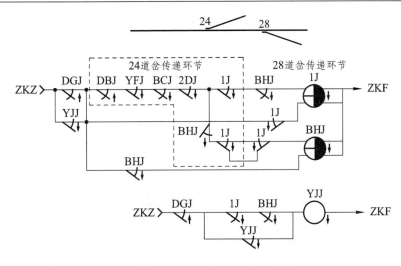

图 4-2-35　最后分路道岔传递环节继电器电路

表 4-2-2　命令接收发送执行取消时机

传递环节	接收时机	发送时机	执行时机	取消时机	电路组成
第一分路道岔传递环节	传递环节空闲	车组压入轨道区段	有命令且区段空闲	1）下环节接收到命令（正常）； 2）车组压入区段到出清区段下环节仍不接收命令（强迫）	1～4LJ，5DLJ，5FLJ，GJJ，BCJ，YFJ
中间传递环节	传递环节空闲	环节有命令下环节空闲	无	下环节接收到命令（正常）；	J，YFJ，BHJ
中间道岔传递环节	传递环节空闲	车组压入轨道区段	有命令且区段空闲	1）下环节接收到命令； 2）车组压入区段到出清区段下环节仍不接收命令（强迫）	J（DJ，FJ），YFJ，BHJ，BCJ，YJJ
最后分路道岔传递环节	传递环节空闲	无	有命令且区段空闲	车组压入区段	J，BHJ，YJJ

第三节　驼峰调车速度调整的基本原理

　　编组站综合自动化的核心部分是驼峰调车场的自动化，而驼峰调车速度的自动调整又是驼峰调车场自动化的核心内容。

　　由平面调车发展到驼峰调车是调车技术的一大飞跃。机械化驼峰调车场采用溜放进路集中控制和大能力的调速工具，大大提高了调车能力。但是随着对调车场解、编能力和作业安全程度要求的进一步提高，机械化驼峰调车场的调车能力就受到了设备本身和作业方式的限制。我们从分析机械化驼峰调车场存在的影响解体能力进一步发挥的问题入手，研究采用相应的技术装备来解决机械化驼峰调车场存在的问题，通过技术改造从而进一步提高驼峰调车场的调车能力和作业的安全程度。

一、机械化驼峰存在的问题

现在我们从机械化驼峰调车场溜放进路控制、推送速度及溜放速度控制、峰顶提钩方式、调车作业计划的传送、调车场尾部编组和平面溜放调车作业等方面分析机械化驼峰调车场存在的问题。

（一）溜放进路控制

半自动溜放进路集中控制设备（道岔自动集中设备）需要人工预排进路，在解体车列密度不大的情况下，能够给作业人员以足够的时间按压进路按钮预排进路（储存进路控制命令），以及检查、核对、修正储存的控制命令。但是当解体的车列密度加大时，人工预排进路的操作显得十分紧张，故而易于出现差错，甚至还会因来不及办理而造成车列在峰顶等待，从而降低了驼峰解体效率。此外，对摘钩错误、后续车组追及前一车组或是相邻车组进入同一道岔轨道区段（追钩）、设备故障、溜错股道等，不仅需要由人工发现处理并记录（致使作业员工作紧张），还需要机车下峰"纠错"，这同样影响驼峰解体效率。

（二）推送速度

调车机车司机根据驼峰信号员（通过信号联锁设备）给出的信号显示操纵调车机车的推送速度。信号显示虽有定速、加速、减速三种速差信号，但是，或因人工操纵机车的速度一般难于及时而正确地跟踪信号显示的变化，或因信号员给出的信号显示不一定准确和合理，以至平均推送速度较低，有时还会造成摘不开钩或相邻溜放钩车拉不开间隔。这些都将导致驼峰调车效率的降低，调车司机的劳动强度也大。

（三）车组溜放速度

在驼峰头部咽喉区，脱钩车辆（车组）在加速坡加速后，溜放车组间的间隔除了由推送速度保证外（从峰顶到第一调速位入口），溜放间隔是由操作人员人工操纵车辆减速器调整溜放速度来保证的。两个间隔调速位的后一个还要兼顾目的调速。仅凭操作人员的经验来控制减速器对车辆调速，其本身就难于达到准确无误的调速效果（受操作人员作业熟练程度、经验多少、工作责任心等因素的影响），从而容易造成由于间隔得不到保证而追钩。发生追钩不仅使追钩车溜错股道，还可能发生超速撞车事故。

车组进入调车线后，使用人工铁鞋进行的目的调速亦难达到理想的调速效果。目的调速不当或造成溜放车组的中途停车，即未到达目的地提前停车（俗称"开天窗"）；或使溜放车组与前行车组或停留车辆超速连挂。由于调速不当造成的溜错股道也好，"开天窗"也好，一般都需要调车机车到峰下进行整理，以至降低了驼峰解体效率，至于超速撞车事故更是必须避免的。另外，在机械化驼峰峰高的设计原则中，只要求难行车在困难条件下自由溜放到难行线的计算点（警冲标内方 100 m 处）停车，加之机械化驼峰仅设置减速器作为调速工具，不难看出，从设计本身就允许"开天窗"，这不仅降低了调车线的利用率，也增加了机车下峰整理的次数，致使驼峰解体效率的提高受到限制。

（四）调车作业计划的编制和传送

人工编制调车作业计划（解体计划）并将其传送至几个作业地点（信号楼、调车员室、铁鞋制动员室等）也会延误时间，有时甚至造成车列在峰顶停车等待调车作业计划的现象。

（五）峰顶提钩作业

目前那种由连接员按调车作业计划人工提钩的作业方式，不仅作业效率低而且劳动强度大，作业安全程度也低。在机械化驼峰平均推送速度不高的情况下，人工提钩还往往造成因来不及提钩峰顶停轮和钩未提开车辆已越过峰顶开始下溜（俗称"钓鱼"）的现象。因此，人工提钩是限制提高平均推送速度的重要因素之一。当实现了推送和溜放速度的自动化调整以后，人工提钩效率低的矛盾将更加突出，提钩人员的作业安全也得不到保证。由于提钩地点不固定、车钩类型不单一、钩提起后有时还需要护钩直至车钩脱开等问题的存在使提钩器具（例如机械手）及其走行轨道、判定提钩地点、识别车钩位置、提钩器具推送车列的同步等问题成为实现自动化提钩中技术复杂的课题。

此外，针对我国的运营条件，货车车辆车种多，车辆的钩把和钩舌种类也多，钩把的位置不是固定的，加之车钩附近还有一些其他装置给机械手的工作空间增加了运动障碍，这些都增加了研制自动化提钩设备的难度。到目前为止国内外尚无投入运营的自动化提钩设备。

（六）峰尾编组作业

机械化驼峰调车场尾部的编组调车进路及一些平面溜放作业的进路，一般是人工非集中控制。道岔、进路、信号之间没有联锁。道岔由扳道员就地分散操纵，调车司机根据调车员手信号进行调车作业，致使编组及溜放调车等作业效率不高，作业安全程度差。当驼峰尾部编组等作业效率低于驼峰头部解体效率时，将影响整个驼峰调车场的作业效率。

除了上述几个方面的问题之外，机械化驼峰调车场的通信系统也不够完善，现场作业及维护人员的人身安全靠人工保证等，均对调车场效率和安全生产带来不利影响。

针对上面列举的问题，采用先进的技术手段和装备，即实现驼峰调车场调车作业的自动化，就可以大大提高调车作业效率和实现文明生产。

为了实现调车场作业的自动化，首先要求实现溜放进路、推送速度、溜放速度的自动控制。这些自动控制的实现几乎都需要计算机参与，特别是随着微型计算机技术的迅速发展，国外一些工业发达国家已研究、应用微机实现驼峰调车场自动化。我国也先后建成了由计算机参与的溜放进路自动控制、溜放速度自动控制以及推送速度半自动控制及自动控制的驼峰调车场。

推送速度和溜放速度自动控制是驼峰调车场自动化的核心，也是本书的重点内容之一。如前所述，对需要解体的车列和溜放车辆进行速度控制是为了使驼峰调车场解体能力得到最大限度的发挥和提高作业安全程度。但是，怎样的推送速度和溜放速度才是使能力得到最大限度发挥的理想速度呢？影响达到理想推送速度和溜放速度的因素有哪些？这是首先要研究的问题。接下来要研究车辆溜放时的运动规律，根据相关因素确定合理的推送速度和溜放速度，并通过调速设备对车组速度进行调整，使调车机车以理想推送速度推送车列，并使溜放车组以合理的溜放速度溜放。

二、影响推送速度的因素及调速的概念

推送速度是由调车机车控制的。从解体溜放作业开始，推送机车应在保证车组在加速坡能拉开距离，以使调速位前的分路道岔来得及转换（如第一分路道岔）的前提下，以允许的最大速度进行推进，这样就能使车列过峰时间最短，即平均推送速度最高。还有，推送速度除了必须保证从峰顶至第一调速位之间的车组合理间隔外，还应该为以后的间隔调速创造有利的条件。

调车机车将车列由到达场推送至峰顶的作业，一般称预先推送作业。溜放作业开始后，机车继续推送，使车列按照调车作业计划在峰顶摘钩解体，称推送作业。这两种作业也可以连续进行。我们希望平均过峰速度越高越好，然而推送速度受到若干条件的制约是不能任意提高的。如果能在满足限制条件的前提下，以尽可能高的速度推送，则可达到期望的效果。

下面分析限制推送速度 V_0 的各有关因素：

（一）车组的长度

当假定机车以恒定速度 V_0 推送车列时，车组的长度就决定了相邻车组通过峰顶的间隔时分 t_0：

$$t_0 = \frac{l_n + l_{n+1}}{2V_0} \tag{4-3-1}$$

式中　　l_n——第 n 车组长度；

　　　　l_{n+1}——第 $n+1$ 车组长度。

变换式（4-3-1）：

$$V_0 = \frac{l_n + l_{n+1}}{2t_0} \tag{4-3-2}$$

式（4-3-2）给出了推送速度 V_0 和车组长度的关系。根据溜放作业的需要，当确定了所需的相邻车组过峰时间 t_0 后，从式（4-3-2）不难看出，车组越长，推送速度就可以越高。因此可以预先仅根据车组长度这个限制条件规定不同的推送速度，例如作如下规定：

包括 1~5 辆车的车组，$V_0 = 5$ km/h ；

包括 6~10 辆车的车组，$V_0 = 6$ km/h；

包括 10 辆车以上的车组，$V_0 = 7$ km/h。

然后再由下面列出的其他限制条件对上列 V_0 进行修正。

（二）车组溜放距离

在仅装备减速器作为调速工具的站场（这是大多数的情况），为使各车组均能溜放至停车地点，对于溜放距离远的车组要求以较高的速度推送，即以较高的 V_0 开始溜放；对于停车点近的车组，在考虑了减速器的能高后，一般要求以较小的 V_0 开始溜放。可以用这个因素去修正上述仅根据车组长度规定的推送速度。例如对于包括1~5辆车组成的车组，当其溜放距离

很远时，可将推送速度适当提高，如采用 V_0 为 6 km/h。

（三）相邻车组分歧道岔位置

显而易见，相邻车组分歧地点近，在较短的线路区段保持车组的间隔比较容易，因此可以适当提高 V_0。分歧地点越远，也就是说它们共同走行的线路区段越长，需要保持合理间隔的时间越长，故要求 t_0 越大，也就是说对后续车组的允许推送速度越低。例如相邻车组在第一分路道岔分歧，可以提高后续车组的 V_0。

（四）相邻车组走行性能的差异（一般称难易组合状况）

难易组合状况对 t_0 的影响也是较大的。例如，前行车组是难行车、后续车组是易行车的组合情况，为了防止后续车组在溜行的过程中缩短与前行车的间隔距离甚至追及前行车，应该加大它们的过峰间隔，即加大 t_0。反之，如果前行车组为易行车，后续车组是难行车，它们在溜放过程中的间隔会逐渐加大，即间隔易于保证，这样就可以减小它们的过峰间隔，即提高推送速度。

不难看出，对每一个车组都以满足各个限制条件的最大速度进行推送，就可以使车列过峰时间最短。但每一个车组的最大限制速度是不同的，这就要求对不同的车组要控制调车机车以不同的速度推送，即所谓的变速推送。但依靠司机人工控制机车的推进速度是难于满足变速推峰要求的，因此需要采用机车推送速度自动控制（一般是遥控）装置实现对机车推送速度的自动控制。

推送速度自动控制设备可以根据限制因素对 t_0 的要求（对 V_0 的限制），对只由车组长度规定的推送速度作进一步的修正。我们用图 4-3-1 所示的推送速度自动控制设备框图来说明设备工作原理，图中所示的是一种采用无线传输的调车机遥控系统。

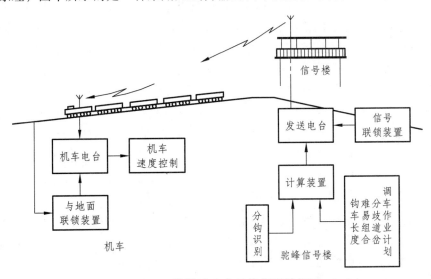

图 4-3-1　推送速度自动控制系统框图

系统主要由三大部分组成，即驼峰控制楼内、外设备、到达场控制楼（集中楼）内、外设备及机车车载设备。

为了发送和接收控制和表示信息。在驼峰控制楼内和机车上各设有发送电台和接收电台。通过无线通道传输控制信息。机车接收到控制信息后，控制机车加速、减速或匀速运行。使机车按计算（或逻辑判定）的推送速度推送车列。在综合自动化驼峰场，无线传输通道可以使用 GSM-R 系统。

三、溜放速度调整的概念及原理

溜放速度自动控制是驼峰调速自动化的重点和核心内容。为了使概念清楚，先谈一下"间隔调速"和"目的调速"问题。我们来看一看车辆以调车机车推送的初速度 V_0 自峰顶自由溜放的情形。假定各车组均以相同的初速度 V_0 自峰顶开始溜放，由于各车组重量和走行性能的差别，即使在同一坡度的线路上溜放，各自溜放的加速度也是不一样的。如果前行车组重量轻且走行性能差，它的溜放加速度就小，而后续车组由重车组成且走行性能好，其溜放加速度大，即所谓"难—易"组合。如果任它们自由溜放，很可能发生"追钩"，即后续车组追及前行车组或与前行车组进入同一个轨道电路区段，导致分路道岔不能转换而使后续车组跟随前行车组，进入前行车组的调车线，溜错了股道，在发生"追钩"时还可能撞损车辆。为了避免"追钩"的发生，办法之一是加大峰顶的车组溜放间隔时间，即降低推送速度甚至峰顶停轮，这将延长车列过峰时间，导致驼峰调车效率的降低；办法之二是对溜放车组的速度进行调整。针对上面的例子，通过调速工具，或使前行车组加速，或使后续车组减速，都可以避免"追钩"和撞车事故的发生。不难看出，在整个驼峰头部咽喉区的溜放线路上都应保持相邻车组之间的必要间隔，以使道岔来得及转换。为此目的而进行的调速就是所谓的"间隔调速"。由此可见，间隔调速工具应设置在驼峰头部咽喉区的溜放线路上。例如机械化驼峰的第一、二制动位的减速器主要用于间隔制动。目前国内外在大、中型驼峰调车场，一般都使用大能力的车辆减速器作为间隔调速工具，由运营条件决定设置 1 个或 2 个间隔调速位。

继续分析车组自由溜放的情况。当车组进入调车线越过警冲标后，就要考虑溜行至停车点停车或与停留车以安全连挂速度连挂的问题。为了车辆、车钩、货物不因冲撞而遭到破坏，要求后续车组与停留车辆的连挂速度不能超过安全连挂速度 $V_允$，这是要求之一。车组不要在集结地点以前中途停车（"开天窗"），这是要求之二。如果开了"天窗"就等于缩短了调车线的有效长度。为了有效利用调车线（这是解体和编组作业的需要），不得不进行车场整理，这不仅降低了驼峰效率。而且经济指标也不好。显然，自由溜放达不到这两项要求。我们以图 4-3-2 所示的情况来说明。图中按照调车作业计划，易行车组①进 1 股道，难行车组②进 3 股道。1 股道停车地点近，3 股道停车地点远。由于车组①走行性能好，停车地点又近，自由溜放至停车点的速度可能超过允许的安全连挂速度 $V_允$，而危及作业安全。车组②走性能差，停车地点又远，进入调车线后不久就提前停车了，在与原停留车辆之间造成"天窗" l。为了使车辆溜至调车线的停车地点与停留车安全连挂，对于图 4-3-2 所示的情况，必须降低车组①的速度，使其在停车点的速度小于或等于 $V_允$；还要提高车组②的速度，使其能溜放至停车点。提高车组②进入调车线的速度由间隔调速工具兼顾或待它进入调车线后使其加速均可达到延长溜放距离的目的。使车组安全到达停车地点的调速称"目的调速"。机械化驼峰是由第二调速位的减速器和人工铁鞋完成目的调速任务的。

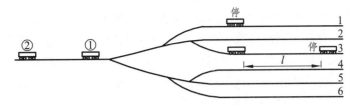

图 4-3-2　车辆溜放示意图

当溜放密度较大时，特别是相邻车组进入相邻股道的所谓"隔钩车"多时，常常出现同一条调车线上同时有几个车组在溜行的情况，这时在调车线上也存在需要防止相邻车组溜放途中超速连挂的问题。例如，前行车组正在减速器上被制动时，后续车组追上来可能发生超速冲撞事故。当前行车组是由多辆车组成的长车组时，如不采取特殊措施，更易发生这种事故。因此，车组进入调车线后在进行目的调速的同时，也需要考虑避免途中超速连挂的调速。

如前所述，车辆溜放时的情况比较复杂，影响溜放速度的因素又很多，对溜放速度进行调整一般是依靠设置在地面的调速工具实现的。怎样选择和配置调速工具才能既满足自动化调速的要求又能节省设备投资和运营开支，这是在研制、设计系统时首先遇到的问题。如果单单从节省调速工具和能量的观点出发，把调速工具设置在靠近峰顶可以公用的地点，即采用所谓一点调速方式，显然，为应付溜放过程中出现的错综复杂的情况，满足间隔和目的两大调速要求是困难的。机械化驼峰虽然设有两个减速器制动位，并以人工铁鞋作为辅助制动工具，较之一点调速增加了许多调速工具，但仍难于达到期望的间隔和目的调速效果。例如第二间隔制动位的减速器要兼顾目的制动，有时保证了间隔不能保证安全连挂，有时照顾了目的制动又影响了间隔制动。人工铁鞋的调速效果更不易预先准确估计。

在自动化调速系统中，调速工具可以设置在溜放线路上的几个特定地点，仅在溜放车辆经由这些地点时才对它们的速度进行调整；调速工具也可以设置在整个溜放线路上，连续地对溜放车组的速度进行调整。

按调整工具的类型和配置的不同，对溜放速度的调整大致可以分为三种方式。

1. 点式调速

亦称"目标射击式"，简称"打靶式"，这种调速方式是在溜放线路的几个特定地点设置点式调速工具。国内外使用最多的是大能力的钳夹式车辆减速器，一个点称一个调速部位（制动位）。点式调速工具设置示意图如图 4-3-3 所示。图中在整个溜放线路上设置有四个调速位Ⅰ、Ⅱ、Ⅲ、Ⅳ。Ⅰ、Ⅱ部位设在驼峰头部咽喉区，主要用作间隔调速；Ⅲ、Ⅳ部位设在调车线上，主要用于目的调速。

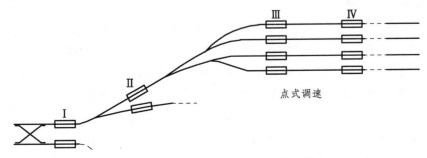

图 4-3-3　点式调速的调速工具配置

这种调速方式，只有在车辆处于减速器区段时，才能对车辆的速度进行调整，在这期间可以进行闭环控制，直至车辆以计算（期望）的速度离开减速器为止。车辆离开减速器后直到进入下一个调速位前是自由溜放，即以减速器的出口速度进行打靶的开环控制。车辆离开减速器后是否能够按要求的速度到达下一个调速位（要求的入口速度）或停车地点（安全连挂速度），即射中目标，反映出调速效果的好坏。显然，射击的目标（靶）越大、距离越近，越容易命中目标。对于间隔调速，目标就是下一个调速位的入口速度（预先确定）；对目的调速位，目标就是安全连挂速度。能够击中目标的距离就是调速位的有效控制距离。允许的安全连挂速度是由运营条件决定的，并用技术法律（铁路技规）规定，不能任意改动。点式调速位的有效控制距离与运营条件、设备控制精度等有关。显然，一个点式调速位的有效控制距离越长，所需设置的调速位越少，设备投资和维护费用也越低。

2. 连续式调速

在整个溜放线路上连续设置调速工具，如图 4-3-4 所示，指在车辆溜放过程中，连续对其速度进行调整。例如在整个溜放线路上密集地安装减速顶（称之为全顶方案）。由于每一个减速顶的制动能高很小，因此车辆速度在一个小区段上不会发生很大的变化，相当于连续调速。采用减速顶的连续调速方式虽然能够达到较好的调速效果。但溜放速度不能很高。也就是说它可以达到高的安全连挂率，但驼峰解体的效率不高。

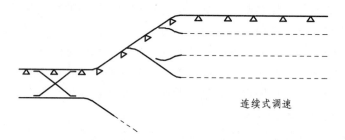

连续式调速

图 4-3-4   连续式调速的调速工具配置

国内外大量运营实践表明，对大、中能力驼峰调车场，在驼峰头部咽喉区，间隔调速采用点式调速是一种既经济又能满足间隔调速要求的调速方式。因此到目前为止，只有少数国家的少数驼峰场间隔调速采用加减速顶的连续式调速方式（解体能力要求不高）。而减速顶的连续式调速方式仅在小能力驼峰调车场上采用。

3. 点加连续式调速

亦称点连式调速。这种调速方式是在同一个站场既有点式调速又有连续式调速。一般的做法是间隔调速采用点式，目的调速采用连续式或点加连续式。在图 4-3-5 给出的例子中，在咽喉区设置两个点式减速器调速位 I 、II。在调车线入口处设置一个点式减速器调速位III，紧接其后或在它的有效控制距离终端开始设置连续式调速工具（减速顶）直至调车线尾部。

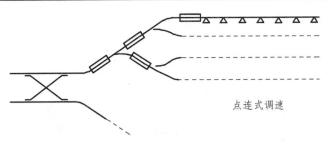

图 4-3-5　点连式调速的调速工具配置

（一）间隔调速自动化基本概念及原理

在由推送速度和加速坡形成车组间的间隔后，随着车组的溜放车组之间的间隔将发生变化，继续保持合理间隔是由调速工具来完成的。这里我们讨论采用点式调速工具（车辆减速器）实现的间隔调速系统，这也是国内外普遍采用的间隔调速制式。针对我国的运营条件，设置两个间隔调速位 Ⅰ、Ⅱ（有的国家只设一个间隔调速位）。为了保证前后相邻车组有合理的溜放间隔，需要研究影响车组溜放间隔的各种因素和对车组溜放速度的控制关系。为保证相邻车组之间的间隔，在进行调速时不仅要考虑影响本车组溜放速度的各有关因素。还要考虑前行车组和后续车组速度等因素。在考虑了这些因素的前提下，求取车组从减速器部位的最佳出口速度，即能保证本调速位和下一调速位之间车组的合理溜放间隔的出口速度。然后控制减速器对车辆调速，使其以期望的出口速度离开减速器。

为了计算（或判定）为保持溜放车组间隔的出口速度，经分析和试验曾从诸多因素中选出四个起决定作用的因素，它们是：前行车组离开调速位减速器的出口速度；前、后车组的实际间隔距离；前后车组的难、易组合情况；前、后车组的分歧道岔位置。根据这四个参数确定几个出口速度等级作为减速器调速的依据。

随着我国驼峰自动化技术的发展和研究的不断深入，提出了用于点式间隔制动的数学模型。为了使相邻溜放车组保持使道岔来得及转换的间隔（合理间隔或称良好间隔），针对前后车组已形成的间隔，根据前行车组在减速器的计算或实际出口速度按保持合理间隔的要求，用间隔调速的数学模型计算后续车组的出口速度，由减速器对车组调速使其以计算速度离开减速器。

数学模型的建立依据如下原则：

$$\sum t_2 + T_0 \geqslant \sum t_1 \qquad\qquad (4\text{-}3\text{-}3)$$

式中　$\sum t_1$——前行车组从进入第一（或第二）减速器部位（入口）到要求最苛刻道岔轨道

　　　　　　电路区段出口端（出端绝缘节或警冲标）的走行时间；

　　　$\sum t_2$——后续车组从进入第一（或第二）减速器部位到要求最苛刻道岔轨道电路区段

　　　　　　入口端（入端绝缘节）的走行时间；

　　　T_0——前、后车组进入第一（或第二）部位的时间间隔。

这里所说的要求最苛刻道岔是指相邻车组的分歧道岔。可以将式（4-3-3）改写成如下形式：

$$\sum t_2 = \sum t_1 - T_0 = K$$

或
$$\frac{2l_1}{V_1 + V_2} + \frac{2l_2}{V_2 + \sqrt{V_2^2 + 2al_2}} = K \qquad (4\text{-}3\text{-}4)$$

式中　V_1——后续车组进入第一（或第二）减速器部位的入口速度，m/s；

V_2——后续车组离开第一（或第二）减速器部位的出口速度，m/s；

l_1——减速器区段长度，m；

l_2——第一（或第二）减速器出口至最苛刻道岔轨道电路区段入口长度，m；

a——后续车组在区段上的走行加速度，m/s^2。

一般有：

$$a = g'(i - w) \times 10^{-3} \quad (\text{m/s}^2)$$

式中　g'——考虑了转动惯量的重力加速度，m/s^2；

i——溜放线路坡度，‰；

w——车组单位重量溜放总阻力，N/kN。

整理式（4-3-4），给出如下形式：

$$V_2^3 + AV_2^2 + BV_2 + C = 0 \qquad (4\text{-}3\text{-}5)$$

式中：

$$A = 2V_2 + \frac{aK}{2} + \frac{2l_1 + l_2}{K}$$

$$B = \left[V_1 + aK - \frac{2(l_1 + l_2)}{K} \right] V_1 - 2al_1$$

$$C = \left(\frac{aK}{2} + \frac{l_1}{K} \right) V_1^2 + \left(\frac{l_1}{K} - V_1 \right) 2al_1$$

间隔调速的数学模型式（4-3-5）是一个三次方程式。如果按模型在控制过程中进行在线实时计算，不仅计算时间长而且必要性也不大。实际上，只要将出口速度分成几个等级进行控制就可以满足保证间隔的运营要求。一般可以将有关参数分为几个等级事先脱机计算好出口速度等级，以表的形式存储在计算机中。使用时，用在线查表法取值和对所取值作修正。

分析式（4-3-5）和式中的各项系数，对后续车组出口速度影响较大的参数主要有两个：前、后车组进入第一（或第二）减速器部位的时间间隔 T_0；车组在 l_2 区段上的溜放阻力。据此，在满足溜放间隔要求的前提下，可以进一步简化后续车组出口速度 V_2 的计算。又由于在间隔调速位难于准确测量车组的走行阻力，一般的做法是用测重设备提供的车组平均重量等级估算出车组的运行阻力等级。例如，可以根据测重器提供的四级平均重量等级将阻力分为四级。将 T_0 也预先分为几个等级，例如五级。具体的作法是：当将阻力分为四级，T_0 分为五级（例如时间以 s 计，分为 7、8、9、10、11）时，根据计算和试验，规定出第一（或第二）减速器部位的基本出口速度。例如，对应四个车组平均重量等级，第一部位的基本出口速度在表 4-3-1 中给出，第二部位基本出口速度在表 4-3-2 中给出。

表 4-3-1　一部位基本出口速度

测重等级	1	2	3	4
V（km/h）	21	20	19	19

表 4-3-2　二部位基本出口速度

测重等级	1	2	3	4
V（km/h）	19	18	17	16

有了表 4-3-1 和表 4-3-2 后，根据车组的平均重量等级，从表中选出基本出口速度，再根据实测车组进入减速器区段的时间求取 T_0，用 T_0 修正基本出口速度。例如对于大的 T_0，可提高后续车组的出口速度。显然，计算机对表中基本出口速度作修正时还必须考虑相邻车组的难易组合情况。此外，还应根据气象条件、溜放情况对出口速度作进一步的修正。

（二）目的调速自动化基本概念及原理

点式目的调速自动控制系统一般是由表征车辆溜放规律的运动方程来计算出口速度，然后由调速工具对溜放车组调速，使其以计算出口速度离开调速位。

车辆在驼峰调车线上的溜放运动可以用牛顿第二定律来描述：

$$m\frac{\mathrm{d}v}{\mathrm{d}t} = mg\sin a - Rw \qquad\qquad (4\text{-}3\text{-}6)$$

式中　m——车辆质量；

　　　v——车辆溜放速度；

　　　g——重力加速度；

　　　Rw——车辆运动时所受到的阻力；

　　　a——线路倾角（坡度）。

驼峰纵断面坡度倾角一般不大于 3°。当 a 很小时：

$$\sin a \approx a$$

于是可将式（4-3-6）改写为：

$$m\frac{\mathrm{d}v}{\mathrm{d}t} = mga - Rw$$

或

$$\frac{\mathrm{d}v}{\mathrm{d}t} = g\left(a - \frac{Rw}{mg}\right) \qquad\qquad (4\text{-}3\text{-}7)$$

其中　Rw/mg——车辆单位重量所受到的阻力，Rw 量纲用 N，令

$$w = Rw/Q \times 10^{-3}$$

式中　Q——车辆重量，kN。

可将式（4-3-7）变换为：

$$dv = g(a - w)dt \times 10^{-3}$$

$$vdv = \frac{dl}{dt}g(a - w)dt \times 10^{-3}$$

$$vdv = g(a - w) \times 10^{-3}dl$$

两边积分

$$\int_{V_2}^{V_1} vdv = \int_{l_1}^{l_2} g(a - w)10^{-3}dl$$

$$V_1^2 - V_2^2 = 2g(a - w)(l_2 - l_1) \times 10^{-3} \tag{4-3-8}$$

式中的重力加速度，当考虑了转动惯量的影响时，用 g' 取代。为了简化计算，一般可取 g' 为 9.5 m/s^2。

我们将式（4-3-8）中的 V_1 用制动位的出口速度取代，V_2 用目标速度（例如允许的安全连挂速度 $V_{允}$）取代，得到下式：

$$V_{出} = \sqrt{V_{允}^2 - 2g'l(a - w)10^{-3}} \tag{4-3-9}$$

式（4-3-9）就是用于计算目的调速位减速器出口速度的经典数学模型。从式（4-3-9）可以看出，减速器调速的期望结果，即车辆计算出口速度主要由溜放距离和车组在这段距离上的溜放阻力两个变量决定。如果减速器能控制车辆以这个速度离开调速位，那么调速最终效果的好坏则主要取决于对车辆离开减速器后的溜放阻力的预测及处理是否与实际吻合。有关阻力的问题我们将在后面作进一步的讨论。

在车组进入减速器前，测量它的走行阻力和离开减速器后需要溜行的距离，根据已知的线路坡度和允许的安全连挂速度以及测量距离和经处理后的测量阻力，控制设备（如计算机）由式（4-3-9）计算期望的出口速度。车组进入减速器区段后，不断地测量车组的实际走行速度并将计算的出口速度与测量速度进行比较，用比较结果控制减速器的制动与缓解。在车组占用减速器期间，对车组的速度进行自动调整。经调整，车组的速度发生变化，这个变化由测速设备不断反馈给控制设备，直到车组以计算出口速度离开减速器为止，这期间实现闭环控制。车组一旦离开减速器，它就以实际出口速度为起始速度向着目的地自由溜放——"射击目标"。该车组自由溜放的速度一般不再返回控制设备，故这时打靶式变为开环控制。如果车组在打靶区段上的走行阻力与经处理后的预测阻力相符，车组就能安全溜行到目的地。否则还会出现途停或超速连挂。但是，这种控制方式由于比较经济、效率高，因此是采用最早而且至今还有生命力的被国内外广泛采用的一种溜放速度控制制式。

从车辆溜放的运动方程和点式自动化调速过程可以看出，与点式目的调速有关的参数是溜放距离、溜放阻力、车辆在减速器上的实际速度。当调速工具是非重力式减速器时，为了控制减速器的制动力等级，还需要车组重量（一般仅需要车组平均重量等级）这个参数。因此为了点式自动化调速的需要，必须掌握车组走行距离、走行阻力、走行速度、重量（等级）四个参数。如前所述，间隔调速也需要其中的一些参数。这四个参数是通过相应的测试设备测量得到的。

1. 车组走行距离

参照图 4-3-6 所示的例子，在 1 股道，车组从 Ⅲ 部位出口需要走行的距离等于 $l_{空1}$，$l_{空1}$ 是从 Ⅲ 部位出口算起的调车线的空闲长度，即从 Ⅲ 部位出口处至停留车辆最后轮对的距离。

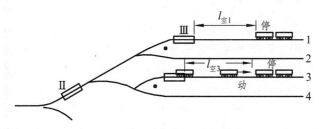

图 4-3-6　溜放车辆在股道的走行距离

不难看出，它是随溜放作业的进行而不断变化着的，因此需要不间断地进行测量。图中的 3 股道还有车组在运行，即存在所谓"动车组"的情况，如有后续车组进入 Ⅲ 部位减速器，为了对其调速，需要预测出动车组停车后的股道空闲长度 $l_{空3}$。图中虚线车组为动车组停车后的位置。对 1 股道情况的空闲长度一般称"静长度"，相应的测长称"静测长"，对 3 股道情况的空闲长度称"动长度"，相应的测长称"动测长"。

2. 车组速度

为了对车组进行调速，必须掌握车组在整个减速器上的实际走行速度及其变化。测速设备应能连续测量减速器区段的车组速度并及时反映速度的变化，直至车组离开减速器为止。

3. 车组运行阻力

这是个需要重点讨论的问题，由于车辆运动速度受运行阻力的影响，因此具有相同初速度的车辆，在同一坡度的线路上溜行，因走行阻力不同，它们能够自由溜行的距离也不同。为此，在走行距离相同的情况下，对于不同走行阻力的车组要求有不同的初速度。对于点式目的调速系统，这个初速度就是调速位的出口速度。前面已经提到，为了自动化调速的需要，必须在车辆进入调速位前，预先测定（包括处理）车辆离开减速器至停车点的走行阻力。如果货车的走行阻力对特定车组是个常数，预先测量阻力不会带来什么问题，即在调速前测量的阻力等于调速后的走行阻力。但是大量的测试试验和分析表明，货车走行阻力不仅与车辆走行部分的技术状态、温度、车辆总重、车型等有关，还与车辆的运动速度、风向、风速等有关。即使是同一车辆（车组），运行阻力也不是一个常数，它随着车辆速度等的变化而变化。因此在点式自动化调速系统中，尤其是点式目的调速自动化系统中，对阻力这个参数的测量和处理是影响调速效果的关键所在。

在第一章中我们介绍了车辆溜放总阻力包括四个部分：基本阻力、曲线阻力、道岔阻力、风和空气阻力。但在点式目的调速中，例如利用 Ⅲ 部位减速器的目的调速，离开减速器的车辆一般是在直线上运行，其走行阻力仅包括基本阻力、风和空气阻力，因此测阻应该在直线上进行。

多年来，阻力问题一直是溜放速度控制系统研究的重点问题之一。实测证明，车辆运行阻力 W 是其运动速度 V 的函数：

$$W = f(V)$$

曾使用过如下的近似关系式：

$$W = A + BV + CV^2 \tag{4-3-10}$$

上式表明阻力由两部分组成，一部分是与速度无关的常数项 A，它由货车的类型、装载、走行性能等决定；另一部分是随速度变化的部分（$BV + CV^2$），其中系数 B 主要与车辆的重量有关，一般规律是轻车取值大于重车取值，系数 C 主要受风和空气阻力的影响，它与受风面积和角度有关。但确定式（4-3-10）中的系数 A、B、C 是有相当难度的。

在测阻区段长度受到限制的情况下（例如三部位前一般只留 50 m 左右的测阻区段），对 3 辆车以下的车组，在测阻区段实测阻力。采用数理统计方法求出阻力前测后用的相关关系，作出回归方程，用此方程处理调速位前实测的阻力。对于超过测阻区段长度的长车组，则采用由车组平均重量等级来估算阻力的办法。

在车辆走行阻力中还有一部分是不能预先考虑到的。例如气象条件的突然变化；车辆经减速器制动后走行部分状态发生变化等。由于这些变化事先无法估计到，显然这些不可控因素的存在将影响调速效果。因而打靶式调速系统是难于达到百分之百精确控制的。

4. 车组重量

非重力式减速器需要根据车组重量（一般是平均重量等级）来确定制动力等级。即使是对于采用重力式减速器的站场，重量参数也是有用的。它除了是编制编组作业计划的重要依据外，在测阻有困难时（例如长车组），也需要用车组重量来估算阻力。

从上面的讨论可以看出车辆的溜放阻力在溜放速度控制中是个棘手问题，国内外都在研究不直接利用溜放方程实现自动化调速的途径。例如我国曾经广泛使用的半自动调速设备就避开了设备测阻，它由人工根据经验给出期望的出口速度，由设备对给定速度和实测速度进行比较，控制减速器对车辆调速。下面介绍一种我国研制开发的自动化调速系统。该系统不直接应用溜放方程计算出口速度，而是模拟人工定速的经验，采用数理统计的方法自动计算出口速度。

这是一种点连式目的调速系统。在调试阶段，对于每一条调车线，根据线路纵断面、春秋季无风的气象条件（测平均阻力）、减速顶的布顶情况等，由计算机模拟产生一张计算出口速度的基本"表"，表中给出计算出口速度 V_x 与股道空闲长度 L（车组走行距离）的关系。如图 4-3-7 所示，横坐标为溜放长度，纵坐标为出口速度。考虑到控制误差，模拟时安全连挂速度取 4 km/h。

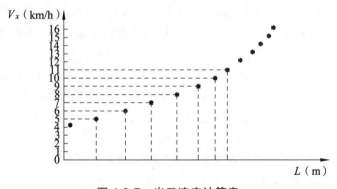

图 4-3-7　出口速度计算表

进行溜放速度自动控制时，计算机根据测长信息查表，操作人员根据当时的气象条件给出的修正值、长钩车、特殊连挂速度要求等对基本表数据作修正（根据修正命令，由计算机自动完成）。计算机根据测重信息对查表数据作进一步的修正后，作为计算出口速度。

上述的方法有别于精确计算出口速度，可以较好地模拟人工定速的过程，避开了在调速过程中对阻力的测试和处理。在中、小型驼峰乃至大型驼峰的调速中，同样可以得到较高的自动化程度和安全连挂率。

四、调速与调车场平、纵断面及运营条件的关系

不论采用哪种调速方案，都需要驼峰调车场有一个最佳的平、纵断面与之配合，它不仅可以充分发挥自动化设备的效能，还能节省自动化设施的投资及运营开支。

（一）调速自动化与驼峰平、纵断面的关系

在第一章中，我们以机械化驼峰为例，对驼峰的平、纵断面结构设计原则和要求作了较详尽的讨论和分析，在这个基础上，我们将讨论自动化驼峰调车场头部应该有怎样的平、纵断面。

自动化驼峰平面线路布置除了与机械化驼峰有相同的部分外，还必须考虑有利于自动化设备的设置。例如峰顶平面布置要有利于未来设置自动化提钩设备；为了进一步缩短驼峰头部咽喉区长度，可以考虑采用三开道岔；在没有双溜放作业的站场，可以用一组背向单开对称道岔取代交叉渡线道岔。

当采用全减速器调速制式时，理论上峰高应保证难行车在困难条件下，能够自由溜放到难行线的终点。例如将最后分路道岔警冲标后 800 m 处定为计算点。可想而知，以这样条件设计的峰高对易行车、易行条件、易行线且停车地点在调车线始端附近的场合，将有过多的能量需要用减速器消耗掉。为此要求减速器有足够大的制动能高，这就势必需要设置大量的减速器。甚至为了减速器的安装而加长咽喉区长度。考虑到上述困难条件同时出现的概率是很小的，综合技术经济指标，可以把计算点选在调车线的中部，如最后分路道岔警冲标后 300～400 m 处。这样就可以适当降低峰高，减少制动工具的制动能高，以减少投资和运营开支。如果采用减、加速器的点连式调速制式，即间隔调速用点式减速器，目的调速用点式减速器＋连续式加速器。峰高只需保证难行车在困难条件下能够溜至加速器入口处即可。

自动化驼峰的加速坡在满足限制条件（主要是机车上下峰）的前提下应尽量短而陡，这样车辆加速度大，车组间易于拉开间隔，有利于在第一分路道岔处得到合理的间隔，因此可以适当提高推送速度。

中间坡除了尽量使难、易行车的溜放时间差最小以继续保持车组间的间隔外，还应使车辆尽快通过此区段，不要发生中途停车的现象。

道岔区坡除了尽可能继续保持车组间必要的间隔外，应使所有车辆能以较高速度通过这个区段，但进入调车线不能超过规定速度（例如 III 部位减速器的入口速度）。

调车线的坡度对点式调速方案,为了简化计算,除了减速器区段外,最好是一个顺坡(一条调车线的坡度不变)。其坡度选为占溜放车辆比重最大的阻力当量值,这样可使大多数车辆的溜放阻力与坡度相抵消,使减速器有较长的有效控制距离。

采用减速顶连续式调速方案时,一般将调车线分成两个区域:减速区和连挂区。减速区坡段的作用是使进入此区段的溜放车辆经密集顶群后,速度减至安全连挂速度。坡段应按难行车在不利条件下尽快通过减速区的原则设计。连挂区坡段的设计要求是应使大部分车辆能溜放到调车线尾部或尾部反坡前(如果设计有反坡的话);在有利溜放的条件下,最易行车在尾部不加速。对此区域可采取前陡后缓的原则设计坡度。一般此陡坡相当于中行车的阻力当量坡,缓坡相当于最易行车的阻力当量坡。

对采用加速器的方案,则要求调车线坡度保证最易行车在易行条件下不自行加速,即线路坡度等于易行车易行条件的阻力当量坡度。

推送部分的坡度除了能使车钩压紧便于提钩外,还应有利于变速推送。

(二)调速自动化与运营条件的关系

调速自动化尤其是溜放速度的自动调整除了与驼峰平、纵断面有关外,还与调车场的运营条件关系密切。自动化调速设备的投资及调速效果除了与技术和经济有关外,还与调车场的运营条件有关。在有利的运营条件下,可以用简易的自动化调速设备、较少的投资和运营开支而收到较好的调速效果。对苛刻的运营条件,则提高了对自动化调速设备的要求。下面分析几项与自动化调速关系密切的运营条件。

1. 车辆(车组)的走行阻力

这里我们不太关心车辆走行阻力的大小,感兴趣的是溜放车辆的阻力分布,即阻力的离散度。阻力分布受车辆类型、时间、气候、地域、车重、车速等因素的影响。例如轻车比重车的阻力大,低速车阻力比高速车阻力小等。我们举一个某站场的阻力分布例子,在图 4-3-8(a)中给出不同重量等级的车辆的阻力分布。图中将车辆分为四个等级:12~25 t 为一级车;26~40 t 为二级车;41~55 t 为三级车;55 t 以上为四级车。从图中可以看出,阻力约在 10~55 N/kN 变化,且轻车比重车阻力离散度大。图 4-3-8(b)给出随温度变化的阻力分布,从图中可以看出,高温的夏季阻力分布比较集中,低温的冬季阻力离散度大。

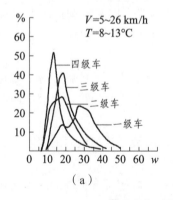
(a)

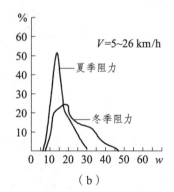
(b)

图 4-3-8　不同等级质量车的阻力分布

我们在讨论驼峰纵断面时曾谈到,对于点式调速方案,调车线的坡度最好能与车辆溜放阻力的当量坡度相等,使车辆在调车线上匀速溜放。这样不仅能增加减速器的有效控制距离,降低工程投资和运营开支,还能得到好的调速效果。但是,如果车辆的溜放阻力离散度大,调车线坡度只能适应一部分车辆,而不能适应另一些车辆,因此难于达到理想的调速效果,也使减速器的有效控制距离缩短,这就势必增加制动力,从而增加了设备投资和运营开支。对减速顶连续式调速方案,当调车线坡度等于难行车阻力当量坡度时,对于有利条件下的易行车则产生过多的过剩动能高需要由减速顶消耗掉,这就要增加减速顶的数量;对加速器连续调速方案,为克服难行车阻力,难、易行车阻力差越大,要求的加速器加速能高也越大。这将受到一些条件的限制。

此外,由于阻力离散度大,还加大了车辆在溜放线路上的溜放时差,这不仅影响推送速度的提高,对间隔调速的要求也高。由此可见,车辆溜放阻力分布越集中对自动化调速越有利,调速效果也越好。

2. 允许的最大安全连挂速度 $V_允$

对点式打靶调速制式来说,如前述 $V_允$ 相当于靶子,显而易见,靶子越大即允许的安全连挂速度越高,越容易击中。也就是说,调速系统允许的控制误差范围越大,系统越容易满足控制误差要求。我国规定的安全连挂速度从 3 km/h 已提高到 5 km/h。与一些工业发达国家相比,允许的安全连挂速度是较低的,因而对自动化调速系统控制误差要求是较苛刻的。关于控制误差问题下面我们还要专门讨论。

3. 调车线有效长度

这个长度直接关系到目的自动化调速设备所要控制的距离。如前所述,对于点式调速制式,每一个调速位只能有效地控制一定的距离。例如车辆减速器一般可控制的有效距离约为 200 m。调车线有效长度越长,需要的调速工具越多。连续式调速方式也一样。调车线有效长度长不仅增加工程投资和运营费用,控制关系也复杂一些。目前我国机械化驼峰调车线有效长一般为 800 ~ 1 250 m。如果采用点式调速制式,在调车线上要设置多个调速位,例如 4 ~ 5 个。

与其他工业发达国家相比,我国有关自动化调速的运营条件属最困难之列,因此,对驼峰自动化调速的要求也最高。应该强调,在我国发展和提高编组站自动化技术水平的时候,在借鉴国外先进技术和经验的同时,必须结合我国的运营条件研制出适合我们自己的驼峰自动化设备和系统。

五、自动化调速系统误差分析

在保证驼峰调车效率和作业安全的前提下,自动化间隔和目的调速效果的最终体现是车辆到达目的地和安全连挂率,最理想的情况是正确溜放的车辆百分之百地与停留车辆安全连挂,即以允许的安全连挂速度钩钩连挂。

自动化调速效果主要由系统允许的最大控制误差和实际控制误差决定。在对溜放车辆速度进行自动化调整时,当调速误差小于允许误差时,车辆就能正确溜放并合格(安全)连挂。下面重点讨论目的调速系统的误差。

我们已知目的制动减速器出口速度计算公式（以 V_g 和 $V_允$ 分别代表出口速度和允许连挂速度）：

$$V_g = \sqrt{V_允^2 + 2g'L(w-i) \cdot 10^{-3}}$$

由于 $V_允$ 在 $0 \sim 5$ km/h 的范围内变化，因此，出口速度就在 $V_g \pm \Delta V_g$ 的允许误差范围。其计算公式：

（1）在 $(w-i) > 0$ 的情况下，车辆减速运行。

正允许偏差：　　$\Delta V_{g+} \leqslant \sqrt{V_{允\max}^2 + 2g'L(w-i) \cdot 10^{-3}} - V_g$

负允许偏差：　　$\Delta V_{g-} \leqslant V_g - \sqrt{V_{允\max}^2 + 2g'L(w-i) \cdot 10^{-3}}$

（2）在 $(w-i) < 0$ 的情况下，车辆加速运行。这时的出口速度将采用定值，即采用车辆能从减速器出口的最小允许速度 $V_{允\min}$。

允许正偏差：　　$\Delta V_{g+} \leqslant \sqrt{V_{允\min}^2 + 2g'L(w-i) \cdot 10^{-3}} - V_g$

允许正偏差：　　$\Delta V_{g-} \leqslant V_g - \sqrt{V_{允\min}^2 + 2g'L(w-i) \cdot 10^{-3}}$

式中　　$V_{允\max} = 5$ km/h，最高允许连挂速度；
　　　　$V_{允\min} = 0$，最低允许连挂速度。

应该指出，在 1‰ 的坡度加速车只占 2%。

出口速度的允许偏差，就是系统的允许误差，各控制环节的误差之和的绝对值不得大于该值，否则就会产生超速连挂或产生天窗。

自动化目的调速系统的最大误差取决于允许的最大安全连挂速度，因为它意味着溜放车辆与停留车辆连挂时，其速度允许在 $0 \sim V_允$ 变化。允许的安全连挂速度越高，系统的允许最大控制误差越大，自动化调速设备就越容易满足这个误差要求，从而就能达到较好的调速效果。

在下面的分析中，我们用能高来表示误差。综上所述，系统允许的最大误差能高由下式计算：

$$h_{\max} = V_允^2 / 2g'$$

式中　　g' 按 9.5 m/s^2 计算。

表 4-3-3 列出不同允许连挂速度的系统最大允许误差的能高值。我国自动化调速系统允许的控制误差能高范围是 $0 \sim 102$ mm。

表 4-3-3　对应不同安全连挂速度的最大允许误差能高

$V_允$（km/h）	3	4	5	6	7	8	9	10
误差能高 $h_{\max}$（mm）	36	65	102	146	199	260	329	406

自动化系统调速误差按其性质和产生的原因主要可分为两大类：

1. 系统本身误差

这类误差主要来自运动数学模型及计算误差；参数测量设备的测量误差；控制设备的控制误差；调速工具的调速误差。以点式调速方式为例，系统误差综合体现在对减速器控制的出口速度误差。可以通过提高运动模型的精度及减少计算误差；提高控制设备的控制精度和测量设备的测量精度；改进减速器的性能等手段来降低系统误差。

2. 偶然误差

这类误差是随机的、无规律可循的。对于某一车组可能出现偶然误差，亦可能不出现。这类误差有时大，有时小。例如，产生误差的原因是由于车辆抱闸、凝轴；风向、风力的瞬间变化；车辆车门的开和关；车辆经减速器制动后走行性能发生变化；车辆表面形状的不同等。这类误差事先无法预测，因而也就难于克服，故它们属于不可控误差之列，但是这类误差直接影响着调速效果。对于点式自动化调速系统，车辆离开减速器后就不再受到控制，由于不可控误差的存在，要达到溜放车辆的百分之百的安全连挂率是困难的，尤其是在允许的安全连接速度低的条件下几乎不可能达到这样的连挂率。

下面以依据运动方程进行的点式目的调速为例，讨论与系统误差有关的问题。点式目的调速自动化系统主要包括一次参数测量设备（测长、测速、测阻、测重等测试设备）、根据运动方程计算出口速度的计算设备、调速工具及其控制设备。为便于比较，亦将误差用能高的形式表示。

（一）测长误差

由下式将测长误差换算成测长误差能高：

$$h_{\Delta l} = \Delta l(w - i)$$

式中　w——车辆溜放单位重量阻力；

　　　i——调车线坡度；

　　　Δl——测长设备测量误差。

从上式不难看出，当溜放线路坡度等于阻力当量坡度时，测长误差能高为零，在这种情况下，测长误差对调速效果没有影响。

目前我国测长设备的测量误差一般可控制在 ±20 m，新一代的测长设备可做到 10 m 以内的测量误差。为了减少测长误差对调速效果的影响，除了提高测长设备的测量精度外，应按出现概率最多的阻力当量值设计调车线坡度。

（二）测速误差

测速误差能高为：

$$h_{\Delta v} = (V_1^2 - V_2^2)/2g'$$

式中　V_1——测量速度；

V_2——实际速度；

g'——考虑了转动惯量影响的重力加速度。

以多普勒雷达测速器为例，我国新一代产品的测速误差可降至小于等于实测速度的百分之一。

（三）测阻误差

用能高表示的测阻误差为：

$$h_{\Delta w} = \Delta wl$$

式中　Δw——测阻设备的测量误差；

l——目的调速减速器出口至停车点距离。

试验和分析研究表明，对系统误差影响最大的是阻力误差。这项误差除了来自测量设备外，还由前测后用、长车组等带来较大的阻力误差，经处理后的阻力值仍不能完全符合实际走行阻力。测试表明，阻力大的车辆前测后用的误差也大。对长车组由于测阻区段长度的限制，一般不能正确测阻，因此对长车组要作特殊处理，例如用车组平均重量来估算阻力。

（四）数学模型及计算误差

车辆自峰顶向停车地点溜放，或作加速运动或作减速运动或做匀速运动，找到能够精确地模拟车辆复杂溜放运动的数学模型是比较困难的,但它对系统的控制效果又是十分重要的。国内外使用较多的溜放模型是式（4-3-9），也有用多项式来描述溜放运动的，并运用数理统计和回归处理等方法提高控制精度。由于多种因素的存在，这些数学模型不可能精确地描述溜放运动，故而存在模型误差。

从计算出口速度的公式（4-3-9）中知道，输入到计算机的自变量主要是阻力与长度。由于测量设备的原因，阻力与长度都会有一个误差值 ΔW 和 ΔL 同时输入到计算机中去，使得计算出的出口速度存在一个误差，这就是计算误差。并可下式求出（推导从略）。

$$\Delta V_c = \frac{g'10^{-3}}{V_g}\sqrt{[(w-i)\Delta l]^2 + (l\Delta W)^2}$$

从这个式中可以看出，阻力误差的影响要大于长度误差，这是因为 $l \cdot \Delta w \gg (w-i) \cdot \Delta l$，特别是溜放距离延伸以后，$l \cdot \Delta W$ 这一项的数值增长的更为明显，因此要减少计算误差的主要途径是增加测阻的精度。多年来，测阻问题一直是溜放速度自动控制系统研究的重点问题之一，经过大量的测试与分析，对它的认识逐渐加深。本系统中我们在三部位前设一段测阻区段，对三辆车以下的钩车（约占钩车总数的 80% 以上）进行阻力测试。并用此方法，比"以重代阻"的办法有明显的提高，至于三辆以上的钩车，走行性能较好，另一方面也无更好的测量办法，仍采用"以重代阻"的方法。

（五）调速工具的调速（控制）误差

调速工具一般都是较笨重的机械设备，如车辆减速器。机械惯性等会带来调速误差，虽然在控制减速器的系统中对机械惯性作了补偿，但仍不能完全消除机械惯性的影响，以至于造成调速误差。此外，同一台减速器对不同技术状态的车辆的制动能高也不同，例如车轮厚薄不同，车轮上是否有油，均会造成制动能高的波动，这将产生不可控误差。

调速工具的调速误差用能高表示为：

$$h = (V_1^2 - V_2^2)/2g'$$

式中　V_1——实际出口速度；

V_2——计算出口速度。

调速工具的调速误差最终表现在车辆的实际出口速度和计算出口速度的差值。车辆减速器的出口速度控制误差最好的可达到 ± 0.5 km/h 范围内。我国一般能控制在 ± 1 km/h 的范围内（特殊车辆除外）。表 4-3-4 列出在不同的速度下 ± 0.5 km/h 和 ±1 km/h 速度误差的误差能高值。

表 4-3-4　不同控制误差对应不同速度的误差能高 h（mm）

误差 km/h	出口速度（km/h）											
	5	6	7	8	9	10	11	12	13	14	15	16
+ 1	+ 44	+ 51	+ 61	+ 70	+ 78	+ 86	+ 91	+ 102	+ 110	+ 119	+ 122	+ 135
− 1	− 37	− 45	− 52	− 61	− 70	− 78	− 91	− 102	− 111	− 119	− 122	− 135
+ 0.5	+ 21	+ 25	+ 29	+ 34	+ 38	+ 43	+ 44	+ 49	+ 54	+ 59	+ 62	+ 67
− 0.5	− 20	− 23	− 28	− 31	− 36	− 40	− 44	− 49	− 52	− 56	− 60	− 63

基于一般常识，上述各单项误差出现最大正值和最大负值的概率是极小的，通常是以忽正、忽负、忽大、忽小无规律地出现，其中的一些正负误差还会相互抵消，从而降低了系统误差。

在系统的最大允许误差确定之后，各单项误差的合理分配也是一个有待深入研究的问题。当合理地分配了各单项误差之后，对各单项设备就有了一个明确的误差要求，而不是一味地追求高的控制精度，导致研制、设计、生产、安装、维护费用的增加。

第四节　驼峰调速自动化方案分析比较

综上所述，为了进行间隔调速，国内外公认采用点式减速器调速方案较好，点式间隔调速具有良好的调速功能和令人满意的运营效果，因而被广泛应用。只有个别国家的个别驼峰调车场用油气调速单元（减速顶、加减速顶）这类连续式调速工具作为间隔调速工具。我国只在小能力驼峰调车场用减速顶作为间隔连续调速工具，所以我们对调速方案分析比较的重点是放在目的调速方案。

目的调速自动化方案的选择是着手开发调车场调速自动化系统首先遇到的问题。按调速工具的类型和配置，调速方案可分为点式、连续式和点加连续式（点连式）三大类。由于采用的调速工具类型不同，控制调速工具的方式不同，调速位设置的数量不同，目前国内外研制、开发和投产的自动化调速系统种类繁多、方案各异。下面我们将对一些主要的自动化调速方案从技术上、经济上和运营效果上作一些分析比较，以提出一些选择自动化调速方案的参考和依据。

一、点式调速方案

目前国内外点式调速方案均采用车辆减速器作为调速工具。一般在驼峰头部咽喉区设置两个间隔调速位（制动位Ⅰ、Ⅱ），在少数运营条件好的国家，也有在咽喉区仅设置一个间隔调速位的（例如美国的一些驼峰调车场）。第Ⅱ间隔调速位除了以间隔调速为主外，还要兼顾目的调速。在调车线上一般要设置几个目的调速位。至于究竟设置几个点式调速位，这主要由车辆减速器的有效控制距离和调车线的有效长度决定。对各调速位的减速器实现自动控制则构成点式调速自动控制系统。

所谓减速器的有效控制距离，是指在此距离内能有效的控制溜放车组的速度，使打靶命中目标。在有效控制距离内控制溜放车组的速度或使其与停留车辆安全连挂或使其以期望速度到达下一调速位入口。不言而喻，减速器的有效控制距离越长，需要设置的目的调速位越少，还可以提高减速器的平均出口速度；而调车线（股道）的有效距离越长则需设置的目的调速位越多。

减速器可达的有效控制距离是由控制误差和运营条件决定的。用于目的调速的减速器对其有效控制距离起决定作用的除了上节中谈到的控制误差外，就是运营条件中的车辆走行阻力分布（离散程度）情况和允许的安全连挂速度。在调车线坡度设计合理的前提下，阻力分布越集中，允许的安全连挂速度越高，减速器的有效控制距离越长。

变换溜放运动方程式（4-3-9）：

$$V_{出} = \sqrt{V_{允}^2 - 2g'l(a-w)10^{-3}}$$

$$V_{出}^2 - V_{允}^2 = 2g'l(w-i)10^{-3}$$

$$l = \frac{V_{出}^2 - V_{允}^2}{2g'(w-i)10^{-3}} \tag{4-4-1}$$

从式（4-4-1）可以看出，当运行阻力等于当量坡度时，理论上，减速器的有效控制距离是不受限制的。然而不同的车组的走行阻力是不相同的，设计的线路坡度只能相当于大多数车组的走行阻力当量值，偏离坡度值最大的阻力就成为有效控制距离的限制条件。可以用同一条件下可能出现的最大平均阻力（$w_{平大}$）和最小平均阻力（$w_{平小}$）来估算减速器的有效控制距离：

$$[2g'(w_{平大}-i)l10^{-3}-2g'(w_{平小}-i)l10^{-3}]\leqslant V_{允}^2 \tag{4-4-2}$$

上式表征在某一个溜放距离 l 内，车组以最大平均阻力溜到 l 终端和以最小平均阻力溜至 l 终端时的速度差不能超过允许安全连挂速度。变换式（4-4-2）：

$$2g'l(w_{平大}-i)-(w_{平小}-i)]10^{-3}\leqslant V_{允}^2$$

$$l\leqslant V_{允}^2/2g'(w_{平大}-w_{平小})10^{-3} \tag{4-4-3}$$

式（4-4-3）给出了减速器有效控制距离与阻力分布情况（$w_{平大}-w_{平小}$）和允许安全连挂速度 $V_允$ 的关系。从式中可以看出，减速器的有效控制距离 l 与阻力离散程度成反比；与允许安全连挂速度的平方成正比。根据我国规定的安全连挂速度和对阻力的实际测量数值，按式（4-4-3）计算得出，在我国运营条件下，减速器的有效控制距离只有近百米，但这与实际情况不符，这是因为在计算时将阻力作为常数处理了。由于阻力不是常数，在同样运营条件下减速器的实际有效控制距离要比计算值大。经大量试验及分析计算表明，根据我国的运营条件及控制水平（控制误差）减速器的有效控制距离一般在 200 m 左右。随着控制水平的提高，控制误差将进一步降低，减速器的有效控制距离还会有所增加。

这种以减速器作为调速工具的点式自动化调速方案是最早投入运营的一种方案。它在技术上比较成熟，如果运营条件有利，减速器有较长的有效控制距离以及调车线的有效长度不太长时，点式自动化调速方案是一种调速效率高、调速范围大、灵活性好、投资少、动作可靠、可以达到较高的调速精度、节省能源、维修工作量不大的较好方案。适用于要求解体能力大的调车场。但在车辆溜放阻力离散大、安全连挂速度低、调车线有效长度较长的运营条件下，由于需要设置多个减速器调速位，采用全点式调速方案可能由于投资及维修量的剧增而难以接受。

图 4-4-1 给出我国已投入运营多年的一个点式自动化调速系统实例。图中绘出了一个目的制动位的自动控制逻辑关系框图。该站场设置了四个减速器调速位。溜放咽喉区有两个间隔调速位Ⅰ、Ⅱ，调车线有两个目的调速位Ⅲ、Ⅳ。实例站场调车线有效长为 600~700 m。在Ⅲ部位前留出约为 50 m 的直线测阻区段。显然设置测阻区段是以牺牲调车线有效长为代价的，因此不可能太长。而对于长车阻将会出现车组尾部尚处在道岔和曲线区段上，车组头部已进入减速器，显然此时测量的阻力是包含了道岔和曲线阻力的，甚至包括调速工具的调速力，因而不能用于直线上的打靶控制。故对于长车组，一般以车组平均重量代替阻力。针对该站的运营条件，Ⅲ部位和Ⅳ部位间距根据减速器的有效控制距离确定约为 230 m。即Ⅲ部位控制距离短一些，Ⅳ部位前有足够长的直线测阻区段，它的控制距离可稍长一些，即控制余下的距离。对于调车线尾部不能很好控制的部分，考虑到溜放开始后不久该部分线路即被占用，需要控制车组溜入调车线尾部的概率减少，为了减少一个点式调速位牺牲少量的安全连挂率还是值得的。

为了实现对减速器的自动控制，根据运动方程，由有关测试设备（测阻、测速、测距、测重）获取溜放车组走行阻力、距离、重量、速度送入计算机运算，输出控制减速器制动或缓解的命令，控制减速器对车组调速使其按计算速度离开减速器，达到打靶调速的目的。

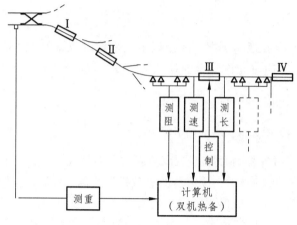

图 4-4-1 点式调速系统实例示意

二、连续式调速方案

单从调速效果看（间隔调速与目的调速），连续地对溜放车组的速度进行调整当然比在几个特定地点调速好，尤其对于允许安全连挂速度低的运营条件和对解体能力要求不高的小能力驼峰调车场，采用连续式调速方案是适合的。

连续式调速方案取舍的关键在于调速工具本身是否结构简单、造价低廉、消耗能量少、维修简便、易于控制（甚至不需外加控制设备）。目前用于目的调速的连续式调速工具有很多种类型，诸如油气减速顶、油气加减速顶、直线电机加减速小车、缆索推进器、制动小车、缆索加速小车……而全连续式调速方案的调速工具在咽喉区，目前只有减速项或加减速顶是适用的，尤以减速顶居多。从单个减速顶来看似乎仍是点式调速，但是由于减速顶的安装密度较大，一般一、两米或三、四米就要安装一个，调速点密了自然可以看成是连续调速，何况车辆的速度也不能在这样短的距离内发生显著的变化。

为了提高平均溜放速度，一般在咽喉区布顶密度高（在道岔区和曲线也可以布顶）。即使这样，由于单减速顶的制动能高很小，加之可达到的最大临界速度限制了平均推送速度的提高，故不适用于要求解体作业量大的站场。为了提高车组进入调车线的速度，在调车线始端一般亦设计一个密集布顶区，紧接其后根据计算按需要密度（与线路坡度配合）连续布顶。

溜放线路各坡段需要设置的减速顶数量与布顶线路的坡度、长度、易行车的总阻力以及一个减速顶的制动功有关。可按下式计算减速顶布顶数量 R：

$$R = \frac{Q_易(i - w_易)\ L10^{-3}}{NE_r} \qquad (4\text{-}4\text{-}4)$$

式中　$Q_易$——易行车总重，kN；

　　　i——坡度；

　　　$w_易$——易行车阻力；

　　　L——计算区段长度，m；

　　　N——一辆车通过一个顶（单侧布顶）或一对顶（双侧布顶）的轮次数；

Er——一个轮压顶的制动功，kN·m/轮次。

如前所述，减速顶本身可以对经由其上的车辆调速而不需要外加测试或控制设备。当线路坡度与布顶密度配置合理时就能达到很好的调速效果。

具有加减速功能的加减速顶从运营效果、对线路坡度要求及安装密度等方面看优于减速顶，但为了提供加速能量，需要铺设大量的油管路，不仅增加投资，而且对维修的要求也高。此外，控制加速顶需要增加控制设备，国内外只有极少数站场采用全连续式加减速顶方案。

减速顶或加减速顶的全场安装数量十分可观（几千乃至愈万），运营过程中的养护维修工作量亦相当大，这也是方案选择中不可忽视的问题。

三、点连式调速方案

点连式目的调速方案是一种点式调速系统与连续式调速系统有机结合的调速方案，它不是调速工具的简单组合。这类调速系统既有打靶式调速又有连续式调速。系统一般在调车线的入端设置点式调速工具（通常是一个减速器调速位），在点式调速位之后设置连续式调速工具。连续式调速工具按功能分为加速、减速和加减速器。连续式调速工具可以紧接减速器设置，也可以距减速器一段距离设置（有效打靶区终端）。按连续式调速工具的种类与设置位置的不同，点连式调速方案又可细分为以下几种子方案。

（1）减速器＋减速顶——与两个点式间隔调速位排序，调车线始端的减速器为第Ⅲ调速部位。一般从Ⅲ部位减速器打靶区段终端开始设置减速顶。通常在布顶线路的始端设计成密集有顶区，以提高Ⅲ部位的打靶平均出口速度（对远于有效控制距离的停车点的打靶）。密集有顶区相当第Ⅳ调速部位。紧接密集布顶区按计算的布顶密度连续布顶直至调车线终端。调车线调速工具配置示意图如图 4-4-2（a）所示。顶群后是连挂布顶区（一般按前密后疏原则布顶）。Ⅲ部位调速自动控制同点式方案。

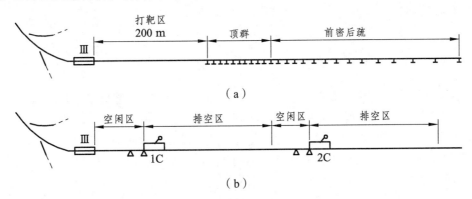

图 4-4-2　点连式调速工具配置示意图

（2）减速器＋缆索牵引加速小车——可以在Ⅲ部位打靶区段终端开始设置缆索牵引加速小车。也可以按其他方式确定小车的起始位置。减速器对小车加速区段入口处的打靶速度低于安全连挂速度。小车以安全连挂速度将车组推送至停车地点。一台小车的有效控制距离由同一条调车线上的溜放车组密度和小车推车后的返回速度决定。图 4-3-2（b）给出的例子在一条调车线上设置两台小车 1C 和 2C。Ⅲ部位至 1C 工作区段间有一段空闲区，车辆经Ⅲ部位减速器调速后，利用剩余能量通过此区段进入 1C 起作用的排空区段。在排空区段始端对车辆测速，当车速低于安全连挂速度时，1C 启动推车。直至将车辆推出排空区段。由 2C 推出排空区段的车辆自由溜放通过第二空闲区段并进入 2C 推车区段。2C 也只推送速度低于安全连挂速度的车辆，将车辆推至距停车地点不远处（例如几十米）甩放车辆，车辆靠剩余动能自由溜放至目的地。然后小车返回待车点（正常返回）。

（3）减速器＋加速顶＋减速顶——在Ⅲ部位减速器打靶区段后设置加速顶布顶区和减速顶布顶区。

（4）减速器＋加减速顶——在减速器打靶区后按计算设置与坡度配合的加减速顶。

点连式调速系统是点式调速系统和连续式调速系统的有机结合，而不是点式调速工具和连续式调速工具的简单组合。这种系统兼具打靶和速度连调两种功能。实践和分析表明，在我国的运营条件下，采用点连式调速方案可以得到较高的解体效率和安全连挂率。这种方案不仅适用于大、中型驼峰调车场，而且在小能力驼峰调车场也越来越多地被采用。

第五节　驼峰推峰机车速度控制系统

编组站的解编作业能力，在很大程度上取决于车列解体的作业效率。而解体作业的效率，则与推峰机车能否准确而及时地向峰顶推送解体车列有关。

为提高解体作业效率，推峰机车应根据溜放车组的具体情况，及时改变推峰速度，使其达到允许的最高值，这样即可提高平均推峰速度，从而提高驼峰的解体能力。为此，须有对推峰速度能够进行自动控制的设备。

推峰机车速度自动控制也称为推峰机车遥控。设备的实现可以在机车信号设备的基础上加装机车速度自动控制设备，对机车推峰速度进行分级控制；也可以根据影响推送速度的各种相关因素连续控制推送机车以期望的速度推送车列。

一、驼峰机车信号

在推送解体作业过程中，调车机车在车列的尾部。调车机车距驼峰信号机最远时可达 1～2 km，加上弯道、风、雪、雨、雾和太阳的迎面照射等影响，都会给调车司机瞭望信号造成困难。驼峰机车信号不仅可以解决这一问题，还可以改善司机的劳动条件，提高作业效率。

20 世纪 70 年代末和 80 年代初先后研制了驼峰无线机车信号和驼峰移频机车信号，2002 年又研制成功了 JWT 型驼峰无线机车信号。

（一）运营要求

驼峰机车信号主要是在驼峰调机的司机室内安装一套复示地面信号的设备，改善司机瞭望确认信号的条件，最大限度地缩短司机确认信号以及操作机车加、减速的时间，从而减少解体时间。

下面讨论驼峰机车信号运营技术要求：

（1）驼峰机车信号应能在各种类型的机车上安装（如蒸汽、内燃机车），并适应各种形式站场（如横列式，纵列式）的多种作业方式，如单推单溜，双推单溜等。

（2）机车信号的工作范围与地面驼峰信号机、辅助信号机防护的范围一致，其显示也一致。机车信号的复示器有黄、绿、红、白四个灯位。

（3）驼峰机车信号与地面信号联锁，与进路联锁。

（4）机车信号复示地面信号，其应变速度要满足要求，变换过程中不能出现乱显示。由开放信号变为禁止信号的同时有音响信号。

（5）机车信号设备应具备强的抗干扰能力，并具有防震、防尘、防潮以及防腐蚀等性能。机车信号发生故障时，应不影响地面信号正常工作。

驼峰机车信号有无线机车信号和移频机车信号，我国驼峰场目前推广运用的是无线机车信号，下面重点介绍无线机车信号的构成和原理。

（二）驼峰无线机车信号原理

如图 4-5-1 所示是驼峰无线机车信号系统框图，包括地面发送部分和机车上接收部分。我们前面提及的驼峰场一般有两台机车作业，为了区分哪一台机车应接收地面信号，采取机车信号必须与进路和地面信号联锁的办法。即只有驼峰辅助信号机开放，而且推送进路已开通，该股道上的机车才能接收到地面信号显示信息。为此，分别设发送开机信息和发送信号显示信息。机车上也必须有接收开机信息和接收信号显示信息两部分。下面分别讨论各部分原理。

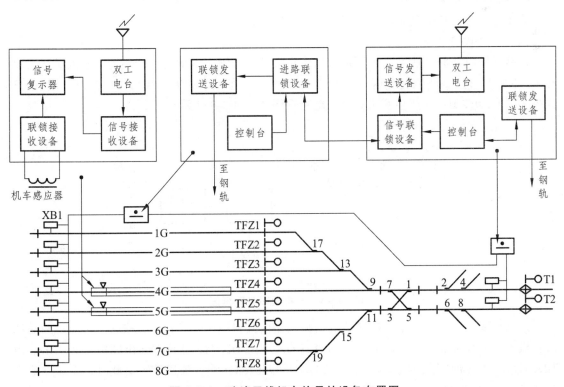

图 4-5-1　驼峰无线机车信号的设备布置图

1. 通　道

机车信号采用两种通道。

（1）发送开机信息的通道是由电缆和轨道电路组成的有线通道。

设置开机信息的目的是完成机车信号与地面信号和进路联锁，即完成联锁后才能向相应的机车上发送开机信息，只有符合联锁条件的机车才能收到开机信息。开机信息采用音频信号，当某一推送进路开通，信号开放，地面联锁条件具备，即由发送设备通过电缆及轨旁变压器箱将选用的音频开机信息送入轨道电路，如图 4-5-2 所示。

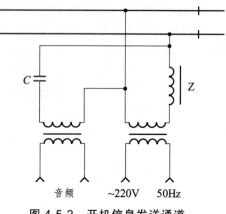

图 4-5-2　开机信息发送通道

开机信息（音频信号）与 50 Hz（或 25 Hz）的交流轨道电路在同一轨道上传输，为了互不影响，必须采取防护措施。在原有的轨道送电箱内设一个 BG1 变压器和电容 C，为开机信息发送端。在原有的轨道电路送电端增加一个 Z-13.5 型抗流圈防止短路音频信号。

（2）发送信号显示信息采用无线通道。

使用电台发射电磁波发送信号显示信息。首先将驼峰信号各种显示转换成不同的频率信号，用此频率信号对电台的射频进行调制，最后的调频波向空间发送。

2. 联锁信息发送原理

联锁发送部分包括进路联锁电路和信号联锁电路。

（1）进路联锁电路。

进路联锁电路的功能是产生开机信息，完成进路联锁。本例的驼峰场为两条推送线（双峰），即有 T1 和 T2 两架驼峰信号机。设 T1 的开机信息频率为 f_1（817 Hz）；T2 的开机信息频率为 f_2（1 062 Hz）。产生开机频率的电路框图如图 4-5-3 所示。

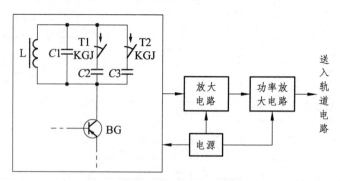

图 4-5-3　开机频率电路框图

开机频率由振荡器产生，振荡器的谐振回路由开机继电器（KGJ）控制。对应每架驼峰信号机设一个开机继电器，如 T1KGJ 和 T2KGJ。当 T1KGJ↑，振荡器输出频率为 817 Hz；当 T2KGJ↑，振荡器输出 1 062 Hz；常态 T1KGJ 和 T2KGJ 均在失磁落下。此时，振荡器输出 1 337 Hz，机车信号关闭。

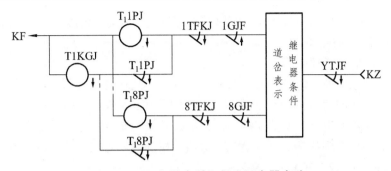

图 4-5-4 开机继电器和频率继电器电路

为完成检查进路联锁条件专设频率继电器 PJ。每条推送线（即每架驼峰信号机）对应到达场每股道设置频率继电器，如 T_11PJ，T_12PJ，……T_21PJ，T_22PJ，……如图 4-5-4 所示是 T1 信号机的 T1KGJ 和频率继电器电路（图中只画出 1 和 8 股道频率继电器）。频率继电器完成以下条件的检查：

① 到达场建立了推进进路，并且驼峰辅助信号机开放（即检查道岔位置和推送辅助开始继电器 TFKJ↑）。

② 驼峰场办理了允许推送或预先推送作业（即检查允许推送的复示继电器 YTJF↑）。

③ 驼峰辅助信号机已开放的股道上有待推送的机车车列(检查该轨道继电器在落下状态 GJF↓)。

开机继电器励磁吸起条件除了上述条件外，还取决于 PJ 是否吸起。

上述条件满足后，有关频率继电器励磁吸起，相应的 KGJ 励磁吸起，即完成了进路联锁。

开机继电器励磁后，接通振荡器 817 Hz 的谐振回路，并向轨道送电端发送，如图 4-5-5 所示，由 PJ 吸起区分向哪个股道的送电端发送。

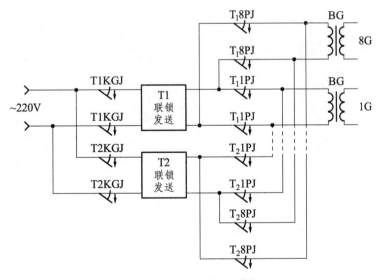

图 4-5-5 开机信息发送电路

上述的进路联锁电路，除了在到达场分别设置 T1 和 T2 一套设备外，还必须在驼峰场信号楼各设置一套进路发送设备，以便向驼峰场内的推送进路上发送开机信息，确保机车信号在管辖范围内连续复示地面信号（即机车在到达场时，复示驼峰辅助信号机的显示，进入驼峰场后复示驼峰信号机显示）。

（2）信号显示信息联锁电路。

为实现机车信号与地面信号联机，在驼峰楼特设置到达场推峰信号的复示继电器，用来反映到达场的驼峰辅助信号机是否开放，其电路如图 4-5-6 所示（图中只画出 1 股道和 8 股道 LXJ 接点）。电路中检查能反映驼峰辅助信号机开放的条件；进路上道岔位置条件和推送终端继电器 TZJ 条件。到达场的推峰信号开放后，按其推峰方向，使驼峰场有关的推峰信号复示继电器（T1LXJF 或 T2LXJF）吸起。

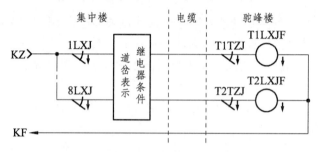

图 4-5-6　推峰信号复示继电器电路图

驼峰机车信号采用频率调制方式。设四种频率（fL、fU、fH、fB）分别代表绿、黄、红、白四种显示信息。我们知道驼峰信号（包括预推信号）除了有四种颜色稳定灯光信号外，还有四种颜色的闪光信号。为了减少频率信息，机车信号采用同一频率"连续"和"断续"两种发送方式区分稳定和闪光信号。"断续"频率的产生可由闪光继电器（SNJ）脉动工作状态来控制。例如当 SNJ 不工作时，发送连续的频率信息；当 SNJ 脉动工作时，发送"断续"的频率信息。

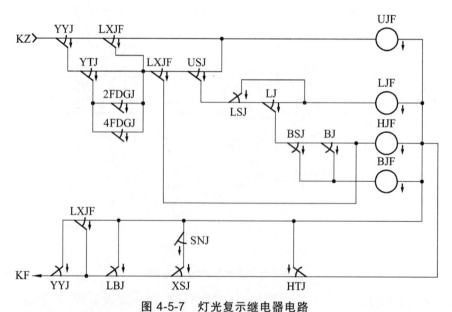

图 4-5-7　灯光复示继电器电路

每架驼峰信号机设置四个灯光复示继电器，分别称绿灯、黄灯、红灯、白灯复示继电器，其作用有两个：一是复示驼峰信号和驼峰辅助信号，如图 4-5-7 所示；第二个作用是选择发送频率，如图 4-5-8 所示，振荡器电路中有几个谐振回路，分别由 LJF、UJF、BJF、HJF 继电器接点控制，产生相应的机车信号显示频率见表 4-5-1。

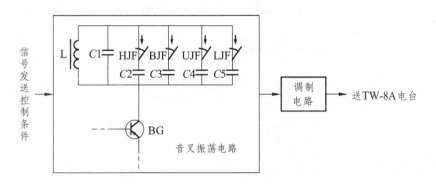

图 4-5-8 信号显示频率振荡框图

表 4-5-1 信号频率表

驼峰信号机	U（Hz）	L（Hz）	H（Hz）	B（Hz）
T1	4 078	4 196	4 318	4 443
T2	4 572	4 705	4 841	4 981

除了表中每架信号机有四个"连续"频率外，还有四个"断续"频率，分别代表四个闪光信号。当 SNJ 工作时，灯光复示继电器也随着脉动，如图 4-5-7 中 SNJ 接点的作用。例如 T1 信号机开放绿灯闪光信号时，T1LSJ↑、T1XSJ↑、T1SNJ 脉动，图中的 T1LJF 继电器随着 T1SNJ 接点的落下、吸起脉动工作，从而使振荡器（见图 4-5-8）也随着 LJ 接点的脉动产生断续的 4 196 Hz 频率。机车上设备接收到"断续"的 fL 频率，经处理后显示绿色闪光信号。

例如：① T1 信号机显示绿色灯光信号：

T1YTJ↑、T1LXJF↑、T1LJ↑使 T1LJF↑——振荡回路产生 4 196 Hz 的连续频率信号。

② T1 信号机显示绿闪信号：

T1YTJ↑、T1LXJF↑、T1LSJ↑、T1XSJ↑、T1SNJ 脉动，使 T1LJF 脉动——振荡回路产生 4 196 Hz 的断续频率信号。

为减少设备投资，驼峰信号楼设置一部电台，采用时间分割法交替发送两架驼峰信号机的显示频率。例如，采用一个频率为 63 Hz 的方波调制电路，控制 T1 和 T2 信号机的振荡器输出通道，即正半周向电台输入 T1 信号机的频率信号，负半周向电台输入 T2 信号机的频率信号，如图 4-5-9 所示。

3. 机车接收设备

机车接收设备由接收电台、传感器、机车信号接收电路、联锁信号接收电路、信号复示器等组成，其功能是通过传感器接收轨道电路传输的开机联锁频率信息和通过车载电台接收地面电台发射的信号显示信息。设备框图如图 4-5-10 所示。

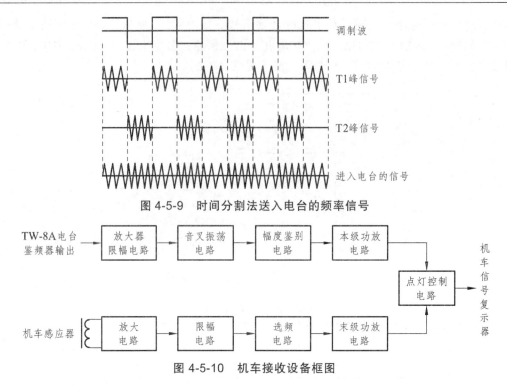

图 4-5-9　时间分割法送入电台的频率信号

图 4-5-10　机车接收设备框图

（1）开机信息接收电路。

图 4-5-10 中下半部分框图属于开机信息接收电路。装在机车尾部左右两侧的感应器，将轨面上传送的开机信息接收上来，经放大、限幅、选频和本级功率放大电路，驱动继电器工作，设置两个信息继电器（T1XJ 和 T2XJ）分别代表接收到 T1 和 T2 的开机信息。如收到 817 Hz 频率信息时，T1XJ 励磁吸起；收到 1 062 Hz 频率信息时，T2XJ 励磁吸起。

（2）机车信号接收电路。

机车信号接收电路的主要功能是从车载电台输出端取得经解调后的显示频率信号电压，由限幅放大电路滤去杂音并将信号放大到后级所需值，选频电路选出相应的频率信号经本级功率放大，驱动相应的信号继电器（机车信号继电器）。最后由信号继电器接点和代表开机信息的继电器（T1XJ）接点组成点灯控制电路（点灯控制电路构成原理与地面灯光电路基本相同），使复示器点亮相应的灯光。机车信号一旦工作，一直保持到地面停止发送信号为止。

（三）JWT 型驼峰无线机车信号系统

JWT 型驼峰无线机车信号系统采用点式应答器确定作业机车初始位置，与到达场计算机联锁和驼峰控制系统联网，获取联锁信息和驼峰信号条件，信息量大，车—地信息双向传输，实现闭环控制，不受气候条件与道床参数的影响，全天候工作。满足驼峰信号显示要求，具有音响提示及报警；可与计算机联锁及驼峰自动化系统联网，满足编组站驼峰调车场双推双溜及双推单溜等作业的要求，符合信号的故障—安全原则。

1. 系统功能

（1）无线机车信号的无线信息，采用数字编码，发、收时间分隔控制，具有较强的抗干扰能力，不受气候条件与道床参数的影响，不需调整任何参数，可进行全天候工作。

（2）无线机车信号系统满足驼峰信号四灯八显示要求，即预推黄灯（U）、主推绿灯（L）、绿闪灯（LS）、黄闪灯（US）、后退红闪灯（HS）、停车红灯（H）、禁溜推送白闪灯（BS）以及下峰作业的白灯（B）。显示内容与地面驼峰信号相符。

（3）无线机车信号系统采用计算机控制技术，开放信号的条件既可以由继电器接点直接采集，也可以与驼峰计算机控制系统联网，从计算机通信口采集。

（4）驼峰无线机车信号系统可实现2～4台机车同时推峰作业，互相不干扰、不误动。

（5）信号开放与到达场具有安全联锁和停车信号影响报警功能，使推峰机车控制更安全。

（6）驼峰信号楼的控制台上，设有机车信号工作状态的回执显示，显示机车作业股道及机车信号显示状态，监控机车信号实际工作状态。

（7）设备采用模块结构，更换方便；设备轻便，占用空间少，施工安装简单方便。

2. 系统组成

JWT型驼峰无线机车信号系统由地面设备及车载设备两部分组成，如图4-5-11所示。

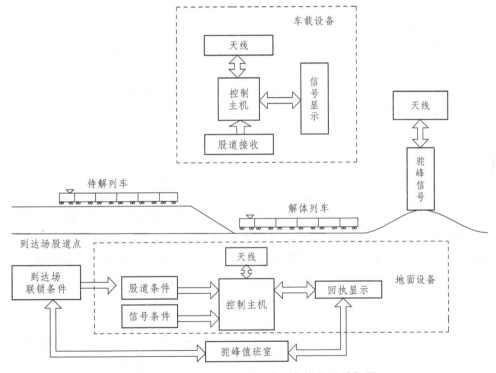

图4-5-11　JWT型驼峰无线机车信号系统框图

（1）系统硬件配置。

根据驼峰场的实际需要，驼峰无线机车信号设备有以下两种配置方式：一是无机车识别标志的机车信号，用于单台机车作业的小型驼峰；二是有机车识别标志的机车信号，可用于多台机车同时作业的大、中型驼峰。

① 地面设备配置。

地面设备包括一台地面机柜（内含地面主机箱）、定向天线、回执显示器。

主机箱装设有地面主机、地面电台及电源。地面电台的天线为定向天线，应安装在地面机柜所在建筑物的最高处。天线顶端高度应高于楼顶标高 3 ~ 4 m，方向指向到达场中部。

回执显示器在值班员控制台上，便于值班员观察与监视。

股道号应答器地面点，每股道两点，安装在到达场股道两端入口处。峰顶每个峰两点，安装在迂回线出口前端。

② 车载设备配置。

车载设备包括电台电源箱、控制主机箱、信号显示器、天线、股道号接收查询应答及其天线电缆。

电台电源箱内设有电台、电源。主机箱内设有系统主机及电子继电器板等，主机箱一般安装在机车驾驶室内。信号显示器安装在司机侧前方。天线安装在机车顶部。股道接收查询应答器一套，其天线安装在机车底部。主机箱与机车电源、信号显示器、股道接收查询应答器、天线等之间的电缆用航空插头相接。

（2）系统软件。

系统软件采用标准 C 语言编写，模块化设计，具有执行速度快、可移植性、实时性、扩充能力强、易于维护等优点。

① 地面设备软件功能。

对信号采样采用一个开出（开关量输出）口控制的动态输入方式，并多次采样比较，确认采入信号符合要求后，将采集的信号转换成为电台发送所需要的信息格式由串行口发往电台，然后立即转入接收机车的状态回执信息，并将它转换为信号信息送到开出口进行显示。电台发送信息命令的周期为 500 ms 发送一次。

② 车载设备软件功能。

a. 多台机车作业时。

机车设备一直处于从查询器主机接收股道号状态，当从轨面感应接收到股道号时，设备将处于信号接收状态。一旦有信号接收到，首先要与所接收的股道号地址比较，判断是否符合信号要求，将符合要求的信号转换为信号灯显示所需的开出信号，并由并行口发出 1 ~ 2 kHz 的动态信号信息驱动点灯信号继电器工作。信号显示后立即将显示内容从并行口采回转换为电台信息回发给地面设备。如果接收到红灯降级信号则显示红灯，并同时发出报警信号，如果 4 s 没有收到地面信号，则亮红灯报警；10 s 后仍未接受到正确信息，则认为本次推峰结束，熄灭所有信号显示，重新接收股道号和信号。

b. 单台机车作业时。

机车设备一直处于信号接收状态，一旦有信号接收到，首先判断信号是否符合要求，将符合要求的信号转换为信号灯显示所需的开出信号，并由并行口发出 1 ~ 2 kHz 的动态信号信息驱动点灯信号继电器工作。信号显示后立即将显示内容从并行口采回转换为电台信息回发给地面设备。如果接收到红灯降级信号则显示红灯，并同时发出报警信号，如果 4 s 没有收到地面信号，则亮红灯报警；10 s 后仍未接受到正确信息，则认为本次推峰结束，熄灭所有信号显示，重新接收信号。

③ 系统与其他计算机控制系统联网。

系统可以与到达场的计算机联锁系统联网，通过串行口接收开放推峰股道的股道号信息，也可以与驼峰场的微机控制系统联网，通过串行口接收开放推峰信号的信号。

3. 系统工作原理

（1）设备工作方式。

在驼峰调车长开放驼峰推峰信号的同时，机车信号地面设备采集驼峰信号条件，同时也采集股道条件及安全联锁的必要条件，通过电台将带有地址及安全联锁条件的驼峰信号转变为相应的无线信号，无线信号采用数码调制的方式工作，将推峰信号转换成相应的信号编码，经地面无线电台发出。车上电台接收地面电台载频信息，经解调译码及定位信息校核之后，在车上实现相应的信号显示，并对车上信号显示及其工作状态进行采样，将车上的各种信息经机车无线电台发送回地面设备。在驼峰信号楼的控制台上设有机车信号工作状态回执显示设备，显示机车发回的驼峰无线机车信号的实际工作状态，供值班员实时监控。

（2）推峰机车的定位识别。

对于较大的编组站，常有几台机车同时工作，机车如何正确识别所接收的无线信号，是保证无线机车信号安全的重点。当开放驼峰信号时，系统地面设备将带有地址及安全联锁条件的驼峰信号变为无线信息发送；系统车上设备首先通过机车所在位置校核、站场编码判断等多项信息确认是否工作机车信号，一经确认，方能接收该机车信号，在本机车上得到相应的显示，其他机车处在待命状态。每台机车都有到达场股道的地址编码，且互不相同，保证调车机车正确接收控制命令和表示信号。

① 点式查询应答器。

查询应答器是利用无线感应原理在特定地点实现机车与地面间相互通信的一种数据传输装置，其工作原理如图 4-5-12 所示。点式查询应答器设备包括车载查询器与查询主机及地面应答器两部分，车载查询器不断地向地面应答器发送查询信息，并接收应答器发送的信息。当机车上安装的查询器通过设置于地面应答器时，应答器被发自车上的查询器的瞬间功率激活进入工作模式，它将向运行中的查询器连续发送存储于应答器中的股道及地点信息发送给机车信号控制机，使机车信号控制机可以确认自己当前所处位置。

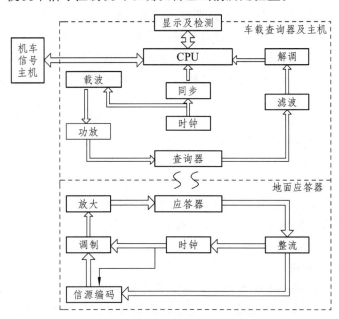

图 4-5-12　点式查询应答器

在到达场每一股道两端的绝缘节处安放一个应答器，用不同编码来区分每一股道的特征，是为机车进入股道时应答接收有关股道地址而设的。

在峰顶每个峰安装一个应答器，区分每一峰的特征，使机车在入出股道及上下峰时，确认本机车所处的位置。

② 推峰无线信号发送。

驼峰调车长按要求开放驼峰信号，驼峰信号将信号条件送入到机车信号地面设备的 I/O 口，作为驼峰机车信号地面设备信号的采样。将股道编码条件也送入设备的 I/O 口，作为信号地址采样。将带有地址的驼峰信号变为无线信息发向空间。

③ 推峰机车对无线信号的识别。

由于在同一个驼峰场用一对无线频道控制几台机车信号的显示，如果没有识别措施，则几台推峰机车会同时显示同一推峰信号，因此系统利用股道号信息作为信号的地址来确定其中一台机车是否进入接收状态。因为只有进入到达场股道的机车，轨道中股道号应答器无源点的信息才被车上接收并记忆在计算机中，当机车接收到的无线信息中的地址信息与车上查询应答器接收的地址含义一致时，该机车才能进入接收状态，其他机车处在待命状态。

（3）地面设备工作原理。

无线机车信号的地面设备，其功能是通过无线通道将驼峰信号信息发送至驼峰机车和接收机车回执的工作信息。

地面发送的无线信息，包含驼峰信号信息及与到达场进路联锁的股道编码作为地址的信息。设备将带有地址码的驼峰信号，经无线电台发送至工作机车，经车上无线电台接收译码，并显示出与驼峰信号相符的车内信号。

车载设备向地面发送的回执信息，是以机车查询应答器接收的所在股道的股道信息，作为回执信息的地址；将机车信号所显示的内容作为回执信息的信号内容，经车上无线电台发送回地面设备，经地面电台接收译码，并在地面设备上显示出回执信号的内容。

① 到达场推峰股道建立及信号允许开放条件的采集。

到达场每一股道都对应一个推峰股道校核继电器，当某一股道的进路办通，允许推送作业时，相应的推峰股道校核继电器吸起，股道号采样输入既是利用推峰股道校核继电器接点条件输入地面主机，作为信号的地址采样输入。以上这些到达场条件的采集，在到达场是计算机联锁时，可通过联网或串口实现。

当到达场信号允许开放时，相应的信号条件也要进行采样输入。这样，信号的开放与到达场具有安全联锁，使推峰机车控制更趋向安全。

在信号采样时，利用开关量输入、输出条件，实现信号的动态输入。

② 信号编码采样输入。

当驼峰调车长开放驼峰信号时，同时通过有关信号联锁控制无线机车信号的开放条件。利用驼峰信号继电器的条件进行采集，输入地面主机，作为信号的采样输入。在信号采样时，可通过与驼峰自动化控制系统联网或串口通信完成。

③ 无线信号发送和接收。

无线机车信号采用 400 MHz 系列的无线电台进行无线数据的传送。通信采用时间分隔的方式，可同时向 2～4 台机车传送信息，发送的控制命令及接收机车电台的回执信息。发送与接收信息的方式如图 4-5-13 所示。

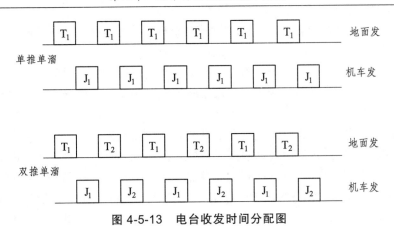

图 4-5-13　电台收发时间分配图

④ 回执显示器。

回执显示器安装在值班员控制台上，显示机车回执的实际推峰状况，便于值班员了解机车推送过程中机车信号的显示状态。

（4）车载设备工作原理。

无线机车信号的车载设备，完成驼峰信号在车上正确显示的任务，并将显示的结果，回执发送地面，因此要求车上设备具有显示清晰、瞭望方便、装卸简便的特点。

① 机车信号灯为标准双面显示机车信号灯，点灯电压为 12 V，属冷光源信号灯，故障率低。机车信号灯显示方式为 4 灯 8 显示，从上而下依次为黄、绿、红、白。

② 股道号信息的接收。

查询应答器车载主机与主机之间用电缆相连，查询应答器车载主机将接收的股道号信息处理后通过串行口将股道及地点信息发送给机车信号控制机，使机车信号控制机进行处理，从而可以确认自己当前所处位置。

③ 车上回执信号采样。

推峰机车收到地面发来的无线信号，经处理检查、确认正确无误之后，显示在信号显示器上，设备主机在显示器上进行采样，将信号显示内容采回。车上发回的回执信号对于只有一台机车作业的驼峰场，回执信号只有机车信号的内容。对于具有两台及两台以上机车推峰的驼峰场，回执信号必须带有地址特征，而地址特征从记忆在车上主机中的股道号取出。

4．系统的安全防护性能

（1）信号采样采用动态输入方式，提高信号的抗干扰能力，使设备能够判断接口故障。

（2）机车上信号点灯采用动态输出方式，接口电路采用动态输入、达灵顿驱动、交直转换电路驱动信号继电器，可靠防止误动作，保证系统工作安全。

（3）驼峰信号及股道号的采样采用冗余编码方式，使错误信号无效。场间联系的控制条件均采用双断的控制方式。

（4）机车接收无线通道送来的信号命令在软件上采用三取二表决的处理方法，信号的抗干扰能力强，并且在信息错误时显示红灯停车命令。

（四）驼峰移频机车信号

驼峰移频机车信号设备是一种使用有线通道传输信号显示信息的基础信号设备。信号显示信息采用单轨条和电缆传输方式。移频信号电流只在推送线路的一根钢轨中通过，由机车感应器接收。

实际上驼峰场和到达场的推送进路是由许多段轨道电路区段组成的，区段间用绝缘节分割开。在绝缘节的两侧，采用短接线将一条钢轨连接到另一条钢轨的方式将移频机车信号的信息传输通道连接起来。

开机联锁信息的发送方式与无线机车信号的发送方式相同。

驼峰移频机车信号设备采用成熟的区间移频自动闭塞和机车信号技术研制而成。载频在 550 Hz、650 Hz、750 Hz、850 Hz 四种频率中选择，例如选用 550 Hz 和 850 Hz，分别代表 T1 和 T2 的信号显示。低频仍然选用白灯 11 Hz，绿灯 15 Hz，黄灯 20 Hz，红灯 26 Hz。稳定灯光和闪光灯光用连续发信息和断续发信息来区分。驼峰信号继电器控制低频信号发生器产生相应的频率信号。对于两条推送线，用 650 Hz 和 750 Hz 代表向 T1 和 T2 推送，低频可选用 11 Hz 和 20 Hz。驼峰移频机车信号发送盒完全采用区间自动闭塞的发送盒，机车接收盒与移频机车信号相同，这里不再叙述。

二、驼峰推峰机车无线遥控系统

TY5 型驼峰推峰机车无线遥控系统在 2002 年通过铁道部技术鉴定。它在 JWT 无线机车信号的基础上，对驼峰推峰机车进行无线遥控，实现驼峰作业的变速推动。

系统与地面信号设备及推峰进路具有联锁关系，控车命令执行情况，通过回执反馈给作业员，从而保证作业安全；该系统可独立使用，也可与溜放速度控制及进路控制进行联网，构成驼峰自动化控制系统；驼峰推峰机车无线遥控系统可进一步发展为驼峰机车速度自动控制系统，以便综合考虑推送速度和溜放速度，由计算机直接计算并控制驼峰机车速度，提高解体能力，实现编组站综合自动化。

（一）系统功能

驼峰推峰机车无线遥控系统在驼峰编组站对驼峰机车实行推送速度控制。其工作范围是从推峰机车与到达场即将进行解体作业的车列连挂之后开始，直到列车解体完毕为止的整个推送作业过程。

（1）系统与到达场及调车场的信号联锁，保证遥控命令的发送及接收与驼峰信号机及驼峰辅助信号机相符合。

（2）驼峰调车长可以通过控制台的控制按钮同时发送遥控控制命令及开放驼峰信号。

（3）遥控系统的车上设备根据遥控命令，能够完成机车的自动启动、速度自动调整、后退、停车、制动与自动鸣笛等一系列功能。并可靠地实现司机手动操纵与计算机控制的相互转换，并且司机手动优先。

（4）推送作业启动困难时，车上设备可操作停车，按小于等于 1.39 m/s（5 km/h）的速度自动后退（后退距离根据用户要求确定），然后再重新启动，重新启动失败两次，则改为司机手动工作。

（5）预推作业时，预推速度可根据用户要求在 1.1（5 km/h）~ 3.33 m/s（10 km/h）选用。为使车列在预推作业时准确安全的停在预定位置，系统通过检查轨道电路条件，设置有减速区段及停车区段（停车位置根据站场设计确定）。

（6）主推作业时，车载设备可根据地面的控制命令实现连续变速推峰。

（7）机车上装有司机显示器，可显示推峰信号、控制命令、预推减速区段走行距离、预推停车距离、机车工作状态及有关声光报警。

（8）当机车控制装置故障时，车上司机显示器仍可向司机提供正确的命令显示及机车信号显示，作为驼峰信号的复示信号。

（9）推峰作业过程中，系统设备可对系统工作的重要信息进行记录及保存。在作业过程，机车设备可以不断向地面送回推峰机车的作业信息，并在驼峰信号楼控制台上显示出来。

（10）在调速及停车过程中，机车设备能实现七个等级的空气压力自保制动及逐步缓解，其制动及缓解时间符合使用要求。

（11）设备可应用于电气化区段及非电气化区段的编组站。

（12）地面设备控制主机为双机热备，可独立设置或含在自动化过程控制系统中；当系统作为自动化过程控制系统的子系统时，与自动化联网控制，系统具有推峰速度计算机自动控制的功能。

（13）无线通道的传输方式为频率调制宽度为 3 kHz 的频移键控工作方式，传输频率为 450 ~ 470 MHz UHF 的一组双工频点。

（14）无线遥控距离大于等于 2 500 m。遥控系统发送的控制命令、驼峰信号显示及车上显示的对应关系，可根据用户要求协商确定。

（15）地面控制驼峰机车推峰速度的变化范围为 0 ~ 4.167 m/s（15 km/h），每变化 0.278 m/s（1 km/h）为一个控制等级。等级的划分可按用户要求确定。

（16）驼峰机车推峰速度：90% 以上速度误差小于 ± 0.278 m/s（1 km/h），80% 以上速度误差小于 ± 0.139 m/s（0.5 km/h）。

（17）系统可同时控制四台推峰机车进行作业，并可根据不同的编组站要求，实现四推双溜作业方式、双推双溜作业方式及双推单溜作业方式。

（18）在推送作业过程中，设备正常运行时，可在 2 s 时间内对控制命令变化做出响应。控制命令中断超过 6 s，机车可自动停车，并有报警表示。

表 4-5-2 为值班员控制命令、计算机控制命令与信号显示对照表。

表 4-5-2　值班员控制命令、计算机控制命令与信号显示对照表

作业方式	驼峰信号显示	遥控控制命令	要求机车走行速度	控制命令车上显示
预推	红	预推	10 km/h	预推
		预减	减速推送	预减距离 180 m
		预停	预推停车	预停距离 80 m
主推	绿闪	9 ~ 15 km/h	9 ~ 15 km/h	9 ~ 15 km/h
	绿灯	6 ~ 8 km/h	6 ~ 8 km/h	6 ~ 8 km/h
	黄闪	3 ~ 5 km/h	3 ~ 5 km/h	3 ~ 5 km/h
	白闪	禁快	≤ 5 km/h	禁快
		禁慢	≤ 3 km/h	禁慢
	红闪	后退	≤ 7 km/h	后退
	红灯	停车	停车	停车
	白灯	下峰	手动	下峰

注：预推停车的停车点可根据用户要求协商确定，停车距离精度 ± 15 m。

（二）系统组成

系统由地面设备及车载设备两部分组成。地面设备由机车遥控主机及有关接口设备组成，车载设备采用车载微处理机及有关接口电路构成。在一个站场选用一组双工无线频点，可同时控制四台机车进行主推送及预先推送作业。

1. 地面设备

（1）地面控制计算机机柜（包含控制主机及地面数传电台主备机各两套）。

（2）定向天线两个，安装在机房楼顶。

（3）作为独立系统时设置一台前置机。

（4）地面计算机采用航空用 PC-104 工业控制机、I/O 总线方式，其设备配置图如图 4-5-14 所示。

图 4-5-14　地面主机配置图

2. 车载设备

（1）控制主机箱一个（含连接电缆），安装于机车司机室内，内装控制计算机、控制接口设备、无线电台及电源等。

（2）司机显示器一个，安装于司机室操纵台上正、副司机均能瞭望到的部位。

（3）空气制动控制接口设备一套，安装在机车电器室。

（4）机车控制、采样接口端子配线箱一个，安装在驾驶室或机车电器室。

（5）股道接收应答器一套，其天线安装在机车底部。

（6）机车速度传感器一个，安装于机车备用测速轴头上。

（7）车载天线一个，安装在机车顶部，正司机位置的前方，靠近峰顶方向的部位。

（8）机车计算机的配置。

机车计算机采用双高 AT96 总线结构，其设备配置图如图 4-5-15（a）所示；机车计算机采用小模板 VME 总线结构，其设备配置图如图 4-5-15（b）所示。

图 4-5-15　机车主机配置图

（三）系统工作原理

机车无线遥控系统工作原理如图 4-5-16 所示。

遥控控制命令及安全联锁条件的采集可通过继电器接点或通过自动化系统通信来实现。控制命令及回执信息采用无线传输方式，股道号信息采用地面设置点与车上应答接收方式。遥控命令的发送，也就是遥控信号的开放，必须与到达场的推峰进路构成联锁。

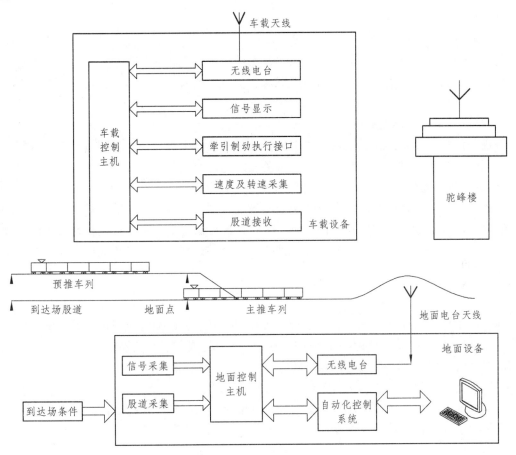

图 4-5-16　机车遥控原理示意图

1. 控制命令识别原理

考虑到经常有多台机车在到达场作业，因此需要有控制命令发送联锁电路及控制命令识别电路，选定作业机车。

（1）遥控控制命令发送与联锁。

遥控控制命令的发送与解体车列所在的位置有关，当车列未出清到达场时，受驼峰调车长及到达场值班员同时控制。当到达场进路、道岔都正确时，才能发出与机车前方地面信号一致的遥控命令，联锁发生故障时，送出较限制的控制命令。当车列出清到达场后，只受峰顶值班员控制。

① 遥控预推控制命令的发送。

当到达场同意办理某股道推峰时，驼峰调车长按下 T_1（T_2）峰预推作业按钮，联锁条件电路接通，自动发送遥控预推命令。当车列运行到特定距离点时，由于轨道电路条件控制，自动发出遥控预推减速命令；当列车进入峰顶区段，由于该区段轨道电路及联锁条件控制，自动发出遥控预停命令，要求列车在驼峰信号机前方所允许的范围内停车。

② 遥控推送控制命令的发送。

当车列完成预推作业，或直接进入推送作业由驼峰调车长办理推峰作业，办理过程如下：当车列进路正确时，首先办理推送作业按钮，再办理控制命令按钮，此时驼峰信号开放的同时，也送出了遥控控制命令。

（2）股道地址电路。

股道地址是作为遥控信息的地址标志，当车载设备从无线接收控制命令的地址标志，与车载设备从到达场轨道中应答接收的地址标志含义是一致时，才为本机认可，并执行这一控制命令。

① 股道号信息地面点的设置。

股道号信息地面点是在到达场股道两端安放的应答器无源点，用不同编码来区分每一股道的特征，是为机车进入股道时应答接收有关股道地址而设的。

② 股道编码地址。

股道编码是遥控地面系统发出控制命令的地址特征，无线信息传输时对象选择特征的标志。它是利用到达场股道继电器条件编成，送入地面控制主机，由主机进行地址编码后加在控制命令中由地面电台发出，车载电台收到控制命令并识别校验后，车载设备才能进入遥控工作状态。

2. 地面设备工作原理

地面设备包括遥控地面柜、信号控制按钮及回执显示。遥控地面柜包括数传电台及控制主机。遥控地面设备工作受联锁条件电路的控制，同时还要与自动化系统主机交换有关信息，以完成对推峰信号的遥控与检测记录功能。

（1）控制命令发送。

遥控的地面设备发送控制命令，受联锁条件电路与驼峰调车长控制，并可与自动化系统主机相配合，实现机车的最佳速度控制，它包括如下几个部分：

① 地面无线数传电台。

遥控系统无线电台采用 400 MHz 系列，控制主机经调制解调器与电台相连，由电台发送出无线控制命令的信息，被机车无线电台接收。同时地面电台也接收车上电台发回的回执表示信息，经调制解调器处理，成为控制主机可以识别的信息，由回执显示器显示出来。

② 控制主机。

控制主机由工控机及有关的接口电路构成。从接口电路采样输入带有地址的控制命令，经控制主机处理，经地面数传电台向机车发送。同时，电台收到机车遥控工作的回执表示信息，也经控制主机处理，送往有关的回执显示器，同时也送往系统主机显示或存盘处理。在自动化驼峰系统中，可通过联网或串口送到驼峰自动化系统中。

（2）与驼峰自动化系统通信。

在自动化驼峰，遥控系统在工作时，要经常与系统主机进行通信，每次主推作业开始时，系统主机将钩计划作业单传给遥控主机，遥控主机将作业单的车辆总数及溜放过程中减少的车辆数进行比较，把实际的推送车辆发给机车，以调整推送速度，提高控车精度，保证机车处于理想的控车状态。

在自动化驼峰，遥控系统还可接收自动化系统的溜放信息、故障信息及所要求的推送速度等，经安全联锁处理与计算后，根据系统设计要求，实现变速推送，对机车进行自动控制。

3. 车载设备工作原理

系统的机车速度控制设备由车载无线电台、机车控制计算机、股道号查询应答器、机车执行工作接口、制动控制接口设备、速度传感器、显示器及电源等组成。

机车控制计算机为工业控制微机。机车控制计算机不断从车载数传电台接收控制命令，并在到达场取得机车所在股道编码信息，进行工作机车判别，只有判别为工作机车时，才可以对机车进行遥控。并将信号显示在显示器上。此时，只要司机将有关操纵手柄放置在原始位置，按压控制按钮，表示同意进行遥控作业，机车将通过机车控制计算机执行控制命令。当机车控制计算机接收控制命令，它将与速度传感器采集的实际推峰速度进行比较，同时控制机车执行工作接口工作，并从执行工作接口采样比较，使机车按控制命令工作。当机车控制计算机确认机车工作正确，将在显示器上显示有关内容，并把有关条件回采进行比较，在全部无误前提下，机车控制计算机通过车载台向地面设备送出执行结果的正确表示。如果机车设备发生故障，机车控制计算机将根据故障报警，同时通过车载台向地面送出故障信息。

机车显示器是为司机监视遥控设备工作是否正常而设定的。显示器显示的内容包括由地面送出的控制命令内容、机车在遥控工作状态下的有关显示。显示器的显示面板如图 4-5-17 所示。

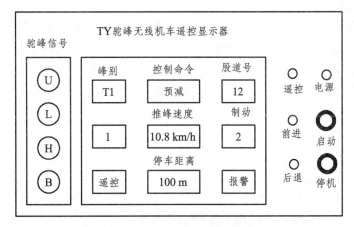

图 4-5-17　机车显示器面板

机车设备的空气制动接口设备由两部分组成，一部分为制动控制箱，各部件均由铜管连接，它给出的压力由调压阀调整，可有七个等级的制动压力；另一部分为法兰盘组件，其中包括双向阀。制动控制箱给出的制动压力条件，通过法兰盘组件来控制空气制动机的制动压力，它是通过 4 个 M12×67 的双头螺栓安装在空气制动机作用阀及其座之间。

车载设备的空气制动接口设备不影响 JZ-7 型制动机的原有司机控车工作性能。当需要人工操纵机车制动时，司机只需按照常规的机车操纵方式工作，车载设备将自动切除遥控工作，转为司机制动工作方式。

4. 系统传输及传送编码格式

（1）无线数据传输方式。

系统信息的发送、接收方式与 JWT 系统相同。

（2）系统信息传送安全措施。

系统信息包括地面发送给机车的控制指令信息与机车回送给地面的执行结果信息，传送方式为异步串行方式，冗余措施为奇偶校验、标志位判别等多项表决方式，其中包括传送组旗标判别位等。系统信息传输具有时效性，过期指令无效，可保证信号命令的安全与可用性。

（四）结合电路

机车遥控现场信息采集驼峰调车场控制条件、驼峰车轮传感器信息及到达场控制条件。

1. 驼峰调车场控制条件

驼峰调车场采集包括驼峰接口电路信号条件、驼峰调车场轨道电路条件。在系统与驼峰自动化系统配套时，可通过局域网采集有关信息。

2. 驼峰车轮传感器信息

车轮传感器设于驼峰调车场Ⅰ部位前的加速坡区段，用于判别峰顶车列前后钩车的脱钩位置及计量溜放钩车的辆数，以确定地面设备改变控制命令的时机及计算推峰车列所剩的车辆数，为机车推送提供车辆代码。其输入通道与溜放进路控制系统相同。

3. 到达场控制条件

到达场控制条件采集包括股道号及信号开放条件采集。在采用继电联锁的站场，有关继电器接点条件，通过场间联系电缆送到驼峰调车场，为减少到达场与驼峰调车场间的条件电缆连接线路，有些条件采用继电编码电路。如果到达场是计算机联锁设备，通过计算机通信方式将到达场的推峰进路联锁条件传送到系统的地面控制机柜。

复习思考题

1. 简要说明溜放进路的特点。
2. 说明驼峰道岔自动集中设备的组成和工作方式。
3. 进路储存器和进路命令传递电路各有何用途？
4. 进路编码表是怎样编制的？有何用途？
5. 进路储存器记忆单元的数量和每个单元中记忆继电器（J）的数量是根据什么确定的？
6. 进路命令传递电路由哪几种电路环节组成？为何要设岔间环节？其设置数量怎样确定？
7. 分别说明道岔环节和岔间环节发送进路命令的时机，并指出二者的异同。
8. 道岔环节和岔间环节在什么条件下才能取消进路命令？"强制取消"和"正常取消"有何区别？
9. 什么叫间隔调速？什么叫目的调速？影响溜放速度调节的参数有哪些？
10. 根据调速工具的配置情况，有几种主要的调速方案？它们各自有哪些优缺点？
11. 调速系统产生误差的原因主要有哪些？
12. 简述 JWT 驼峰无线机车信号系统的组成和工作原理。
13. 简述 TY5 型驼峰推峰机车无线遥控系统的组成和工作原理。

第五章　驼峰自动化系统的典型应用

目前，驼峰自动化系统在我国的应用已经相当普遍和成熟，有多种型号，主要有通号公司研制的 TW 系列组态系统、FTK 系统和 TYWK 系统和铁科院研制的 TBZK II 型系统、TXJKIII 型系统等。它们有共同点，但又各具特点。从结构上看，基本都属于集中管理、分散控制的分布式计算机实时过程自动控制系统，硬件按不同功能采用模块化设计，可以依据站场规模及功能需要取舍，追求软、硬件设备的优化组合。

第一节　TW-2 型驼峰控制系统

TW 型组态式驼峰过程控制系统是用于驼峰进路及调速自动控制的控制装置，由控制微机、测速雷达、测长设备、车辆减速器、转辙机、信号机、轨道电路、工作站及报警打印机等组成。其控制模块（包括硬、软件）可按需配置和组合，适合不同站场规模、不同功能选择与取舍的场合。

TW-1 型组态式驼峰自动控制系统于 1996 年推出。在 TW-1 型基础上改进的 TW-2 型组态式驼峰自动控制系统于 1998 年研制成功。

目前，系统的功能模块包括：驼峰头部联锁，溜放进路自动控制，I、II 部位减速器间隔自动控制，III 部位减速器目的自动控制，股道空闲长度测量，可控顶自动控制。系统具有自动、半自动、手动相结合的三种控制模式。

一、系统的主要功能

1. 场间联系与推送进路

（1）适用于纵列式、横列式、尾部编发等不同情况的场间联系。

（2）调车作业计划、场间联系、推送进路及驼峰信号之间要有联锁。

（3）自动溜放时，调用计划将实现推送进路自动选路。

（4）对于纵列式站场，自动溜放时，其场间联系在调用计划后"允许推送"或"预先推送"能自动选择、自动办理和自动取消。

（5）有多条推送进路时，在执行调车作业计划时由调用参数选择。

（6）在双推单溜时允许一个峰解体，另一个峰调计划建立推送进路，进入"预先推送"。当正在解体的峰位最后一钩通过交叉渡线时，自动将交叉渡线转换切至另一峰，并自动将"预先推送"升级为"允许推送"。

（7）场间联系可以选与6502继电联锁的接口方式，亦可以采用广域网通信方式与到达场计算机联锁系统进行联系。

（8）自动溜放时，推送进路在计划执行完毕，并且驼峰信号关闭后通常分两段解锁，以提高效率。

（9）手动溜放可以按始、终端方式办理建立推送进路。

（10）推送线上的调车信号机在推送进路建立后由驼峰信号显示内容确定开放或关闭。

2. 驼峰信号

（1）驼峰信号在开放除白灯以外的其他允许信号时，要和信号机外方的推送进路发生联锁。

（2）驼峰溜放信号遇有溜放作业异常情况时，应与信号机内方的溜放进路发生联锁，及时关闭信号，故障导向安全。

（3）系统在与推峰机车遥控接口时，应具有自动确定溜放推峰速度的功能，并影响驼峰信号加速、定速、减速、停止、后退显示。

（4）与机车遥控系统联机时，驼峰信号显示应与其给定推峰速度相对应。

3. 峰上调车

（1）采用始终端办理方式，自动选路，满足与6502继电联锁相同的技术条件，并具有三点检查、区段分段解锁、中途返回解锁、故障区段解锁等功能。

（2）适用于各种类型的转辙机，具有通过计算机人机界面单操道岔功能。

（3）具有确认主备机均故障时，通过应急台直接单操和锁闭道岔的功能。

（4）灯丝断丝后，可识别所对应断丝的灯泡。

（5）未锁闭的区段发生占用视为轨道电路故障并报警。

（6）具有挤岔判别和报警功能，为便于室外维护作业，具有对道岔单独锁闭的功能。

（7）长调车进路办理可由峰上到峰下，办理长调车进路由近及远取消。

4. 上、下峰调车

（1）在溜放部分死区段不可避免的情况下，跟踪调机在进路上的走行，逐个区段检查，实行与6502相似的技术条件，达到自动关闭信号、自动解锁的目的。

（2）上、下峰调车进路应与溜放进路发生联锁，只有在进路上没有溜放钩车，或确认溜放钩车途停后方可排列调车进路。

（3）调车进路上的车辆减速器区段包括在联锁范围内，锁闭即强迫减速器在缓解位置（应急台手动不受影响）；解锁时，车辆减速器可随时按自动控制要求动作。

（4）上、下峰调车进路为基本进路占用出清一次解锁方式，故障解锁采用故障进路解锁方式。

（5）通常上、下峰调车进路的锁闭不检查进路上的区段占用，但必须检查隐含的超限。

（6）允许在进路上的任意区段中途折返，并实现中途折返解锁。

（7）上、下峰进路可以采用始终端方式办理，自动选路，也可与峰上调车办理一个长调车进路。

（8）在溜放状态下，上、下峰调车进路可以与溜放钩相同，事先按钩储存在作业计划中，可插入、变更、删除，可按钩自动执行和自动消除，自动确认钩与钩之间的最佳执行时机。

（9）对于先下峰、后上峰的调车钩，实行退路锁闭：进路通过后不解锁，自动关闭下峰信号，开放上峰信号。

（10）溜放部分的轨道区段，溜放时按立刻出清处理，上、下峰进路上的区段按 3 s 延时出清处理。

5. 去禁溜线、迂回线

（1）在非溜放状态下，去禁溜线、迂回线可以按推送进路始终端办理，人工开放白闪及后退信号。

（2）自动溜放过程中去禁溜线、迂回线调车作业与溜放钩相同，可事先储存在作业钩计划中，自动按钩执行，自动将推送进路转移到指定的线路，并自动开放驼峰信号红闪和白闪显示。

（3）手动溜放可以按始终端办理，建立通往禁溜线、迂回线的推送进路。

（4）去禁溜线、迂回线按储存计划办理时，其局部推送进路的解锁、选路、再锁闭须在驼峰信号关闭后延时 15 s。

6. 股道封锁与发车锁闭

（1）在人工办理某股道封锁和解锁时，根据相邻股道封锁情况，自动选择相应的道岔对象及其相邻道岔，并对该道岔锁闭或解锁。

（2）对于编发线，自动通过场间联系向尾部联锁送股道封锁条件。当接收到尾部发车信号条件后，限制推峰头部对该股道的解锁操作，但可以实行强迫解锁。列车出清股道后自动解锁。

（3）与尾部的联系可以与 6502 继电联锁的方式接口，亦可采用广域网通信联系与峰尾计算机联锁接口。

（4）对于计划中去往被封锁股道的钩车发出警告，并对强行溜下的钩车强迫溜往其他股道。

（5）必要时，可以在满线等情况下实现股道自动封锁。

7. 作业计划处理

（1）要求按计划处理，每个计划以车次为识别符，可同时储存的最大计划数不少于 4 个，每个计划最大容量为 80 钩。

（2）可对计划进行插入、删除、变更、替代等各种编辑操作；计划中所要识别和处理的信息有：钩序、场号、股道编号等。

（3）可同时操作溜放和储存两个计划，即一个在溜放，另一个在储存。

（4）可通过串行口或广域网联机自动接收来自现车管理系统或调车单传输系统的计划。

（5）记录已执行的计划信息入数据库，以备提取报告。

8. 溜放进路控制

（1）适合于单推单溜、双推单溜、双推双溜等作业要求。

（2）在双推单溜时，在同一个工作站上可同时调用两个计划，一个计划溜放执行完毕后，自动转入执行另一个计划。

（3）在双推双溜时，在同一个工作站上可同时调用两个计划同时溜放，其驼峰信号、溜放显示的滚动只与其对应半场的设备和钩车发生联锁。

（4）适合于各种快动转辙机控制，如风动或电动转辙机。

（5）具有通过工作站人机界面单操道岔的功能。

（6）具有在应急台上扳动手柄而直接单操道岔的功能，该手动操作不得通过微机执行，并且在溜放进路上该操作优先于微机自动控制。

（7）为便于室外维护作业，具有对分路道岔单独锁闭的功能。

（8）溜放过程中，对溜放钩车按逐级传递的原理跟踪，并显示、处理故障。

9. 编组线出岔

（1）对于编组线出岔，并且该编组线设有减速器时，当办理与该编组线有关的半场或全场溜放时，自动将出岔道岔锁定在开通至峰顶位置。当有迂回线进车时，自动解锁该道岔，并封锁该股道。

（2）对于编组线出岔，并且该编组线不设车辆减速器时，自动将出岔道岔和通往该编组线的分路道岔始终带动到防止溜至该编组线的位置，并且带动道岔不能单操。

10. 减速器控制

（1）具有间隔调速和目的调速功能。

（2）对于间隔调速，具有根据钩车的间隔和下级减速器入口速度要求，自动给定减速器出口速度，并且以自动定速控制为主要控制方式。

（3）对于目的调速，具有根据钩车在停留车位置安全连挂的要求进行计算，自动给定减速器出口速度，并且以自动定速控制为主要控制方式。

（4）可获取钩车测重跟踪信息，或识别计划中空重车记标，以计算减速器出口速度给定值。

（5）可识别计划中注意溜放记标，以低限连挂计算目的调速出口速度给定值。

（6）可获取钩车峰顶计轴跟踪信息，或识别计划中的钩车辆数，自动给定减速器出口速度和自动调节放头拦尾控制量。摘错钩时，以峰顶计轴及跟踪为准，防止多放。

（7）对于错道钩车，减速器可根据跟踪信息进行正常控制。

（8）对于目的调速，根据钩车股道内间隔的要求进行计算，自动确定钩车在减速器上是否需要停止或减少放头拦尾。

（9）对于目的调速，具有方便的半自动控制功能，即人工定速。

（10）在应急台上设有手动直接操纵减速器制动、缓解的手段，该手动操作不得通过微机执行。

（11）半自动或应急台手动只对即将进入和已经进入的钩车有效，钩车出清自行恢复自动。

（12）在计算机工作站上，具有手动单操减速器制动、缓解、恢复自动及单锁的手段。

（13）可选择我国现有重力式、非重力式、空压或液压等各种类型的车辆减速器作为调速工具。

（14）对于非重力式减速器控制，能够根据进入钩车重量给出合理、安全的限制制动等级。对于空重混合钩车，应具有测重或计划识别功能，并采取特别的安全措施保障减速器安全制动。

（15）可适应我国目前各种雷达作为测速工具。

（16）在工作站上具有减速器区段轨道占用、减速器机械位置（TJK 减速器除外）等表示，并具有实测速度、自动或人工定速及动长等数字显示。相关设备故障时也应有状态表示。

（17）在调车进路上的减速器应处于缓解锁闭状态，以防止夹机车，并防止动长误计。

（18）具备人工根据气象变化调节自动定速控制参数的手段。

（19）必要时可通过气象系统测量自动调节定速控制参数。

（20）对于重力式减速器，可对前后两台减速器分别控制或同时动作，并以分动为主，可减小风管路瞬间压力损耗。

（21）对单钩车或多钩车在减速器上的控制，应在制动能高得到保障的前提下减少减速器的占用时间，以适应隔钩车控制。

（22）具有在减速器上追钩的报警与导向安全自动处理。

（23）具有在三部位减速器前追钩的报警与自动处理。

（24）具有在减速器上途停的判别与报警。

（25）减速器空闲时计算机自动检查雷达自检故障与恢复，并及时报警（仅当雷达本身有自检功能时）。

（26）轨道电路故障时（调整或分路不良）能导向安全正常控制并报警。

（27）减速器入口踏板故障时（不能计轴）能导向安全按暂停放头拦尾控制并报警。

（28）目的调速具有满线时打靶距离不够报警，钩车进入时停止或减少放头拦尾控制。

（29）三部位入口速度在规定界限值以上时，不受放头拦尾开始轴数的制约而制动。

（30）雷达无信号故障并且钩车进入减速器时能导向安全进行粗略控制并报警。

（31）自动提供减速器结束控制时钩车的实际入口速度、给定出口速度、实际出口速度、控制动长值、测重等级及实际计轴数等内容的概要报告信息。

（32）自动提供钩车通过减速器过程中详细的跟踪记录信息，并存入维护工作站数据库。

（33）系统应能接受限界检查器检查条件，并及时报警与切断信号。

（34）监督减速器的制动时间和缓解时间，并及时对异常情况报警（预留）。

（35）对由于油、大、薄轮车等原因通过二部位减速器造成超速时，系统可以给出语音报警提示，并采取停止该钩车三部位放头拦尾的防护措施。

11. 测　长

（1）具有股道空闲长度走长测量功能，具有股道空闲长度停长测量功能，即鉴停功能。

（2）应具有可直接供自动定速计算使用的动长测量功能。

（3）适应于电气化（25 Hz）及非电气化区段（50 Hz）。

（4）适应于编发线有接触网的情况（可以不考虑测长区段与接触网区段的叠加）。

（5）应具有股道车列牵出拉空的判别功能。

（6）具有自动精调测长计算参数的功能，可校正由于道床湿度变化而导致的测长误差。

（7）必要时可测量钩车的连挂速度，用于目的调速自适应功能。

（8）能检查测长轨道电路故障，包括轨道接续线、钢丝绳、通道断线，断保险，电源断电等。测长故障时能及时报警，并自动给出导向安全的自动定速。

（9）测长控制微机故障时能够自诊断，给予明确的报警和导向安全处理。测长控制微机的故障和更换，不影响系统的半自动控制功能。

（10）具有 CAD 手段辅助现场各股道的参数调整。

12. 监 测

（1）监督记录风压低、熔丝断丝、主灯丝断丝、轨道停电等报警，并采取相应处理。

（2）在推送线上加装测速雷达的站场，系统应能够实时显示推峰速度，并记录每一溜放钩越过驼峰信号机时的推峰速度。

（3）控制级微机故障时，能够自诊断，给予板级故障报警（指明某个电路板）。

（4）具有在维护工作站上按时间（班次）、计划、设备等分类查询检索功能，并可打印检索内容。

（5）具有在区长工作站上对维护工作站数据库进行有限制的客户端查询检索，以及作业、技术统计功能，并可打印报告内容。

（6）可直接针对控制级的模块，对各种输入/输出接口、通信、内部状态等进行诊断和检查。

（7）提供软件模拟手段，便于室内试验进行各种功能检查。提供异地远程报告和诊断的功能。

（8）必要时可为现场提供专用测试仪，在离线情况下测试各种下层电路板，辅助查找故障的集成电路芯片，确认电路板工作正常。

（9）可测量轨道电路电压、电动转辙机电流、电源屏电压、电缆绝缘测试等模拟量参数。

二、系统结构与组成

（一）系统结构

TW-2 系统结构设计为典型的 DCS 集散式控制系统（见图 5-1-1），系统由标准化、通用化、模块化、系列化的微机组成，为控制级、管理级、操作级三级体系结构。控制级与管理级间，以及控制级内各控制器之间采用了 1 M 控制局域网（CAN）进行通讯联系；操作级与管理级间以及各级内之间采用 10/100 M 以太局域网络（Ethernet）通信。控制级为 Intel 80386 专用嵌入式计算机，操作与管理级采用工业 PC 机 80486、P2 或 P3 CPU。管理级采用 AMX386 实时多任务操作系统；操作级采用中文版 Windows NT Workstation 4.0 操作系统及多媒体技术。按控制功能和范围设定了不同的自动化独立节点，故障不扩散，最大节点数 32 个（可扩至 1 024 个）。操作级最多可接 10 个工作站，可选择光纤通道使传输距离大于 4 000 m，可与异网互连。管理级微机集中了联网设备的所有信息，实现集中指挥与管理，如图 5-1-2 所示。

图 5-1-1　TW-2 系统的金字塔结构

（二）系统设备组成与布置

TW-2 型组态式驼峰自动控制系统是一个实时过程控制系统，其控制和采集对象分布在驼峰头部各个地点，由多人进行操作和监督，且和其他系统之间有数据交换，见表 5-1-1。

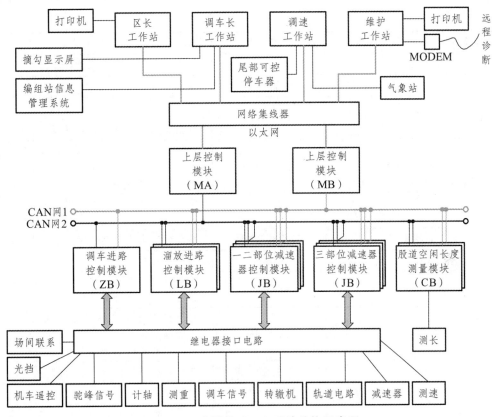

图 5-1-2　典型的 TW-2 系统结构示意图

表 5-1-1　系统组成表

现场设备	设备分类	常用型号	主要用途
道岔转辙设备	分路道岔（快动）	ZD7、ZK3、ZK4	溜放进路执行设备，并提供道岔位置表示信息
	电气集中道岔	ZD6、ZK3、ZK4	进路控制执行设备，并提供道岔位置表示信息
轨道电路	分路道岔区段	2.3 或高灵敏	提供车辆占用信息，用于车辆跟踪
	峰上道岔区段	2.3 或 480	提供车辆占用信息，用于三点检查
	无岔区段	2.3 或 480	提供车辆占用信息，用于三点检查
	警冲标区段	2.3 或高灵敏	提供车辆占用信息，用于车辆跟踪和堵门检查
	减速器区段	2.3 或高灵敏	用于减速器占用信息和切换雷达自检
色灯信号机	驼峰信号机	标准信号器材	受系统控制，指挥溜放
	调车信号机	标准信号器材	受系统控制，指挥调车
	调车线路表示器	标准信号器材	间接受相关调车信号控制，指挥上峰
车辆减速器	"大缓"	TJK 或 TJK3	间隔控制
	"小缓"	TJK1C 或 TJK2	目的控制
普通减速顶		TDW901/905 或 TDJ402 系列	配合点连式调速，其参数在目的控制中被考虑
限界检查器		标准驼峰产品	检查车辆限界是否可通过减速器

现场设备	设备分类	常用型号	主要用途
峰顶按钮柱		标准驼峰产品	紧急情况提钩员关闭驼峰信号
★提钩表示盘		特制产品	显示溜放钩计划
测速雷达	减速器雷达	TCL2	测量钩车在减速器上的速度
	峰顶雷达	TCL2	测量钩车在峰顶的推峰速度
车轮传感器	减速器前计轴	无源或有源	启动减速器对钩车的控制；确定放头拦尾轴数；测钩车在减速器上的位置；动长计算"减轴"
	峰顶计轴	无源或有源	测钩车实际轴数；判别摘错钩；识别反向牵出
测长轨道电路		工频或25周	提供股道空闲长度的模拟量信息
测重磁头		压磁式	提供重量信号
★气象站		CAWS600B	采集风速、风向、气温、降雨信息，作为调速自动控制的计算参数
★光挡		E3JM/JK	判别分钩并结合峰顶轮轴探测器实现钩车的计轴计辆；抽样识别车辆高度
室外电缆		信号综合纽绞电缆	连接系统与室外采集执行设备
控制室设备	设备分类	常用型号	主要用途
★区长工作站	单屏	外购工业PC	用于区长管理监督驼峰作业过程，实现车站报警记录和统计报告的二级查询
★区长打印机	单屏	通用打印机	车站报警记录和统计报告的打印
调车长工作站	单屏或双屏	外购工业PC	办理计划、溜放、调车、场联的人机接口
★调速工作站	单屏	外购工业PC	办理调速的人机接口
控制台	应急台	微型按钮与手柄	用于紧急情况下的手动或维修试验用
	拼接式桌面	金属箱体封闭结构	桌面放置显示器、键盘和鼠标，箱体内放置工作站主计算机
机房设备	设备分类	常用型号	主要用途
控制机柜	上层管理工控机	外购工业PC	系统上层集中管理及信息共享层
	进路及联锁下层机箱	特制模块	与进路、联锁相关的采集驱动及实时性要求高的功能处理
	调速及测长下层机箱	特制模块	与减速器控制、测长接受相关的采集驱动及实时性要求高的功能处理
	接口电源	特制双电源热备	提供24 V、12 V接口用直流电源，包括开关量I/O、雷达、踏板等
	测重机箱	与外磁头配套	向系统提供量化的车辆轴重数据
	★测量模块	特制模块	主要负责轨道电流、转辙机电流等独立于系统的监测内容
	网络交换机	通用设备	支持系统以太网的双绞线星形连接
	★计轴调理机箱	特制模块	将有源计轴信号处理为标准信号

现场设备	设备分类	常用型号	主要用途
维护工作站		外购 PC 机	控制双机切换、上电全场区段解锁、负责保存报警记录等信息，作为查询和统计报告的人机接口
报警打印机		通用打印机	电务报警记录和统计报告的打印
UPS 电源		外购通用产品	系统不间断供电
计算机桌		特制封闭结构	放置维护工作站、打印机及上层机显示器/键盘
机械室设备	设备分类	常用型号	主要用途
测长电源	交流净化电源或25周开关电源	特制	给测长供稳定的交流 220 V 电源，（50 Hz 或 25 Hz）
驼峰电源屏	电动或电空屏	标准驼峰用屏	给系统和室内外设备供电
接口继电器组合架（柜）		标准信号产品	解决系统采集/启动的驱动、隔离、底层逻辑及手动独立操作问题
分线盘（柜）	室内分线盘	标准信号产品	系统与外界的 I/O 引入汇接处
	室外分线盘	标准信号产品	系统与室外设备连接的总汇，并安装有通道防雷及汇接室内接地网
室内电缆	计算机接口电缆	RVV16x0.15 塑料护套阻燃电缆	用在计算机柜的机箱背板与室内分线盘之间配线
	网络电缆	超五类非屏蔽双绞线（UTP）	上层机与各个工作站之间网络通道
	一般室内电缆	信号室内电缆	控制台与组合架间手动条件的连接

1. 现场设备

TW-2 型系统的室外采集和执行设备包括转辙机、轨道电路、色灯信号机、车辆减速器、雷达、轮轴探测器（踏板）、测长轨道电路、压磁式测重传感器。

2. 控制台室内设备

（1）驼峰控制台室内设备。

驼峰控制台室内设备以工作站为主，其设置数量及位置与驼峰规模、需设定员有关，一般设 1～4 台工作站。

在工作站 Windows NT 的平台上，设计有多个窗口，这些窗口在每个工作站的显示均是相同的。例如：状态及报警窗（必须长期打开）；站场图形窗（必要时可将一个站场分域显示设计在两个图形窗口上）；计划窗；溜放窗（双溜时可开两个）；统计报告查询窗；股道测长窗；推峰速度控制窗（有推峰机车遥控接口或有推峰速度测量的站场）；信息窗。

各窗口可根据需要选择打开和关闭，但其操作权限根据其分工具有不同的限制。

在控制台室设有多台功能各异的终端和手动应急控制盘，其典型布置如图 5-1-3 所示。

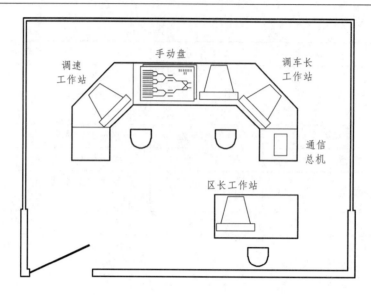

图 5-1-3　典型的 TW-2 型控制系统控制台室内设备布置

① 区长工作站。

该工作站仅设在区长或线路值班员驻控制台室的场合，用于监督驼峰作业过程，进行报警查询操作等。

该工作站以显示站场图形窗、溜放窗和测长窗为主，可纵观全场溜放作业过程，观察各股道的可存车数。另外，必要时可开启信息窗。该工作通常设有报警记录和统计报告的二级查询权，该工作站可以配置汉字打印机，打印信息窗的查询结果。如果有必要，该工作站也可赋予调车计划编辑权。

② 调车长工作站。

该工作站为核心操作站，由调车长操纵，放在控制台桌面上。

该工作站以显示站场图形窗、溜放窗及调车计划窗为主，必要时可开启测长窗。

通常调车长负责掌握调车计划的执行，负责办理全场的调车进路、溜放进路、推送进路及驼峰信号控制，因此该工作站具有调车计划编辑权、溜放办理权以及在站场图形上进行峰上调车进路、机车上下峰进路的办理，进路的总取消或总人工解锁操作，区段故障解锁、道岔单操、驼峰信号控制、股道封锁等一系列权限。

在规模较大的驼峰场，该工作站可采用两台显示器的多屏显示技术，以保证有足够屏面显示各个窗口。

在中小驼峰，可以全场由调车长一个人操纵，此时，该工作站还可以赋予减速器单操及半自动定速权。

在有的站场，该工作站还负责与现车管理系统或调车作业单传输系统的串行通信连接，自动接收调车作业计划。

③ 调速工作站。

如果调速另设作业员，需要一台调速工作站，放在控制台桌面上。

该工作站以显示站场图形窗、溜放窗为主，必要时可开启测长窗，赋予车辆减速器单操及半自动定速权。

④ 手动控制台（盘）。

可制作成活动的盘式，放置在桌面上，或做成一个小型控制台。仅设车辆减速器按钮、分路道岔手柄，一般不设表示，用于紧急情况下的手动或维修试验用。在大型驼峰场，通常设专人看守。

（2）机房及机械室设备。

机柜单元组合如图 5-1-4 所示，机房及机械室室内设备布置如图 5-1-5 所示。

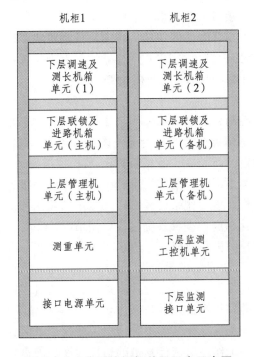

图 5-1-4　典型的机柜单元组合示意图

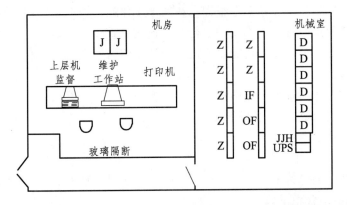

图 5-1-5　典型的 TW-2 型控制系统室内设备布置图

J—TW 控制机柜；D—电源屏；Z—组合柜；IF—室内分线柜；OF—室外分线柜；
JJH—交流净化电源；UPS—不间断电源

① 控制机柜。

机柜尺寸按长×宽×高规定，有 600 mm × 600 mm × 1 800 mm，800 mm × 600 mm × 2 000 mm 两种类型。

每个机柜可放置 4~5 个机箱单元，所有机箱单元均为 19 英寸标准。每站根据规模和需要设 1~2 个机柜。

每站配置的机箱单元种类和数量将根据站场的功能要求和规模在设计时组合。

常见的机箱单元有：上层工业控制 PC 机机箱、下层溜放进路及联锁机箱、下层速度控制及测长机箱、测重机箱、接口电源机箱、下层监测机箱。

机箱通常设有以下几种类型的插件：微机减速器控制模块 JB（包括 MJB、GJB）；微机测长控制模块 CB；微机进路控制模块 LB；微机联锁控制模块（在联锁规模较少的站场可由 LB 兼）ZB；智能输入输出模块 IOB；电源模块 POWER。

② 维护工作站。

维护工作站的显示与控制台室的其他操作工作站类同，放置在机房内的计算机桌上。

维护工作站也是在 Windows NT 的平台上，设计了各种窗口[状态及报警窗（主窗）、站场图形窗、计划窗、溜放窗、测长窗、信息窗等]，可根据需要选择开启或关闭。

维护工作站以信息窗为主，设有报警记录和统计报告的一级查询权，该工作站配置汉字打印机，打印各种一级报告。该工作站还经常打开显示站场图形窗和溜放窗，用于监督全场溜放作业过程，打开调车计划窗，查看系统接收计划情况。

此外，该工作站还有控制机切换权、上电全场区段解锁权，以及针对上层机的维护操作权限。

该工作站还有一个仿真终端窗，可通过开启该窗，并通过连接下层机插件维护测试口，进行特殊情况下直接针对插件的维护显示与操作。

该工作站的特殊之处是负责保存全部报警信息、变化记录信息及钩车详细信息等各种信息，供查询使用。因此，该工作站所选计算机的运算速度、硬盘容量和内存容量都要求较高配置。查询途径有三种：

在本工作站（即维护工作站）上查询；在其他工作站上查询（客户端查询）；远程查询。远程查询的条件需要通过维护工作站的串行口，连接可直拨的电话线路，该线路应该是查询专用，不要兼作工区办公电话，还需要连接一台调制解调器。

③ 报警打印机。

采用汉字打印机，与维护工作站相连，打印各种报告和报警记录。

④ 交流净化电源或 25 Hz 变频电源。

用于给测长轨道电路供电。

⑤ UPS。

给计算机柜及外围设备供电，以渡过两路电源切换时 0.15 s 的断电时间。

⑥ 接口继电器组合柜（架）。

安装在继电器架上的有接点电路具有以下作用：

作为系统控制输出环节、采集输入环节室内与室外的电气隔离，有利于防干扰和防雷电。

作为系统与控制对象电平与功率的转换媒介，例如控制器输出的是 24 V 直流电，信号机需要的是 220 V 交流电，电动转辙机需要的是 220 V 直流电，电流可能达十几安。具有简单的、但是对于安全又非常重要的控制逻辑，是在基本环节上的冗余保障，例如在道岔控制电路中检查了轨道电路接点条件。该系统设计为应急台上的手动控制可独立于计算机，由继电电路直接完成，是应急情况下可甩开计算机直接控制的基本保障。

⑦　分线柜（盘）。

通常分室内分线柜和室外分线柜。

三、硬件工作原理

系统的操作级是系统的人机界面，采用工业控制 PC 机，要求主机箱体积较小，但由于工作站运行 Windows NT Workstation，对运算速度、内存、和显示方面有较高要求。

系统的管理级即上层管理机采用可上架工业控制 PC 机，在可靠性方面有更高的要求。

系统的控制级即下层控制器和输入输出扩展模块为自行开发研制的专用微机系列，是按功能和范围划分的一组带 CPU 的控制器独立节点，负责系统信息的采集输入和直接发控制指令，包括实时性要求较高的闭环控制运算，是系统的最关键部分。本系统使用的各种专用微机插件尺寸均为 221 mm × 234 mm，插接在 19 英寸 6U 单位高度的可上架安装的欧式标准机箱上。微机插件在硬件上设计了三种：开关量插件、模拟量插件和智能 I/O 扩展插件。

（一）操作工作站

操作员工作站是人机界面的设备，它通过以太网与上层主控机通信，操作员通过它实现各种控制调节和事务处理。系统共设多台操作员工作站。

硬件上通常采用的是不要求扩展性能的特殊结构，体积较小的工业 PC 机，这是因为常常将工作站主机箱装在控制台桌面下的密闭箱体内。操作站软件运行在中文 Windows NT Workstation 4.0（或以上）环境下，通过实时多任务调度，使操作员用键盘和鼠标进行各种 Windows 标准操作，实现控制调节、报警查询、控制效果分析、人工优化控制、有限制的访问数据库等功能。配置双屏，分别显示站场图形和作业单等信息。

（二）上层管理机

系统的上层管理机主要负责综合管理，数据管理以及系统控制中的高级处理。

本系统上层管理机选用工业 PC 机，可上架 19 英寸机架的标准工业机箱，4U 高度，通常上架安装在机柜上。机箱使用全钢结构，机箱内安装了一块无源底板，由橡胶缓冲压条坚固插入其中的各种卡（CPU 主卡、VGA 显示卡及网卡等）。为了系统安全，在软驱外安装有防尘小门。推 – 拉式风冷系统可保持机箱内正压、防尘及良好的散热，工作温度范围为 0 ~ 50 ℃。工业 PC 机具有的防震、防尘、抗冲击性能，以及在超常温恶劣环境中正常使用的特点，保证了它能够适应于铁路现场的恶劣环境条件。

硬件配置有控制局域网 CANBUS 网卡。CANBUS 通信卡是一个自带 80386EX CPU 的智能处理器，它有自己的内存、总线和 I/O 驱动等，它用内存映射的方式与主机 CPU 进行数据交换，通过编程能使上下层控制机之间快速可靠地传输数据。

（三）386EX 微机电路

各控制器插件（开关量插件和模拟量插件）采用 Intel 386EX 高性能 CPU，通常由 EPROM 及 SRAM 存储器、两路 CAN 总线接口、两路 RS232、外围接口及专用接口电路组成，如图 5-1-6 所示。两种主机板除专用接口不同外，其余部分完全一样。

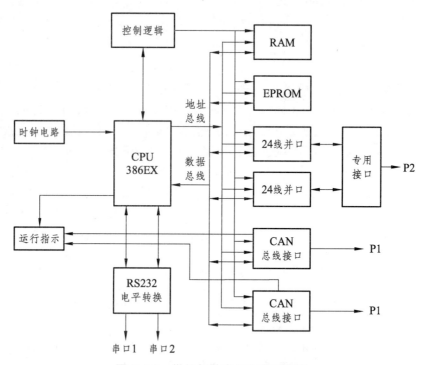

图 5-1-6　微机插件主机原理示意图

（四）开关量插件

开关量插件主要用作系统的联锁模块、溜放进路控制和减速器控制模块。

设计性能指标为：

（1）用 Intel 386 EX 高性能 CPU，主频 20 MHz，全静态低耗 COMS 电路；

（2）板上支持一片 EPROM，采用 27040 芯片或兼容芯片，占用 512K 字节空间；

（3）板上支持一片 SRAM，采用 628128/628512 芯片或兼容芯片，跳线可选，占用 512K 字节空间；

（4）板上存储器寻址空间为 1M 字节；

（5）板上支持双 8259 中断管理，共有 15 级中断，其中提供 8 级供用户使用，即

主 IRQ1：　　　备用

主 IRQ2：　　　1ms 定时

主 IRQ3：　　　串口 2

主 IRQ4：　　　串口 1

主 IRQ5：　　　雷达 1

主 IRQ6：　　　雷达 2

从 IRQ0：　　 CAN BUS 接口 1

从 IRQ1：　　 CAN BUS 接口 2；

（6）板上提供两个 RS232 串行接口，波特率 1 200～19 200 可编程选择；

（7）板上提供三个可编程定时器，其中 TIMER0 提供 1ms 定时，TIMER1、TIMER2 提供给雷达定时用，其 CLK = 312.5KHz，由 GATE1、GATE2 引出；

（8）板上支持 32 位看门狗定时器，定时时间可编程设定；

（9）板上提供两路 CAN BUS 接口，采用 PHILIPS 公司的 82C250 和 82C200 芯片；

（10）板上的 I/O 和 MEM 访问的等待状态由软件编程选择，可选 0～31 个等待状态；

（11）板上支持 8 位板地址识别功能；

（12）板上提供光电耦合开关量输入 16 位；

（13）板上提供光电耦合开关量输出 16 位；

（14）板上提供针对无源永磁计轴传感器的专用输入接口电路 4 路；

（15）板上提供按电流方式或电平方式（跳线选择）的专用雷达信号输入接口电路 2 路；

（16）模块面板上装有一个 CPU 运行指示灯，两个 CAN BUS 指示灯和一个上电复位开关。

设计技术条件为：

（1）输入/输出隔离，采用 24 V 直流电平，抗干扰性强；

（2）开关量输入有反向电压保护，防护性强；

（3）开关量输出采用达林顿管，驱动电流冗余度达 80% 以上；

（4）内置的在线 UART 控制器支持 RS232 标准，便于本地硬件调试；

（5）两路智能的 CAN BUS 网络节约了主 CPU 时间，大大提高了系统的工作效率和性能；

（6）提供看门狗编程，能使系统在受到干扰而造成软件混乱后自动对板内 CPU 及各功能部件进行复位，以恢复系统的正常运行；

（7）支持读写等待；

（8）支持带电插拔，便于设备的维修、更换；

（9）模块面板运行指示灯一目了然。

开关量模块输出接口采用大功率的 TIL119 光电耦合管，输入接口采用 TLP521-4 光电耦合管，输入、输出均采用光电耦合进行有接点与无接点电路的转换。在有接点电路侧，输入、输出电平均采用 24 V 直流电压，输入电流 50 mA，最大输出负载电流 150 mA，具有较强的抗干扰特性，工程设计时不要求成对引线。

（五）模拟量插件

模拟量微机插件在系统中用作测长模块。

设计性能指标为：

（1）用 Intel 386 EX 高性能 CPU，主频 20 MHz，全静态低耗 COMS 电路；

（2）板上支持一片 EPROM，采用 27040 芯片或兼容芯片，占用 512K 字节空间；

（3）板上支持一片 SRAM，采用 628128/628512 芯片或兼容芯片，跳线可选，占用 512K

字节空间；

（4）板上存储器寻址空间为 1M 字节；

（5）板上支持双 8259 中断管理，共有 15 级中断，其中提供 8 级供用户使用，即

主 IRQ1：　　备用

主 IRQ2：　　1 ms 定时

主 IRQ3：　　串口 2

主 IRQ4：　　串口 1

主 IRQ5：　　备用

主 IRQ6：　　备用

从 IRQ0：　　CAN BUS 接口 1

从 IRQ1：　　CAN BUS 接口 2；

（6）板上提供两个 RS232 串行接口，波特率 1 200～19 200 可编程选择；

（7）板上提供三个可编程定时器，其中 TIMER0 提供 1ms 定时，TIMER1/TIMER2 闲置；

（8）板上支持 32 位看门狗定时器，定时时间可编程设定；

（9）板上提供两路 CAN BUS 接口，采用 PHILIPS 公司的 82C250 和 82C200 芯片；

（10）板上的 I/O 和 MEM 访问的等待状态由软件编程选择，可选 0~31 个等待状态；

（11）板上支持 8 位板地址识别功能；

（12）板上提供模拟量输入 16 个；

（13）模块面板上装有一个 CPU 运行指示灯，两个 CAN BUS 指示灯和一个上电复位开关。

设计技术条件为：

（1）有动态校零功能，提高系统的转换精度；

（2）交流模拟量输入隔离；

（3）输入信号设有过压保护电路，提高了系统的防护性能；

（4）内置的在线 UART 控制器支持 RS232 标准，便于本地硬件调试；

（5）两路智能的 CAN BUS 网络节约了主 CPU 时间，大大提高了系统的工作效率和性能；

（6）提供看门狗编程，能使系统在受到干扰而造成软件混乱后自动对板内 CPU 及各功能部件进行复位，以恢复系统的正常运行；

（7）支持读写等待；

（8）支持带电插拔，便于设备的维修、更换；

（9）模块面板运行指示灯一目了然。

（六）智能 I/O 插件

智能 I/O 插件 IOB 由 87C51 单片机（8031 或兼容芯片）、EPROM、RAM、一路 CAN 总线接口、一路 RS232、4 片 8255、看门狗及专用开关量电路组成。

设计性能指标为：

（1）处理器采用 87C51（8031 或兼容芯片），主频 12 MHz~24 MHz（由晶谐决定）；

（2）程序使用 87C51 内部 EPROM 或使用 27256，由跳线选择；

（3）板上外加 32KB EPROM，采用 27256 芯片（或兼容芯片）；

（4）板上外加 32KB SRAM，采用 62256 芯片（或兼容芯片）；

（5）板上提供一路 CAN BUS 接口（采用 PHILIPS 公司的 82C250 和 82C200 芯片）；

（6）板上提供一个 RS232 串行接口；

（7）板上提供看门狗定时器；

（8）板上提供四片 8255 及专用接口电路；

（9）板上提供光电耦合开关量输入 64 位；

（10）板上提供光电耦合开关量输出 24 位；

（11）板上支持 8 位地址识别功能；

（12）板上与现场信号之间加有光电隔离电路；

（13）模块面板提供一个 CPU 运行指示灯、一个 CAN BUS 运行指示灯和一个上电复位按钮。

设计技术条件为：

（1）板上与现场信号之间加有光电隔离电路，现场信号侧采用 24 V 直流电平，增强了抗干扰、抗冲击能力；

（2）开关量输入有反向电压保护，防护性强；

（3）开关量输出采用达林顿管，驱动电流冗余度达 80% 以上；

（4）板上支持 RS232 标准，便于本地硬件调试；

（5）一路智能的 CAN BUS 网络负责与主机板通信，节约主 CPU 运行时间，大大提高了系统的工作效率和性能；

（6）提供看门狗编程，能使系统在受到干扰而造成软件混乱后自动对板内 CPU 及各功能部件进行复位，以恢复系统的正常运行；

（7）支持带电插拔，便于设备的维修、更换；

（8）模块面板设置运行指示灯表明模块运行情况。

（七）电源插件

每个机箱共用一个计算机工作电源模块，POWER 电源模块提供了集成电路芯片所需的 +5 V（17.5 A）、+15 V（0.5 A）、–15 V（0.5 A）三种高频开关直流稳压电源，以保证机箱内各种微机插件的正常供电。

（八）测长采集

驼峰微机工频或 25 周测长器，由于采用微机与 50（25）Hz 工频方式，选用的电路简单可靠，很适合于驼峰使用，其硬件电路原理如图 5-1-7 所示。对于 25 周测长轨道电路，室内每股道增加一个有源滤波器，封装在继电器插件内，安装在组合架上，室外供电为 220 V 25 Hz。

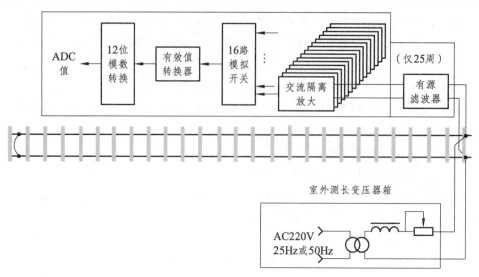

图 5-1-7　测长接口电路示意图

四、系统工作原理

TW-2 型组态式驼峰过程自动控制系统绝大部分功能是由软件编程实现的，以下简单介绍其主要功能部分的工作原理。

（一）软件分工

系统各功能分别在不同层进行处理，分工原则是实时性要求高的控制在控制级处理，信息相关联的综合控制在管理级处理；控制级侧重于分别控制，管理级侧重于集中管理；控制级负责信息的采集，管理级实现信息的共享，其具体分工见表 5-1-2。

表 5-1-2　软件分工

主要功能	控制级	管理级	操作级
联锁	信息采集，联锁核对，道岔、锁闭、信号的输出执行，挤岔及设备故障逻辑运算	选路，完整的联锁逻辑运算	站场图形显示，进路始终端及其他办理操作接口
溜放进路控制	信息采集，勾车逻辑跟踪，道岔命令执行，追勾、钓鱼、分路不良、错道、道岔恢复、峰下分勾及设备故障等逻辑运算	调车作业计划的存储，勾车全程速度跟踪，途停、堵门、满线逻辑运算	调车作业计划输入、编辑、电子表格显示，溜放作业操作与电子表格滚动显示
测重及峰顶计轴	输入轴重，计算辆平重，收集并统计每勾轴数，回牵减轴运算，测重及计轴的故障判断逻辑	计算勾平均重量，划分重量等级，判别空重混，将测重和计轴记录对应到勾并随溜放跟踪	重量等级信息在图形窗口的显示
轨道封锁	分路道岔发令及锁闭的执行	封锁逻辑运算	相关封锁的操作与显示

续表

主要功能	控制级	管理级	操作级
间隔调速	信息采集，减速器闭环过程控制（半自动功能），途停、追勾、设备故障等逻辑运算	间隔控制一二部位出口速度数学模型计算（自动定速功能）及放头拦尾运算	定速、实速、减速器状态、计轴等信息在图形窗的显示
目的调速	信息采集，减速器闭环过程控制（半自动功能），途停、追勾、设备故障等逻辑运算	目的控制三部位出口速度数学模型计算（自动定速功能）及放头拦尾运算，打靶距离不够运算	定速、实速、减速器状态、计轴等信息在图形窗的显示，人工定速的操作
测长	轨道电压输入及模数转换，走长计算，鉴停及停长计算，故障判别计算	动长计算	测长值在图形窗显示，测长窗信息电子表格显示
报警记录	产生各种信息源，信息基本分析	信息高级分析、整理，信息格式化	信息存入数据库，数据库检索人机界面处理

系统应用软件根据系统分工，分别安装在操作工作站、上层管理机和各个下层控制器中。

（二）操作工作站编程

1. 主窗体

主窗体作为其他进程的管理者，可以通过菜单对其他进程进行启动或关闭。它主要完成工作站与上层之间的通信，对接收到的信息进行再分配，还详细地显示控制系统的工作状态，能让使用者一目了然，具体内容如图 5-1-8 所示，主要有：

① 查看主机与工作站之间的通信信息内容（供维护用）；
② 可以对本工作站的操作权限进行设置；
③ 通过主窗体可以监视 A 机和 B 机是否正常工作，是否同步工作；
④ 可以查看是否发生板故障；
⑤ 可以显示自动定速修正量；
⑥ 在主窗体内，还可以显示报警信息、调车作业概要信息、值班员操作回示信息等；
⑦ 提供在线的电子版帮助。

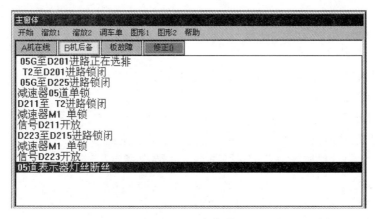

图 5-1-8　主窗体

2．维护窗

维护窗仅运行于维护工作站。

TW-2 系统为维护工作站设计了一个维护专用的信息窗，它不同于其他工作站的客户端信息窗。信息窗在主体窗口的"开始"菜单下选择打开。

通过维护工作站的信息窗主要完成对于作业过程中出现的报警、事件、操作、诊断、测量数值、状态变化等信息按照数据库格式进行记录，并能按照详细的分类，对数据库以各种图形和表格形式提取，进行事后查询，检索，打印和回放，供电务人员进行事后分析研究，如图 5-1-9 所示。

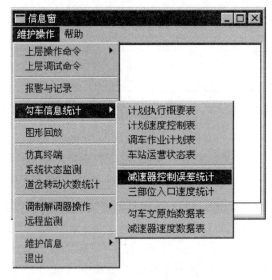

图 5-1-9　维护窗

在系统控制作业过程中维护窗将接收通过管道从主窗体送来信息，分门别类加入到创建的 4 个记录数据库中，并且数据库之间有关联，分别为：

（1）文本信息记录数据库。

① 重要的操作记录；

② 事件变化；

③ 报警；

④ 系统自诊断；

⑤ 部分测量和统计信息。

（2）已执行钩计划信息记录数据库，主要内容为：

① 原始钩计划；

② 钩车进路跟踪的逻辑信息（去向、状态、报警）；

③ 钩车进路跟踪的数值信息（时间、速度、轴数、重量）。

（3）减速器控制过程详细信息记录数据库，主要内容为：

① 测速信息；

② 计轴信息；

③ 输出信息（下达的制动缓解命令）；

④ 输入信息（轨道、手动、减速器表示）。

（4）设备分类变化历史信息记录数据库，主要内容为：

① 时间；

② 对应的车次与钩序信息；

③ 变量的外部状态（输入/输出）；

④ 变量的内部状态（如内锁闭）。

维护人员可以通过信息检索命令对文本信息记录数据库按照详细的分类进行事后查询。

统计报告窗通过记录的数据库数据设计了几个实用的报告格式，反映其历史数据的分类和统计值，并以图形和表格的形式，提供以"班次"，下属"计划"，最细到"钩"为线索的快速查询，必要时可打印。这些报告可以用于帮助车站分析作业量、车流分布、效率等综合情况。

3. 信息窗

信息窗通常由设在控制台室的区长工作站使用，并且该工作站连接一台打印机，可打印查询文件。信息窗在主体窗口的"信息"菜单下的选择打开。通过该窗口能够访问维护工作站服务端数据库所记录的信息，按照详细的分类通过网络进行事后查询，检索，打印。供操作人员进行事后分析研究。

区长可以通过信息检索命令对文本信息记录数据库按照规定的限制分类进行事后查询、打印，或进行事后分析研究。

信息窗通过记录的数据库数据设计了几个实用的报告格式，反映其历史数据的分类和统计值，并以图形和表格的形式，提供以"班次"，下属"计划"为线索的快速查询，必要时可打印。这些报告可以用于帮助车站分析作业量、车流分布、效率等综合情况。具体有如下报表：

① 调车作业计划表（同维护窗）；

② 计划执行概要表（同维护窗）；

③ 计划速度控制表（同维护窗）；

④ 车站运营状态表（同维护窗）。

提供在线的电子版帮助。

4. 测长窗

测长窗采用了 Vcf1 中的电子表格控件来实现测长数据的显示，显示内容有股道名称、全长、测长和可停车数。

通过管道与主窗体进行通信。

提供在线的电子版帮助。

5. 溜放窗

溜放窗采用了 Vcf1 中的电子表格控件来实现与溜放有关的操作及显示。对于双推双溜和双推单溜的驼峰编组场，可以同时打开两个溜放窗口。

选择溜放开始命令，弹出溜放对话框，可以对峰位、推送线、作业方式（全场、半场、允许推送、允许予推）进行选择。

在溜放过程中，为了更清楚地表明溜放作业所处的状态，系统设计了表格中不同的字体颜色和填充颜色表达计划中钩车的性质和状态，并且随着溜放的进行同步滚动刷新显示，如图 5-1-10 所示。

对溜放窗中的计划可进行屏幕编辑方式修改操作。

通过管道与主窗体进行通信。

提供在线的电子版帮助。

6. 调车单窗

调车单窗采用了 Vcf1 中的电子表格控件来实现调车作业计划单的产生、显示、保存、取消和修改。

调车单窗包括两部分：车次列表窗和钩车编辑窗。

在调车作业计划单中，为了清楚地表明每一钩车计划特点，采用不同颜色的字体进行显示。

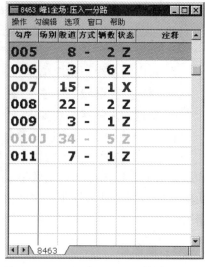

图 5-1-10　溜放窗

对调车作业计划可以在调车单窗中进行"所见即所得"的屏幕修改，包括剪切、拷贝、粘贴、删除钩、插入钩、股道替代、恢复删除钩等操作，如图 5-1-11 所示。

选择语音核对命令后，将目前选中车次的钩车内容用语音读出来，供值班员进行调车单内容的核对。

通过管道与主窗体进行通信。

提供在线的电子版帮助。

7. 图形窗

图形窗是以模拟站场的形式，用象形的图案和颜色变化，配上必要的数字符号，向操作员以直观和醒目的方式传达各种信息，如图 5-1-12 所示。

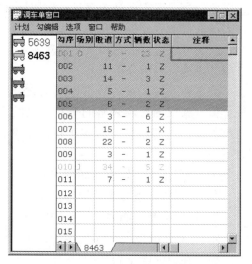

图 5-1-11　调车单窗

图形窗不仅仅用于显示，还可供操作，其操作通常以信号机、区段、道岔、减速器等设备为对象，每一个设备均蕴涵着一个操作区域，当光标移至选择区域时，其形状由小十字变为小手指形。当光标进入选择区时，点击鼠标左键通常为办理进路，点击鼠标右键为弹出菜单，根据不同性质的设备将出现不同的菜单，操作人员可以作进一步的操作选择。

图形窗可以进行人性化定义不同的背景色、字体等。

图形窗设计有全局"变焦"和局部比例放大功能。

通过管道与主窗体进行通信。

提供在线的电子版帮助。

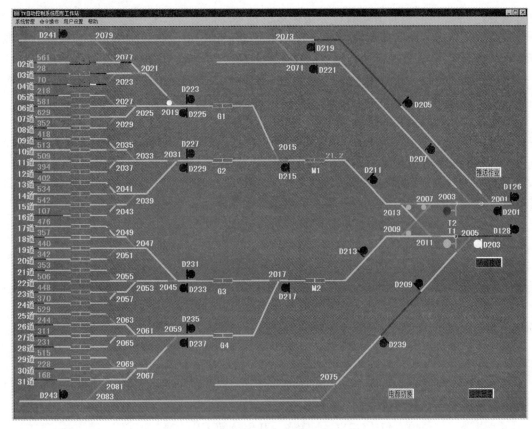

图 5-1-12　图形窗

8. 推峰窗

推峰窗实时显示机车给定推峰速度和实际测量速度。

通过管道与主窗体进行通信。

提供在线的电子版帮助。

9. 其他进程

工作站在启动 NT 时，将 NT 的 SHELL 由原先的资源管理器改为主窗体，防止操作人员误进入 NT 其他的应用程序而影响正常溜放，破坏系统文件。但是有用的其他辅助应用软件可以在工作站的上述进程的管理控制下被调用，对用户开放。例如通过维护窗调用标准的超级终端进程，调用离线的测长系数辅助计算软件，调用站场数据导入软件，甚至于可以提供编程人员现场开发环境，而不影响工作站正在执行的实时任务。

（三）上层管理机编程

上层控制机软件是整个 TW 系统的核心部件之一，它负责上层以太网数据通信、上下层之间的 CAN BUS 数据通信、系统设备特征表和系统设备状态文，它还负责许多静态任务和动态任务的调度，诸如减速器的开环控制、股道测长值的计算、进路的选排、联锁关系、溜放作业、图形显示等。

上层控制机软件是运行在 AMX386 32 位实时多任务操作系统下，系统上层控制机软件通过 AMX386 提供的定时器和有优先级调度的任务功能来对系统中各功能模块依据其功能的轻重缓急被赋予不同的优先级，再加上 1 ms 中断调用以及其他一些突发中断事件的处理，更加有效地分配 CPU 资源，使系统中的各个功能模块协调地并发进行。

系统功能模块包括初始化任务、超级定时器任务、定时器任务、以太网通信任务、致命错误处理、访盘错误处理、用户错误处理等。主要静态任务描述如下：

（1）接收控制器报文的解析与处理（MSINTP）。

由下层来的"小包"信息在 CAN 卡中拼装恢复为报文，并经过校验确认正确后放置双口 RAM，CAN 卡向上层机发中断，中断服务接受报文，移交该任务。该任务负责接受通过 CAN 通信来自下层控制器的经过"包装"和格式化的 100 多种类型的报文，并对报文按类型进行分析处理，报文中的信息将更新上层相关的数据库，并通过数据库的消息启动相关的处理，部分应急事件将在分析报文的同时直接进行处理，进行相关的逻辑运算或数值运算。

（2）发送控制器报文（POLL）。

任何程序需要向下层送信息时，将按照规定的类型组织报文，链接在等待发送的队列中，由该任务负责对这些报文进行"包装"，并将信息包每次一包放置 CAN 卡的双口 RAM 中，并激活 CAN 卡发送信息。CAN 卡得到消息后，取出并拆分为"小包"送至下层。

（3）工作站命令接收与处理（MSINTP、HANDLEMSG、MACIOX）。

由工作站通过 Ethernet 网卡的会话方式来的操作信息，移交该任务。该任务负责接受报文，并对报文进行分类和分析处理，进行相关的逻辑运算或数值运算。例如排调车进路命令，始端及终端设备号在一个报文送达，在处理该报文时将启动调车选路模块，并产生送往下层的下达道岔转换命令的报文。

（4）发送工作站信息包（GRSCANDEV、JLSCANCCW、MACIOX）。

任何程序需要向下层送信息时，将按照规定的类型组织报文，链接在等待发送的队列中，由该任务负责对这些报文进行"包装"，并送至以太网通信邮箱中。根据软件数据库设计分为"设备状态文件"、"钩计划文件"、"报警文本文件"等不同类型和不同长度的送工作站报文。

（5）联锁巡测（ROTPOLL）。

该任务负责峰上调车进路、峰下调车进路、推送进路等信号开放过程中面向数据的联锁条件的检查，以及信号关闭和解锁。为了保障联锁的安全性，软件采取了面向数据的处理（避免事件处理）和反复巡测的"连续"检查处理，并且对关键数据采取了较大冗余定义。

（6）溜放处理（CUTPOLL）。

上层机对于溜放是根据下层的跟踪需要，随着溜放的节奏逐一把即将溜放钩的钩计划组织报文，送往下层；如果是调车钩（上下峰、送禁溜或迂回），将反复检查联锁条件，条件构成后启动调车选路，进入联锁程式；当前钩的计划变化将引起该任务重发钩计划报文。该任务在上层持有的存储计划与下层的计划执行之间建立起了有机的联系。

（7）途停、堵门、侧冲检查（HUMPOLL、CTCPOLL、CONERPOL）。

面向钩车逻辑跟踪及速度跟踪数据库，巡检分析和运算钩车途停、堵门、侧冲的可能性，如果运算结果为真，报警并启动相应的处理。

（8）推峰速度计算及驼峰溜放信号自动处理（AUTOHMPOLL）。

面向溜放中的调车计划和溜放状态数据库，动态计算正在溜放钩合理的给定推峰速度和对应的驼峰溜放信号。信号的显示要求经过联锁巡测模块（ROTPOLL）联锁条件检查后送至下层控制级执行。

（9）股道封锁处理模块（CMDPOLL）。

根据调车长工作站下达的股道封锁或解锁命令，以及相邻股道的封锁状态，通过逻辑算法决定需要转换、锁闭和解锁的道岔，并通过创建针对分路道岔的处理报文，指挥下层控制器执行封锁。为了防止引起双机不同步，此类命令在软件上被拉开了一定的执行间隔。

（10）一、二、三部位间隔计算处理（SPACING）。

负责按照一、二、三部位所不同的间隔计算数学模型，计算当钩车进入减速器时，与前方或后方钩车持有合理间隔情况下的给定出口速度及开始控制轴数信息，并产生送往控制级的自动定速报文。

（11）三部位自动定速计算处理（CALCIR）。

负责按照三部位目的控制数学模型，根据数据库中反映的来自下层采集的各种参数，计算钩车打靶给定出口速度及开始控制轴数信息，并产生送往控制级的自动定速报文。如果测长参数表明不能容纳下即将进入的钩车，产生打靶距离不够报警信息，同时将开始控制轴数信息按照短缺距离下调，直至设定为 0（停止放头拦尾）。

（12）系统自检及双机运行管理（WATCH、PCSTASND、ZBDEVPOLL）。

该模块完成以下任务：

① 随时检查本系统工作运行是否正常，检查范围包括来自下层机的检测信息；

② 随时检查另一系统是否正常工作或向另一系统通过以太网络发本系统检查状态信息；

③ 负责检查双机运行是否同步；

④ 根据两个系统的检查结果，以及双机同步信息，确定是否需要自动倒机。若需要，向下层机发倒机指令，让所有执行转向在线机输出，并让所有工作站切向接收在线机的信息；

⑤ 确认并有条件执行人工发来的倒机操作指令。

（四）下层控制器编程要点

减速器 JB、测长 CB、联锁 ZB 及进路 LB 微机模块的共同之处是：

1. 编程语言

为了适合于实时控制的需要，系统软件全部采用 8086/8088 汇编语言编程。

2. 开发环境

开发专用微机要求有一个强有力的软件开发支持环境，而且它专用微机开发成败的关键。本系统为了满足多人高效并行开发的条件，我们没有采用昂贵的微机开发系统，而是自己建立了一个软件开发环境，由 IBM-PC 兼容机开发软件包和专用机的监控程序共同完成，编程工作在 IBM-PC 兼容机上进行。

3. 操作系统

系统软件具有先进的微型实时多任务操作系统管理，可支持实时任务、动态任务、静态任务三类任务，每类任务均可排优先级。

4. 内存管理

内存 RAM 划分为无数个小块，并用双向动态链和圆形缓冲区管理，统一申请、分配、退还，大大节省了内存，简化了应用程序中数据结构的各种操作。

5. 浮点运算

由于应用程序中要进行大量精确的数学模型运算，系统软件的浮点运算库支持浮点加、减、乘、除、比较、正负转换及与整数之互转等各种运算。

6. CAN 通信管理

通信系统的软件模块化程度较高，系统软件 CAN 通信管理程序独立于应用程序，各控制器均通用。

7. 监控程序

系统软件具有可支持软件开发下装调试的 DEBUGER 监控程序。

（五）以太网（Ethernet）通信应用

该系统使用的以太网络，网卡使用 3COM 或与其兼容的以太网卡，它连接系统中的上层主、备机、维护工作站站、各个操作员站，其特点和功能如下：

（1）采用 CSMA/CD 协议，符合 IEEE802.3 标准；

（2）网络最大站点数为 1 024；

（3）网络传输速率为 10/100 Mbps；

（4）网络传输最大站间距离为 2.5 km；

（5）网络传输采用双绞线或光缆；

（6）网络拓扑结构为总线型；

（7）使系统能与局域网、广域网相连，支持远程访问，异网互连；

（8）使系统保持上层主、备机之间的数据一致性；

（9）使上层控制机与工程师站和操作员站之间高速可靠地传递数据和指令。

对以太网的应用，有不同的方法，在本系统中考虑到系统的实时性，并且上层机和工作站各在 AMX386 和 Windows NT 两个不同的操作系统支持下，对以太网应用均在基于 NETBIOS 的方式上使用。

对于局域网编程来说，采用 NETBIOS、IPX/SPX、TCP/IP 等高层接口可以不用考虑中断、时间、差错控制和协议等，开发工作量要小得多，且与标准协议相容。

NETBIOS 位于 ISO/OSI7 层模型的第 5 层与第 6 层之间，即会话层之上、表示层之下，其可编程接口为 INT 5CH，与网卡类型无关，应用程序编程比较简单。

NETBIOS 支持两种通信方式，一种为数据报方式，另一种为会话方式（虚电路方式），在本系统中，两种方式均被用到。

（六）控制局域网（CAN）通信应用

下层控制网络分为下层通信网和现场控制网两层，它们都采用控制器局部网（CAN），使用 PHILIPS 公司的 82C250 和 82C200 CAN 控制器。下层通信网连接系统中的上层主、备机与下层各个控制机，这样使上下层之间、下层各个模板之间的数据联系采用网络通信方式，提高了系统的通信能力和系统配置的灵活性。下层控制网还用在了连接系统中的下层控制器与 I/O 扩展之间，使控制命令能实时地响应。

（七）目的控制计算数学模型

自动计算车辆离开减速器的自由下滑过程中以规定速度与前方停留连挂的出口"打靶"速度的数学模型计算是在上层管理机完成的。

根据物理学原理，驼峰车辆自由下滑的运动规律是由以下公式描述：

$$V_r = e^{AL}\sqrt{V_c^2 + 2g'\cdot 10^{-3}\left(\omega_0 - i - q\frac{4E}{m}\right)\cdot e^{-AL}\frac{sh(AL)}{A}}$$

$$A = 0.063\cdot g'\frac{S}{m}$$

式中　　V_c——连挂速度，m/s；

$\quad\quad V_r$——减速器计算出口速度，m/s；

$\quad\quad g'$——考虑转动惯量的重力加速度，m/s^2；

$\quad\quad L$——股道空闲长度，m；

$\quad\quad \omega_0$——车辆基本阻力，kg/t；

$\quad\quad i$——股道坡度，‰；

$\quad\quad S$——车辆正面积，m^2；

$\quad\quad m$——勾车平均每辆车的重量，kg；

$\quad\quad E$——减速顶制动功，m/t·轮次；

$\quad\quad q$——布顶密度，台/m。

上面公式中有的参数取自测量信息，有的来自计算机内建立的站场平面、纵断面描述数据库，连挂速度 V_c 取 4.5 km/h。图 5-1-13 是用该公式计算得到的接近实际的典型动长与三部位出口速度对应关系曲线图。由于股道由不同的坡段组成，在有些坡段还布有减速顶，因此曲线走向在变坡点发生了变化。

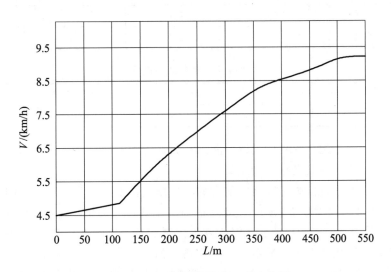

图 5-1-13　典型的长度—速度曲线

（八）间隔控制定速原理

间隔控制定速计算在上层管理机中进行，下面介绍其二、三部位的定速原理及数学模型，一部位略。

1. 二部位间隔计算

二部位出口速度的计算和给定在钩车进入二部位减速器区段时进行，包括以下几个步骤：

（1）第一步：根据钩车重量等级、钩车的目标股道、二三部位高差、曲线转角、进路上道岔数量以及三部位入口速度不超过 18 km/h 定值，计算二部位基本出口速度 $V_{2出}$（即公式中的 $V_{2出}$）。表 5-1-3 给出了典型的车辆基本阻力，各个站场不同会有所变化。表 5-1-4 是重力加速度表。

$$V_{2出} = \sqrt{V_{3入}^2 + 2g'[(L_{2-3}\omega_0 + 24n + 8\sum\alpha)\times10^{-3} - \Delta H_{2-3}]}$$

式中　　$V_{3入}$——三部位入口速度，m/s，取 $16\sim18$ km/h；

$V_{2出}$——二部位出口速度，m/s；

L_{2-3}——二部位出口至三部位入口的距离，m；

ΔH_{2-3}——二到三部位高差，m；

n——二到三部位间的道岔级数；

$\sum\alpha$——曲线转角和（含道岔转角），度；

g'——车辆重力加速度，m/s^2；

ω_0——车辆基本阻力，kg/t。

表 5-1-3　典型的车辆基本阻力表，各个站场不同会有所变化

重量 Q（t）		>58	$40\sim58$	$28\sim40$	<28
ω_0	夏季	1.0	1.4	1.8	2.0
	冬季	1.2	2.0	2.4	3.0

表 5-1-4　重力加速度表

重量 Q（t）	>58	$40\sim58$	$28\sim40$	<28
g'	9.57	9.48	9.35	9.16

（2）第二步：检查钩车的目标股道径路上有无途停车、堵门车、满线车等特殊情况，若有，则二部位出口速度直接设定到最低值。

（3）第三步：根据目标股道径路上前方钩车出减速器的距离、速度、去向（考虑两钩车的共同径路），如果两钩车股道相同，还要考虑前钩车通过三部位减速器的时间，计算是否有追钩的可能性，若有，在 $V_{2出}$ 基础上从停止放头拦尾到减少速度直至追钩计算检查通过为止。限定条件是最低不得减至少于最低限速。计算条件为：

① 估计并计算前钩车从当前位置，走行到离开共同径路最后跟踪区段的末端的时间 T_1。前钩车的走行减速度因素应计算在内。如果股道相同，前钩车通过三部位减速器减速的时间

应计算在内；

② 估计并计算当前钩车从二部位减速器入口经制动出口，走行到进入共同径路最后跟踪区段的始端的时间 T_2，当前钩车的入口速度和减速器通过时间应计算在内；

③ 通过比较 T_1 和 T_2，计算出在 $V_{2出}$ 基础上的速度减量。

（4）第四步：若第三步没有减速调整，检查后钩车方向及距本钩车的间隔，计算确定是否在 $V_{2出}$ 基础上加速，但最大加至 $V_{2出}+2$。

可见二部位间隔调整的原则是：优先考虑进入减速器的钩车与之前面钩车的间隔调整，确定基本定速基础上的减速量；其次考虑进入减速器的钩车与之后钩车的间隔调整，确定基本定速基础上的加速量；若前、后间隔均没有调整的必要，则考虑如何保障三部位减速器规定入口速度，这一点也称为间隔控制位的目的调速因素。

2. 三部位间隔计算

三部位主要用于目的打靶控制，首先按照目的控制数学模型计算减速器出口速度，并确定放头拦尾的开始控制轴数。但是如果不考虑间隔问题，就有可能发生前后钩车在股道内走行中由于定速差或前钩车进减速顶的原因而前慢后快，高速相撞，甚至后钩车还没有出减速器就因为放头拦尾而与前面走行的刚出减速器的钩车高速连挂。对于前者，应通过平衡后钩车与前钩车的定速差计算后钩车的定速减量；对于后者，间隔计算如下，其计算的结果不改变通过目的计算所确定的定速，而是确定开始控制轴数，即是否要减少或停止放头拦尾。

设：

t_c——前钩车在后钩车进入时的出清时间；

V_q——前钩车出口速度；

L——前钩车在后钩车进入时已走的距离。

则：

$$L_1 = V_q \cdot t_c$$

设：

t_1——后钩车通过减速器所需最快时间（最不利情况）；

V_r——后钩车入口速度；

L_c——后钩车长度；

L_j——减速器长度。

则：估计值

$$t_1 = \frac{L_c + L_j}{V_r}$$

设：

L_2——前钩车在后钩车通过减速器 t_1 时间内所走的距离；

L——假定前钩车在后钩车最快通过减速器时间时距离减速器出口的距离。

则：

$$L = L_1 + L_2$$

若 L 小于后钩车的长度 L_c，则存在后钩车在尚未出清减速器就追上前钩车的可能，减少直至停止放头拦尾，否则可以按正常情况控制。

（九）雷达信号处理

根据多普勒原理（以 3 公分波雷达为例）：

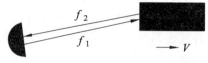

$$F_d = f_2 - f_1$$

$$V = \frac{F_d \cdot C}{2 \cdot f} = \frac{C}{2 \cdot f \cdot T_d}$$

式中　　V——车辆运动速度；

　　　　C——光传播速度 $C = 3 \times 10^8$，m/s；

　　　　f——雷达微波频率 $f = 9\,375 \times 10^6$ Hz；

　　　　F_d——多普勒频率；

　　　　T_d——多普勒周期。

所以　　　　　　$V = \dfrac{0.057\,6}{T_d}$　（km/h）

雷达的多普勒脉冲信号处理本质上是对脉冲周期或脉冲频率模数转换的过程。计算机通过实时测量多普勒脉冲周期，由上式计算车辆走行速度。雷达接口处理方案如图 5-1-14 所示。

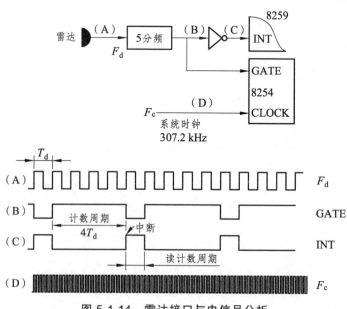

图 5-1-14　雷达接口与电信号分析

分析以上接口波形，可得以下结论：

$$4T_d = \frac{n}{F_c}$$

$$T_d = \frac{n}{4F_c}$$

或　　　　　　　　　　$$F_d = \frac{4F_c}{n}$$

式中　F_c——系统采样频率，设计为 $F_c = 307.2$ kHz；

　　　n——采样计数值。

将上式代入测速公式则有：

$$V = K/n$$

式中　　　　　　　$$K = \frac{4CF_c}{2f} = 19\ 660.8$$

所以　　　　　　　$V = 19\ 660.9/n$（m/s）

或　　　　　　　　$V = 70\ 778.88/n$（km/h）

通过以上模数转换，下层控制器每 5～16（不同的雷达频率，系统硬件采用不同的分频）脉冲就通过中断得到一个速度值，系统每 100 ms 将得到多个速度值（取决于钩车速度，速度高，得到的速度值较多），系统每 100 ms 将所测到的多个速度信息进行以下处理后，供过程控制程序使用：

（1）从大到小排序；

（2）去掉最大和最小的速度值各 1～2 个（取决于得到的数量），以便剔除多脉冲及丢脉冲；

（3）对剩余的求算术平均，得到平均速度；

（4）对平均速度进行卡尔曼滤波运算，得到数字滤波后的速度（V）及加速度（A）信息。

（十）测量钩车在减速器上的位置

了解钩车在减速器上的第一个轴和最后一个轴距离减速器入口开机点的距离具有重要意义，JB 模块可以通过以下的积分方法实时计算和掌握：

$$l = \int V dt$$

式中　V——雷达测量速度；

　　　l——被测轴距减速器入口踏板的距离。

该距离有以下用途：

（1）控制数学模型中使用；

（2）确定钩车出减速器；

（3）确定重力式减速器前后台的动作时机；

（4）判别在减速器上追钩。

（十一）减速器过程控制数学模型

车辆在减速器上的控制是一个闭环控制过程，为了保证实时性，该过程在下层控制器中完成。下层减速器控制器每 134 ms 按下列过程控制数学模型公式计算一次要求制动量 P_r，并据此选择和计算减速器的逻辑输出值，达到自动控制的目的：

$$P_r = \frac{1}{d \cdot C(W)} \cdot \left(\frac{V^2}{2g} - \frac{V'^2}{2g} \right)$$

$$V' = \begin{cases} V_r + A \cdot T_d & B \neq O \\ V_r + A \cdot T_d + V_b & B = O \end{cases}$$

$$C(W) = \begin{cases} C & N_a < 6 \\ \dfrac{C}{0.16 \cdot N_a} & N_a \geqslant 6 \end{cases}$$

式中 P_r——要求的制动量；

　　V——当前速度，m/s；

　　V_r——给定速度，m/s；

　　V_b——定速偏移量，m/s；

　　d——剩余控制距离（勾车最后轴距减速器出口距离＋6 m），m；

　　A——当前加速度，m/s^2；

　　T_d——减速器缓解时间，s；

　　C——勾车平均辆重系数，1/kg；

　　g——重力加速度，m/s^2，$g = 9.8$ m/s^2；

　　N_a——当前计轴数；

　　B——当前减速器输出逻辑变量；

　　O——减速器输出逻辑值为缓解；

　　D——减速器输出逻辑值为双台制动；

　　S——减速器输出逻辑值为单台制动。

对于重力式减速器，在计算机内部设了两个比较参数值 P_1、P_2，用 P_r 与之比较，以选择减速器输出控制逻辑值：

$$B = \begin{cases} D & P_r \geqslant P_2 & \text{（两台减速器制动）} \\ S & P_2 > P_r \geqslant P_1 & \text{（单台减速器制动）} \\ O & P_1 \geqslant P_r & \text{（两台减速器缓解）} \end{cases}$$

对于非重力式减速器，前后台减速器始终同时动作，在计算机内部设了四个比较参数 P_1、P_2、P_3、P_4，用 P_r 与之比较，用以选择减速器输出控制逻辑值：

$$B = \begin{cases} 4\text{级} & P_r \geqslant P_4 \\ 3\text{级} & P_4 > P_r \geqslant P_3 \\ 2\text{级} & P_3 > P_r \geqslant P_2 \\ 1\text{级} & P_2 > P_r \geqslant P_1 \\ \text{缓解} & P_1 > P_r \end{cases}$$

在计算逻辑输出值基础上，再根据钩车的测重等级和空重混编情况加以限制，确定最后的输出等级。在特定情况下，允许输出等级比测重等级高一级。

以上公式的参数中：给定速度（V_r）、钩车平均辆重（$1/C$），以及钩序、预计总轴数、开始控制轴数来自上层管理机，在钩车进入前已经得到，钩车进入后允许上层刷新作局部调整。

减速器缓解时间（T_d）、定速偏移量（V_b）、比较门限值（P_1、P_2——重力式，P_1、P_2、P_3、P_4——非重力式），以及减速器入口踏板到后台减速器出口、前台减速器出口的距离等参数根据站场具体情况事先确定，固化在下层按减速器排序的站场参数表格中，这些参数也是对减速器控制进行精调的主要对象；

当前速度（V）、剩余距离（d）、当前加速度（A）、当前计轴（N_a）、当前输出逻辑变量（B）等参数直接或间接来自下层自身的测量或采样数据，随时发生变化，在使用前经过了合理性检查。

减速器过程控制数学模型的物理意义有：

（1）P_r 是当前速度、当前加速度、定速、控制距离、钩车重量、钩车轴数等变量的函数；

（2）P_r 反映的是在控制距离 d 内，减速器还必须消耗掉的钩车动能高；

（3）通过能高计算选择重力式减速器的动作台数或选择非重力式减速器级别变化，实现了小能高用小级别，大能高用大级别，有利于在制动能高有保障前提下减少钩车在减速器上的通过时间，提高效率。对于部分需要减速器"吃掉"的动能高不大的钩车，甚至整个过程都不使用大级别制动；

（4）P_r 值随着速度的下降而减少，使钩车缓解前必然经过低级别制动，减缓了减速器缓解前钩车的实际减速度，有利于提高减速器出口控制精度；

（5）由于数学模型反映了钩车不同重量情况下的动能高不同，使减速器控制可以采取合理的控制策略，甚至可以针对不同重量的车辆把握其精度，例如使空车的平均误差大于重车。对于重力式减速器，由于存在着非重力特性，该措施仍然行之有效。

（6）对于长钩车，随着计轴的累进，P_r 越来越反映了钩车总重量有较大动能的情况，使系统对于不同辆数的钩车具有了的合理对策。通常长钩车放头拦尾强迫缓解完结后，其运算结果基本上给出了最大允许制动等级（重力式为双台，非重力式为钩车重量等级对应的制动级别）直至实速达到定速而缓解，因此长钩车出口控制误差往往比较小；

（7）当钩车实际速度大于给定速度时，随着钩车即将离去，P_r 值剧增，使减速器对钩车离去前进行最后的精调，因此在减速器制动能高大于钩车应消耗动能高的情况下，TW-2 系统有效把握了其控制正误差不会大于 1 km/h。

（8）定速偏移量（V_b）在模型中的作用是：一旦减速器缓解，略微提高定速，只有当钩车由于减速器坡度加速而增加到一定值时，才重新制动；一旦减速器制动，其目标值应该没有 V_b 增量，因此可以减少重复制动。选择合理的定速偏移量（例如 $V_b = 0.5$ km/h），可以在减速器重复制动频度和出口控制精度间找到权衡点。

（十二）减速器控制过程逻辑描述

钩车在减速器上的控制除了数学运算外，还有较多的逻辑运算，以重力式减速器为例简单描述如下：

（1）接收上层管理机送来的定速信息，包括给定速度、重量等级、预计轴数、开始控制轴数。

（2）由轨道电路占用或踏板计轴开始开机，开始累积测距。

（3）实际轴数小于开始控制轴数，则强迫减速器处于缓解状态。

（4）为防止雷达自检信号对控制的影响，在 0.3 s 内速度采样屏蔽，用平均入口速度模拟钩车速度。

（5）采入口速度，向上层机报告（此时若雷达自检尚未消失，可能会将自检速度误采为入口速度）。

（6）钩车实际测量速度超过允许最大速度限时，不受开始控制轴数限制。

（7）可能接收到上层的定速调整信息（特别是二部位），即改变定速。

（8）判断有无测速信号，无，判雷达故障，进入雷达故障处理逻辑。

（9）确定有无记轴，无，则认为踏板或轨道电路故障，停止放头拦尾。

从钩车进入到出清，不断用数学模型计算 P_r 值，以计算减速器输出制动级别（单台或双台）或缓解的逻辑值，供其他逻辑运算进一步选择输出。

（10）确定钩车第一轴是否进入后台减速器，否，则后台减速器强迫缓解。

（11）判断有无测速信号，无，则判雷达信号间断。

（12）判断是否连续无测速信号，是，则判定钩车在减速器上途停。

（13）检查记轴值是否大于开始控制轴数，否，则减速器强迫缓解，即放头拦尾。

（14）确定钩车最后一个轴进开机点。

（15）在钩车确定未出减速器前有无新的计轴，有，则判为减速器上追钩，强迫后台减速器缓解。

（16）当钩车在减速器上，前、后台减速器均没有强迫缓解因素，若根据 P_r 值计算的输出逻辑值为单台时，优先使用后台。

（17）确定钩车最后一个轴是否出清前台减速器，是，则前台强迫缓解。

（18）确定钩车出减速器出口，采集出口速度，强迫整个减速器缓解，向上层报告钩车出清信息。

（19）钩车出清减速器轨道电路。

（20）向上层送钩车控制过程详细记录。

（十三）测长计算模型

25 周与 50 周软件工作原理相同。

轨道电路的短路输入阻抗与股道的空线长度之间是一种非线性的函数关系，以往的测长系统一般采用特定条件下的线性模拟计算或采取折线逼近的方法，由于受特定条件的制约，以及折线段的有限性，会使计算的结果与实际有较大的差距。驼峰工频（或 25 周）微机测长采用了高次方程曲线逼近的计算方法。任意一条非周期性曲线都可以用高次方程式来逼近它，幂取值愈高，方程所描述的曲线便愈接近实际的曲线。运用这种方法，无论轨道电路呈现怎样的非线性特征，我们都可以建立起它的数学模型。测长计算由计算机按照下面两个关系公式进行运算：模/数转换值-电压关系式：

$$V = KA + KB(ADC)$$

电压-长度值关系式：

$$L = Ka + Kb \cdot V + Kc \cdot V^2 + Kd \cdot V^3 + Ke \cdot V^4$$

式 $V = f(ADC)$ 反映的是计算机采样电压与接口电路中模/数转换器转换值之间的关系式。通过该式的计算，计算机能正确地反映出轨道电路输入电压的有效值。由于计算机接口电路是线性的，故式 $V = f(ADC)$ 为线性方程。调整时，分别记下被调股道轨道电路处于空线和满线状态时的电压值及与之对应的模/数转换值（ADC），代入式 $V = f(ADC)$，求出系数 KA、KB 的值。计算机根据每股道各自的电压计算公式，便可以自动计算出对应 ADC 值的电压值。

式 $L = f(V)$ 反映的是测长信号电压与股道空线长度的对应关系。它是一个高次非线性方程式。如图 5-1-15 所示，通过选取适当的系数，可使关系式的曲线十分逼近于轨道电路的传输特性，从而得到比较精确的测试结果。

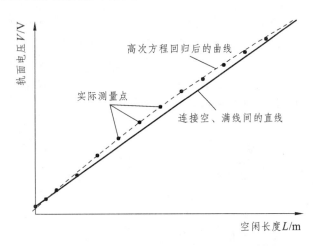

图 5-1-15　典型的轨道电压与空闲长度关系曲线

在同一股道上（包括空线、满线点在内），有代表性地选取 N 个采样点（$N \geq 4$），在每个采样点处用封线短接轨道电路，记下采样点的长度值，同时读取维护终端上显示出的计算电压值 V，将它们输入到一个计算机辅助调整测长的软件包中，由该软件用数理统计的回归方法，求出系数 Ka、Kb、Kc、Kd、Ke，这样便确定了式 $L = f(V)$ 的各项系数。由式 $L = f(V)$ 所表征的轨道特性曲线会最大限度地逼近于所对应股道上的各采样点参数。计算机将实时地扫描轨道电路输入电压，代入式 $L = f(V)$ 即可得出股道的空线长度。实践证明，当采用三次方程时，其计算引起的系统误差 $\sigma < 2$ m。

如图 5-1-16 所示，设溜放的车辆均为四轴车，则走长、停长、计长的关系为：

$$L_{\text{计}} = L_{\text{停}} - \sum \frac{N_a \cdot L_c}{4}$$

式中　N_a——每勾车的轴数；

　　　L_c——车辆的平均长度，取 14 m。

C 车辆的打靶长度取 L 计较为合理，其物理意义是：以该长度计算的减速器出口速度是假设上一次鉴停后所进入的钩车均能连挂。

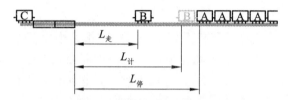

图 5-1-16　走长、停长、计长的示意图

A 车辆—停留车辆；B 车辆—走行中的车辆；C 车辆—将进入股道的车辆；

$L_{走}$—走长，模数转换经计算得出；$L_{停}$—停长，$L_{走}$ 经鉴停后得出；

$L_{计}$—计算长，$L_{停}$ 减去已进入股道的走行中的车辆长度之和

（十四）测长自动调整

由于道床漏泄会随着地表湿度发生变化，表现出测长会在下雨后误差变大，另外轨道电路送电也可能会在一段时间后发生参数变化，为此该系统实现了自动微调以消除该误差。测长自动调整的原理如图 5-1-17 所示，其方法是首先判断和识别车列的牵出过程，确认股道空线，由于股道的实际空线长度是已知的，此时将测量空线长度与实际空线长度进行比较，计算出调整系数，此后的测量长度将按该系数进行调整。

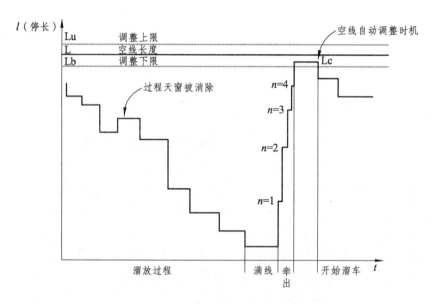

图 5-1-17　停长跟踪牵出判断与自动调整示意图

调整条件：

（1）停长由大向小变化；

（2）此前发生 15 次以上停长由小向大跳变，（$n > 15$）；

（3）只在有效范围方可调整，即 $L_a > L_c > L_b$。

调整过程：

（1）求调整系数 K：

$$K = L/L_c$$

（2）调整后，其调整测长值与走长值的关系是：$L_t = K \cdot L$，直至下一次牵出被判别出，得到新的调整系数 K。

（十五）测量钩车在分路道岔上的速度

雷达测速只能测量钩车在减速器上的速度，钩车在其他部分走行速度对于该系统的控制是非常重要的信息。该系统利用了轨道电路测速的原理，因此在驼峰溜放时可以对每钩车测得钩车走在不同地点的十多个速度，可基本实时掌握钩车溜放全过程中的速度。

该速度有以下用途：

① 判别钩车在道岔上途停（速度过低）；

② 判别钩车在道岔上侧冲；

③ 估算钩车走行阻力；

④ 为一二部位间隔自动控制数学模型提供计算钩车之间的间隔的参数。

（1）入口速度测量原理。

如图 5-1-18 所示，在系统的数据库中，保存有每组道岔从 A 点到 B 点的距离 L_1，即岔前短轨 DG_1 的长度，钩车通过 A 点到 B 点的时间 T_1 可从双区段轨道电路的轨道继电器落下时间得到，则钩车在分路道岔上的入口速度 V_1 为：

$$V_1 = \frac{L_1}{T_1}$$

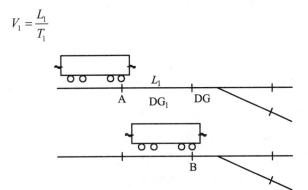

图 5-1-18　钩车进入双区段轨道电路示意图

（2）出口速度测量原理。

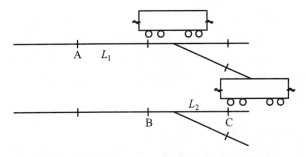

图 5-1-19　钩车出清双区段轨道电路示意图

如图 5-1-19 所示，在系统的数据库中，保存有每组道岔从 B 点到 C 点的距离 L_2，即道岔区段 DG 的长度，钩车通过 B 点到 C 点的时间 T_2 可从双区段轨道电路的轨道继电器吸起时间得到，则钩车在分路道岔上的出口速度 V_2 为：

$$V_2 = \frac{L_2}{T_2}$$

（十六）溜放进路控制的逻辑运算

1. 待解体计划

系统待解体计划数据集中建立在上层管理机中，按"车次"形成不同的文件，为各工作站显示需要和下层溜放跟踪需要所共享。钩计划数据结构为数组方式，以系统所规定的格式存放，全部为可见字符。通常系统规定在同一时刻只有一台工作站具有对计划的编辑权，需要编辑的计划被调到工作站中编辑，完毕后通过"保存计划"送至上层管理机更新待计划数据库。但是对于正在溜放中计划的变动则按钩更新，以确保该变动被及时执行。

2. 解体计划的接收

自动控制系统与调车信息处理（或调车作业单传输）的接口，实现了解体计划的来源的自动获取，而不仅仅是手工输入。该方式充分利用了调车作业单更多的信息量，表达更加准确可靠，直观明确，有利于提高系统的效能，并避免了人为出错的可能性。

以采用串行通信连机接收为例，TW-2 系统的计划接收是通过调车长工作站或区长工作站的计算机串行口，通常按照基本数据链规程交换数据，在相关检错纠错保障措施支持下，确保计划接收的正确性。工作站接收到计划后，经校验确认无误，按照系统对计划的要求进行格式化处理，然后作为新建待解体计划文件分别送至主备两台上层管理机中保存。

3. 信息共享

在系统的上层管理机中，当钩车出现在峰顶时就建立了一个钩记录临时向量数据结构，该记录除来自解体计划数据的原始钩信息外，还随着溜放的进行不断填充和汇集该钩来自下层测量信息和跟踪逻辑信息。例如溜放峰位、推峰速度、峰顶计轴、峰顶测重、在每个分路道岔和减速器的入口速度、出口速度、出清时间，经过道岔的方向、报警标志、减速器计轴、减速器给定速度等。特别是每钩有一个唯一的"当前速度"变量，可以被来自下层的一、二、三部位雷达测速、各区段轨道电路测量的入、出口速度所刷新，能够最大限度地认定为钩车当前的实时速度参数，为间隔调速计算和各种功能运算所采用。由于系统的跟踪可以确定占用各跟踪点（分路道岔、警冲标区段、减速器）的钩序，进而在对应的钩车临时记录文件中得知此前该钩发生的一切，因此实现了系统最大限度的信息共享。当钩车离开三部位减速器时，该钩记录被送至维护工作站存入已解体数据库，用于统计或其他。

4. 正常钩车的跟踪与控制

该功能的运算在下层进路控制器中进行。

在溜放作业过程中，系统按预先输入、编辑并确认的调车作业计划去向规定，向全场分路道岔转辙设备发定反位转换控制指令，正确、及时地逐级排列进路，将钩车输送到相应的调车线。由于溜放过程是连续的，可能同时有数钩车在分路道岔控制区域内，其位置是随机的，并且钩车有长有短，要求控制系统的跟踪逻辑有正确的输入采样、实时的反应速度、较高的分析判断能力和极强的适应性。系统对道岔的发令控制可通过工作站的站场图形窗的"岔前光带"颜色变化来表示，使跟踪处于调车长的监督之下。

所有这些均由系统下层控制器中的溜放过程控制软件实现，在溜放进路上的轨道区段（包括分路道岔、警冲标区段、减速器区段）称为跟踪区段。每一个跟踪区段设有一个堆栈的数据结构，例如钩车命令到达或占用跟踪区段将发生本区段的"入栈"和上一个跟踪区段的"出栈"。当两个跟踪区段上或之间有多个钩车时，栈里将有多个钩车记录。钩车的正常溜放过程形成了栈的"先进先出（FIFO）"。钩车的"钓鱼"过程构成了栈的"后进先出"。跟踪区段信息变化是钩车记录在不同跟踪区段的栈间移动的激励，道岔表示决定了栈间移动的方向。钩车记录在栈间的信息流动构成了溜放程序控制与跟踪的主体。

5. 错道钩车的跟踪

在溜放控制过程中，无论何种原因造成道岔不能按输出指令执行均会导致错道。发生错道时，钩车将按道岔的自然位置或人工抢搬位置随机错往其他股道。本系统利用钩车软件跟踪的原理能对错道车进行跟踪直至股道，并处理跟踪过程中其他可能发生的情况，最终通过报警通知操作人员钩车去向，并向减速器控制提供改变方向后的跟踪信息。

6. 追钩逻辑运算

TW-2 系统采用了以下三种判别追钩的运算方法，分别介绍如下：

（1）区段计轴法。

该方法被用于判别三部位减速器前发生追钩。

如果钩车出清三部位减速器时，钩车在减速器区段计轴对应的辆数大于事先预计的辆数，并且在钩车出清前，已经有另一个钩车曾经进入过上个跟踪点——警冲标区段，即可判定为"减速器前发生追钩"。

处理：清除留在减速器上的尚未执行的后钩命令，防止残留命令而发生跟踪错误。

（2）间隔测量法。

该方法被用于判别一、二、三部位减速器上发生追钩。

采用间隔测量法的前提是系统可以准确知道两钩车之间的间隔，在 TW-2 系统中对于钩车在减速器的位置可以通过雷达测速积分结合计轴的方法准确知道，那么判断条件是：当某钩车最后一个轴进入减速器 13 m 后，出减速器前，若有新的计轴被采集到，该新的计轴认定为后一个钩车的第一个轴，被判定为"减速器上追钩"（小于 13 m 时将由"减速器前追钩"或"道岔区追钩"识别）。

处理：采用"放前夹后"的方法，设法拉开间隔，消除追钩，但是不采取清除与合并法，目的是追钩解除后可继续有效控制。如果追钩"拉开"不利，将由其他方法判别追钩。

（3）速度计算判断法。

该方法被用于判别在道岔上或道岔间发生追钩。在道岔区段，当两个钩车间距小于分路道岔轨道电路长度时，将无法转辙道岔，区分钩车去往不同的股道，即当两钩车占用同一个轨道电路区段时，被称为追钩过程。

该方法是建立在逻辑跟踪之上，如图 5-1-20 所示，以任意两个跟踪区段（前为 A，后为 B）间追钩判别为例：

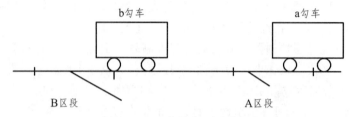

图 5-1-20　追钩判别示意图

① 仅当两个跟踪区段范围内有两钩以上车时追钩计算才成立。例如有两钩车，前钩为 a，后钩为 b，只有当钩车 b 出清区段 B 时刻，钩车 a 尚未占用或尚未出清区段 A 才启动以下的追钩计算，否则没有追钩的可能性；

② 若区段 B 出清点到区段 A 进入点之间的距离小于钩车 b 的长度，当钩车 b 出清区段 B 时立刻判定为 b 钩追 a 钩；

③ 系统已知从区段 B 出清点到区段 A 出清点的距离 L；

④ 根据钩车最快速度计算钩车走行 L 所需最快时间 T，并从钩车 b 离开区段 B 时开始计时；

⑤ 若在 T 时间内钩车出清区段 A，出清者是应该是钩车 a，判定为没有追钩；

⑥ 若在 T 时间外钩车出清区段 A，出清者可能性最大的应该是钩车 b + a，判定为追钩；

⑦ 因为在 T 时间范围内，钩车 a 的最大走行距离应该小于（L – 钩车 b 的长度 – 区段 A 的长度），否则，两钩车的间隔小于了分路道岔区段的长度。

实践证明，该方法对于未追钩的认定准确率达 100%，对于追钩的认定准确率达 99% 以上，并且两区段间的距离越短，准确性越高。

处理：认定追钩后，系统将及时合并和清除后钩车的跟踪信息，防止后续钩车可能发生的逐钩错位而造成钩钩错道的恶果。

本系统实现了在没有安装分路道岔入口计轴传感器情况下，用该方法充分结合了钩车走行的速度范围及站场平面数据的软条件，对追钩判别有较高的准确性。

7. "钓鱼" 逻辑运算

该功能的运算在下层进路控制器中进行。

溜放作业中由于没有及时摘开钩而反向牵回峰顶重新摘钩的现象称为"钓鱼"过程。本系统判别钓鱼的运算逻辑是：

（1）在第一分路道岔利用双区段轨道电路反向出清动作顺序与正常出清动作顺序不同；

（2）在其他分路道岔后利用钩车在两个跟踪区段上的反向出清动作顺序与正常出清动作顺序不同，即"三点检查"法。

处理："钓鱼"情况下出清第一分路道岔命令自动回收，其他跟踪区段命令反向传递，无需人工介入。

8. 峰下摘钩逻辑运算

该功能的运算在下层进路控制器中进行。

与"钓鱼"作业不同的是，峰下摘钩作业是在溜放作业中有意或无意没有摘开钩，但是不反向牵回峰顶重新摘钩，而是就近在峰下（地点在第一分路道岔区段入口至股道间）摘钩的情况。该作业的逻辑特征是：被溜放钩与溜放车列一同进入跟踪区段后，发生了被溜放钩在其后的跟踪区段正方向出清，或溜放车列在已经占用的区段反方向出清的情况。系统充分利用了分路道岔双区段轨道电路的出清顺序，识别"正向出清"和"反向出清"，并结合跟踪逻辑，分析出峰下摘钩情况。

处理：在共同占用的跟踪区段上清除被溜放钩车的跟踪特性，防止跟踪出错，报警提醒值班员指挥提开钩后的剩余推峰车列反牵退出第一分路，再继续溜放，否则将可能影响其后溜放的正确性。

9. 道岔恢复逻辑运算

该功能的运算在下层进路控制器中进行。

道岔恢复的逻辑是：在溜放过程中分路道岔因故不能在规定时间内转换到底时，由程序控制道岔自动往回转。而后能自动锁闭（软锁闭）该道岔，避免新的转辙尝试，直至确认正常后人工解锁，保证调车作业的安全性。

10. 轨道电路分路不良逻辑运算

该功能的运算在下层进路控制器中进行。

本系统利用峰顶计轴或作业计划中的辆数信息（推测钩车长度）、事先放在计算机内的站场区段距离参数表中的区段长度及钩车通过轨道区段的最高限制速度（第一分路道岔为18.0 km/h、其他区段为 21.6 km/h），计算钩车从占用到出清该道岔区段的最小时限，称为"轨道电路区段占用屏蔽时间"。

$$区段屏蔽时间 = \frac{区段长度 + 勾车长度}{区段通过最大速度}$$

系统实际占用时间少于该时间限时，将判定为高阻轮对分路不良。采用区段屏蔽时间技术在很大程度上有效地解决了由此引起的中途转换导致的掉道问题。一旦系统判定发生了轻车跳动，将及时报警，并拒绝为后续钩车发出道岔控制指令。该措施极大地提高了系统溜放进路控制的安全性。

11. 驼峰主体信号切断

该功能的运算逻辑在上层管理机实现。

下述情况发生时系统能自动切断驼峰主体信号：

（1）发生道岔恢复；

（2）微机故障；

（3）道岔无表示；

（4）发生追钩；

（5）摘错钩；

（6）发生错道；

（7）有计划去往被封锁股道；

（8）发生途停或堵门；

（9）道岔封锁被破坏。

由于本系统智能地与驼峰主体信号发生联锁，从而实现了驼峰溜放的故障导向安全。

12. 股道封锁逻辑

该功能的运算逻辑在上层管理机实现。

在股道满线或编发线编成情况下，可使用本系统软件封锁/解锁股道功能，只要通过工作站的封锁/解锁操作，系统将根据所选择的股道号，以及相邻股道的封锁随机情况，采用一套逻辑算法，自动选择出相关的道岔，实行锁闭或解锁，以及其中应锁闭道岔的锁定方向，向控制级发出操作控制指令，对道岔进行"硬"锁闭/解锁（控制道岔的锁闭继电器 SJ）。一旦道岔被锁闭，将拒绝执行任何溜放进路控制、调车进路及人工抢搬对该道岔的输出控制要求。

13. 摘错钩逻辑

该功能的运算在下层进路控制器中进行。

通过设在第一分路道岔区段内的两个计轴器获得当前溜放钩的实际辆数，再与作业计划单中的辆数比较，不一致时判断为摘错钩。该逻辑运算中的要点是当发生钩车拉锯式来回走动时，利用两个计轴器判别每个轴的计轴方向，往前行轴计数累加，往后退轴计数累减。

14. 途停逻辑

该功能的运算逻辑在上层管理机实现。

在溜放过程中，当钩车由于拉风不净抱闸或其他原因使其阻力过大，有可能使钩车无法完全溜放入线，或停留在道岔区上，其后果有可能导致侧冲，或高速冲撞追钩。

本系统认定溜放钩车速度低于 8 km/h 判为途停，该速度来自钩车的全线速度实时跟踪信息，其来源是：

（1）一、二、三部位雷达测速（当钩车正处于减速器的测速区域时）；

（2）钩车通过每个道岔的入、出口速度。

此外该钩车走行在轨道区段上或死区段上时，在已知作业计划中的辆数和站场区段距离参数表的基础上，采用占用时间超过了按最低走行速度 8 km/h 计算的时间限时，也判为途停。

处理：发生途停后，系统及时切断驼峰信号，同时将钩车刚出清的道岔锁闭至去往途停车的方向（刚出清的区段为减速器区段或第一分路道岔时除外），预防钩车侧冲。

若在某一个区段途停后 60 s 内解除，属于过程途停，其途停道岔锁闭可能会向下转移（在下一个跟踪区段也认定为途停）。

若在某一个区段途停维持时间超过了 60 s，系统认定为永久性途停，系统将解除相关道岔的途停锁闭，终止对该钩的跟踪，并允许向途停钩车通往的股道排列调车进路，消除途停车对后续溜放的影响。

15. 堵门逻辑

该功能的运算逻辑在上层管理机实现。

堵门是指钩车停留在警冲标区段后，对邻线溜放形成超限。堵门逻辑来自于以下判别方法：

（1）在警冲标区段发生溜放途停 60 s 以后；

（2）没有来由的警冲标区段占用（例如，钩车倒溜或尾部调车侵入），立刻反应。

处理：报警并且始终将对应的最后分路道岔锁闭到通往该股道的位置，禁止邻线进入溜放钩车，直至警冲标区段出清为止，但是不影响向堵门股道排调车进路。堵门使后续通往该股道的钩车二部位减速器的定速降至最低限。

16. 满线逻辑

该功能的运算逻辑在上层管理机实现。

满线是指钩车在减速器区段上途停，或警冲标区段与减速器区段之间的死区段上发生途停。出现两个条件之一，即进入满线处理逻辑。

处理 1：报警并且自动封锁该股道，禁止后续钩车进入该股道，直至调车员办理股道解锁。

处理 2：满线使后续通往该股道的钩车在二部位减速器的定速降至最低限。

由于有的站场股道有效长有限，经常发生满线后要继续进车的情况，因此采用哪种处理方法视站场具体情况而定。

17. 侧冲逻辑

该功能的运算逻辑在上层管理机实现。

如果两钩车在某道岔上的间隔较紧（但是没有达到追钩），两钩车对该道岔方向要求不同，并且钩车速度前慢后快（但前钩车速度大于 8 km/h 的途停判别限），当达到一定速度差时，就有可能在前钩车没有离开该道岔的警冲点时后钩车前部进入了警冲点，从而造成侧冲。

系统对钩车侧冲检查的运算方法是：每当钩车出清道岔区段，如果后钩车在该道岔有不同去向，将依据前钩车的出清速度、后钩车的当前速度、后钩车的当前位置，分别计算前钩车离开该道岔区段警冲点和后钩车进入相同警冲点的时间，并进行比较判别，得出结论。

18. 分路道岔控制安全接口

分路道岔手动控制可脱离计算机，直接通过应急台上的手柄操纵继电式道岔接口电路，给室外转辙机电机供电（电动式）或电空阀励磁（电空式）。手动控制优先于自动控制。无论手动或自动均在继电式道岔接口电路中有轨道电路落下锁闭、防瞬间分路不良、道岔启动后转换到底、到位切断电源等基本逻辑。由于分路道岔保护区段的设计，确保了无论手动或自动其命令执行的安全性均有基本的硬件联锁保障，不会发生钩车在道岔上时道岔中途转换。

（十七）联锁逻辑运算

联锁逻辑运算由于对实时性要求不高，并且由于联锁涉及范围较广，几乎涵盖了下层所有控制器管辖的设备（道岔、减速器、区段、信号机等），使其之间发生联锁，因此联锁逻辑运算主要在上层管理级上进行，下层只进行基本校验逻辑运算和比较执行。

1. 自动选路

对于 TW-2 系统，联锁逻辑两点间的路径选择由于没有事先预定的进路对照表，选路过程是在按照站场形网络描述的设备链接数据结构中的搜索过程。

根据值班员操作确定进路的始端和终端后，只能自动地选出一条缺省进路，该缺省进路可以根据现场需要事先设定。依次确定进路的始端、变更点和终端后，能选出相应的迂回进路。变更点不仅可选信号机，也可选道岔或无岔区段。对于长调车进路的选路与变更进路的选路与基本进路同理。

进路选出后，将在按站场形网络描述的设备链接数据结构中留下一条建立连接关系的一组设备被选通的烙印，为该进路今后各个阶段、各项设备的联锁连续检查直至进路的解锁提供了由终端至始端的唯一通路。由于站场网络形链接数据结构为所有进路共享，进路敌对等各种联锁检查将变得顺理成章。

2. 进路检查与锁闭

进路选出后，首先检查进路建立的基本联锁条件，若不满足即自动取消操作，并立刻报出不能建立的原因；条件满足即向下层控制机送道岔转换命令。在规定时间内，若道岔转换到规定位置并且有关联锁条件，如进路空闲、未建立敌对进路等联锁条件成立时，即可对有关道岔及进路实现进路锁闭。若30 s内进路未完成锁闭，则由程序自动取消该进路。

3. 接近锁闭

当防护进路的信号机开放，进路的接近区段有车时，实现接近锁闭。当未设接近区段时，信号机开放后立即实现接近锁闭。

4. 信号机开放前联锁检查

信号机只有在办理进路或重复开放操作后，且其防护的进路空闲（包括侵限绝缘检查）、有关道岔位置正确、敌对进路未建立、进路锁闭等联锁条件检查通过时才能开放。

5. 信号机开放后连续检查及关闭条件

在信号开放过程中，程序连续不断地检查上述各项联锁条件，一旦某个条件发生变化，即由程序及时关闭信号。此外信号还能在下列情况下及时关闭：

（1）列车信号机在列车第一轮对进入该信号机内方第一轨道区段时；

（2）调车信号机在车列全部越过该信号机时；当信号机前留有车辆时，应在车列出清该信号机后方第一轨道区段时；

（3）办理取消和人工解锁进路时；

（4）办理区段故障解锁时。

信号一旦关闭后，未经再次办理，不能自动重复开放。

6. 长调车进路

一次排列由多条基本调车进路相衔接的长调车进路时，防护各进路的调车信号机按运行方向由远而近地依次开放。

长调车进路的取消或总人解，其调车信号关闭过程与开放时相反，采用了按运行方向由近而远地依次关闭和解锁开放策略。

7. 信号灯丝检查

对列车主体信号机和调车信号机均具有灯丝监督功能，在信号开放后能不间断地检查灯丝良好状态。一旦灯丝检查未通过，关闭信号，并且禁止自动重复开放。

8. 正常出清解锁

列车或电器集中调车进路锁闭的进路在其防护信号机关闭后，随着车列的正常运行，各轨道区段分段地自动解锁。各轨道区段除条件不具备者，必须满足三点检查，延时 3 s 自动解锁。

机车上下峰进路的解锁是当车列顺序通过一段基本进路的各个区段后自动一次性解锁整个基本进路。

9. 调车中途返回解锁

折返调车信号机前方的道岔区段因折返作业而不能正常解锁时，在检查道岔区段空闲和车列全部驶入折返信号机内方后才能解锁。

车列驶入调车进路后，因折返而使进路的道岔区段均不能正常解锁时，在检查车列出清该进路和其接近区段后，进路一次解锁。

10. 取消进路解锁

在信号开放过程中，当值班员按下取消按钮和进路始端信号图标时，由程序判断是办理取消进路，即立即关闭信号，并在检查接近区段无车且车确实未进入到进路内方时，解锁进路内的所有区段。

11. 总人工解锁

信号开放后，车已占用接近区段，此时要想改变进路，需采用人工解锁方法。值班员按下总人解按钮和进路始端信号图标后，进路不能立即解锁，而是先关闭信号，再经规定延时后方能解锁。在延时过程中，一旦车进入进路内方即取消人工解锁操作。接车进路及有通过列车的发车进路在信号关闭后限时 3 min 解锁；其他发车进路及调车进路限时 30 s 解锁。

12. 故障解锁

区段在开机、停电恢复和因故障锁闭时，在检查区段未排列在进路中且区段空闲后，选择该区段的下拉菜单中的"故障解锁"选项可实现区段故障解锁。

进路在使用中由于轨道电路故障而不能正常解锁时，在轨道电路故障已经排除并检查车列已经通过进路后，选择该区段的下拉菜单中的"故障解锁"选项可实现区段故障解锁。

上下峰进路在使用中由于轨道电路故障而不能正常解锁时，在轨道电路故障已经排除并检查车列已经通过进路后，选择该进路始端下拉菜单中的"故障解锁"选项可实现进路故障解锁。

13. 道岔的控制

道岔不仅能由进路选动，还可实现人工单独操纵。道岔受进路锁闭、区段锁闭、人工单独锁闭或其他锁闭时，拒绝向该道岔发控制命令。

14. 推送进路建立

在值班员溜放开始的操作下，首先将溜放进路上相关背向道岔扳到定位并锁闭，而后根据溜放开始命令带的参数，选择相应的推送进路，以驼峰主体信号为进路终端。检查推送进路建立的联锁条件是否满足,在允许的情况下控制道岔转换到规定位置。在道岔位置正确及其他联锁条件具备时,锁闭推送进路。此时溜放作业正式开始。

15. 推送进路解锁

推送进路实行两段解锁方式,第一段从始端到最靠近主体信号的反向信号机,第二段为剩余部分。随着溜放作业的进行,解体车列依次占用推送进路的第一段、第二段。溜放结束后,当车列出清第一段时,该进路即自行解锁。第二段进路在车列出清该区段且第一段进路解锁后方可解锁。

16. 纵列式站场场间联系

手动办理是通过在图形窗选择"场间联系"下拉菜单中的"允许推送"或"预先推送"选项;自动办理是通过溜放开始菜单中的"允许推送"或"预先推送"参数选项。只有办理了"允许推送"或"预先推送"后,才准许到达场排通推送进路。

在排通到达场推送进路并使之锁闭后,驼峰辅助信号机才能复示驼峰信号机的显示。预先推送时,驼峰辅助信号机显示黄色灯光,并且在车列推送至距驼峰信号机不少于 90 m 处自动地改点红灯。

在到达场推送进路锁闭并且驼峰辅助信号机开放后,在车列未占用推送进路前,通过图形窗的取消允许推送或预先推送的操作,可使驼峰辅助信号机关闭,经 30 s 后到达场推送进路解锁。

当车列占用到达场推送进路后,该进路不能通过人工操作取消。在车列全部出清到达场并且占用分界处的无岔区段和该区段的下一个道岔区段后,一次自动解锁整条进路。

禁止到达场和编组场同时向两场间的无岔区段办理调车;在该无岔区段有车占用时,不允许再开放通往该无岔区段的调车信号机。

17. 横列式站场场间联系

横列式车场有关推送作业的场间联系情况比较特殊,可根据实际要求作相应处理。常见的联系方法有:

（1）无岔区段照查联系;
（2）并置信号机联系;
（3）双重控制道岔联系;
（4）推送进路非进路联系。

18. 驼峰主体信号的控制

驼峰主体信号的控制方式分为:由值班员直接在图形窗上操作;由系统自动给定和改变信号;在个别站场,根据设计需要,值班员对峰顶操作交权,由峰顶控制台操作。

驼峰信号机和与其敌对的信号机,以及推送进路上的和峰下相关防护进路有关的道岔,均应有联锁。但与分路道岔不直接联锁。

信号开放后,当发生灯丝断丝、联锁道岔被挤、闪光电源损坏等故障,以及溜放作业中的异常情况时,信号机立即自动关闭。

驼峰信号机因设备故障自动关闭后,未经再次办理,不能自动重复开放。

驼峰信号显示在绿色、绿闪和黄闪之间变换时，由原来显示直接转换到要求的显示；在上述显示与红闪、白闪或白色之间变换，以及后三种显示之间的变换，都必须先关闭主体信号，再转换到要求的显示。

驼峰信号机开放后，推送进路上同方向的调车信号机应随之带动开放，包括前进和后退两种情况。

19. 机车上下峰进路的自动控制

在溜放状态下，上下峰进路以溜放钩形式储存在作业计划单内，随着溜放作业的进行，执行到上下峰进路时，关闭驼峰信号并检查进路建立条件，满足时即转换道岔并在联锁条件具备后锁闭进路，开放相关线束调车信号和驼峰信号。

20. 线束调车信号机的控制

线束调车信号机的控制有以下两种方式：

（1）线束调车信号机与机车上下峰进路相联系。这种情况下信号随着上下峰进路的锁闭而开放，取消而关闭；

（2）个别站场线束调车信号机兼一般调车信号机，通过信号机内方第一个道岔区分，若道岔位置开向峰上调车部分时，该信号机与峰上调车信号机是完全一样的，包括信号的开放、关闭时机和其他有关控制。

此外，线束信号机还有一些特殊的联锁条件：

① 上峰线调和下峰线调之间的互锁关系；

② 上峰线调和驼峰主体信号之间的互锁关系；

③ 上峰线调信号机外方至股道间的上峰进路与上峰线调的联锁关系。

21. 去禁溜、迂回线的自动控制

溜放状态下，将去禁溜线或迂回线的作业以溜放钩形式储存在计划单内。当执行到去禁溜线或迂回线的计划时，先关闭驼峰主体信号，而后开放红闪信号指示推峰机车后退，一旦通向禁溜线或迂回线的进路联锁条件满足，即控制相关道岔转换到要求位置，同时锁闭进路，开放白闪信号。当车列要退出禁溜线或迂回线时，在作业员操作确认下，由程序自动将白闪信号切换到红闪信号，指示车列退出禁溜线或迂回线，车列出清与禁溜线或迂回线相关的道岔区段，即控制道岔转换到指向峰顶的位置，以便继续溜放。

22. 去禁溜、迂回线的推送进路控制方式

在非溜放状态下进行去往禁溜线或迂回线按推送进路方式办理时，驼峰主体信号的白闪与红闪控制，去往禁溜线或迂回线的推送进路办理，以及退出禁溜线或迂回线后继续溜放等控制均由作业员操作完成。

五、系统的故障—安全措施

对于铁路控制系统，安全是第一位的，为此，经过多年的经验积累，采取了以下提高系统可靠性和安全性的主要措施：

（一）优化硬件的系统设计

采用集散式控制的体系结构，在控制级，不同功能不同模块，不同范围不同模块，风险分散，局部故障不扩散，具有局部故障情况下降级处理的效果。对于下层控制器，可以带电插拔，局部故障修复不影响系统的整体工作，缩短了故障修复时间。

（二）高可靠支持

上位机使用可靠性高、抗干扰能力强、适应于恶劣环境的工业 PC 机，下位机使用结构紧凑、可靠性高的专用单板微机。选用符合欧洲 EUROCARD 标准的结构及美国工业级 AMP系列工程插接器件，克服了以往电子电路最难解决的插接不可靠问题。

（三）双机热备

采用主备双机热备方式。系统连续不断地监视上、下位机的运行情况，上、下位机间的通信和下位机的输入输出。一旦发现故障即实现热切换，在切换过程中不会间断所有联锁和溜放的控制。

主备两系统间具有同步检查措施，一旦发生不同步，将报警，并且屏蔽备用机，防止由于非同步情况下切换系统导致不良后果。

（四）下层控制器看门狗

所有的下层控制器模块及智能 I/O 扩展模块各自均有板上独立的硬件看门狗电路，一旦程序跑飞，自动恢复，自动向管理级汇报断点诊断信息，并自动申请丢失的命令信息。该手段对于减速器控制器、测长控制器、智能 I/O 扩展模块在软故障情况下几乎不影响控制过程，实现了故障自恢复。

（五）系统看门狗

每个独立的并具有微处理器的模块均具有对自身的诊断，并将诊断结果定期向指定的监护者报告。此外，系统各个模块相互间形成"人盯人"的互诊断：

（1）智能 IO 模块受对应的控制级功能模块的监督；

（2）控制级功能模块受上层管理级的监督；

（3）管理级模块受到操作级工作站的监督；

（4）操作级工作站模块受到管理级的监督；

（5）管理级通过诊断结果传递汇集了全部模块的诊断结果；

（6）热备中的双机管理级通过网络相互交换系统诊断信息；

（7）下层进路控制模块反复监听管理级的系统通告信息；

（8）受进路控制模块控制的系统看门狗——故障动态继电器——不断受到系统生命脉搏信号刷新，下列情况会使脉搏信号终止：

① 进路控制器本身故障；

② 管理级故障使送出的系统通告信息中断；

③ 管理级直接监督的功能模块及间接监督的智能 IO 模块至少有一个不可恢复的硬故障（互检未通过），使管理级向进路控制器送出的系统通告信息中说"不"；

④ 管理级本身，或管理级从直接监督的下层功能模块及间接监督的智能 IO 模块中反映有自检未通过，使管理级向进路控制器送出的系统通告信息中说"不"。

一旦系统看门狗起作用，则故障动态继电器落下，将立刻在继电接口电路侧切断所有由本系统输出的控制电源，使全部输出无效。

总之，系统通过本身各个环节自检和互检，并通过监督环节使系统有总看门狗功能，使系统具有整体的故障—安全手段。在双机热备情况下，通常双机切换发生在前，看门狗反应发生在后。

（六）安全通信

上层机与下层机间的通信采用 CANBUS 本身的短包 CRC 校验和长包 BCC 重复校验的数据编码技术，实现双重检错和纠错，确保了信息传输的正确性。

（七）输出冗余

从安全角度考虑，继电接口电路中保留了 SJ 继电器及落下锁闭条件。当需要对道岔实行锁闭时，除了系统本身的"软锁闭"外（禁止向道岔发转辙操作令），还实施"硬锁闭"（输出并确认 SJ 继电器落下）。该措施实际上是一种输出冗余方式。

（八）动态输出

控制信息的输出电路采用动态驱动方式，道岔锁闭、信号机开放等关键控制信息以动态脉冲形式驱动动态继电器。故障时脉冲中断，设备导向安全侧。

（九）输入冗余

对关键的道岔表示信息，同时采集了定位和反位，由两者共同决定道岔所处的位置。

对关键的电气集中道岔轨道电路条件不仅采集前接点，还同时采入了后接点（即反相条件），由两者共同决定轨道占用/空闲状态，如果逻辑值不一致，选择安全侧——占用。

（十）输出回读

重要的输出控制信息（例如锁闭输出和信号输出）须经反馈回读比较，如果执行不正确将报警并导向安全侧输出。

（十一）电气隔离

系统对外的所有输入输出接口，无论开关量、模拟量、脉冲量，无一遗漏均在系统内部采取了电隔离措施，以提高系统的抗干扰能力。

（十二）规范软件系统设计

软件采用自顶而下的分层设计方法，使程序具有良好的结构化、模块化和层次结构，保证故障在每一层都得到检查，将危险侧故障降到最少。为了避免导致不可预测的后果，系统对所有不合理、不可能的中间运算结果，以及模块发生不合理、超范围的带入数据和送出数据均安排了"紧急出口"，使其充分暴露并导向安全。

（十三）联锁检查

完整的联锁软件在上层管理级中，但是下层具有基本的联锁检查功能，能够对道岔转换、信号开放、区段的解锁等来自上层的关键控制要求进行有效性和联锁判断，检查未通过将否定执行。

（十四）系统防干扰

系统推荐采用一系列抗干扰措施来提高系统的可靠性和稳定性：良好的综合接地系统，通道防雷和电源防雷，UPS 供电，等等。

第二节　TBZK Ⅱ型驼峰过程控制系统

TBZK Ⅱ型驼峰过程控制系统是针对编组站驼峰调车场作业过程的计算机控制设备。系统将驼峰推峰机车控制、驼峰进路控制和驼峰溜放速度控制纳入计算机控制和管理，实现了驼峰作业的自动化。

系统适用于大型、中型和小型驼峰，满足其作业要求和相关技术条件，可实现 6～48 股道站场驼峰作业的计算机控制，构成自动化驼峰。

TBZK Ⅱ型控制系统是其升级换代产品，2002 年通过铁道部技术鉴定，并获得国家重点新产品证书。

一、系统的组成与特点

1. 系统组成

TBZK Ⅱ型驼峰计算机过程控制系统采用分散控制、集中管理的模式。

系统将驼峰作业按功能划分为驼峰推峰机车控制、驼峰进路控制和驼峰溜放速度控制三部分。各部分别由独立的计算机完成，并由计算机局域网构成统一的分布式计算机控制系统。并可根据站场规模、作业及用户要求，由上述三部分组合集成具有不同功能的驼峰控制系统：

（1）具有驼峰推峰机车控制、进路控制和驼峰溜放速度控制的驼峰自动化控制系统（标准型）。

（2）具有驼峰进路控制和驼峰溜放速度控制的驼峰自动化控制系统。

（3）具有驼峰进路控制和驼峰溜放速度半自动控制的驼峰半自动控制系统。

（4）具有驼峰进路控制的驼峰计算机控制系统。

（5）具有驼峰溜放速度半自动控制的驼峰半自动控制系统。

系统结构如图 5-2-1 所示。

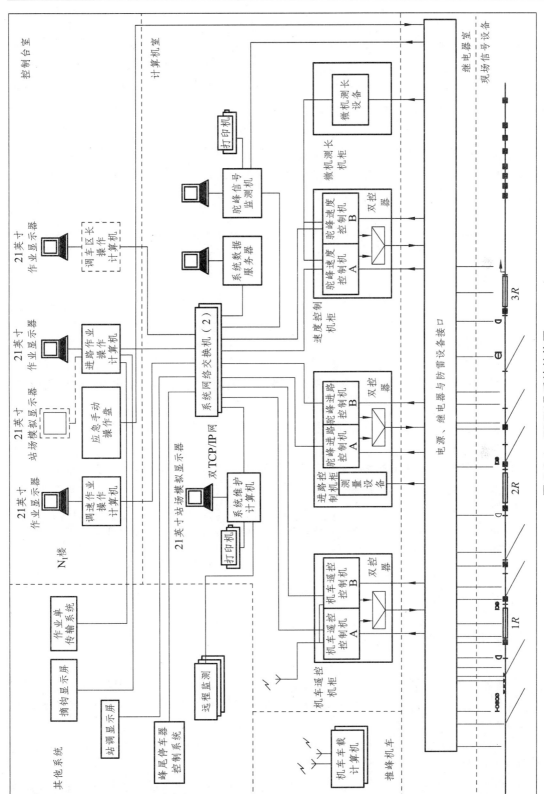

图 5-2-1　TBZK Ⅱ 系统结构图

2. 系统的特点

（1）结构简单合理。

TBZKⅡ型控制系统可以划分为两层。第一层是双机热备的控制机柜；第二层是进路作业机、速度作业机、数据服务器和电务维修机。层间采用以太网通信，简化了通信管理逻辑和通信管理软件，既提高了系统的可靠性，也便于维护。

（2）双机热备。

控制系统中所有控制计算机均采用双机双通道的完全热备方式。控制计算机既可选择双机热备，也可选择冷备工作方式。在冷备工作方式下，可对备机进行离线检测，不会影响控制系统的正常工作。

（3）双以太网冗余。

控制系统中所有 CPU 均采用双以太网冗余技术。双网同时工作，任一网络故障，均不会影响系统正常工作。

（4）实时多任务操作系统。

控制系统采用实时 Linux 操作系统，杜绝了因软件原因造成的"死机"现象，提高了系统的可靠性。

（5）精细跟踪技术。

系统以峰下每一组分路道岔、车辆减速器、雷达、踏板为计算点，依据站场横、纵坐标精确测定和跟踪车组的位置、间隔及其变化趋势，为各部位调速、侧撞、途停提供准确依据。

（6）数据库技术。

控制系统采用了 MY-SQL 数据库技术，可以完成大量数据的存储、检索。

（7）远程访问。

利用系统提供的调制解调器，通过电话线可以在异地远程访问系统，检索、查询数据，也可以回放再现溜放过程。远程访问可在任意工作时段进行。

（8）无通信阻塞。

控制系统采用较高级的操作系统、双以太网冗余技术及高水平的网络管理技术，避免了通信阻塞现象。

二、系统的主要功能

1. 驼峰进路控制

（1）调车进路控制。

① 满足 7021 继电式驼峰道岔自动集中的全部功能。如：进路命令的储存、变更；能实现进路命令的总取消；命令的自动或手动检查；在储存、检查、溜放时，有进路命令钩序和进路表示。

② 故障导向安全，系统硬件、软件发生故障或突发性错误，均能使道岔锁在固定位置，信号处于关闭状态。

③ 取消了驼峰控制台，由驼峰进路作业机、站场图形显示器及鼠标器构成计算机化的操作台。增设手动应急台，在计算机故障时使用。

④ 调车进路以始终端的方式办理。在联锁条件满足的情况下，有关道岔自动转到规定位置并锁闭，信号自动开放。随着车列的走行，信号自动关闭，进路逐段解锁。

⑤ 由于峰下道岔区段是不连续的，所以在车列出清进路后，线束调车信号方可关闭，进路一次解锁。

⑥ 允许排列长调车进路。有关道岔将顺序转换，信号由远至近顺序开放。

⑦ 若无特别指明，系统将自动选择基本进路。在特别指明的情况下，系统可以选择变通进路。

⑧ 已开放的调车信号在接近区段无车时，可以办理取消进路，信号关闭，进路立即解锁。

⑨ 已开放的调车信号无接近区段或接近区段有车时，只能办理人工解锁，信号立即关闭，进路延时 30 s 解锁。

⑩ 为了保证驼峰作业效率，已开放线束调车信号可以随时关闭，进路立即解锁。

⑪ 具有调车作业中途返回自动解锁的功能。

⑫ 峰上调车进路的正常解锁，按 6502 电气集中的标准，以驼峰主体信号机内方第一架上峰调车信号机为界，严格进行三点式检查。峰下调车进路采用进路出清后一次解锁的方式。

（2）推峰进路与场间联系。

① 在预先推送和允许推送时，推送进路将自动选路并锁闭，自动完成与到达场的场间联锁。

② 在有多条推送进路时，推送进路的选择由参数确定。

③ 场间联系可以选用继电器方式，亦可选用计算机通信方式。

④ 在建立推送进路后，推送线上的调车信号机，根据驼峰主体信号的显示而自动开放或关闭。

⑤ 推送作业完成后，推送进路一次解锁。

（3）驼峰主体信号控制。

① 驼峰主体信号的开放与其外方的推送进路发生联锁。

② 不建立推送进路，驼峰主体信号的白灯亦可开放，其外方禁溜线道岔将被锁在定位。

③ 在配有机车遥控系统时，可自动给定推峰速度，并影响驼峰主体信号显示。

④ 驼峰主体信号在溜放作业出现异常时，可立即关闭，保证安全。

（4）编发线控制。

① 自动完成与编尾控制系统的编发线联锁。当编尾开放发车信号后，有关分路道岔将被锁闭。

② 与编尾联锁，可采用继电方式，亦可采用计算机通信方式。

（5）溜放进路控制。

① 可以计算机通信方式，接受信息管理系统或调车作业单传输系统的作业计划，亦可由调车长或调车区长人工输入计划。

② 最大存储容量不少于 10 个作业计划，最大允许钩数为 120 钩。

③ 在溜放前或溜放过程中，均能对作业计划做修改。如增钩、减钩、改钩、群改、去尾等。

④ 在计算机控制方式下，钩车命令随溜放车组的走行自动逐级传递至股道。

⑤ 在手动控制方式下，将清除所有分路道岔的钩车命令。

⑥ 具有钓鱼自动处理的功能，不需人工干预；具有摘错判别的功能。

⑦ 具有追钩自动处理的功能，在任何道岔上发生追钩，均能自动处理，不会造成遗留命令；对于已追钩的钩车，仍能进行正确跟踪至股道。

⑧ 可以检测追钩又分开钩的情况。此时若后行车组还未溜错方向，系统仍可对其进行控制直至进入规定股道，不需人工干预。

⑨ 车组在溜放过程中溜错方向，仍继续跟踪至股道。

⑩ 具有峰下摘钩自动处理功能,即系统允许在第二分路道岔前摘钩并不影响后续车组的溜放。

⑪ 道岔恢复自动处理，即分路道岔因故不能转换到底，在规定时间内控制其往回转，并对该道岔进行保护，不再接受新的转换命令。经人工确认后方可解除保护。

⑫ 溜放车组以低于规定速度（8 km/h）的走行将提出警告。

⑬ 具有途停保护功能。当前行车组速度低于规定速度时，后行车组将自动改道，以防止正面冲撞。

⑭ 具有预测侧撞功能。能预测前后车组在分歧道岔警冲标内方能否发生侧面冲突。

⑮ 预测追钩。可预测前后车组在道岔上的追钩，并报警。

⑯ 具有手动应急台。可直接扳动手柄操纵道岔。该操作优先于计算机控制。

⑰ 可对分路道岔进行封锁。封锁后扳动手柄和计算机输出均无法使其转动；具有通过进路作业机单独操纵道岔的功能。

⑱ 具有巡检道岔的功能。即通过进路作业机节使指定范围内的道岔顺序转换至另一位置。

⑲ 可利用第一分路道岔的两个车轮传感器，准确测定溜放车组各轮对之间的轴距及车长。

⑳ 可利用每一分路道岔区段的轨道电路及所设车轮传感器,准确测定溜放车组在该道岔区段的即时速度及变化趋势。结合站场坐标，可准确测定本车组的位置及与前、后车组之间的间隔，为Ⅰ、Ⅱ部位间隔控制及途停、侧撞、预报追钩提供依据。

2. 溜放速度控制

（1）适用于Ⅰ、Ⅱ、Ⅲ、Ⅳ部位调速的不同组合情况。

（2）适用于风动、液压及电动等不同的调速工具。

（3）设有手动应急台，可手动控制减速器的制动、缓解。该手动操作不经过计算机且优先级最高。

（4）可利用 T·CL-2 型雷达及 TZ-103 雷达、TZ-104 雷达作测速工具。

（5）在办理机车上、下峰时，可自动封锁进路中有关减速器在缓解状态。

（6）具有减速器区段上追钩的自动处理；具有减速器区段上途停的判别及报警。

（7）具有雷达故障时，利用车轮传感器计数，对溜放钩车进行适当控制的功能；具有雷达故障的判别及报警；具有雷达自检功能。

（8）具有车轮传感器故障的判别及报警功能。

（9）具有车辆减速器动作时间超时的判别及报警功能。

（10）在作业机上有减速器占用、封锁、制动、缓解、雷达速度、计算机定速或人工定速及股道空闲长度的显示。

（11）具有人工封锁减速器的功能。

（12）计算机识别出并注意溜放车组，将适当降低定速。

（13）具有放头拦尾控制功能；入口速度超限，将停止放头拦尾。

（14）车辆减速器的控制参数变化具有自适应的功能。

（15）系统采用双机完全热备方式，保证高可靠性。

（16）间隔调速。

① 具有手动、自动两种控制方式，可由操作人员选定。

② 具有根据前后钩车的走行距离，本钩车的走行性能以及下级减速器的入口速度的限制，自动计算给定出口定速功能，并以自动控制为主要控制方式。需要时，可由操作人员进行人工干预，影响出口速度，但手动仅对当前钩车起作用，缓解后，自动恢复自动控制方式。

③ 具有根据钩车与前钩车的间隔及制动能高，采取适当的"放头拦尾"控制功能。

④ 在自动控制方式，保证 I 部位前不超速，Ⅱ 部位前不追钩。

⑤ 在平均推峰速度 5～6 km/h，推峰速度 5.5～7 km/h 下可保证溜放车组在各制动位及各分路道岔上的合理间隔。

⑥ 间隔控制的控制精度为±1.5 km/h 范围内达到90%以上。

（17）目的调速。

① 具有手动、人工定速、自动三种控制方式，可由操作人员设定。

② 具有根据溜放车组的走行性能、车长及溜放的距离，自动设定减速器的出口速度的功能。也可人工给定出口速度或手动干预，以自动控制为主。手动控制仅对当前钩车起作用。缓解后，自动恢复自动控制方式，人工定速则需由操作人员选定才能恢复自动控制方式。手动优先于人工定速，人工定速优先于计算机控制。

③ 对于长钩车，根据车长、溜放距离、减速器制动能高，具有采取适当"放头拦尾"控制的功能。

④ 保证前后走行车组间中途安全连挂；具有 Ⅲ 部位前途停的报警。

⑤ 当股道空闲长度不够时，将给出报警，并停止放头拦尾。目的制动的控制精度为±1.0 km/h 范围内达到90%以上。

三、系统的硬件组成

1. 控制系统数据库服务器

控制机房内设 PC 数据库服务器，配置大内存、大容量冗余硬盘和双高速以太网卡。其上运行 MYSQL 高速多用户数据库，记录现场各种状态变化，故障报警，钩车溜放数据以便检索分析。

2. 驼峰作业操作机

（1）驼峰进路作业机。

驼峰调车长使用。以站场图形显示全场当前控制设备状态，可根据站场规模选择单屏或多屏显示方式。

用鼠标等操作办理推峰作业、调车作业、溜放进路作业，开放信号，单操道岔，变更作业计划，显示正常作业、报警信息以及进行相应语音提示。可实现作业员对驼峰溜放作业的控制。

（2）驼峰溜放速度作业机。

在全场站场图形上显示当前减速器的信息。供驼峰作业员使用，实现作业员对驼峰溜放作业中对减速器的控制对其进行半自动定速等操作。

（3）驼峰调车区长作业机。

供驼峰控制楼内的区长使用。可了解与监督全场控制溜放过程，进行有关数据查询、驼峰作业计划的输入和编辑等操作。

3. 电务系统维护操作机

位于控制机房内供电务维修人员使用。可通过全场站场图形上了解各种设备状态，进行数据查询、打印等操作。

4. 控制计算机

TBZKⅡ型驼峰计算机过程控制系统控制计算机构成如图 5-2-2 所示。

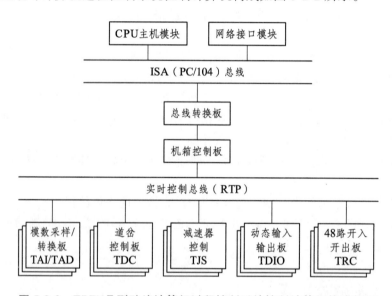

图 5-2-2　TBZKⅡ型驼峰计算机过程控制系统控制计算机构成框图

（1）主机部分。

CPU 主机采用国际流行的 PC/104 嵌入式计算机模块，其特点是功能强、兼容性好、体积小、功耗低、可靠性高，适合工业环境使用。

（2）网络互连。

采用国际标准，获得强有力的网络支持。系统采用 Mini Module Ethernet 模块，构成双以太系统网络。

（3）控制总线。

控制总线采用实时总线 RTP 作为设计规范。

（4）控制模板。

根据驼峰控制系统的需要，针对不同现场控制对象设计了专用接口板。当某一控制对象发生故障时，可迅速定位故障的接口模板，系统有以下几种 I/O 功能模板：

① 道岔控制板。

该模板具有 28 路开关量输入，4 路正弦波信号整形中断输入，8 路开关量输出，集中了 4 组道岔控制的接口电路。

② 减速器控制板。

该模板具有 12 路开关量输入，4 路正弦波信号整形中断输入，12 路开关量输出，2 路 8 位计数输入，集中了两组车辆减速器控制的接口电路。

③ 输入、输出板。

该模板具有 24 路开关量输入和 24 路开关量输出，可作为一般用途的数据采集和控制。

④ 驼峰动态输入/输出板。

该模板具有动态 32 路输入和 12 路输出，是进路控制专用的动态输入/输出接口板，用于计算机联锁及调车进路故障—安全的输入/输出。

⑤ 驼峰模数转换板。

该模板将采样板传递来的模拟信号（在总线底板的模拟总线上）转换成数字信号，送到 CPU，用于转换电压制信号为数字信号。

⑥ 模拟量输入采样板。

该模板将现场多路模拟量信号经隔离和多路转换，送到总线底板的模拟总线上。

（5）双机切换控制器。

可将双套控制计算机置于热备和冷备两种工作方式下。

四、系统软件

1. 系统软件环境

（1）操作系统。

系统控制计算机采用实时 Linux 操作系统。 Linux 是一个主要运行于 PC 机的 UNIX 克隆系统，它不仅具备 UNIX 系统的全部特征，而且与 POSIX 标准兼容。Linux 的功能包括真正的多任务、虚拟内存、共享库、需求装载、共享的写时复制程序执行、优秀的内存管理以及 TCP/IP 网络支持等。它的发行遵守 GNU 的通用公共许可证。

系统作业操作计算机机采用 Windows 2000 Professional（专业版），这是微软提供给各种规模的企业使用的桌面操作系统。它继承了 Windows NT 的先进技术，提供了高层次的安全性、稳定性和系统性能。它在 Windows 界面，完善安全系统、稳定性及易于管理方面都有相当优异的表现，Windows 2000 平台集成了最新的通信技术，支持基于智能卡的认证、公共密钥结构、加密的文件存储和网络通信等。Windows 2000 支持远程计算，工作人员和客户都可以在任何地点、任何时间访问到相关信息和应用程序。 Windows 2000 支持最新的硬件标准，支持即插即用设备的动态安装。

（2）网络。

控制系统各计算机均备双以太网卡，通过以太网交换机星型连接构成两个独立的控制子网实现网络容错。网络任何单点故障均不影响控制功能。系统内计算机间的通信基于 TCP/IP 协议进行。可用 TCP/IP 协议（推荐）或其他通信规程，通过适当的连接方式（RS232、RS485、RS422、ETHERNET、FIBRE）与其他外部系统进行数据交换。

（3）数据库。

使用完全网络化跨平台关系型数据库 MySQL 系统，建立客户服务器体系结构的分布式数据管理系统，具有功能强、使用简便、管理方便、运行速度快、安全可靠等优点。用户可利用许多语言编写访问 MySQL 数据库程序，MySQL 包括一个结构化查询语言（SQL）数据库服务器、访问服务器的客户机程序、管理工具和一个编写用户自己的程序的编程接口。采用数据库可以对收集的大量原始数据需要时进行分析，得出结论性的信息，并为更详细的统计分析筛选出观察子集。利于系统控制技术的进一步完善与提高。可以灵活地按多种序列进行历史数据的查找并按要求输出灵活的格式。可通过远程访问记录的数据。

2. 系统应用软件设计

系统应用软件设计原则是：根据系统的结构和实时控制软件的特点，加强应用软件的结构化、可靠、安全性设计，以保证软件的质量。

（1）结构化设计。

将整个程序设计成仅由顺序结构、分支（条件选择）结构和循环结构三种结构组成的程序，使得程序变得清晰、易读，给程序的理解、验证、修改及维护带来了很大的方便。

（2）可靠性和安全性设计。

为增强系统软件的可靠性和安全性，系统应用软件的设计开展软件工程，加强软件可靠性管理，优化程序设计，强化程序验证。在软件设计中，主要应用避错排错技术、容错技术和信息保护技术。

五、系统的可靠性和安全性设计

1. 可靠性设计

采用高可靠性的系统结构、高可靠的工业控制计算机、I/O 式总线结构、专用功能模块和专用模板部件、双机热备、双网结构、输出命令的回采检查、防干扰措施、软件工程设计，保证系统可靠性的要求。

2. 故障—安全设计

双套联锁软件、动态的输入输出、信息冗余和通信的安全。

六、系统互联接口

1. 控制系统联网

控制系统各计算机均具备双以太网卡，采用基于 TCP/IP 通信协议，通过以太网交换机星型连接构成两个独立的控制子网，实现网络冗余。网络中任意单点故障均不影响控制功能。

2. 远程诊断接入

通过电话网拨号进入控制系统网络，基于 TCP/IP 协议访问系统各站点，获取各种系统信息，进行系统诊断及软件升级。

3. 与其他系统设备联网

系统可通过采用 CCITT 国际标准网络接口进行互联。数据交换协议可用 TCP/IP 协议（推荐）或其他通信规程进行数据交换。

第三节　TYWK 型驼峰全电子自动控制系统

目前，除了 TW-2 和 TBZK Ⅱ 外，国内的驼峰过程控制系统还有 FTK-3、TXJK Ⅲ、TYWK 等系统。它们都属于驼峰解体作业过程计算机实时自动控制系统，结构和功能大同小异。本节重点介绍 TYWK 型驼峰全电子自动控制系统。

TYWK 型驼峰信号计算机一体化控制系统是由全电子模块构成的驼峰推送进路控制、调车进路控制、溜放进路控制和溜放速度控制的集散式自动控制系统。

系统在原微机控制系统的基础上，采用不同类型的无接点微电子信号机控制模块、转辙机控制模块、减速器控制模块等替代现有的继电控制电路，实现对信号机、转辙机、车辆减速器的控制。

一、系统硬件结构

TYWK 系统采用集散式结构，分为上下两层，如图 5-3-1 所示。上层由两台主控机、维修工作站以及操作设备（显控工作站、速控工作站、存储工作站）组成；下层由控制现场设备的智能化控制模块群组成，他们之间采用现场 CAN 总线方式构成网络，进行数据交换。上层主控机与下层控制模块采用 CAN 总线和 I/O 开关量并存的双重闭环异性校核方式进行数据交换，提高了信息交换中的准确性，实现了故障—安全，并直接对信号设备进行控制。

两台主控机构成双机热备系统，有故障自动倒接和人为倒接两种倒接方式，倒接过程中不丢失数据，不影响作业。同时，系统允许一台主控机在线、另一台离线的工作方式。

（一）上层控制设备

主控机及终端：采用双机热备方式，完成系统的投入和退出，实现推送进路和调车进路的联锁关系，溜放钩车的跟踪处理、驼峰溜放进路和溜放速度自动控制信息的判断与处理。

显控工作站：以图形方式显示全场设备工作及操作状态，并可办理推送、调车和进路控制或设备单独操纵作业。调车长通过显控工作站管理全场信号设备。

速控工作站：专为作业员配备，管理全场车辆减速器，对溜放速度进行控制。

存储工作站：接受站调发送的调车作业单，并可对其进行编辑处理，提示车组溜放情况。

手动控制盘：对道岔及减速器进行应急手动控制。

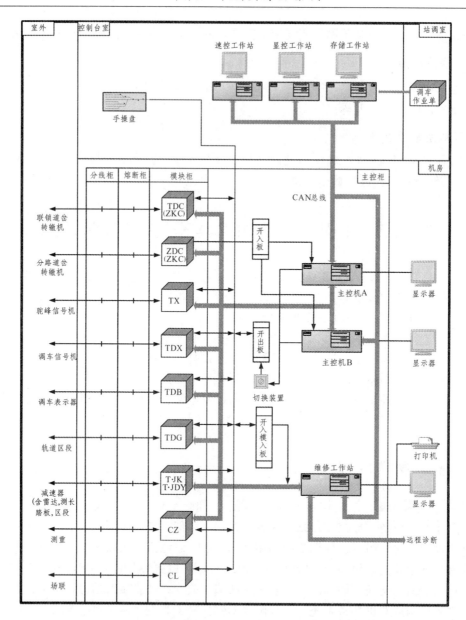

图 5-3-1　TYWK 型驼峰信号计算机一体化控制系统结构框图

　　TYWK 系统对于所控制功能范围内设备的操作与状态表示均由显控、速度工作站键盘或鼠标合作完成，操作人员可通过应急手操盘进行人工干预。

　　维修工作站：对系统整个运行过程实施动态实时跟踪监控和记录。监测设备硬件采用功能化的模块插件结构，且要求实现小型化、标准化并采用工业级或以上级别的产品。

（二）下层控制模块

　　下层控制模块共分为 4 种类型：道岔转辙机控制模块（ZDC、TDC）、信号机控制模块（TX、TDX、TDB）、减速器控制模块（TJK）、轨道电路识别模块（TDG）。

智能控制模块作为独立的控制驱动单元，集逻辑判断、记忆、监测报警等功能为一体，并直接完成对转辙机、信号机、减速器的控制。

智能控制模块采用先进的电子技术、性能优良的集成化组件和大功率驱动模块替代传统的继电器电路，优点是体积小、功能多、少维护。每个模块由带有 CAN 总线电子控制单元（ECU）和多种保护的无触点功率驱动单元两部分组成，控制模块针对不同控制对象的工作电流大小、电压高低级及技术条件的差异，采取相应的器材和软件。

现场转辙机、信号机、车辆减速器、轨道电路以及雷达、测重器、车轮传感器、测长轨道电路等控制条件和状态表示均经电缆和防雷元件接入智能控制模块。

（三）硬件配置指标

主控机：工控 PC 机，最低配置 CPU Pentium 586，内存 128 MB，硬盘 20 GB，彩色显示器 15 英寸，机内加插 CAN 板，CAN 板数量由工程规模决定。

维修工作站：工控 PC 机，最低配置 CPU Pentium Ⅲ 800，内存 128 MB，硬盘 20 GB，彩色显示器 17 英寸，机内加插 CAN 板，CAN 板数量由工程规模决定。

显控工作站、速控工作站：工控 PC 机，最低配置 CPU Pentium Ⅲ 800B，内存 128 MB，硬盘 20 GB，彩色显示器 21 英寸，机内加插 CAN 板，CAN 板数量由工程规模决定。

存储工作站：工控 PC 机，最低配置 CPU Pentium Ⅲ 800，内存 128 MB，硬盘 20 GB，彩色显示器 17 英寸，机内加插 CAN 板，CAN 板数量由工程规模决定。

CAN 板：型号 HK-CAN10S 和 HK-CAN30B；传送速率可编程（最高速率为 1 Mbit/s）；数据长度为 0～8 个字节。

智能控制模块：CPU 为 Intel 80C196KC，主频 16 MHz，RAM 容量 8 KB，EPROM 容量 56 KB。

（四）室内设备

由于全部取消了继电器，室内设备变得非常简洁，全部由柜式设备组成。

1. 机械室（机房）内设备

设有主柜机（全站场一台）、模块柜（数台）、监测柜（大站驼峰设一个，中小站驼峰可将监测设备安装在主控机柜内）、熔断柜、分线柜（防雷柜）电源屏。

2. 控制室设备

采用在一个信号楼内集中控制的方式，站场规模不同，控制室设备数量也不同。装备原则是：

大、中型驼峰，全自动控制——一台进路和信号显控工作站、一台存储工作站、一台减速器速控工作站、一台道岔和减速器手操盘。

大、中型驼峰，只装备进路控制——一台进路和信号显控工作站、一台存储工作站、一台道岔和手操盘。

小型驼峰——一台工作站（包括显控、存储和减速器控制）、一台道岔和减速器手操盘。

二、系统技术要求

系统配置适应各种大型、中型和小型驼峰调车场，并允许在一个调车场选择配置控制功能中的一种或几种或全部，同时允许几种控制功能分期投产或预留某一种功能，分期开通或接通预留工程都不会造成前期建设废弃。

系统技术要求及功能符合 TB/T2306—2006《自动化驼峰技术条件》的要求，与 TW—2 型系统相似，只是其实现的技术和方法有所不同，在此仅介绍其特点：

（一）进路控制

进路控制包括驼峰推送进路控制、调车进路控制及钩车溜放进路控制，直接控制进路上的转辙机和信号机。系统在进路控制中设有自动和手动两种方式。系统对进路控制符合 TB/T2306—2006 中"进路控制技术条件"的要求，其特点是：

（1）控制系统通过电子控制模块直接控制和操纵道岔转辙机转换及信号机信号的开放和关闭，并直接接受其表示信息。

（2）禁溜线及迂回线取送车进路的建立、锁闭和解锁，按调车作业单自动建立和解除。也允许手动建立，手动建立时使用完毕后（车列退出禁溜线或迂回线道岔）进路自动解除，恢复推送状态。

（3）机车下峰及后退进路的建立、锁闭和解锁，按调车作业单自动建立和解除，也允许手动建立。

（4）线束调车进路解锁方式采用在进路被使用后一次解锁，锁闭方式较"点号-7021"驼峰自动集中的技术条件有较大提高，完善可靠，操作与峰上调车进路相同。

（二）溜放速度自动控制

系统对溜放速度自动控制符合 TB/T2306—2006 的要求。其特点是：

（1）该系统适合各种溜放速度控制制式，包括含点式（打靶式）、各种点连式控制制式。为减速器控制研制的智能控制模块能直接控制各型 T·JK 系列车辆减速器和 T·JDY 型电液压分级制动车辆减速器，和其他电控的车辆调速设备。

（2）每个智能控制减速器模块是一个独立的智能控制单元，硬件的 I/O 接口能控制两台车辆减速器，接入一组减速器电子轨道电路、一台测速雷达、一块计轴车轮传感器（踏板）、一个股道空闲长度测定（股道测长）设备。

（3）钩车溜放速度控制方式设置了手动、半自动（人工定速）和自动三种模式，常态为自动模式，出口速度由控制模块程序计算，手动控制条件从手操盘直接接入控制模块，只有半自动定速由主机输入。因此，一旦主机或 CAN 局域网故障，减速器控制模块能独立进行手动或自动控制，确保溜放安全，使系统有极高的安全度。

（4）系统为各部位减速器控制模块输入其控制范围内的现场线路设计参数，供计算出口定速使用。现场线路参数可通过维修工作站修改。

（5）减速器控制模块根据钩车的车重、车数、去向、走行距离等计算钩车出口定速，并按定速调整钩车速度，控制误差满足部颁有关标准要求。

（6）对于大车组实行放头拦尾控制，放头量采用定间隔多次计算，力求在允许条件下加大放头量，减少车组占用制动位时间，提高作业效率。实施放头时，计算前车走行情况和现在的距离确定允许放头量，每个制动位串联安装的车辆减速器能分别接受自动控制程序按照计算动作一台或两台同时动作的控制。

（7）若测重器测得钩车为前轻后重车组，为防止将轻车挤出减速器，在重车进入减速器后才允许发制动指令。

（8）允许人工对减速器实施封锁和解除封锁，减速器被封锁后处在缓解位。智能减速器控制模块对在被封锁的减速器上走行的车辆不进行控制。

（9）解体开始时，系统会在控显屏报警框内对不处在自动状态的分路道岔、调车工作单内进入封锁股道的进路提出警告，并以语音提示。

（三）诊断维护

系统诊断维护符合 TB/T2306—2006 的要求。其特点是：

（1）各控制模块面板上表示灯为维修人员提供模块工作状态，故障时显示故障点。

（2）维修工作站可实现对系统整个运行及控制过程实施动态实时跟踪监测和记录。

（3）维修工作站记录控制模块对现场信号机械设备的检测结果，判断设备的使用状态，做到超标预报警超前防范，能使设备运用质量始终处于受控状态，指导维修人员合理维修，为故障维修提供依据。

（4）在维修工作站上对设备的电气情况进行测试，包括电源屏电压、电子轨道电路轨端电压和点动转辙机电流，并保留设备测试结果。

（5）维修工作站自动收集减速器控制实迹，统计控制精度。并能按钩描绘减速器控制过程曲线。

（6）维修工作站提供了对历史记录回放的功能，可以根据用户所选择的时间段对当时站场中各设备在解体作业过程中的状态变化进行回放再现，维修工作站记录数据保存期限不少于一个月。

（四）联网功能

系统与相关系统通信的联网功能符合 TB/T2306—2006 中"与相关系统通信技术条件"的要求。其特点是：

（1）系统根据需要可以与其运行有关的其他系统联网，如与车站信息管理系统联机以获得调车作业通知单和回送解体作业结果，与车站 TDCS 分机联机使其获得编组站线存车情况等。

（2）系统能与驼峰机车信号系统联机，向其发送驼峰主信号机显示信息。与机车遥控系统联机，向其发送推送速度控制机车推送，并接收返回的机车实际的推送速度。

三、系统故障—安全措施

铁路信号控制系统，必须采取有效的容错、避错技术和措施，尽可能软化故障造成的不良影响，实现信号系统的故障—安全原则。该系统可靠性和安全性的主要措施如下：

（1）上位机与控制模块采用 CAN 总线和 I/O 开关量并存校核的方式进行数据交换，提高了信息交换中的准确性。使用时符合信号故障——安全原则，例如：

① 开放信号时必须检验 CAN 总线传输的指令和 I/O 指令相符，而关闭信号只要 CAN 总线传输的指令和 I/O 指令中有一条关闭指令即关闭；

② 解锁时必须检验 CAN 总线传输的指令和 I/O 指令相符，而锁闭只要 CAN 总线传输的指令和 I/O 指令中有一条关闭指令即锁闭。

（2）在功率输出器件中采用密码锁技术，由脉冲信号驱动，即使 CPU 出现故障也不出现错误开出。启动运行信号输出采用两端差动技术，只有同时满足差动输出才能启动开出信息。

（3）所有输入信号均采用光电隔离技术，将电压信号转换成电流信号，提高了防尖脉冲干扰能力。

（4）程序对开入模入信息采用多层次比较的方法，判断其输入信息的正确。

（5）程序实时对内部主要器件和外部接口条件进行有异性判定，驱动模块按双冗余设置，并相互隔离。

（6）当执行程序出现混乱情况时，看门狗电路使 CPU 复位程序重入，并产生故障信号直接作用于功率输出模块，使其禁止输出。

（7）系统上电时，电源从主机逐级投入，有效地避免了出现设备误动的可能性。

（8）主控机采用双机热备方式，系统连续不断地监视上、下位机及整个 CAN 网络的运行情况，一旦主机故障即实现热切换到备机工作，在切换过程中不会间断所有联锁和溜放的控制。

（9）规范软件系统设计，程序具有良好的结构化、模块化和层次结构，保证故障在每一层都得到检查。

（10）联锁关系采用三级判定，从而使系统工作的安全程序有较大提高。

（11）系统为集散式结构，智能化控制模块功能齐全，控制对象充分分散，相对独立。这样即简化了上层，又有效防止了局部故障的扩大。

（12）系统维修工作站有完整的监测监督报警功能，判断设备的使用状态，做到超标预报警、超前防范，能使设备运用质量始终处于受控状态。

（13）速度控制在控制模块程序内设计有安全保护定速，对溜入减速区段的无计划车组按保护定速控制。

（14）溜放进路自动控制设计有钓鱼、错道、途停、防侧撞、防堵门、摘错钩等故障的一系列防护措施。

（15）发生雷达故障，则无法测量车组速度，采用车轮传感器(踏板)测速对车组进行粗略控制，避免高速与前车冲撞。

复习思考题

1. 简要说明 TW-2 型驼峰自动控制系统的结构特点。
2. 简述 TW-2 型驼峰自动控制系统的软件功能分工。
3. 简述 TW-2 型驼峰自动控制系统的下层控制器插件的种类、电路结构和功能。
4. 简述 TW-2 型驼峰自动控制系统工作站的类型及其作用。
5. 什么叫作"钓鱼"？驼峰计算机控制系统对"钓鱼"如何进行逻辑判断和处理？
6. 驼峰计算机控制系统如何进行"追钩""途停""侧冲"的判断和处理？
7. 简述 TBZKⅡ型驼峰自动控制系统的硬件结构及特点。
8. 简要说明 TYWK 型驼峰全电子自动控制系统的结构特点。
9. 简述 TYWK 型驼峰全电子自动控制系统下层智能控制模块的类型、功能和特点。

第六章 编组站综合自动化系统

为适应铁路不断提速、货物列车密集到发的发展趋势，同时提高货运质量，使点线能力相匹配，编组站装备不同种类、不同水平、不同规模的自动化设备，并且将它们构成综合自动化系统，是提高改编作业能力的重要途径。

第一节 概 述

国内外铁路编组站一直分为自动化与信息化两个领域，长久以来各自分别封闭发展。

一、编组站自动化领域

在编组站自动化领域，驼峰控制技术发展最具代表性。1970年，在丰台西驼峰第一次采用分离电子元件技术建成调速（目的）半自动化系统；1984年，在南翔驼峰第一次采用国产小型机技术建成调速（目的）自动化系统；1986年，在山海关第一次采用了微处理器技术实现驼峰溜放进路自动控制；1989年，在郑州北上行驼峰第一次实现了包含溜放进路控制、间隔调速、目的调速等多功能的驼峰综合自动化系统，并实现了与编组站车辆信息处理系统联机。由于早期自动化技术不够成熟，直至20世纪90年代中期我国驼峰技术装备仍以半自动化设备为主。从20世纪90年代中期开始，在驼峰自动化市场化进程中，我国的驼峰控制技术在成熟度、实用化、工程化、自动化方面快速提高与发展，以TW系列驼峰自动化系统为代表的驼峰自动控制设备迅速普及，已装备各类大、中、小自动化驼峰130座以上，占国内驼峰市场50%以上。目前我国各类驼峰基本上已全部实现自动化，并且技术上已经达到了国际先进水平。发达国家的驼峰自动化技术较我国发展早，我国从1987年到1997年曾先后在郑北下行、徐州北、阜阳北、向塘西下行分别引进过美国GRS公司和USS公司的驼峰自动化系统，由于国外编组站控制技术近年来相对老化和滞后，加之对我国编组站运输条件不适应，效果不佳。

目前国内编组站已进入批量装备的过程控制系统还有推峰机车遥控系统、具有平面溜放控制功能的计算机联锁系统、驼峰尾部停车控制系统等，各有其发展史。

二、编组站信息化领域

我国编组站信息化领域发展出现了现车管理与调度表示两个独立分支，最具代表性的是车站现车管理系统。1986年，我国第一个编组站车辆信息处理系统在株洲北编组站投产；

1988 年，郑州北编组站引进了加拿大的编组站信息处理系统（YIS）；之后各路局计算机所或下属部门竞相研发与推广本局管内的编组站计算机现车管理系统，较适应各编组站自身的运营组织模式和作业特点，截止到 2007 年年底，国内大型编组站仍主要使用这类现车管理系统；我国 20 世纪 90 年代发展的 TMIS 项目基于计算机数字通信技术成功取代了编组站电报所在站间传送列车编组确报，与此同时，相对统一的车站信息管理系统 SMIS 1.0 出现并主要推广运用到全路除大编组站以外的各个车站；2005 年 2 月车站信息管理系统 SMIS2.0 研发启动，同年 11 月在丰台车站投入试验，2007 年 11 月在哈南编组站通过技术审查。

采集联锁系统表示信息的调度监督技术应用于编组站也出现在 20 世纪 90 年代，后期 DMIS（TDCS）项目的发展取代与中止了编组站调度表示系统专项技术发展，在站场表示基础上扩展了行车日志、站间预告和调度命令功能的 TDCS 分机随 TDCS 项目在全路普及运用于各编组站。由于 TDCS 分机以到达场/出发场为节点将编组站肢解为不同车场独立管理，目前大部分编组站不具有统一的调度表示系统。

除此之外，我国编组站信息化领域在不同时期开发与运用了车号识别、班计划下达、统计上报、机务段管理、货检管理、货运制票、货运计划、货运保价、集装箱管理、集装箱跟踪等单项信息处理子系统。这些信息子系统的特点大都纵向对路局甚至铁道部组网，但是在编组站横向之间往往属各自为政、功能单一的独立体，或封闭运行，或存在简单信息共享。

车辆安全综合检测是编组站呼之欲出的系统，除单项探测（如红外轴温）外目前尚未形成普及态势；货物安全其单项检测技术正在发展中，例如视频监测、货物超偏载、货物限界、电子铅封等，尚未成熟也未整合为综合检测系统；此外货物与车辆安全探测数据在车号、限界、超偏载等方面存在重复，其信息共享或车辆货物安全一体化综合集成议题尚未被提到议事日程上。

三、存在的问题

目前，我国编组站存在的主要问题是各种分门别类的系统往往单独开发建设，自成体系，各系统间的连通性和互操作性较差，各个分系统由于逻辑上的不一致性，系统软、硬件的异构性，信息的多样化、复杂性和控制管理的非实时性等一系列问题，使各个分系统各自为政，难以互通信息，无法统一调度，限制了系统的进一步发展和效率、效益的进一步提高。

编组站信息化技术落后于生产形势与运输需求的矛盾尤为突出，面向编组站多工种、多岗位协作，以及整体关联的运输生产体系，分门别类的信息系统凸显支离破碎，最典型是车站行车信息与车站调度信息被切割管理，不能为编组站连续生产作业流程提供连贯的信息处理与安全保障机制，甚至人机界面也被分离。

从 IT 行业角度看，信息技术发展有三种模式：面向具体职能的个体；面向部门；面向企业。我国编组站信息化基本停留在面向个体模式的初级阶段，呈现信息私有化特征，使有机联系的运输生产整体信息共享与信息互动困难。计划间的链接、执行工序间的链接、计划的部署、实际执行情况掌控仍主要依靠口头通知、人为保障的"机外"处理手段。

从管理者角度看，以往编组站信息化水平不足以创造必要的条件改变编组站运输生产组织模式，提供必要的变革与优化手段推动生产组织流程再造与业务重组，反之编组站信息化设计只能从属原有组织结构，追随已存在的岗位与职能。

从使用者的角度看，信息化主要提供了一部分生产数据的记录、记忆、查看工具。用屏幕替代纸张（或毛玻璃板）、键盘替代笔、打印代替计划部署，由于共享不够充分，免不了要重复录入，且同一个生产过程可能在不同系统中信息相互矛盾。被管理的信息基本属"人造"，源头靠人录入，且信息的流动也靠人"推动"，手指头不到，信息自身不会按照运输生产过程自行流动，信息的准确性与实时性取决于人为因素，难免信息虚假。由于单一化系统掌握信息不全面，信息的可信度不高，智能化水平上不去，大都做不到由智能化替代或减轻生产指挥者的劳动强度。

长期以来，信息化与自动化发展长期背离，背靠背生存，虽然编组站生产过程应按信息系统掌握的计划执行；信息系统应同步生产实际，但由于管与控脱离，中间完全依赖人工环节呈上启下。

四、编组站综合自动化系统

自 21 世纪初开始，我国铁路逐步开展了编组站综合自动化技术的研究和开发，其目标是将编组站已有的溜放速度控制、进路控制、车辆管理、信息管理、决策管理等集成为一体，通过建立编组站统一的综合信息管理与控制平台，完成计划自动编制与调整、计划自动执行与集中控制、作业过程自动控制，实现作业管理和控制一体化、路局调度与车站调度一体化、运输管理与决策支持智能化，以提高编组站作业能力与效率，保证运输安全生产，使编组站信息管理和生产过程全面自动化。目前，成都北、新丰镇、武汉北等编组站已实现了上述意义上的编组站综合自动化。

编组站综合自动化系统主要有中国铁道科学研究院与原铁道部信息技术中心研制的新一代编组站综合自动化系统（SAM）和中国铁路通信信号总公司研制的编组站综合集成自动化系统（CIPS）。

第二节　SAM 系统

编组站综合自动化系统（Synthetic Automation of Marshalling yard，简称 SAM 系统）包括综合管理、作业计划自动执行和集中控制、计算机联锁、驼峰自动化、尾部停车器控制、全站机车综合安全控制等子系统，在编组站范围内全面实现计算机化管理和作业过程自动控制。

一、SAM 系统设计原则

1. 局站融合，建立一体化的信息系统

编组站综合自动化应该和铁路局调度系统实现无缝连接。在编制列车工作日/班、阶段计划的过程中，路局和车站互为数据源，既从全局线和面的角度，又从车站点的角度，兼顾车流来源、线路和车站作业能力、机车运用等因素，路局调度系统和编组站综合自动化系统协同工作，才能编制出准确高效的运输工作计划，提高调度指挥水平。

2. 通过资源调度，实现运输组织的优化

建立计划→执行→反馈的闭环生产管理体系，以行车计划和装卸车计划为主线，以高效运用编组站的生产资源为出发点，以提高效率、压缩中停时、降低运输成本、保证运输安全为目标；

调度人员通过编制计划，监视各资源完成计划的情况，根据反馈信息动态调整计划实现目标。

3. 通过管控融合，实现减员增效的目标

系统通过管理信息系统的智能化设计和控制系统的自动化实现，以信息为导向，再造信息化环境下的业务流程，优化作业流程，减少作业人员，降低劳动强度，提高作业效率。

4. 通过信息技术保安全，提高行车和调车的安全

对全站进路进行集中控制，按运行图和车次卡控列车作业，有效地防止误接、误发和错漏办，阻止事故发生；严格违编检查、车辆物理实时跟踪，有效地防止违编违流及乱道情况。对施工、事故或影响效率的苗头进行监控，及时报警。

5. 运维融合，为系统平稳运行保驾护航

借用全路统一的维护平台，包括基础数据维护平台，操作系统、数据库、网络安全服务平台，电子商务门户平台，统一时钟平台，病毒防范平台，网络安全平台，以及分布全路的应用开发和维护队伍，为编组站系统的运行、维护、修改、升级提供最有力的安全保障。

二、SAM 系统构成

SAM 系统由信息管理层和作业过程控制层组成。信息管理层包括运营管理与统计分析、调度指挥与管理；过程控制包括作业计划自动执行和集中控制、计算机联锁、驼峰自动化、尾部停车器控制、全站机车综合安全控制系统。

SAM 系统的运营管理与统计分析、调度指挥与管理，通过 TMIS、TDCS 网络，与路局运输信息管理系统连接，充分共享信息，实现"局站一体化"的设计理念。SAM 系统的调度指挥与管理，通过编组站调度集中（作业计划自动执行与集中控制），与作业过程自动控制系统连接，充分共享信息，实现管控一体化的设计理念。系统技术支持为 SAM 系统提供网络和数据库环境，保证信息交互的实时和流畅。系统安全和综合监控为 SAM 系统安全、有效地运作提供保证。SAM 系统层次结构图如图 6-2-1 所示。编组站 SAM 系统结构示意图如图 6-2-2 所示。

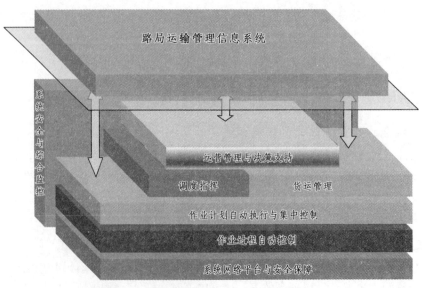

图 6-2-1　编组站 SAM 系统层次结构示意图

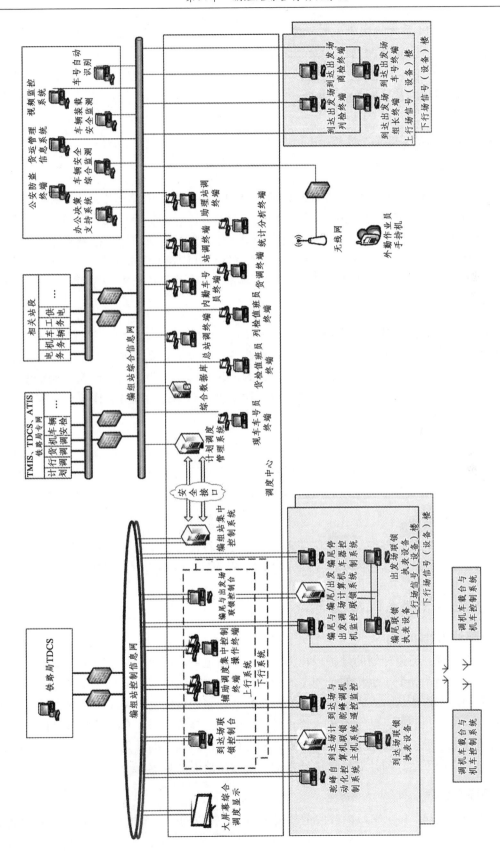

图 6-2-2　编组站 SAM 系统结构示意图

综上所述，SAM 系统的构成主要分为五大部分：综合网络平台、综合管理系统、编组站集中控制系统、过程自动控制系统和安全保障系统。

三、SAM 系统的主要功能

（一）调度指挥系统功能

1. 日班计划编制

包括接收日班计划，自动接收路局日班/阶段计划、本务机运用计划及其他相关计划；辅助编制车站日班计划，确定列车接入场别；修改、调整日班计划，根据实际完成情况，动态调整日班计划大表；记录日班计划完成实绩，根据作业计划的完成情况，推算实际车流，填写实际完成情况、出入车情况等；日班计划分析，分析日班计划的完成情况及各种生产指标；施工与线路停用信息管理，调度人员根据工务、电务或供电等维修、养护等要求，对线路或设备施工进行管理。

2. 阶段计划自动编制与实时调整

包括配流管理、车流推算、阶段计划自动编制、自动编制到发线使用计划、自动编制调车作业顺序、自动编制调车设备的使用计划、计划下达与信息采集、指标计算、到发线使用计划的调整、调车作业顺序及作业时间的调整、调车机使用计划的调整、作业情况查询等。

3. 本务机管理

车站本务机管理功能负责本务机在站内走行管理、出入段管理、交路预推、出发机车推算等。SAM 通过 Web Service 提供一组公用接口，为机务段信息系统提供安全的、标准的、可跨平台的数据交换服务，实现以编组站为核心的区域信息共享平台。

4. 全站作业指挥

系统根据各种准确、详细的调度信息和安全监控资料进行全站工作指挥，负责接收上级调度系统的日班/阶段计划，签收调度命令，上报站存车及车站行车、调车等情况。

（二）现车管理系统功能

1. 调车计划管理

包括资料管理：编组计划的维护，相邻区段的牵引定数的规定，编组隔离限制的要求；调车限制管理：调车计划（也称勾计划）的管理过程应按照线路现车或机车现车上车辆的特征情况，限制调车作业的方式方法，同时在调车作业计划中应向有关调车人员提供可阅读的调车注意事项说明，例如，禁止溜放、禁止过峰、限速连挂等要求；自动编制解体计划；自动编制编组计划；手工编制调整解体勾计划；手工编制调整编组勾计划；手工编制调整取送勾计划；勾计划的下达；勾计划反馈信息查询；勾计划故障处理等。

2. 现在车管理

包括查询毛玻璃：显示车站内各股道的现车，重车按方向，空车按车种；现车跟踪修改：

根据计划执行反馈信息，动态修改现车信息，分阶段与控制系统的现车跟踪进行核对，修改；股道修改；股道间调车等。

3. 确报管理

包括到达确报处理：自动接受通过铁路确报系统转发的来自始发站的确报报文，获取到达列车的车辆信息及车辆顺序。可处理同一列车的确报更新信息；预确报转到确报：车号员先接收预报（这里预报是指始发站转来的确报，到报是指经核对后的确报）核车后，修改确报，无误后预报变到确报；确报的列车接入：将核对无误的到报接入到达场，按车站现车管理；取消列车接入；和 ATIS 匹配；直通转报；生成列车编组；取消列车编组；列车出发及发报；取消出发；代站发报；抄编系统等。

4. 列车管理

包括接收作业计划：自动接收班计划及其调整计划，自动接收阶段计划及其调整计划，自动接收各种勾计划及其调整计划，自动接收各种调度命令；列车到发管理：列车图定时刻表管理，列车到达报告，列车出发报告等。

根据车站的性质与需要，其被管理的到发列车类型可包括：货物有调中转列车；货物无调中转列车，客、货运通过列车；其被管理的到发货物列车属性可包括：直达、直通、区段、摘挂、小运转及单机等。

5. 调车管理

包括解体调车作业，编组调车作业。内容包括显示站场图，显示解体、编组作业计划，显示驼峰峰别使用计划；为解体作业计划调整调机和峰别，同时调整禁溜线、迁回线；绘制驼峰、调机的动态和利用率图表。显示牵出线使用计划；为编组作业计划调整牵出线；绘牵出线的动态和利用率图表。

6. 作业车管理

包括特殊车管理，检修车管理，装卸作业车管理，蓬调系统。内容有记录掌握特种车、加冰、洗涮出入等信息，检修车出入、运非转换等信息，作业车出入、作业等信息，对到、出车站篷布进行动态掌握、统计、分析等管理，为站调、勾计划编制人员等提供所需信息。

7. 专支线管理

包括交接车管理：针对不同类型的专用线、专用铁道，系统提供了不同的交接车管理方案；使用车管理：在与专用线交接车辆时，记录车辆交接的时间信息，统计计算车辆在专用线内的停留时间，并按相关规定核算货车使用费；线内装卸管理等。

（三）集中控制系统功能

1. 作业计划管理

（1）作业计划的接收。

编组站集中控制系统自动接收车站信息系统的各类作业计划，并对计划的内容进行合法性检查。对不合法的调度计划不做处理，并向车站信息系统返回错误码。

作业计划内容的合法性检查包括超限车接入检查、电力机车接入检查、施工检查等。

（2）作业计划的分解与执行顺序。

将接发列车计划、调车勾计划自动分解转换成相应的指令序列，插入总的指令流。系统原则上按指令流的先后顺序下达执行，根据计划内容确定优先级。当列车晚点、作业提前或延误、调机任务或进路发生冲突等情况发生时，系统根据实际情况调整。

① 接车作业。

根据每个接车作业的区间正线和接车场别、线别，自动分解成接车路径。

② 发车作业。

根据每个发车作业的区间正线的发车场别、线别，自动分解成发车路径。

③ 直通车作业。

根据每个直通车作业，自动分解成接车路径、发车路径。

④ 驼峰溜放调车作业。

为保证驼峰调车作业的安全性，驼峰溜放调车作业由驼峰过程控制系统完成计划的分解与进路控制。

⑤ 平面调车作业。

根据调车作业勾计划中的每一钩的目的线路、作业类型以及前、后钩的接续关系等信息，自动分解成调车机车走行路径。

⑥ 取送、转场、转线等其他调车作业。

根据作业计划中的源线路与目的线路，自动分解成调机走行路径。

⑦ 本务机出入段。

根据每个本务机计划，自动分解成本务机出/入库路径、本务机折返路径或本务机转场路径。

（3）作业计划的调整。

系统根据作业计划的执行情况，在权限范围内自动调整作业计划、触发时刻。

根据作业计划的执行情况，如遇无法执行的计划，实时向车站信息系统返回错误码。

根据作业计划的执行情况与现车实时采集信息，如遇与计划内容不符的情况，实时向车站信息系统返回错误码。

（4）作业计划的取消。

当接收到车站信息系统取消计划的指令时，编组站集中控制系统将从已分解的路径队列中删除与该计划有关的路径信息，并对其他路径进行必要的调整。

2. 接发车过程管理

包括列车预告办理；邻站间到发通报；接发车计划人工调整；根据指令集，自动办理接发列车进路，监控进路的执行过程，人工干预优先；无线车次号接入与核对；接发车报点；依据接发列车实际执行信息，自动得到接发列车在站内的报点，并根据需要向上级调度系统报告；提供人工补报功能；自动填写到达、出发行车日志；行车日志、调度命令查询、编辑、打印等。

3. 调车作业过程管理

根据区长指挥，人工调整作业计划中的调车机、推送线、牵出线等信息，以自动分解进路。根据指令集，监控进路的自动执行过程，人工干预优先。作业报点：根据调车作业实际情况，自动得到调车作业的报点，提供人工补报功能。

4. 进路管理

（1）进路选优与办理。

系统根据已分解的作业路径和执行顺序，结合列车换长、机车走行距离最短、平行作业、避免冲突等因素，自动或人工选择进路，依次自动生成指令序列。

进路办理时，如果超过一定的时间与命令次数，计算机联锁系统未能办理成功，编组站集中控制系统将自动重选，或提示值班员重新选择进路。

（2）进路冲突处理。

当站内各种进路选择发生冲突时，按以下原则处理进路的冲突，协调各项作业的执行。

① 接发列车作业优先于调车作业，当进路冲突时优先安排接发列车进路。

② 当本务机车经过咽喉进路与接发车进路冲突时，优先安排接发车进路。

③ 当本务机车通过咽喉与调车进路冲突时，按占用时间先后安排本务机车进路和调车进路。

④ 进路发生冲突时，可搜索其他迂回进路。

当进路出现冲突无法办理时，系统根据指令对时间的要求与优先级，提出系列解决办法（等待/中止指令/暂停敌对指令执行），并指定默认办法，提交给调度人员选择处理。

（3）进路的取消。

进路办理成功后，如果车列尚未接近，可以人工取消进路。

进路办理成功后，当车列已占用接近区段，如果需要解除进路，提示值班员进行人工解锁。

（4）下达指令的时机判定。

接发列车指令的触发时机随着接发列车的到发时刻的变更而实时调整。

执行解体作业勾计划、列车发车计划的指令时，需检查外勤技术作业的完成进度，确保外勤技术作业全部完成后，再触发相应的指令。

执行本务机车出库、入库指令前，在获取机务段、机务折返段的许可后，再触发相应的指令。

其他站内调车作业，在确保当前指令已经执行完成后，再触发紧接续的下一条指令。

调车作业指令按照作业执行顺序与时间要求，结合作业计划执行情况，在权限范围内自动调整指令的触发时机。系统的自动调整计划权限由车站信息系统设置。

如作业指令出现冲突，按照"进路冲突处理"自动调整指令的触发时机。

5. 作业实绩的监督与反馈

系统综合现场设备状态、作业计划单、集中控制指令、现在车等信息，自动分析出计划执行进度与结果，并向车站信息系统反馈，形成编组站作业的信息闭环。

6. 现车信息采集与管理

（1）本务机车。

系统根据 AEI、轨道电路等设备的采集信息，结合接发列车作业计划，记录与监督本务机车在站内的实时位置。

系统根据本务机车去向及本务机车交路，记录在机务段、机务折返段内存在的本务机车、入段时间等必要信息。

（2）调车机车。

系统根据调机综合安全监控系统的信息，结合调车作业计划记录与监督调车机车在站内的实时位置。

（3）车辆。

系统根据 AEI、轨道电路等设备的采集信息，结合接发列车作业计划、调车作业计划等信息，记录车辆在站内的实时位置，记录车辆进站、出站的地点与时间。

7. 控制模式

SAM 集中控制系统提供自动模式和手动模式两种。

（1）自动模式。

在自动控制模式下，SAM 集中控制系统将自动分解、自动调整作业计划，适时自动办理进路、自动调整。系统提供全自动控制模式下的人工干预方式，即人控优先。

站内所有设备均由 SAM 集中控制系统自动控制、自动生成指令序列，自动下达作业指令，无需人工操作。

全自动控制模式下系统自动返回计划的执行结果。

（2）站控模式。

在站控模式下，值班员需按传统的作业方式办理进路，对站内所有设备均需手动控制。

站控模式下系统自动返回计划的执行结果。

8. 调机行动统一指挥

系统在下达作业指令时，适时向调机下达作业通知单，指挥调机进行作业。

9. 提供 SAM 系统的统一时钟源

系统通过与 TDCS 的信息共享，获取 TDCS 的时钟信息，并通过专用软件向集中控制系统的所有设备提供统一的时钟信息，从而达到系统的时钟与路局调度一致。

为站内的控制系统提供统一的时钟，包括计算机联锁、驼峰控制、调车机车综合安全监控、停车器控制系统等。

10. 站内设备集中控制

调度人员在站调楼内可以发送操作命令，集中控制进路、道岔、信号机、尾部停车器等设备。操作命令包括：进路办理/取消、进路总人工解锁、区段故障解锁、道岔的定操/反操、道岔单锁/单解、道岔封闭/解封、股道封闭/解封、信号机封闭/解封、信号机重新开放信号、引导进路、引导总锁闭、尾部停车器缓解/释放、各种报警与确认等。

以图形方式表示编组站相邻各站的股道占用情况、列车信息。

11. 岗位与权限管理

根据岗位不同，提供不同的局部站场图，供调度人员观察现场作业实况。

根据岗位权限的差别，分别对现场设备进行操控。

根据岗位不同，为调度人员提供不同侧重点的、更为丰富的信息展示与统计分析手段。

12. 重要作业信息语音提示

对于作业过程中报点、告警信息，以及重要的异常变更情况，系统通过语音提示调度人员予以注意或及时合理的处置。

13. 作业历史回放

系统提供历史作业的回放功能。通过选择时间段，从数据库载入历史数据，对历史作业进行忠实的重播。在播放过程中，用户可以暂停、前滚、后滚、重放、设定播放速度以及选段播放。

14. 调度信息综合表示

编组站调度信息综合表示系统主要综合来源于计划层、控制层的各类信息，实现全面的、综合的展示。

（1）站场设备表示信息显示。

显示站场的线路形状、设备等，内容包含上（下）行到达场、上（下）行驼峰场、上（下）行驼峰尾部、上（下）行出发场、机务段连接线、机务折返段连接线、车辆段连接线等控制范围内的整个三级六场全景。

以彩色光带和图形符号表示组成站场的各个单元设备：区段、信号机以及道岔等设备的实时状态，例如道岔开向、区段占用/锁闭/空闲、信号机开放或关闭，减速器、停车器、脱轨器、测长状态。

采用不同的颜色表示由于施工或故障被暂停使用的设备、线路资源。

采用不同的颜色表示由于接触网施工等原因，造成接触网不供电的线路。

（2）邻站设备表示信息显示。

以彩色光带和图形符表示组成邻站的各个单元设备，实时显示区段、信号机等设备的实时状态。

（3）机车与现车实时显示。

通过现车信息采集、确报等信息，以图形方式动态显示车辆在站内的存放地点，并显示每个线路上站存车的统计数据。

通过现车信息采集和调车机车综合安全控制系统的信息，将本务机车、调车机车在线路上的位置以图形方式显示，同时显示机车编号、运用状态等信息。

（4）作业计划与执行进度表示。

系统详细展示编组站内的到发计划、解体勾计划、编组勾计划等计划内容与作业进度。

（5）车站技术作业进度显示。

接发列车作业信息。对于到达、出发和通过列车，可随着列车的移动和停靠，在相应的线路上用数字显示其车次号。

显示接发列车技术作业（车号、货票、商检、列检、列尾、摘风管）的执行进程，包括进度显示、倒计时、超时报警等。

显示站存车分布的概要信息及详细信息，如到达出发列数、辆数、作业车数等。

（四）统计分析与决策支持系统功能

1. 统计报表

包括中间表管理；特殊车辆登记；分场统计；十八点及相关报表管理等功能。

2. 计划分析

包括空线、晚点原因分析；减速顶碾压次数统计；机车整备超时统计；超轴欠轴统计；待发车分析、统计；各场到发情况统计；驼峰占用情况分析；编尾调车机动态分析；车流不均衡分析；违编、违流统计分析；始发技术直达列车分析等。

3. 运营管理决策

（1）建立分析库。

采用数据仓库和数据挖掘等技术，建立历史数据分析库，为运营决策智能化提供技术支持。根据作业完成实际的统计数据，生成车站生产经营日况报告。

（2）决策支持。

包括站务组织大表分析；正点率，列车空线、晚点原因；作业情况分析；驼峰占用情况分析；编尾调车机动态分析；上下行作业大表分析；班计划大表分析；统计列车超列数、辆数、超长列数和长度；统计上行场办理和中时（分别统计无调和有调办理、中转时间）；其他统计分析。支持动态设定分析指标。

4. 运营指标分析

分析车站各类指标，对可能影响车站运输生产安全与任务完成的分析结果进行及时预警，方便各级领导随时监控车站的运营指标情况。包括实时、分阶段两种方式统计装车数、卸车数、发送吨、静载重、总停时、作业次数、停时、总中时、中转车数、中时、货车正点率、客车正点率等指标。

5. 预警系统

全站存车数：显示全站存车数及存车详细信息，根据参数给出警报；大点车：显示全站大点车及车详细信息，根据参数给出警报；重点车追踪：追踪军运及其他重点车，及车详细信息，根据参数给出警报；有无调中转：显示有无调中转时间及车详细信息，根据参数给出警报；集结车占线：显示集结车占线时间及车详细信息，根据参数给出警报；重车方向：显示重车方向及车详细信息；列车占线：显示列车占线时间及车详细信息，根据参数给出警报；各局在站车：用图、列表显示各局在站车；空车车种：用图、列表显示各车种空车。

（五）施工计划及设备检修管理系统功能

1. 施工组织计划管理

包括施工流程管理：施工申请、报批、承认等流程控制；施工调度命令处理、命令的下传；线路及设备封锁；施工的销记及确认、签名等。

2. 设备故障检修管理

包括行车设备故障登记、通知、检修、恢复等的记录、确认、签名等管理。

第三节　CIPS 系统

编组站综合集成自动化系统又可称为编组站计算机集成过程系统（Computer Integrated Process System，简称 CIPS 系统）。CIPS 系统基于现代管理技术、生产技术、信息技术、自动化技术、系统工程技术，实现了控制、调度、管理、经营、优化、决策一体化。CIPS 系统的核心是集成，在铁路局各信息系统的指挥下，通过车站内部横向综合集成隶属不同信息系统的数据，实现站内的列、调计划的自动生成与自动执行，并达到站内计划与控制执行的互动，使整个"工厂"形成智能闭环系统，突出整体效益。

一、系统体系结构

如图 6-3-1 所示，CIPS 轮图将整个系统表述为三个层次，核心层为共享信息平台；功能层为编组站典型的到、解、集、编、发基本生产功能；功能扩展层反映了 CIPS 在各个作业环节上的功能，该模型表述的重点是编组站内所有的信息处理与自动控制功能均紧密围绕在同一个集中的共享数据平台而展开，各个功能产生的数据均被集成在共享数据平台上，同时也从数据平台上获取其他功能产生的数据，通过公共数据反映功能与功能之间的关系，实现功能与功能之间的衔接。

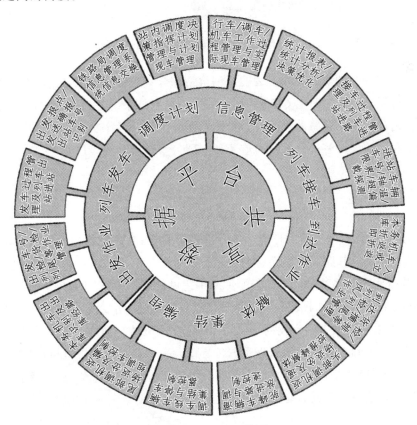

图 6-3-1　CIPS 轮图

　　图 6-3-2 左侧金字塔部分表示 CIPS 的功能结构模型，从上到下共分为五层：顶层为运营决策层，其功能对应站长等主要领导职位；第二层为管理信息层，包括车站技术科、统计科、车间主任等部门的特定功能；第三层为生产调度层，其功能对应车站调度员及其整个计划部门的职责范围；第四层为过程监控层，其功能对应车站值班员等负责运转执行的岗位；底层为过程控制层（PCS 系统），包括车站联锁、驼峰自动化、停车器控制和调机控制等基础过程控制设备。上述五层呈金字塔形，层与层之间是一种递阶结构，下一层作为上一层的基础，其范围与规模也较为庞大。

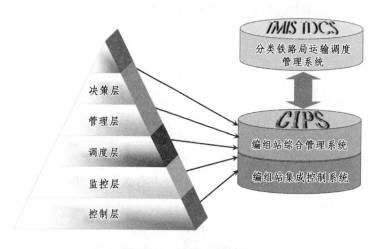

图 6-3-2　系统功能结构

　　右侧部分是 CIPS 的实施结构，表明了编组站综合集成自动化系统由综合信息管理分系统和集成控制分系统组成，即在 CIPS 环境下的过程控制分系统基础上，以 CIPS 信息管理分系统为核心，搭建成一个完整的大系统。具体功能分工是：各个集成控制分系统对应了功能结构的控制层和监控层，管理分系统对应了调度层、管理层和决策层。

二、系统物理结构

　　图 6-3-3 具体结合了编组站的环境，进一步表述了 CIPS 系统的物理结构，以及 CIPS 系统与编组站其他子系统和路局信息系统的关系。

　　CIPS 的综合管理分系统替代与兼容了原来编组站的现车系统和 TDCS 车站分系统（以双向三级六场纵列式编组站为例，被替代的是分场设置的到达、出发及站调等五个独立的 TDCS 车站分系统）。如果存在独立的到发列车通知系统（在值班员与列检、商检之间的列车到发与作业相互通知功能）和独立的货检管理系统（货检大表、普记、货检电报及货检统计管理功能），也被管理分系统所替代。CIPS 综合管理分系统不是原有多个信息分系统的简单功能组合与替代，它负责信息总集成，是管控一体化的核心。

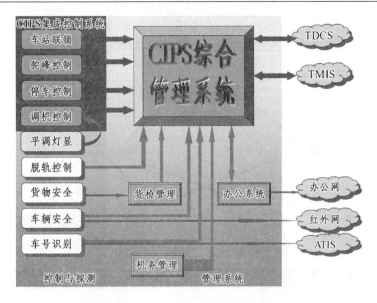

图 6-3-3 编组站 CIPS 结构及其环境

　　CIPS 集成控制系统包括了联锁自动化分系统、驼峰自动化分系统、停车器控制分系统以及调机自动化分系统。具体到双向三级六场纵列式编组站，过程子系统由 9 个分系统组成（联锁 4、驼峰 2、停车器 2、调机 1），这些分系统除调机自动化系统外采用在原来成熟的独立单元系统基础上，按照 CIPS 的功能要求进行二次开发。所有控制子系统均要求工作在 CIPS 环境下，能够完全按照 CIPS 管理系统的统一要求受控，提供与共享公共平台上的数据，并提供执行结果反馈。

　　CIPS 系统作为编组站的信息中心，应用信息集成手段，对其他各个独立建设的探测系统和单元信息系统中有共享价值的数据，经数据通信接口交换信息。双向三级六场纵列式编组站涉及的接口装置包括：平调系统（车地信令功能，平调灯显车载装置与 CIPS 环境下的调机自动化系统车载计算机接口，8 处）；脱轨器系统（4 处）；车辆安全探测（红外轴温探测，2 处）；ATIS 车站系统（车号识别数据）；货检安全系统（提供视频监视、预留电子铅封、限界检查、超偏载探测等功能）；机务段管理系统（提供本务机派班、机车出入机务段身份认证功能）；办公系统；气象站及场间 AEI（车号识别）。作为调度管理的信息源，还分别与铁路局的 TMIS 系统（预确报、班计划）和 TDCS 系统接口，其接口方案基本保留原有铁路局信息系统与车站系统间的交换内容与方式，减少对铁路局系统的影响。

三、系统组成与布局

（一）信息管理系统

　　图 6-3-4 ~ 图 6-3-9 对 CIPS 在双向三级六场纵列式编组站调度楼及现场各作业点应用的实际设备组成与连接关系进行了具体描述。其中数据库服务采用两台小型机双机热备，除统计服务使用小型机外，其他应用服务均运行在分布式微机服务器群内。分布方案基本上是按业务划分服务，综合考虑每个服务对系统应用的风险等级、实时性差异以及服务器的负载均衡等因素进行分割，有利于降低整个系统风险，实现并行服务，提高系统整体性能。其中较为要害与

核心的应用服务采用了群集技术实现 $N+M$ 备用，并且实现按业务划分的负载均衡功能。图 6-3-5 集中反映了应用于成都北的系统对外信息集成的各种接口连接方案以及安全防护。

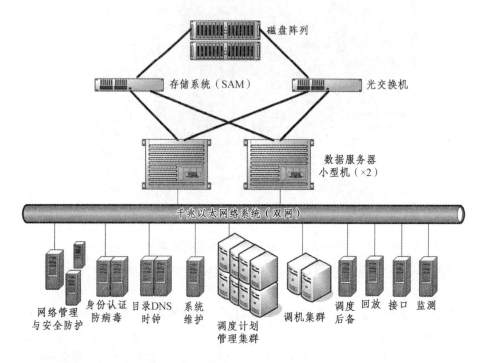

图 6-3-4　双向三级六场纵列式编组站 CIPS 系统核心服务器与存储设备组成图

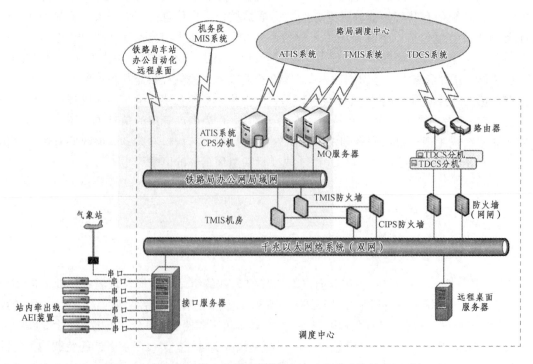

图 6-3-5　双向三级六场纵列式编组站 CIPS 系统接口组成图

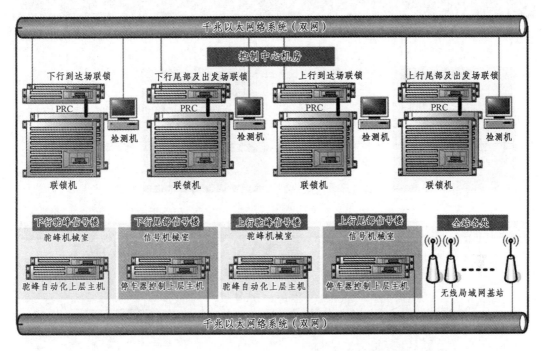

图 6-3-6 双向三级六场纵列式编组站 CIPS 管理分系统与过程控制分系统接口组成图

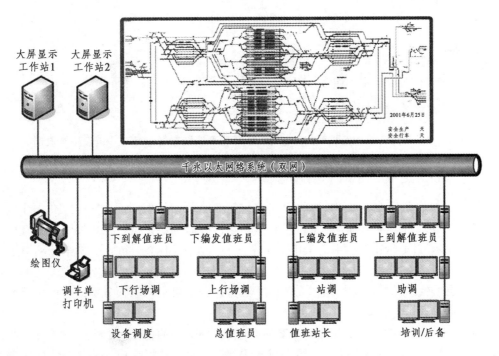

图 6-3-7 双向三级六场纵列式编组站调度大厅设备组成图

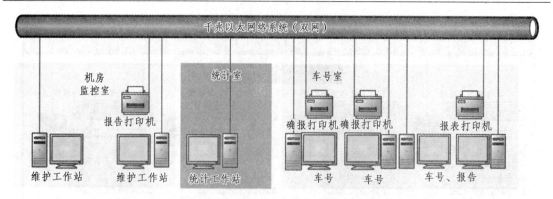

图 6-3-8　双向三级六场纵列式编组站调度楼其他设备组成

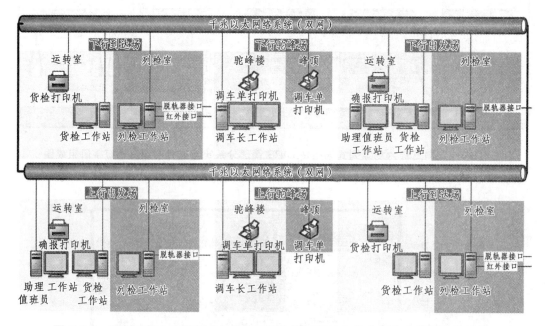

图 6-3-9　双向三级六场纵列式编组站 CIPS 管理系统在各车场客户端设备组成图

（二）网络集成系统

通信网络与信息集成是 CIPS 的关键技术，是 CIPS 成功的基石。图 6-3-10 ~ 图 6-3-12 分别对双向三级六场纵列式编组站系统的数据通信网络组网结构进行了描述，其中有线网采用了千兆以太局域网（GE）技术，采用了 1 个核心交换组和 10 个节点交换组，其中 8 个节点分别安装在各个车场附近的 8 个设备楼内，敷设等芯数 10 km 长的环站场主干光缆相互连接；2 个节点交换组与核心交换组同在调度楼机房，分别负责与联锁分系统和调度楼客户端设备连结。由于通道与设备均采用双冗余，正常情况负载均衡，故障情况可交叉互联，可靠性非常高，甚至主干光缆一处断裂不影响数据传输。其中无线通信采用了无线局域网（WLAN，IEEE802.11）技术，覆盖整个站区，用于与全站调车机进行数据交换，并与有线网实现无缝连接。由于机车上安装有移动无线基站，全站仅安装了 12 台基站，分别从各个局域网节点接入。无线局域网预留了手持 PDA 终端数据通信带宽，可实现外勤移动信息子系统的功能，但需要在各到达/出发场增补无线基站。

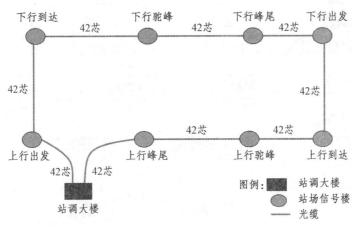

包括：　　计算机数据星型网 2×8=16芯

CCTV模拟视频信号专线8芯

联锁安全局域网专线（上、下行各自环网）4×2=8芯

网管 2芯　　　　　备用 8芯

图 6-3-10　双向三级六场纵列式编组站站场主干有线网络（光纤）综合布线图

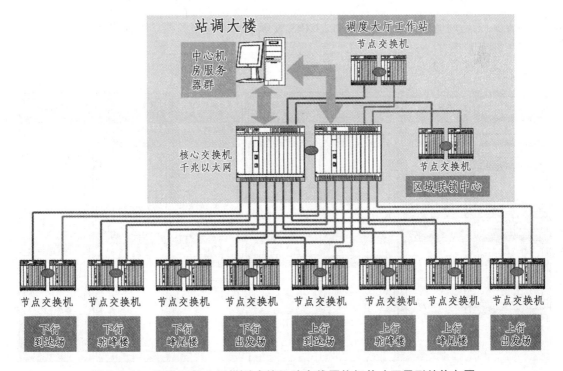

图 6-3-11　双向三级六场纵列式编组站有线网络拓扑（双星形结构）图

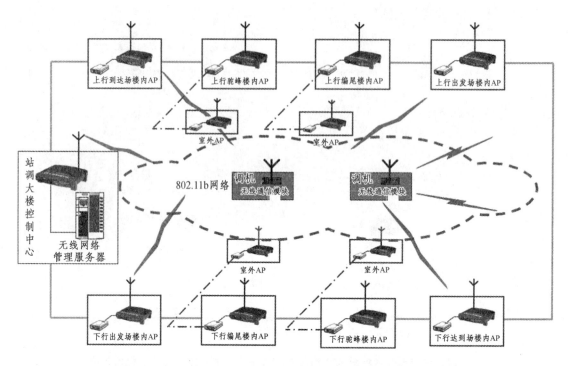

图 6-3-12　双向三级六场纵列式编组站 CIPS 无线网络平台组网示意图

图 6-3-13 是调度楼综合设备机房内 CIPS 管理系统所有服务器、存储设备及防火墙设备在机架上的布置图。

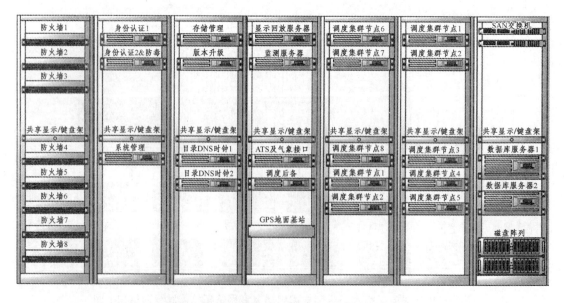

图 6-3-13　双向三级六场纵列式编组站核心服务器设备布置图

（三）枢纽信息化系统

图 6-3-14 是地区枢纽统一 CIPS 综合信息化的示意图，以成都地区枢纽为例，除成都北站外，在成都东站安装了另外一个 CIPS 综合信息管理系统，管理除成都北站之外的所用现车、调车计划与装卸车作业，并通过办公网远程桌面与东站及其枢纽内的中间站不同岗位的客户端连接，同时辐射到货运营销、货运管理部门。成都东站与成都北站 CIPS 系统之间采用内部信息交换机制实现了北站与其他站之间的信息共享与相互透明，为实现地区枢纽统一运营管理、统一调度计划、统一枢纽机车管理、统一货运管理扫除了技术限制与障碍。

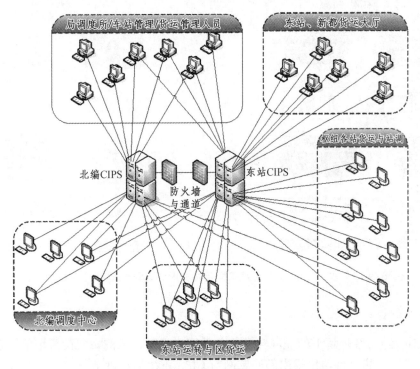

图 6-3-14 地区枢纽 CIPS 系统组网示意图

（四）联锁自动化系统

图 6-3-15 是双向三级六场纵列式编组站 CIPS 环境下的联锁自动化分系统构成图，联锁下层电子终端分别安装于六个就近的设备楼中，联锁机则集中安装在调度楼综合机房内，所有控显界面设备集中在调度大厅内，构成了 4 个独立单元的区域联锁系统。与其他编组站联锁系统所不同的是，每个联锁单元增设了一个软硬件均独立的自动程序进路控制（PRC）模块，逻辑上 PRC 位于 CIPS 管理系统与联锁系统控显之间，代替人工在控显界面上操作办理进路。物理连接上，PRC 与控显机均与 CIPS 节点交换机相连，PRC 通过 CIPS 有线局域网与管理分系统交换与共享数据，且受控于管理分系统，同时 PRC 与控显机之间的数据通信也经过局域网。CIPS 环境下的联锁控显机功能已不仅仅是联锁系统的监控界面，借助局域网连接，综合了停车器控显、CIPS 综合行车平台（兼容 TDCS 车务终端功能）以及指令界面显示与指令操作等功能，避免了车站值班员穿梭使用多个计算机用户界面的尴尬。

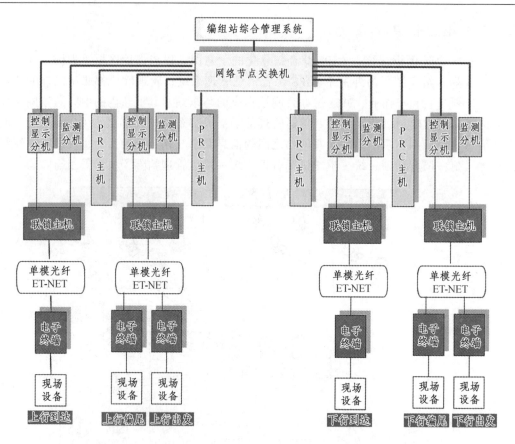

图 6-3-15　双向三级六场纵列式编组站 CIPS 计算机联锁分系统构成图

（五）驼峰自动化系统

图 6-3-16 是 CIPS 环境下的驼峰自动化分系统构成图，举例站共设两个单元系统，安装在驼峰信号楼内。驼峰自动化的内部局域网与 CIPS 系统局域网节点交换机相连，传统驼峰调车长的终端通过网络远程连接到调度大厅的到达场车站值班员桌面上。同时，CIPS 管理系统经局域网与驼峰自动化上层管理机交换数据，构成受控与共享关系。由于工作在 CIPS 环境下，上、下行驼峰自身没有自备气象站装置，气象设备属于管理分系统的信息集成外挂装置，实时气象资料通过数据交换共享到驼峰自动化分系统中。

（六）调机自动化系统

图 6-3-17 是 CIPS 环境下调机自动化分系统构成图，全站地面设备共用，举例站 10 个车载设备（8 台工作调机，2 台备用调机）经站场无线局域网数据通信可同时与公共地面设备交换数据，构成车地一体化系统。

与传统驼峰推峰遥控系统组成的关键不同点有：

（1）无线传输未采用数传电台，而是用同一个频段（2.4 G）蜂窝基站，实现上、下行头、尾机车混合使用单一地面服务；

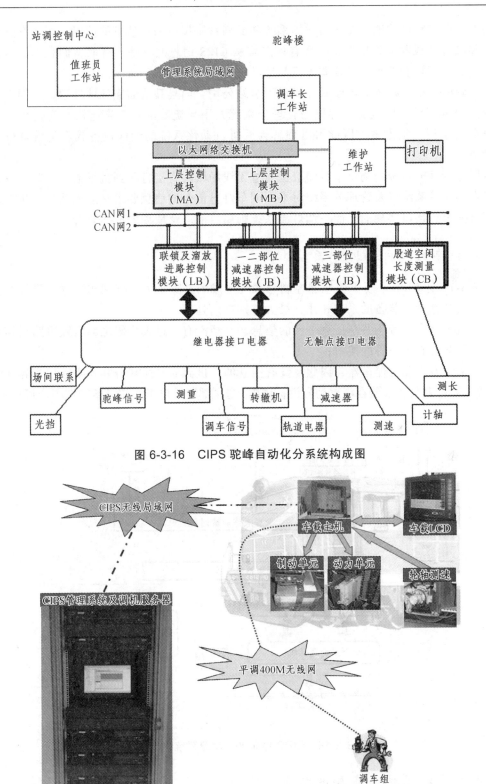

图 6-3-16　CIPS 驼峰自动化分系统构成图

图 6-3-17　CIPS 调机自动化分系统构成图

（2）不存在常见的地面设备与联锁系统和驼峰系统接口采集信息的情况，也不存在地面道旁安装应答器或股道报号设备，所有信息均从 CIPS 信息共享平台获取，而且因为数据更加丰富，实现了智能控车，以及调车机与地面进路的单向联锁；

（3）调机自动化系统的地面服务实现了全站公用，而且其地面服务软件独立，但在硬件上其应用服务、数据库服务、存储与管理分系统共用与统筹部署，直连核心交换机，并且应用服务也采用群集方案。因此可以理解为调机自动化系统的地面设备其实是管理分系统的一部分。

归属为管理分系统的调车单打印机也通过无线局域网直接打印到机车上，实现了移动打印调机自动化分系统以及管理分系统对平面调车灯显信令的信息要求是经车载计算机在机车上采用有线串行接口实现的，而平调灯显系统则属目前广泛使用的成熟装置。

（七）停车器自动控制系统

图 6-3-18 是 CIPS 环境下停车器控制分系统构成图，除了内、外网相连实现受控与信息共享外，与其他独立装备的系统相比，最大差别有两处：

（1）由于完全依赖于共享信息平台的信息，已经没有了过去采集尾部联锁进路或信号机条件和采集驼峰封锁条件的接口；

（2）未设专人监控停车器，因此也没有独立的人机界面，而是合并到联锁控显界面的股道上。停车器控制设备安装在峰尾信号设备楼内，与尾部联锁电子终端设备同在一个机械室内。

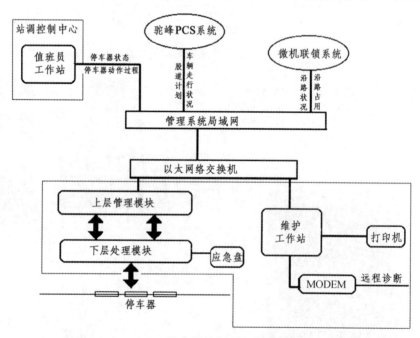

图 6-3-18　CIPS 停车器控制分系统构成图

（八）系统结构与布局的特点

（1）将分散在 8 个信号楼控制室的车站值班员监控点集中到控制中心，且与车站调度计划人员同在一个调度大厅，人员集中与操作集中为后期运营的组织优化提供了空间。

（2）全站划分为四个联锁单元，采用了区域联锁技术，将全站的联锁设备集中在调度楼综合机房，该布局优化为集中维护与集中管理创造了条件。

（3）所有管控一体设备维护归属一个部门，其管控设备的布局也进行了全局优化。调度楼及各个车场设备楼的设备不再按子系统分割布置，采用了综合部署、综合防雷、综合供电、综合监测、综合数据通信接入等优化措施。

（4）采用了环编组站光缆综合布线的设计与建设方案，包括了系统数据通信、联锁系统安全局域网（ET.NET）通信、站场视频监视、办公局域网数据通信共用，即同缆不同芯。任何一处光缆意外切断，都不影响要害数据通信的畅通。

（5）采用了综合电源供电，对其供电系统按地点和用电类别划分进行优化，不按用电子系统划分，包括各点 UPS 供电均合并使用。

（6）全站车号不分上下行，不分到达与出发，全部集中设置在调度楼内，因此上、下行系统，到达、出发车号的人员可灵活交叉进行，平衡作业，提供了车号系统组织与管理优化的空间。

四、系统架构的可靠性、可用性与安全性

CIPS 系统整体可靠性是由各个分系统的可靠性共同保障的。由于 CIPS 环境下的各个过程控制子系统的硬件结构与成熟的独立运用模式情况差别不大，大都经过可靠性设计，且长期使用久经考验。以联锁系统为例，编组站 CIPS 系统采用了区域联锁、集中控制方案，但是区域联锁的可靠性与风险研究已经在 CIPS 出现之前的区域联锁应用中完成。举例编组站联锁划分为四个区域，对区域联锁而言属常规情况，没有额外的风险增加因素。

另一方面，每个控制子系统均可单独切换到站控模式使用，其控制子系统故障引起所辖范围功能降级或不可用，基本不影响整个 CIPS 系统其余范围和其余功能的正常使用。

CIPS 管理分系统的可靠性要求应不低于过程控制系统的可靠性水平，整个 CIPS 系统的可靠性才有保障。管理分系统架构设计充分运用了现代 IT 系统技术，采用市场化的 IT 商业整机产品搭建而成，没有 OEM 硬件产品或自行开发的硬件产品，其整个系统的可靠性建立在高品质的全世界广泛认同的设备之上。

提高系统架构设计的可靠性除采用高可靠的设备外，主要是合理的冗余设计，以及冗余参与系统运行的方案。冗余设计直接影响系统的性能价格比。CIPS 系统结合编组站应用谨慎分析各个部分故障，尤其是分析关键点和可靠性瓶颈对整个系统的影响程度，选择合理的冗余量和冗余方案。有关冗余的解决方案吸纳了 IT 业的惯用技术，例如冗余设备在系统正常情况下的负载均衡功效等。

"高度集中、高自动化、高复杂度可能会导致高风险"是系统研究过程中备受关注的部分，为此，从提高系统的可用性角度，编组站 CIPS 系统采用了"降级、再降级"的保障机制。如果说 CIPS 系统的创新重点是信息集成（核心是行车信息与调车信息的集成）、功能集成、计划管理与控制执行的集成、信息化与自动化的集成，那么降级方案是它的逆过程，

随故障现象不同，形成不同的降级阶梯。或者说系统具有集成与集中的强势，也有简化功能和分散风险的退路。故障—降级的可用性延续方案与措施对编组站 CIPS 而言更具实际意义和价值。

CIPS 系统具体采用的可靠性与可用性设计措施和试验情况分别说明如下：

1. 数据安全与可靠

存储设备采用了磁盘阵列技术、磁盘镜像技术、分级存储技术、存储系统技术（SAN）、磁盘热插拔技术等保障数据安全可靠存储以及磁盘故障情况下的数据安全。CIPS 从业务角度设计的后备系统也同时提供了关键数据的自动备份功能。

2. 数据库服务可靠

主系统的数据库服务采用两台小型机双机热备，可实现故障切换不间断运营。为了确保数据访问安全，CIPS 系统采取了公共数据库访问集中管理技术，对于不同的访问根据业务需要设定不同的访问权限。

3. 应用服务可靠

CIPS 系统的核心应用服务主要由数量众多的微机服务器承担。系统架构紧密结合业务设计，按照业务重要性等级和故障影响范围精心设计了分布方案，不同的业务与服务所采取的可靠性对策不同。包括采用了群集技术实现 $N + M$ 备用、双机热备技术。群集技术不仅具有故障诊断与判别、故障进程自动重新启动、故障转移、故障数据接续功能，还具有负载均衡功能，为充分利用硬件平台冗余设备性能资源方面创造了条件。

具体在举例编组站应用设了两个群集环境，最核心的调度计划、综合行车平台等服务采用了 8 台运用 5 台（5 + 3）群集，可保障只要任意 4 台服务器可用的情况下不间断使用。调机自动化的地面服务采用了 1 + 1 群集技术。

按业务切割采用分布式服务器是建立在应用软件合理的模块化设计，以及部分模块可运行在不同进程的基础之上。对于主系统，独立进程模块划分的原则是模块故障仅影响局部功能，不影响全局；模块故障可通过自诊断或群集监控首先在原服务器尝试关闭和重新启动；多次不成功则转移到另一台服务器上重新启动；其他服务进程或客户端进程应用虚拟 IP 技术自动重新建立定位至新启用服务器的连接；群集内可以实现多次转移，其转移路径可事先合理设定。

由于 CIPS 主系统功能集成设计，使模块功能间不可避免地存在数据和逻辑上的依赖性，单一模块软故障或运行该模块的服务器硬故障除影响模块本身的功能外，对其他未故障的模块短期内暂不构成影响，长期运行可能会由于依赖数据的缺失而无法正常使用。但是短时间内不影响为系统维护赢得了宝贵的故障恢复时间。系统从应用角度预备了各个模块故障情况下的应急预案和应急处理功能，其中包括人工非常介入的过渡措施。

4. 系统管理与自诊断

CIPS 利用 IT 的通用系统软件（商品软件）对所有网络上的服务器、工作站的计算机硬件资源的使用情况进行实时集中监督与自动建立日志记录，包括计算机的内存占用率、CPU

占用率、网络流量等等，一旦发生系统内的计算机硬件异常或计算机中运行的软件异常，被诊断暴露并记录在案，还提供进一步的详细分析手段。

5. 灾难备份系统延展可用性

编组站 CIPS 系统可靠性研究的最大举措是从应用角度独立开发了一个软件、硬件和网络通道上均相对独立的备份系统，应急情况下可将整个信息管理功能全部转移到功能降级的简约系统，从可用性角度大大延续了整个系统的可靠性。

后备系统本身应用软件也是按照独立进程模块设计的，与主系统所不同的是，功能简化后充分利用了用户可接受功能分割（长期以来一直是分割的）的业务特点，从应用角度更加细腻地设计了模块故障—功能隔离的手段，确保模块故障本身功能丧失（交由人工临时代替计算机处理，等待故障修复）外，其他模块可"脱敏"长期运行，维持各自的处理功能。从这个角度看，后备系统本身具有模块故障—再降级的功效，延续系统的可用性。

从系统的可用性考虑，后备系统的另一个实际意义是提供了足够的灵活性，由于从应用角度提供给人的操控性较大，没有主系统严谨的"信息联锁"检查机制，可以在站场大规模施工过渡期间适应非正常生产作业的需要。

6. 集成网络可靠

所有网络设备与主干通道均采用双冗余设计，且同节点上的网络交换机采用了堆叠技术，可实现数据迂回传输。重要的计算机设备采用了双网卡绑定技术，可实现任意网卡故障零延时切换，未故障情况下数据流量均衡使用。无线局域网基本能够保障任意地点双基站覆盖，保障无线局部基站故障情况下的通信连续性。

此外，举例编组站在网络配置上采用了划分 VLAN 技术，并且对不同 VLAN 采取了不同的流量控制，防止局部设备异常消耗网络带宽影响整个系统网络通信正常工作的情况发生。

7. 客户端可靠

调度大厅采用了 $N+1$ 备份，其备份工作站同时兼做培训工作站。调度大厅以外的工作站从业务角度采用可同地/异地替代操作的办法解决可靠性问题。

8. 对外接口安全、可用

CIPS 系统本身是一个独立封闭运行的生产系统，但是从功能和业务需要方面不得不和其他系统信息交换，况且信息集成是 CIPS 系统的生命线。为此，系统必须在充分考虑 CIPS 自身网络和系统安全的前提下与其他系统连接，防护外部系统对 CIPS 系统的侵害，也防止 CIPS 系统对其他系统的影响。具体地，CIPS 从网络安全系统角度精心设计了严密的安全防范措施。

对外要害部位（TDCS、TMIS）网络连接的接口物理通道及防火墙均采用双冗余设计，且通过了运营条件下的防火墙模拟故障切换验证。

CIPS 系统的信息集成所涉及的对外通信接口众多，其外部连接子系统本身的可靠性不同会影响到 CIPS 系统信息来源的可靠性。为了降低外部接口系统故障对 CIPS 系统的影响，系统采取了如下措施：

（1）根据 CIPS 系统对来自外部系统信息的依赖程度和重要性划分不同等级，重点接口 CIPS 系统进行通道连接实时诊断，一旦外系统故障、通道故障或防火墙故障，导致连接中断，CIPS 在集成站场表示界面上对公众警告，并记录在相关日志中。同理，相关故障恢复也记录日志并及时对公众提示。

（2）CIPS 所有对外接口通信均采用不同的独立运行模块，一旦相关接口失效立刻自动采取功能隔离措施，防止事态扩大与蔓延。

（3）重要接口的专用接口模块纳入群集管理环境中运行。

（4）所有接口故障导致信息来源中断，CIPS 系统均有人工界面录入补救措施，或局部功能降级使用措施。

（5）所有经接口获取的外来数据，均从业务角度尽可能采取合理性检查与判断措施，进行过滤或修复，防止不合法数据对 CIPS 内部数据安全与功能的影响。

根本解决办法是所有与 CIPS 连接的外部设备或系统可靠性与 CIPS 系统的可靠性相配套。在应用安全设计方面，系统采用了关键岗位角色登录绑定计算机的防范措施，固定了重要使用人员的地点与位置，可达到严防异地冒名登录的目的。

五、CIPS 系统的特点

1. 管控一体化（计划自动执行）

在综合自动化方面，CIPS 系统将所有生产调度指挥的计划信息指令化（见图 6-3-19），送往控制子系统发起各种进路的办理，替代信号员在控制子系统（联锁、驼峰、停车器）监控界面上的即时操纵。在自动化理论应用方面，人工环节被取消，计划与执行之间直接构成闭环与互动，如图 6-3-20 所示，调度计划按照指令执行反馈结果进行自动调节优化与适应，提高了编组站综合自动化的程度。

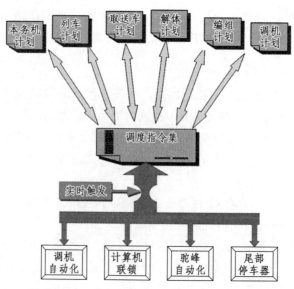

图 6-3-19　计划转换为指令和过程数据流图

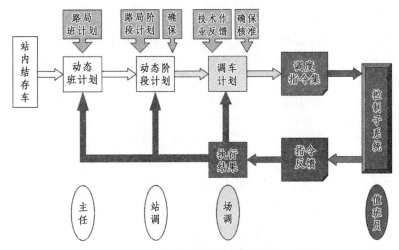

图 6-3-20　计划与执行的闭环互动示意图

　　从使用效果上看，编组站的生产人员中监控层基数较大，执行层的人工环节被自动化替代的减员效果非常明显（见图 6-3-21），且大幅度减员为大集中创造了条件，提供了可能性。

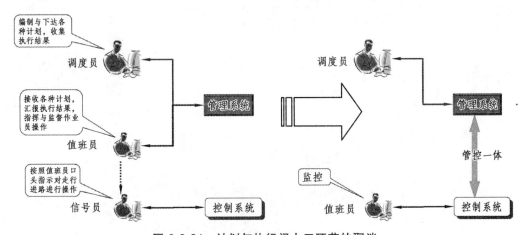

图 6-3-21　计划与执行间人工环节的取消

　　应用在铁路领域的过程控制子系统通过自动化逻辑与运算提供了直接安全性保障，但合理性需要人为保障，不在底层自动化的保障范围内。过去生产合理性是依靠具有丰富经验的人在生产岗位各个环节上相互配合，获取与理解生产计划，熟悉生产作业流程，即时进行操纵。如果操作不当，或偏离生产计划，或违背生产流程，甚至存在间接安全隐患，为此，铁路不得不从管理层面规定了直接操作与监督操作分离的保障机制。采用 CIPS 系统后，作业流程的合理性受到计算机运算的程序保障，且由机控管制编组站生产不折不扣地按照计划执行，生产安全性也从计划安全和操办安全的角度得到综合保障，这是 CIPS 计划自动执行的另一个重要效果。

2. 综合信息化

　　众所周知，此前 TDCS 主管列车，TMIS 主管车辆，因此编组站的行车与调车管理信息和功能一直以来都是独立分管模式。CIPS 系统最明显的效果是突破了这个传统，采用统一信息平台，统一处理平台，统一操作平台，完全围绕到、解、集、编、发的生产工序流程，在行车与调车之间信息与功能融会贯通，互卡互控，提供安全保障。由于综合信息平台还同时集成了来自控制系统执行层的实时数据，平台上的信息是实时动态的，可完全真实地反映各个生产环节的工况。

信息集成后，CIPS 的行车管理不再是值班员岗位的单一接发车管理功能，而将行车延伸到了车务、机务、车辆等所有与行车有关的岗位，例如车站调度员、货检、内勤车号、外勤车号、报告员、列检、外勤助理、列尾、机务段值班员围绕行车的技术作业、运统一（确报）和本务机等结合接发车的行车综合服务（见图 6-3-22），构成单一指挥体系，且所有岗位在数字化指挥平台上所掌握的信息完全对称和相互透明，不同岗位间相互制约关系通过信息联锁技术得到保障。

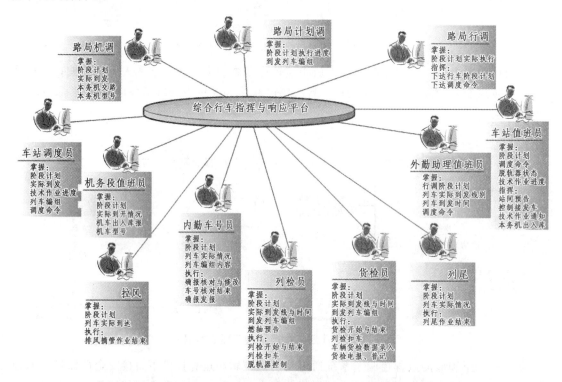

图 6-3-22 各个生产与管理岗位工作在数字化综合行车与响应平台上

在生产管理信息化方面，CIPS 应用远程桌面技术将生产信息延伸到所有管理人员办公电脑上，为管理者提供了多层次、多视角的综合分析结合专题分析的管理信息服务，例如综合实时分析、综合回放、各种车站统计分析报表、各种能力查定、车辆跟踪等。由于来自信息集成平台的基础数据是生产过程中记录下来的真实信息，使管理者对当前生产过程和生产预测的掌握更加全面、真实、透彻和迅速，便于作出正确的判断与决策，大大加强了编组站的科学管理水平和生产能力。

功能集成后形成的数字化指挥与响应功能普遍减少不同岗位间的口头消息传递，节省作业过程中岗位间工序链接的交易时间成本；信息集成与共享能减少相同信息在不同岗位的重复获取与录入，提高信息利用率，合并工作量；彻底的信息化可以达到彻底的无纸化办公，替代生产人员在纸面上笔头工作时间开销；信息智能化处理与分析可以替代人工整理与产生分析数据，其综合减量结果是用信息化替代或减少人的体力劳动和脑力劳动，进而为运营组织优化提供了空间，减员效果十分明显。

3. 决策自动化

在调度决策指挥自动化方面，CIPS 系统接收来自铁路局的班计划和阶段计划数据，实施集成决策与优化，形成完整的站内执行计划，有宏观决策也有微观决策；有阶段决策也有即时决策；有调度计划决策也有智能执行决策，总之集成决策优化功能贯穿于整个编组站生产过程中，输出体现在人机界面技术作业大表和送往子系统的指令集上。典型证明是 CIPS 系统运行在模拟仿真环境中可以在无人介入的情况下滚动决策生成计划和执行计划，产生可供评估的优化计划与执行结果。

与传统的静态决策不同，由于 CIPS 的调度决策优化必须满足计划与执行间的直接互动需要，CIPS 系统的决策优化特点是主动的、实时的、动态的、完备的。另一方面，CIPS 系统的绝大多数计划均可在计划层面通过人机系统人工干预，决策优化功能则需要在干预后重新优化，甚至需要人性化地去"理解"人工干预的意图，顺其愿望继承与发展。

为了实现调度决策优化的科学性与实用性，CIPS 系统将执行中产生的源源不断反馈作为调度重新优化的输入条件产生新的决策计划与指令，这就要求决策优化处于循环自动重复运算中，并满足执行的实时性需要。

4. 优势集成化

CIPS 系统的真正创举是将上述特点交融与集合在一起：没有完备、准确、权威、安全的信息平台支撑，就没有综合调度计划数据组合可供量化为指令，送到控制子系统去直接执行与反馈；没有调度决策优化，就没有调度计划的自动调节，也就没有计划与执行的直接互动，计划与执行就不能构成稳定、滚动、收敛的闭环共同体。

复习思考题

1. 什么是编组站综合自动化系统？其主要完成哪些功能？
2. 简述 SAM 编组站综合自动化系统的结构组成和特点。
3. 简述 SAM 编组站综合自动化系统的主要功能。
4. 编组站 CIPS 由哪几部分构成？各部分的作用是什么？
5. 简述编组站 CIPS 环境下驼峰自动化子系统的功能扩展。

参考文献

[1] 吴芳美. 编组站调车自动控制[M]. 北京：中国铁道出版社，1995.

[2] 当代中国铁路信号（1991—1995）编辑委员会. 当代中国铁路信号（1991—1995）. 北京：中国铁道出版社，1997.

[3] 当代中国铁路信号（1996—2000）编辑委员会. 当代中国铁路信号（1996—2000）. 北京：中国铁道出版社，2002.

[4] 当代中国铁路信号（2001—2005）编辑委员会. 当代中国铁路信号（2001—2005）. 北京：中国铁道出版社，2007.

[5] 包振峰. 自动化驼峰基础设备[M]. 北京：中国铁道出版社，2008.

[6] 包振峰. 自动化驼峰控制系统[M]. 北京：中国铁道出版社，2008.

[7] 林瑜筠，李鹏，李岱峰，等. 铁路信号新技术概论（修订本）[M]. 北京：中国铁道出版社，2005.

[8] 铁道部. 铁路驼峰及调车场设计规范（TB10062—1999）. 北京：中国铁道出版社，1999.

[9] 铁道部. 车辆减速器技术条件（TB/T2845—2007）. 北京：中国铁道出版社，2007.